当代英国地方财政研究

黄小东◎著

人民出版社

责任编辑:王新明

封面设计:汪　阳　林芝玉

责任校对:吕　飞

图书在版编目(CIP)数据

当代英国地方财政研究/黄小东 著. —北京:人民出版社,2017.9

ISBN 978－7－01－017553－9

Ⅰ.①当…　Ⅱ.①黄…　Ⅲ.①地方财政-研究-英国-现代

Ⅳ.①F815.617

中国版本图书馆 CIP 数据核字(2017)第 068737 号

当代英国地方财政研究

DANGDAI YINGGUO DIFANG CAIZHENG YANJIU

黄小东　著

人民出版社 出版发行

(100706　北京市东城区隆福寺街 99 号)

北京汇林印务有限公司印刷　新华书店经销

2017 年 9 月第 1 版　2017 年 9 月北京第 1 次印刷

开本:710 毫米×1000 毫米 1/16　印张:28.5

字数:576 千字

ISBN 978－7－01－017553－9　定价:65.00 元

邮购地址 100706　北京市东城区隆福寺街 99 号

人民东方图书销售中心　电话 (010)65250042　65289539

目　　录

序　言

　　财政是国家治理的基础和重要支柱,古今中外概莫能外。财政愈显其重要,研究愈觉其精奥。对于英国来说,财税问题不仅关乎国计民生,甚至影响历史走向,其历史上的一些重大事件多与财税问题密切相关。作为多种现代制度的诞生地和理论思潮的发源地,英国的财税问题具有重要意义,它既是政治经济问题、历史现实问题,也是思想理论问题。要分析英国某个时期的财税问题,须细致考察其历史源流、政经形势和政策理论等各方面的情况。

　　英国地方政府和财税体制是逐渐演化成型的。从 19 世纪后期开始,英国地方政府职能得到了极大扩展,这是工业革命的结果和社会发展的需要,也是国家治理体系近现代化的题中应有之义。二战之后,随着福利国家建设的推进,地方公共服务职能不断扩大,财政开支和需求不断增长,对中央拨款的依赖不断增强。与此同时,英国逐渐进入公共部门臃肿、经济效率下降、通货膨胀高企、政经危机隐现的时期,帝国辉煌不再。从某种意义上来说,福利国家和干预经济曾经是文明的进步,如今却被视为文明的负担和进步的阻碍。

　　财税问题是政治经济问题的集中呈现,地方财税改革是英国整体改革的重要内容。进入 20 世纪 70 年代,英国经济社会危机爆发,战后共识彻底破裂,各种思潮明流暗涌,直接催生了一系列改革。工党政府拉开了大幕,保守党政府成为主角。面对国内外压力,中央政府开始收紧地方开支,改革地方财税,重构地方职能,进而在战略上收缩国家之手,发挥市场作用,加强中央权威,重塑社会共识。在地方财税改革中,中央与地方的博弈,国家与市场的消长,政府与个体的平衡贯穿始终。从支出控制、拨款改革到地税封顶、税制更替,从历史悠久的地方税到喧嚣一时的社区费(人头税),再到基本风定天晴的市政税,随着各项改革的不断深化,英国地方财税体制总体趋于稳定,整个经济社会也逐步走出低谷。在这一过程中,既存在各方分野的逐渐弥合,也伴随有差距对立的逐步扩大。

现实是历史的延续,亦是未来的历史。政治角力、制度改造和理论纷争有时看似尘埃落定,但随着时势变化,过时的理论可能复兴,萎缩的力量可能焕发生机,先进的制度可能落后于形势,不同的体制亦会彰显其价值。不断回望历史,有助于更好地理解和面对现实,正所谓读史明智、以史为鉴。财税问题看似属于国内问题,但随着各国联系交往日益密切,相互影响更加显著,尤其是一些大国,财税政策和货币政策一样牵动各方、备受关注,认真研究有关历史十分必要。英国的地方财税改革因其持续较长、力度较大、争议较多而广受瞩目,在同期的世界改革浪潮中颇具典型意义,其影响一直延续至今。对于正在或将要进行相关改革的国家而言,英国的经验是个很好的镜鉴。

本书主要内容正如以上所述。全文就战后英国地方财政问题形成和改革过程进行了分析论述,时间范围上溯及二战以前,下延至千禧之后,主要集中于 20 世纪 70 年代中后期至 90 年代前期,内容涵盖制度演进、思潮流变、经济兴衰、政治博弈、社会变迁、国际影响等多个方面,细致考察了其中人物事件、党派团体、政策法令、数据指标等因素。在进行全面论述的同时,还尝试选取了案例分析。书中运用了档案文件、专著论文和报告报道等,力争做到史实全面详尽、论述客观有据。希望能尽个人微薄之力,对相关领域研究略有助益。

在个人研学和本书写作出版过程中,得到了许多学者的指导、帮助和鼓励,在此特别表示感谢。感谢中国人民大学历史学院王皖强教授,导师的治学处世和言传身教使我受益良多,本书从选题、写作到出版都离不开他的关心指导,同时亦特别感谢李世安教授的悉心指导与帮助。感谢伦敦大学国王学院的理查德·维南教授(Richard Vinen),作为我在英国联合培养期间的导师,他在本书框架和文献方面给予我许多指导。再次赴英研学期间,欣闻维南教授荣获英国沃夫森历史学奖和坦普勒军事奖,我亦感到与有荣焉。感谢原英国皇家历史学会主席、剑桥大学人文与社会科学学部主席马丁·道顿院士(Martin Daunton),我两次赴剑桥研学都得益于他的指导帮助,他德高望重、学问精深,在本书的选题、思路和观点方面给予我很多启发。感谢中国人民大学刘后滨教授、许海云教授和赵秀荣副教授,感谢中国社会科学院张顺洪研究员、赵文洪研究员和吴必康研究员,感谢清华大学梅雪芹教授和首都师范大学施诚教授,他们的各种帮助与鼓励给了我无尽的动力。

感谢多位人士为我查阅文献资料提供了专业热情的服务,他们是剑桥大学丘吉尔档案中心的安德鲁·赖利先生(Andrew Riley)、牛津大学波德林图书馆保守党档案员杰里米·麦基尔维恩先生(Jeremy McIlwaine)、人民历史博物馆(曼彻斯特)工党档案中心达伦·特雷德韦尔先生(Darren Treadwell)以及英国国家档案馆、利物浦档案局、朗伯斯档案室、大英图书馆、剑桥图书馆、伦敦国王学院莫恩图书馆、中国人民大学图书馆的多位工作人员。感谢王室法律顾问艾德里安·威廉森博士(Adrian Williamson),伦敦大学国王学院讲师丽莎·菲尔比博士(Liza Filby)、迈克尔·帕斯莫尔博士(Michael Passmore),江苏师范大学鞠长猛副教授,伦敦大学国王学院杨硕、程一帆,北京大学魏运高丽和中国人民大学石烁等博士生,他们在论文参考、文献收集和文稿校对等方面为我提供了宝贵帮助。特别感谢人民出版社黄书元社长、责编王新明博士,因书结缘实为美事。亦感谢周六小历史等沙龙、读书会和博学多才的朋友们的启迪陪伴。此外,感谢国家留学基金委给予的资助支持。

最后,特别感谢父母、妻子和诸位亲人,他们的牵挂叮咛饱含着浓浓亲情,多年来一直温暖于心,激励我前行。还有很多前辈与良师益友在各方面给予我关心帮助,点点滴滴皆深情厚谊,在此请恕不能尽列尊名,谨以此书作为最好的致谢。

　　盛世美好,静心研学却有不易,治史更难。本书从成文到付梓,多为工余之力,加上本人水平所限,难免有不足或纰漏,恳请读者见谅和指正。

黄 小 东

2016 年 12 月于北京

第一章　英国地方财政体制概述

财政制度是经济制度,也是政治制度。英国地方政府体系是伴随工业革命的展开,特别是自由主义改革逐步演化成型的,而地方财政体制是伴随地方政府体系的形成逐渐发展起来的。要理解英国的地方财政,首先需要了解英国地方政府,特别是地方政府职能的发展历程。英国的地方财税基本制度主要包括地方税制度、中央拨款制度和地方借款制度等,地方税是地方的唯一税种,中央拨款是地方的重要收入来源,借款主要与资本性支出相关。

没有脱离中央的地方,也没有离开地方的中央。英国作为典型的西方单一制国家,地方政府在财政方面既有显著的自治权力和传统,又在一定程度上受到议会主权体制的限制。也就是说,英国实行的是有限的地方财政自治,这既不同于美国等联邦制国家,又有别于其他单一制国家。英国独具特色的地方政府体系和地方财税制度,加上典型的国家政治与经济体制,既为地方财政问题产生提供了条件,也为系列改革的推进奠定了基础。

第一节　地方政府职能体系

英国主要由英格兰、苏格兰和威尔士以及北爱尔兰组成,具有悠久的历史和灿烂的文化,对世界文明产生了深远影响。英国是工业革命发源地和多个近现代制度的诞生地,也是多种理论思潮的肇始之地,在长期发展中形成了独特的政治经济体制和国家治理体系。整体上看,中央政府为全国制定政策,国会议员来自全国各个选区,地方政府按照议会授权范围活动。作为整个国家制度和治理体系的重要组成部分,英国的地方政府体系不是依照理论蓝图建立起来的,而是在漫长的历史实践中发展形成的,特别是在工业革命与民主浪潮中演化成型的。英国地方政府职能也不是按照某种意旨或逻辑分配设定的,而是在回应各种需求过程中逐步确立的。

英国地方政府发展经历了几百年的演变过程。最初,一些地方事务由国王委派的长官负责,此后,随着司法形式的地方政府不断发展,衍生出越来越多的行政职能,一些自治市依据皇家特许状进行治理,当时的王公大臣们对外交军政兴趣浓厚,对于地方治理等内部事务关注较少。郡教区逐渐发展成公共管理的基本单位,根据1597年和1601年《济贫法》,教区的角色作用得到了重构和强化。理查二世在位时期,治安法官的一些权力连同其他权力被授予自治市,这些自治市主要是维护秩序以及表达经济诉求。为应对各类社会问题,随着城镇的发展,一些自治市开始发展住房、学校、医院和工场,管理职能交由自治机构承担。

17世纪到19世纪早期,地方管理职能不断增加。随着工业化和城市人口增长,政府开始对地方事务产生兴趣,乡村人口向城市地区转移带来了人口聚集、社会秩序、疫病卫生等问题,在应对社会问题的过程中,各类地方机构发展起来,这些机构多由乡绅、地主及商人、企业家主导,与地方政府机构一起发挥作用。[①] 很多机构具有特定职能,比如提供污水处理、供水、道路等设施改善服务,这些机构多种多样,职能边界时有重叠,委派管理人和托管人的途径也各有不同。尽管有些私权法案授权特定地方机构来开展活动,但关于地方政府的全国性立法还很少。

19世纪上半期,议会通过了一系列决定地方职能和管理形态的立法。其中1834年《济贫法修正案》和1835年《市政机构法案》确立了地方政治和行政管理原则,并主导塑造了19世纪的市政机构组织,但是这一时期中央并未重视地方政府,而宁愿扩大自治机构和郡法官的权力。为督促落实

---

① John Michael Lee, *Social Leaders and Public Persons*, Oxford: Clarendon Press, 1963.

济贫法,1835 年法案建立了督察员理事会。对疫病的恐惧催生了 1848 年《公共卫生法案》,随后建立了卫生总理事会以及地方卫生区和地方卫生理事会。1844 年开始委派区审计员来核查市政机构的账目,1870 年和 1876 年《初等教育法案》设立了学校理事会以及学校巡视员。

此外,原有体制无法适应城镇化的不断发展,对公民事务也缺乏管理。为此,根据 1835 年《市政机构法案》,广泛建立比较规范的市镇议会。此时的自治市与现代地方政府职能多有不同,公民选举资格限于少数居住超过三年时间并缴纳地方税的男性,但地方自治的原则就此建立起来,地方自治市或自治机构的普遍设立被广泛视为"当代地方政府体系的发端"。①

19 世纪中期,地方管理的发展受到了杰里米·边沁的影响,边沁认为地方政府在许多方面都是中央政府的附属。埃德温·查德威克将边沁的理念用于实践,并发表文章推动行政管理中央集权化,他在多个机构担任委员,并在推动立法和管理中发挥了重要作用,他们认为行政权力不应该囿于地方利益,要求建立中央控制下统一的地方行政机构。尽管也有一些人反对中央集权化,但中央对地方的影响和控制力还是随着地方职能扩大而增加。1871 年中央集权又往前迈出一步,设立了地方政府理事会,接管了济贫职责,并对卫生理事会进行管理,实际上是扮演了地方政府的角色。②

在维多利亚时期,地方治理不断发展,但这种发展缺乏规划,带有一定的随意性。公共服务职能的种类和范围不断扩大,中央和地方都要参与服务运行管理,许多专门机构不断发展,这些机构是现代半官方机构的先行版,并成为地方服务职能运行的常见模式。新的专门职能机构与相对复杂过时的传统机制嫁接在一起,形成了一个非常复杂的地方政府体系,地方政府成为各种机构的混合体。在一个时期里,这类机构组织给英国的行政管理造成了一些混乱,有些甚至成为低效、腐败等问题的滋生地。

19 世纪最后几十年,现代形式的地方政府建立起来。1867 年《国会改

---

① Gerry Stoker, *The Politics of Local Government*, London: Macmillan, 1991, p.1.

② Alex Henney, *Inside Local Government: A Case for Radical Reform*, London: Browne, 1984, pp. 17-8.

革法案》扩大了选举权,促进了地方政府的民主化。1888 年《地方政府法案》
将治安法官手中的行政权力收回,索尔兹伯里领导的保守党政府据此建立了
直接选举产生的、具有多种职能的郡议会,人口超过五万的城镇还建立了选
举产生的郡自治市议会,拥有对地方服务的完全管理权,并完全独立于郡议
会。1894 年《地方政府法案》又迈出一步,设立了选举产生的非郡自治市议
会、城市区议会和乡村区议会,在乡村地区还有教区议会。至少在英格兰地
区,"在 19 世纪即将落幕的时候,托克维尔关于民主必胜的预言实现了。"①

　　19 世纪 30 年代地方政府改革业已就绪,但直到 20 世纪前期才接近尾
声,1929 年和 1933 年《地方政府法案》是标志这一过程完成的里程碑。②
19 世纪末,经过一系列重组和改革,英国建立了由郡、自治市、郡自治市、城
市区、乡村和教区组成的行政区划和管理模式,首次在全国范围内形成了
选举产生的多功能综合性地方政府体系,这一行政管理架构除了细微变化
外,一直维持到 1974 年地方区划重组。③ 1945 年,在英格兰(除伦敦外)和
威尔士一共有 81 个郡自治市,61 个行政郡和 1356 个郡区(包括非郡自治
市、城市区和乡村区),伦敦地区包括伦敦郡议会和 28 个大都市郡自治市。
相比 1888 年,增加了 20 个郡自治市,减少了 208 个郡区,这一增减体现了
社区发展和人口变化。④

　　英国虽然是单一制国家,但地方政府体系相对比较复杂。有的研究将
英国地方政府按区域划分为三个类别,具体分为英格兰非大都市、大都市、
内伦敦、北爱尔兰等十种体制。⑤ 其中,包括伦敦在内的英格兰和威尔士地

---

①　Josef Redlich with Francis W. Hirst, *Local Government in England*, London: Macmillan, 1903,
　　vol.1, p.215.

②　Martin Loughlin, *Legality and Locality: The Role of Law in Central-Local Government Relations*,
　　Oxford: Clarendon Press, 1996, p.52.

③　Alex Henney, *Inside Local Government: A Case for Radical Reform*, London: Browne, 1984, pp.
　　18-9.

④　Alan Alexander, *The Politics of Local Government in the United Kingdom*, London: Longman,
　　1982, pp.4-5.

⑤　Edward Page, "*Comparing Local Expenditure: Lessons from a Mulinational State*", *Studies in
　　Public Policy(Number 60)*, Glasgow: University of Strathclyde, 1980, p.13.

区占到了英国的绝大部分,苏格兰以及爱尔兰地区情况比较特殊,多数情况下,主要以英格兰和威尔士为分析论述对象,并以此代指整个英国的情况,有时也会就苏格兰地区情况进行概括分析。

工业革命的到来,使英国政治经济与社会形态发生巨变。随着城镇化和人口流动的展开,地方职能范围不断扩大。首先是人口增长带动了许多公共服务需求:有了汽车,就需要有更好的道路;企业和城镇居民增加,就对供水和污水处理提出了要求;随着工业发展,燃气和电力供应也都成为地方职能。其次是技术进步提高了对服务质量的要求,包括警察和消防、医疗和福利等方面。再者是现代轻工业兴起和重工业下滑,一些非产煤区迅速发展起来,这些地方的服务需求大量增加。同时,社会观念和公众态度也发生了重要变化。19世纪80年代的经济衰退导致大量失业,个体无法应对,需要整体加以预防,死亡率、疾病与住房条件之间的因果关联,要求加强社会服务。于是,政府行为随之迅速增多,中央政府角色也发生了变化,中央政府提出地方政府公共服务范围和标准,而这些又都取决于国民经济状况和财政支付能力。[①]

19世纪末期地方改革之前,郡议会的权力职能并不多,教育和社会服务由其他机构负责,区议会负责道路、干道桥梁、动物疫病、技术教育、河域治理等事务尚未成为沉重负担,而城市区是些较小的城镇,它们没有自治市的名分地位,不能负责自己的法定服务。[②] 1888年《地方政府法案》带来了改革,许多属于治安法官的管理职能移交给了新选举产生的郡议会。最初,改革后的多功能地方机构与专门职能机构共存,随着时间推移,多功能地方机构逐渐吸收了专门机构的大多数职能。[③] 不过,此时的地方政府职能和规模仍然比较有限。

---

① Clifford Pearce, *The Machinery of Change in Local Government 1888-1974: A Study of Central Involvement*, London: Allen & Unwin, 1980, pp.6-8.

② Bryan Keith-Lucas and Peter G. Richards, *A History of Local Government in the Twentieth Century*, London: Allen & Unwin, 1978, p.13.

③ Robert Leach and Janie Percy-Smith, *Local Governance in Britain*, Basingstoke: Palgrave, 2001, pp.49-50.

19 世纪的最后二三十年,集体主义观念逐渐对个人主义的意识形态霸权发起挑战,托马斯·格林的唯心主义哲学为新自由主义提供了基础,他认为国家是社会生活的核心和积极因素。而费边社的青年人也认识到了不断增长的自治趋势,强调地方政权不仅是私人服务的管理者和引导者,还是基本服务的所有者和提供者,这就不可避免地走向了集体主义和更高程度的社会规划管理。[①]

19 世纪晚期和 20 世纪早期,地方政府架构相对稳定,地方职能迅速发展。1900 年至少有 291 部地方法案获得通过,大多数是地方为了扩大职能权力范围,之后,此类法案的数量开始下降。[②] 这一时期,很多国家职能都由地方来具体履行,包括环境卫生、警察治安、城镇规划、低成本住房建设以及各种福利服务,比如电、气、水等公用设施。还有的地方提供图书馆、休闲娱乐服务,比如赫尔及格拉斯哥地区还提供电话通信,纽卡斯尔可以提供技术学校,地方政府还负责贫困救济,提供医疗卫生服务。同时,地方政府其他职能也有所扩大,比如学校理事会的学校服务职能于 1902 年被移交给了地方教育局以及地方议会,1905 年《失业工人法案》授权地方建立地方劳工办公室,以帮助失业人员求职,1909 年第一个《住房和城镇规划法案》获得通过,1929 年发生了最后一次主要权力移交,济贫法督察职责移交给了郡和郡自治市。[③]

与 20 世纪中后期公共服务导致商业作用弱化不同,商业领袖在维多利亚时期的城市发展过程中扮演着关键角色。某种程度上,城市发展是地方商业领袖们经营逐利活动的副产品,也是他们个人慈善事业的结果,通常也源于他们积极参与地方政治。约瑟夫·张伯伦就是一个典型例子,他从伯明翰的螺丝制造业中获取财富后,逐渐参与到当地激进的自由主义政治中,

① John Sheldrake, *Municipal Socialism*, Aldershot: Avebury, 1989, p.1.

② Bryan Keith-Lucas and Peter G.Richards, *A History of Local Government in the Twentieth Century*, London: Allen & Unwin, 1978, p.36.

③ Alex Henney, *Inside Local Government: A Case for Radical Reform*, London: Browne, 1984, pp. 22-3.

他于 1869 年成为伯明翰地方议员,1873 年成为伯明翰学校理事会主席,同年还成为了伯明翰市市长。在三年市长任期里,他和伯明翰的一些自由党人一道,推动了地方燃气和供水设施建设等雄心勃勃的市政发展项目,并在建设伯明翰大学中发挥了领导作用。① 其他一些地方议会也紧随伯明翰的步伐,于 19 世纪晚期开始了燃气和供水服务。

直到第一次世界大战前,尽管政府雇员人数、职能和支出不断增长,国家机制也发生变化,但并没有彻底改变。在一些重要领域,国家机构的作用与 19 世纪相比保持了稳定。一战之后,英国政府和行政管理体系已经不同于以往,19 世纪那种以私人企业与国家行为相结合为特点的机制不能满足一战的需要,经济领域日渐被国家主导,一些经济控制机制逐渐建立,包括财政、煤矿、制造业、农业、交通以及一些国际合作机构。但在两次世界大战之间,国家在经济和社会福利等领域的作用没有发生根本变化,政府机构体系依然维持了 19 世纪的结构。②

有人认为,第二次世界大战之前是英国地方政府的全盛期。在将近半个世纪里,地方议会逐渐具备了主要市政职能,并进行了一些创新,比如伦敦郡议会领导人赫伯特·莫里森以其拥有的权力和资源,可以对中央政府置之不理,推动建设了新的滑铁卢桥。从这个角度看,二战之后,英国地方政府经历了持续的衰落,包括西德尼·韦伯的集体主义社会价值观和地方政府的实际职能地位都有所削弱。地方职能虽有所增加,但有些职能由公共企业承担,有些移交给了中央政府。地方财政独立性也有所降低,不过,中央政府控制地方政府的努力常常并不如预期的那么成功。③

二战对英国的影响是巨大的,英国政治经济社会发生了深刻变化,综合实力大幅下滑,国际地位摇摇欲坠。战争期间,英国出台了一系列远景计划,

---

① Robert Leach and JaniePercy-Smith, *Local Governance in Britain*, Basingstoke: Palgrave, 2001, pp.48-9.

② Geoffrey K.Fry, *The Growth of Government: The Development of Ideas About the Role of the State and the Machinery and Functions of Government in Britain Since 1780*, London: Frank Cass, 1979.

③ Richard Kerley, *Managing in Local Government*, London: Macmillan, 1994, pp.26-7.

最重要的是《贝弗里奇报告》和 1944 年《就业政策白皮书》。战后,在广泛接受贝弗里奇社会政策和凯恩斯经济政策基础上,工党与保守党推行"共识政治"。① 管制经济和福利国家的建立标志着政府角色与作用的彻底转变,经济的快速恢复和充足的中央拨款则为地方政府职能扩张提供了条件。

与二战前相比,地方政府的机构组织和职能出现许多变化,但仍然是公共服务的提供者和公共资金的主要使用者,地方政府承担的职能不断增加和集中,地方支出规模也不断增加。1944 年《教育法案》扩大了地方教育部门的职能,1947 年《城镇和乡村规划法案》将职能集中到郡和郡自治市手中。1945 年之后,消防和警察职能也更多集中到较大单位来运行,1946 年《警察法案》取消了非郡自治市的警察力量,将其并入郡警察队伍,郡和郡自治市警察力量也开始融合。1948 年《儿童法案》赋予郡和郡自治市满足儿童需求的重要职责。②

地方政府成为建设福利国家的主要工具。"从摇篮到坟墓"的福利照顾成为地方政府的主要活动,曼彻斯特城市议会的服务指南上,从第一项的机动车相关服务,到最后一项的斑马线资料,刊登的服务信息达 700 多种。③ 以非大都市郡区为例,共计承担了 12 个类别的近百种服务职能。④ 不同类别的地方政府所承担的职能范围也有差异,比如伦敦自治市要承担道路安全、给排水和垃圾处理职能,郡议会就不必承担这些职能。而诸如规划、街道照明等职能,无论是伦敦自治市、大都市区,还是郡议会和区议会都要承担。⑤

按照一个比较通用的划分方法,这些地方服务大致分为五类:一是安全

---

① 参见 Dennis Kavanagh and Peter Morris, *Making Contemporary Britain: The Consensus-From Attlee To Thatcher*, Oxford: Basil Blackwell Ltd, 1989.

② Ken Young and Nirmala Rao, *Local Government since 1945*, Oxford: Blackwell, 1997, p.52.

③ Gerry Stoker, *The Politics of Local Government*, London: Macmillan, 1991, p.5.

④ Bruce Wood, *The Process of Local Government Reform* 1966-1974, London: Allen & Unwin, 1976, p.179.

⑤ *New to Local Government?* Local Government Department of Conservative Central Office, Oct. 1988. (PUB 99/7)

保卫服务,包括警察、消防、检查、民防、证照许可等;二是环境服务,包括道路、住房、供水、垃圾收集处理、规划和污水处理;三是个体服务,包括教育、福利和社会公益服务;四是文化休闲服务,包括公园、图书馆、休闲中心和博物馆;五是商贸运行服务,包括港口、公用设施、公共交通、市场等。① 总体上,地方公共服务质量有很大改进,许多地方有了更好的学校和师资、图书馆与休闲中心、交通和公共建筑等。随着经济社会发展,有些地方职能的重要性不断增强,比如污染防控、土地开发与保护、野生动植物保护、危险有毒废弃物管理等。

地方政府的一些职能移交给了中央部门或专门机构。地方政府和一些在地方层面运行的中央官方性质组织,一起成为福利国家的代理执行机构。政府于1934年设立的失业救助理事会,在1948年变成了国家救助理事会,1966年又成为补充津贴委员会。根据1936年和1946年《干线道路法案》,中央政府接管了建设和维护主干道路的职责,1947年《交通法案》将许多水道和海港移交给英国交通委员会,1946年《国民健康服务法案》将医院交给了中央管理的地区医院委员会。按照1947年和1948年相关法案,市政供电和燃气也移交给了国有企业。1948年,公共救助职能从地方转移到了国家机构。1950年,房产和土地税基估值的职能移交给了税务局。1974年,污水处理和供水的职能也移交给了地区水务机构。这些职能的移交催生了一种观念:服务是国家范围的,地方边界会制约运行效率,或者说专职机构能更好地提供这些服务。②

总体来看,二战后的一段时间里,整个地方政府体系架构并没有很大改变,主要城镇和城市议会仍是全功能的地方机构。1945年,政府发布了英格兰和威尔士地方政府白皮书,促成了地方政府边界委员会的建立,不过该委员会并未研究什么类型和规模的地方政府单位最为合适的问题,而是建议调整不同层级地方政府之间的职能分配。但工党政府没有

---

① I.M.Barlow, *Metropolitan Government*, London:Routledge, 1991, p.4.

② Alex Henney, *Inside Local Government:A Case for Radical Reform*, London:Browne, 1984, pp.
　22-3.

执行相关提议,因为这不利于工党选举,同时,负责地方政府事务的大臣安奈林·比万正忙于建立国民健康保险制度等其他事情,没有重视这个问题。①

相比其他一些西方国家,英国地方政府承担的职能要更多一些。地方政府支出多少以及是否合理,需要根据职能服务表现来评定,花钱多未必意味着浪费,还要看居民的服务需求。在西方国家中,英国地方政府提供的公共服务范围和数量都比较大,也就意味着开销必然更多。另外,英国是个单一制国家,只有中央和地方两个层级的政府。在西欧八个单一制国家中,意大利、比利时和丹麦的服务职能多由地区以及基层政府分担,意大利的一些服务还有省级政府分担;其他如法国和荷兰,基层政府也得到了地区政府的不少帮助;在挪威和瑞典,基层政府承担服务职能较多一些,诸如教育职能则由区域政府和基层政府共同承担。只有英国,因为是单一层级政府,地方政府承担了几乎所有职能。②

英国和斯堪的纳维亚半岛国家的地方政府有个显著特点,许多最耗费钱财的公共职能如教育、卫生、住房和道路等都由地方政府负责,与意大利、法国和西班牙相比,英国和半岛国家的地方政府职能要多出不少。从雇员和支出来看,南欧国家两项比例都比较低,英国和半岛国家占比都很高,以1984年为例,特别是半岛国家,两项占比都接近或超过50%,其中挪威更是高达60%以上。③ 在联邦德国是由州政府为教师发放薪水,丹麦在20世纪70年代早期将中等教育职能转移给了地方政府。而在英国,初中等教育甚至部分继续教育费用都要由地方政府预算承担。"中央政府从未建设一栋住房,或者雇佣一个中小学老师,也从未维护一个消防设施、运营一条公交

① Hugh Atkinson and Stuart Wilks-Heeg, *Local Government from Thatcher to Blair: The Politics of Creative Autonomy*, Cambridge: Polity Press, 2000, p.15.

② K. Newton and T. J. Karran, *The Politics of Local Expenditure*, London: Macmillan, 1985, pp. 12-3,引自 *The Financial Structures of Local and Regional Authorities in Europe*, vol. II, *Financial Apportionment and Equalisation*, Strasbourg: Council of Europe, 1976, pp.41-2.

③ Edward Page and Michael Goldsmith, *Central and Local Government Relations: A Comparative Analysis of West European Unitary States*, London: SAGE, 1987, pp.156-7.

线路和运行一个收费图书馆,所有这些,中央都要依靠地方来完成,没有地方政府,白厅和威斯敏斯特能做的工作会非常有限。"①

在中央层面,有关地方事务的机构也历经演变发展。在 18 世纪,还没有哪个中央部门全面负责地方政府事务。内政部是第一个对地方服务进行监管的现代国家部门,根据 1823 年和 1835 年相关法案,内政部获得授权来建立和管理全国的警察力量。针对不同的服务和管理需要,中央建立了各种机构,比如济贫理事会、卫生理事会等。1871 年,环境卫生问题委员会提议将政府部门中公共卫生和济贫事务相关的职能合并,该建议很快被格拉斯顿政府接受,并建立了地方政府理事会,地方行政管理事务由专业人员组成的机构来负责,不再由普通文官运行的政府部门来负责。到一战前,该理事会重构了地方政府体系,扩大了地方机构的权力,成为一个可以负责地方架构、边界和财政相关事务的部门。②

随着需要管理的地方事务不断增加,一些新的中央部门机构得以建立和调整。1870 年,新成立的教育理事会来负责学校事务,之后又根据 1944 年法案,将该理事会职能转给教育部,后来又与科技部合并为教育和科技部。另外两个重要的地方职能住房和规划,也与地方政府事务部门的演变密切相关。一些地方服务包括道路、交通和社会公益等,都交由相关部门负责,1909 年成立了道路事务理事会;1920 年成立了交通部;1968 年成立了卫生和社会保障部,负责部分个人服务特别是儿童、老人、穷人群体相关服务,体育和艺术等服务职能则由教育和环境部门来负责。

中央政府要管理的地方事务越来越多。一战后,公众对住房和社会公益服务的需求越来越高,中央相关部门也经历了一些调整,许多地方管理权力转到了中央政府。1945 年之后,福利国家的发展促使负责地方政府事务的部门进行了重组,新的部门将地方政府事务、住房、规划、新城镇和国家公园等相关职能糅合到一起,并吸收了其他部门的相关职能,工党政府将新部

---

① K.Newton and T.J.Karran,*The Politics of Local Expenditure*,London:Macmillan,1985,pp.14-5.

② J.A.Chandler,*Public Policy Making for Local Government*,London:Croom Helm,1988,pp.22-5.

门命名为地方政府和规划部,随后哈罗德·麦克米伦宣布要建设 30 万套住房,并将其命名为住房和地方政府部。

推行福利国家和经济计划极大增加了政府行为,加上 20 世纪 60 年代公司管理理论的影响,威尔逊和希思时期的政府部门开始重组。1970 年 10 月,希思首相在白皮书中宣布建立新的环境部,该部门合并了住房和地方政府部、交通部、公共建筑和工程部。在规划建立这一部门的同时,威尔逊和希思政府都在考虑重组地方政府。环境部的职责范围很广,比如铁路、放射性废物的处理、政府建筑管理,直接涉及地方政府比较少,其他比如个人社会公益服务、警察等仍由地方管理。1976 年卡拉汉政府时期,交通部又重新从环境部分离出来,主要是因为中央政府认为环境部的职能太多,这样一来,环境部的职能架构与此前的住房和地方政府部相差不远,但仍然是个很大的机构,它还承担了污染控制、体育和休闲服务等职能,这在以前并不被看作重要职能。1979 年开始,地方政府相关立法使环境部大臣承担了相当多的职责,帕特里克·詹金要经常在议会应对关于地方政府的各种事务,以至于"看起来都要超出负荷了"。[1]

战后,济贫和医疗服务转移给了中央政府,但地方政府支出仍然快速膨胀,特别是教育、住房和社会公益服务领域。20 世纪 60 年代到 70 年代,政府机制发生了许多变化,也产生了许多问题,政府雇佣的就业人数比例超过四分之一,公共支出占国民生产总值比例超过一半。事实证明,国家不能永久地增加实际收入、维持价格稳定、保持充分就业、扩大社会服务。[2] 改革地方政府的呼声越来越高,改革的压力迅速加大,20 世纪 50 年代,中央发布了一系列关于地方政府辖区、职能和财政来源问题的白皮书,但关于地方政府新财税来源的官方报告显然是徒劳无益的。1966 年,由约翰·莫德爵

---

[1] J.A. Chandler, *Public Policy Making for Local Government*, London: Croom Helm, 1988, pp. 27–37.

[2] Geoffrey K.Fry, *The Growth of Government: The Development of Ideas About the Role of the State and the Machinery and Functions of Government in Britain Since 1780*, London: Frank Cass, 1979.

士担任主席的委员会成立,旨在就地方政府改革进行研究和提出方案。①

　　这一时期,多数欧洲国家出现了一股重组地方政府的改革浪潮。新的理念认为,大量规模很小的地方政府不能适应先进社会服务要求,英国进行能源、卫生、供水和其他领域的国有化就有这种考虑。也有一些国家拒绝了地方合并这种方式,而是通过其他途径来应对这一问题,比如法国等国家推行多功能的联合地方机构,在省一级或者次一级政府层面提供重要服务。也有国家进行了地方政府的重组,比如英国和斯堪的纳维亚半岛国家等,调整后单个地方所服务涵盖的人口规模扩大。②

　　二战期间,进行大范围规划的理念深入人心。1943 年、1945 年和 1956 年,政府先后发布关于地方政府的白皮书,就地方政府架构问题提出看法。1960—1975 年,中央政府通过各种方式对伦敦等地乃至全国地方政府体系进行了评估和改革,主要内容是边界调整和架构重组。依据 1963 年《伦敦地方政府法案》,伦敦地区在 1965 年进行了重组,建立了两个层级的大伦敦市议会和 32 个伦敦自治市,外加伦敦市,取代了总共 87 个地方机构。当伦敦地方政府重组时,英国其他地方政府架构遭到的陈旧过时、效率低下等批评越来越多。

　　由约翰·莫德领衔的委员会于 1967 年发布报告,首次对地方政府管理体制进行了综合评估,认为地方政府过于复杂,委员会和部门太多以至于降低了效率。③ 工党政府接受了委员会的建议,但未能在 1970 年大选后继续执政。保守党政府接受了关于大都市地区的理念,但不认同其他方案,因为这样就会削弱保守党在郡里的势力。根据最终通过的 1972 年《地方政府法案》,在英格兰建立六个包含两个层级的大都市地区,总共划为 36 个大都市区,在英格兰和威尔士建立 47 个非都市郡议会,包括 333 个非都市郡区

①　Royston Greenwood and J.D.Stewart, *Corporate Planning in English Local Government:An Analysis with Readings 1967-72*, London:C.Knight,1974.

②　Richard Batley and Gerry Stoker, *Local Government in Europe: Trends and Developments*, London:Macmillan Education,1991,p.37.

③　John Bourn, *Management in Central and Local Government*, London:Pitman,1979,pp.12-4.

议会。苏格兰地区的地方政府也经历了长期发展,根据苏格兰地方政府皇家委员会(惠特利委员会)的建议通过了 1973 年《地方政府(苏格兰)法案》,将近 400 个各类机构重组形成了 65 个地方政府。①

新建立的六个大都市郡包括大曼彻斯特、默西塞德、西米德兰兹、泰恩—威尔郡、南约克郡和西约克郡。这些大都市郡主要权力职能包括:战略规划、客运交通、交通规划与管理、道路安全与停车问题、道路建设、废物处理(不含收集)、休闲与艺术(不含图书馆)、消防、警察。大都市区的权力职能与外伦敦自治市非常相似,支出方面要高于大都市郡。非大都市区的权力职能包括:地方规划与开发管理、城镇开发、建筑管理、住房开发与管理、休闲、图书馆和艺术、环境卫生与消费者保护、废物收集(不含处理)、街道清洁、证照许可与注册登记。②

从地方政府发展可以看出,地方民主历史并不久远,选举产生郡议会只有不到一个世纪。地方政府明显从属于中央政府,中央可以改变地方政府机构组织,至高无上的国会可以改变地方政府的权力职能,这带来了地方主义问题和关于中央地方关系的争论。地方边界架构调整和不同层级间的职能划分一直在进行,地方职能增加的同时,也存在职能向中央政府和国有企业移交的过程。③

地方政府体系是维多利亚时代塑造出来的,广泛认为该体系过时且不合理。一些学者和官方报告呼吁通过激进改革建立新的地方政府体系,从而满足新的需求,应对人口结构和分布的变化。事实上,战后工党政府负责地方事务的大臣安奈林·比万曾经草拟过规划,想通过建立 240 个全功能的地方政府来取代既有的架构,但这项工作并无下文。随后的保守党政府没有提出新的动议计划,只在 1945—1948 年边界委员会的工作基础上,进

---

① Arthur F. Midwinter, *Local Government in Scotland: Reform or Decline?* London: Macmillan, 1995.

② Alex Henney, *Inside Local Government: A Case for Radical Reform*, London: Browne, 1984, pp. 27-8.

③ Alex Henney, *Inside Local Government: A Case for Radical Reform*, London: Browne, 1984, p.31.

行了一些制度机构上的修补。也就是说,地方政府或者中央部门并没有真正进行基础性改革的意愿,调整而非重构成为主导原则。①

　　1972 年《地方政府法案》于 1974 年 4 月开始生效,给地方政府体制带来了 1888 年以来最激进的变化,郡和郡自治市之间的基本差别取消了,开始出现大都市地区与非大都市地区的划分。1974 年进行的地方边界和机构重组,并未解决地方财税制度与经济社会形势不相适应的问题。在此后的地方财税改革中,以伦敦为首的大都市地区成为对抗保守党政府的堡垒。1983 年,保守党政府宣布要取消大伦敦市议会和六个大都市郡,在英格兰主要城市地区建立统一的地方政府体系,较低层级的地方机构不能完全承接所有的职能,于是建立了一些特设机构和联合委员会来履行职能。②

　　地方政府的衰落与战后共识的崩塌密切相关,地方政府注定要成为这一过程的第一个"受伤者"。③ 在克莱门特·艾德礼执政时期,地方政府是社会重建中最重要的机构,在福利国家建设和社会政策制定中扮演着关键角色。到了 20 世纪 80 年代,地方政府的这种角色变得不再重要。1987 年之后的立法显示,政府试图改变地方政府的角色和职能,使其行为、组织和方向与新的经济结构、福利制度和企业家文化相兼容适应,这些被撒切尔人看作英国未来实现成功的关键。④ 到了约翰·梅杰执政时期,景象变得大不一样,地方政府失去了公共服务方面的优势,经过重组合并,地方政府看起来职能增加了,但却失去了受欢迎的基础,受到的信任和尊重更少了,重要性也不及三十年前。⑤

---

①　Gerry Stoker, *The Politics of Local Government*, London: Macmillan, 1991, p.5.

②　William L. Miller, Malcolm Dickson and Gerry Stoker, *Models of Local Governance: Public Opinion and Political Theory in Britain*, Basingstoke: Palgrave, 2000, p.12.

③　Ken Young and Nirmala Rao, *Local Government since* 1945, Oxford: Blackwell, 1997, p.2.

④　John David Stewart and Gerry Stoker(eds.), *The Future of Local Government*, Basingstoke: Macmillan Education, 1989, p.141.

⑤　Ken Young and Nirmala Rao, *Local Government since* 1945, Oxford: Blackwell, 1997, pp.305-6.

第二节　地方财政基本制度

英国地方政府的主要财政收入来源包括：地方税收入、中央拨款和补贴支付、各种借款以及财政盈余、各种服务费用和经营收益等。从地方收入来源角度看，与地方财税相关的制度主要包括：地方税制度、中央拨款制度和地方借款制度等。地方税由地方政府自收自支自治，中央拨款由中央财政转移拨付地方，这两者主要支持了地方经常性支出以及部分资本性支出，地方借款一定程度上受到中央监管，主要用于地方资本性支出。

1. 地方税制度

首先需要了解的是地方税制度。英国地方税历史悠久，一般可以追溯到伊丽莎白时期，主要依据是 1601 年《济贫法》。此后通过了近百种影响地方税的法案，一些法案适用至今。1601 年法案实行伊始，要求每位教区居民都要缴税，之后要求所有居民的个人财产都应纳税，甚至舟船所有者都要纳税，1840 年法案首次将地方税原则定为房产占用人缴纳，取代此前的居民。① 与直接交给中央政府的收入税不同，它是地方居民依照特定不动产（厂房、商业用房或者住房）的评估价值，按照一定比例缴纳的税，在很长时间里它是地方政府的唯一税种。

地方税属于不动产税，作为课税对象的不动产容易衡量计算，地方税税基评估的基本方法也在不断改进。1601 年《济贫法》被广泛认为是现代地方税制度的起点，但在此后的两百年里，地方税设定方法并未最后确立，直到 1840 年《济贫税免除法案》，最后确定将不动产作为地方税课税对象。随着制度的完善，有一些不动产受到豁免或者减免缴纳地方税，主要包括：皇家拥有或租用的房产；农业用地和建筑；教堂和其他宗教用途建筑；慈善

① *Financing Local Government in England and Wales* 1960 – 1970（Brief for C. P. C. Discussion Groups），London：Connservative Political Centre，December 1962.

公益及相关团体组织房产;公园和开放空间;警用房产;残障人士住房;其他诸如灯塔设施、外交人员用房、泵站等。①

传统上,地方政府可以通过向房产所有人征收地方税来获取财政收入,从而履行公共管理服务职能。随着时间推移,中央财政部的拨款也成为地方重要收入来源,但在19世纪末期,中央拨款只能涵盖地方政府支出中的很小一部分。事实上,在19世纪,缴给地方政府的地方税总额要高于缴给中央的收入税,这种状况直到一战之后才有所改变。因此,征收地方税和评估地方税税率成为地方政府的重要事务。地方税税率是比较易于理解的说法,具体来说,比如房产应税价值100英镑,如果税率是1"p"(便士,同pen-ny,也有用"d",为£sd货币系统单位,用作税率单位时表示比率,类似于"1分息"的"分"),那么应纳地方税为1英镑,如果地方税税率是150便士,那么应纳地方税为150英镑。

1925年税收与评估法案进行改革之前,实际上有两种不同的地方税。一种是济贫税,主要用于地方减少贫困,诸如教育等新的地方公共服务支出也摊到了济贫税上。还有一种是通常说的区税,限于城市地区,用于健康卫生服务支出。从数额上看,区税要明显少于济贫税。由于有济贫税和区税两个税种,不同地方征税负责人也不同,在城镇地区通常由地方议会授权委派人员征收,乡村地区则是由助理督察员负责,较小教区的济贫税由教区督察员负责征收。经过一番争论后,分立的济贫税和区税被取消,各类地方税最后在1925年合并为一般性地方税,由自治市和区负责征收。

地方税以房产价值作为缴税依据。税收合并之后,地方税的基础性原则得以确立,每个地方税纳税人要根据其房产价值纳税,用以支付地方服务成本。房租越高,纳税越多,且无论房产是否处于使用状态,都要缴税。因此房产如果空置,房主必然有所损失。正如一个重要的官方征询中所说:地方税就是由构成地方政府共同体的个体贡献的,用于承担为共同目标协调行动的成本,至于数额税率,则是根据执行机构净成本支出,依据纳税人所

---

① N.P.Hepworth,*The Finance of Local Government*,London:Allen & Unwin,1984,pp.74-7.

拥有房产的价值,在地方纳税人之间进行分摊。①

地方税与国家税(中央税)的区别在于:国家税是由税务机构来确定数额税率,根据不同情况下交易的多少来纳税;而地方税则是由税务机构根据需要征收的总数额,按照一定标准来确定税率,分摊给地方税纳税人。因此,国家税的程序是加法,地方税则是除法,对于国家税来说,税务机构希望能征收到特定税收总额,对于地方税而言,税务机构知道自己肯定能够实现目标数额。②

地方税税基估值部门不断发生变化。最初,地方税估值由教区督察员负责,1852年郡县地方税法案赋予法官估值职责,1862年联合估值委员会法案授权估值委员会对每个教区进行估值,这在一定程度上统一了不同地区的估值,估值机构由此前的1.5万个变为640个地区。③根据1888年《地方政府法案》,由郡议会委派的郡地方税委员会来进行税基估值。根据1910年《财政法案》,建立了一个政府估值部门来管理税务局。中央政府估值工作人员基于统一标准,逐步汇集全国范围内各种房产价值信息。1914年,地方税收问题部门委员会提议,所有的估值都要由政府土地估值人员实施,但估值工作仍然不够统一和高效。

国务大臣内维尔·张伯伦决定改革有关其部门工作的立法。1925年,地方税和估值法案进行了基础性改革,促进了估值的统一,并使估值和地方税征收更有效率。郡自治市、非郡自治市、城市和乡村的区议会成为地方税机构,可以委派官员负责估值,甚至雇佣人员来协助房产估值工作,他们草拟的清单需转交估值委员会进行修订和批准。1925年,地方税和估值法案扩大了地方税范围,尽管有许多变化,地方税相关估值和征收一直由地方政府负责了将近350年。

二战之后,地方税估值制度更加规范明确。1948年《地方政府法案》实

---

① K.B.Smellie, *A History of Local Government*, London: Allen & Unwin, 1949, p.64.

② K.B.Smellie, *A History of Local Government*, London: Allen & Unwin, 1949, p.65.

③ K.B.Smellie, *A History of Local Government*, London: Allen & Unwin, 1949, p.120.

行了财政收支平衡补贴,取代了此前的一揽子拨款。为此,国会将房产估值工作移交给了税务局。① 1948 年《地方政府法案》规定,每五年进行一次估值。事实上,到 20 世纪 80 年代推行地方税改革之前,只在 1956 年、1963 年和 1973 年进行过大范围统一估值。定期估值看似简单,但估值变化及其引起的税负变化往往伴随争议,并不能定期按时实施。社区费(人头税)的出台就与 20 世纪 80 年代末苏格兰地区地方税税基估值有关。

房产估值的公平性问题是争议之源。地方税的估值征收有个逐步演变调整的过程,最初,所有房产和用地基本都需要按估测价值同等纳税。19世纪以前,地方服务主要是教区范围内的,只需要在教区内部进行估算。但是当济贫或者卫生方面的支出需要在教区间分担时,各个教区之间的税基估值就要公平。一开始,征税估值的单位地区范围比较小,数量较多,每个地区的估值由其督察员负责。但很快发现,督察会尝试低估本地区房产,这样可以少缴一些郡地方税。这样一来,当有些服务成本需要由多个地区一起分摊时,估值较低的地方就能从中占到便宜。为避免这种情况,1862年之后教区估值清单要经过当地督察员批准。

如果对估值委员会的决定有异议,可以向季审法院提起诉讼。按照规定,每个行政郡要委派一个郡估值委员会,该委员会通过组织会议和对当前估值提出修改意见来促进统一,但没有直接制定估值清单的权力。最后,由地方税机构、郡估值委员会和评估委员会以及其他由卫生部委派的特定人员组成中央估值委员会,委员会以顾问身份来推动统一。1967 年《统一地方税法案》第 7 款明确规定,地方税纳税人有权就地方税问题起诉,该条款主要被地方税纳税人用来反对地方税上涨,但个人要想胜诉似乎还有不小的难度。②

地方税不受欢迎,其原因显而易见。国家的各税种都隐藏在交易环节和价格之中,与个人收入或个人消费相关,而地方税不具有这些特点。缴纳

---

① William A.Robson,*Local Government in Crisis*,London:Allen & Unwin,1966,p.17.

② N.P.Hepworth,*The Finance of Local Government*,London:Allen & Unwin,1984,pp.87-8.

地方税并没有同时获取什么收入或新的商品消费。地方税以租金为考量因素，实际上关于租金的信息是比较缺乏的，估值人员通常很难充分考虑到通货膨胀因素，1973 年之后通胀水平创下纪录，有些观点认为地方税应该以资本价值为基础，而不是租金价值。①

随着经济发展，为增强英国农业和工业竞争力，降低成本扩大就业，政府先后降低和减免了农业以及工业的地方税。1896 年通过了《农业地方税法案》，解决农业用地的地方税估算问题。1923 年，另一个《农业地方税案》进一步对农业利益做出让步，到了 1929 年，《地方政府法案》又规定农业地税完全减免。1928 年，税收减免涵盖范围扩大至工业和铁路，两者都减少了四分之三的地方税负担。此项政策旨在降低成本，减少失业，增强英国工业在国际贸易中的竞争力，地方政府的部分损失由财政部拨款补偿。财政大臣温斯顿·丘吉尔支持这项政策，张伯伦表示反对，但后者没能说服内阁同僚。②

围绕地方税减免政策，出现了不同看法乃至争议。在免除农业地方税时，有观点认为，应该补偿那些主要依靠农业地方税的地方政府。实际上，很难认定农业地方税减免是否公平。1871 年，乔治·戈申的报告显示，30 年时间里，地方税从 800 万英镑增长到 1600 万英镑，所增长的 800 万英镑中有 650 万由城市区缴纳。同一时期，应税价值与地方税收增长保持了同步，但城市要比乡村地区增长更多。③ 当然，城镇纳税多一些是正常的，城镇房地产增值更快，地方行政开支增长部分几乎全部用在了城镇地区。

随着地方服务支出的增长，地方税税负公平问题开始凸显。20 世纪 60 年代早期，麦克米伦政府开始关注地方税对于房产所有人的影响，艾伦委员会调查了收入与税负问题，调查结论证实了社会流行观点，也就是穷人的地

---

① Stephen J. Bailey and Ronan Paddison, *The Reform of Local Government Finance in Britain*, London: Routledge, 1988, pp.25-28.

② Bryan Keith-Lucas and Peter G. Richards, *A History of Local Government in the Twentieth Century*, London: Allen & Unwin, 1978, p.139.

③ K.B. Smellie, *A History of Local Government*, London: Allen & Unwin, 1949, p.72.

方税负占收入比重高于富人。① 报告显示地方税很不合理,将地方税改革推上了重要议程,促使政府采取措施帮助减轻纳税人负担。1966 年 2 月,工党政府发布了英格兰和威尔士地方政府财政问题白皮书,该白皮书以艾伦委员会报告为基础,认为地方税增长快于收入增长,地方需要不断增加支出来应对公共服务需求,中央将通过拨款减轻地方税负担,巩固地方财政制度。② 1966 年《地方政府法案》改革了中央拨款制度,增加了一个住宅因素,减轻所有住宅地方税纳税人负担,同年的地方税法案允许对低收入纳税人进行税收减免,以减轻低收入者负担。③ 不过,减免和补贴只能解决部分不公平,更重要的不公平仅靠减免是无法解决的。

长期以来,地方税都是重要税种,实际上是 19 世纪里以收入和财富为税基的主要税种。收入税在 1799 年才开始实行,1816 年出现反复,1842 年再次实行,经历了很长时间,收入税才成为税收体系中的恒定成员。1913—1914 财年,地方税总额(8200 万英镑)几乎是收入税(4400 万英镑)的两倍,占到所有税收收入的三分之一。即便到了 1938—1939 财年,地方税收入(21500 万英镑)也达到了收入税(33600 万英镑)的三分之二。到了 20 世纪 80 年代早期,地方税达到了收入税总额的五分之二,仍然是第四大税种,占到了税收收入总额的十分之一还多。英国的地方税收入占税收总额的比例要高于美国,也高于经济合作与发展组织其他一些成员国,其他成员国家房地产税占税收收入总额的比例平均为 5.4%。④

尽管地方税估值相对比较麻烦,但从税率计算角度,地方税制度非常便利,很容易确定每户居民应纳税额,也比较容易征收。地方议会只需知道房产的应税价值以及所需征税额度,通过简单计算便能知道税率。以 1984—

---

① *Committee of Inquiry into the Impact of Rates on Households Report*, Cmnd 2582, London: HM-SO, February 1965.

② *Local Government Finance England and Wales*, Cmnd 2923, London: HMSO, February 1966.

③ Stephen J. Bailey and Ronan Paddison, *The Reform of Local Government Finance in Britain*, London: Routledge, 1988, pp.31-3.

④ Alex Henney, *Inside Local Government: A Case for Radical Reform*, London: Browne, 1984, pp. 108-9.

1985 财年地税封顶之前谢菲尔德为例,其经常性支出总额为 37500 万英镑,其收入包括房租和各种收费 12400 万英镑、中央专项拨款 2040 万英镑、此前盈余储备 1180 万英镑、一揽子拨款 8310 万英镑,两者相减得出需通过地方税募集收入为 13570 万英镑,那么用所需征税总额除以地区应税价值总额(6520 万镑),计算得出该地区地方税税率为 208.1 便士。[1]

长期以来,学术界对地方政府依赖单一地方税制时有批评,地方政府也逐渐开始关注这个问题,并且也认识到,他们的财政自主权要小于国外同行。20 世纪 70 年代地方政府重组为改进地方财税制度提供了最后的机会,地方政府结构与财政问题是绑在一起的,改革应该密切配合进行。但是,财政问题未被列入皇家委员会的参考方案,1971 年 2 月,中央政府发布的英格兰地方政府重组方案对此未有涉及。[2]

关于地方税的批评包括多个方面:住宅地方税不公平,与支付能力或者服务使用无关;对慈善团体减免比例不恰当,减免实际上是一种地方补贴,有的减免可以接受,有的最好变成显性补贴,还有的慈善团体并未给地方带来很多利益;减免农业地税对城镇居民来说不公平;地方税缺乏灵活浮动;地方税估值断断续续缺乏连贯;商业地方税不公平,因为与其收益无关,业主纳税却无代表权;非住宅地方税减轻了地方责任;高额的非住宅地方税抑制了投资和就业。[3]

总之,19 世纪后半期特别是 1871 年之后,英国地方政府经过了规范发展,形成了比较完备的地方政府体系,地方税成为与之相配套的重要财税制度。这套制度在近百年时间里运行比较成功,期间有各种微调改进,没有发生根本性变化,直到 20 世纪 70 年代地方重组与地方税估值才再次引起议论。在这一个世纪里,社会经历了翻天覆地的变化,地方政府职能也大幅增

---

[1] Steve Bond, *Taking over the City:Threats to the Future of Services and Jobs in Sheffield*,Sheffield 88 Southview Cres.,1985,p.6.

[2] A.H. Marshall, *New Revenues for Local Government* (Fabian Research Series 295), London:Fabian Society,June 1971,p.1.

[3] Alex Henney,*Inside Local Government:A Case for Radical Reform*,London:Browne,1984,pp.116-20.

加和拓展,这给地方财政造成了压力,地方税收入无法应付这种负担,财政部拨款成为地方政府不可或缺的财源。

1971 年、1977 年和 1981 年,中央政府分别发布了三份关于地方财政和地方税问题的绿皮书。有三个原因促使各方面寻求新的地方收入来源:首先是降低或者替代地方税,将地方政府开支转嫁到其他部门;其次是地方税上涨容易引人注意,地方政客们想增加支出,就要找到不易为人察觉的税种,并为地方带来灵活可变的收入来源,比如税收能够随着通货膨胀自动增长;最后,减少地方对中央拨款的依赖,增强地方的自主性。①

地方税制度受到的非议越来越多,但仍得以维持。中央通过行政劝导和拨款制度来影响地方,每次国家遇到经济困难,中央都会鼓励地方议会自行调整,以应对通胀、收支平衡以及失业等问题,从而适应国家整体形势需要。但随着经济社会发展和政治形势变化,特别是保守党上台后,这样的模式变得难以为继。

地方税的计征原则逐渐显示出落后性。住宅地方税出现已经有将近 400 年,但现有地方税形式是 19 世纪末才出现的,地方税起源于农业经济时期,那时候占有土地就意味着有能力缴税,土地所有权往往与投票权相联系。但 20 世纪高度工业化以来,地方税制度变化不大。地方税最初是房产税,税款主要是支付与房产有关的服务,比如消防、道路、污水处理和给排水。后来,地方议会提供了包括教育、公共交通等在内的服务,这些都是基于个体,而不是基于房产,也就是说,基于房产价值的住宅地方税很大程度上与现代社会生活缺乏关联。②

1981 年保守党发布住宅地方税替代方案绿皮书,提出了评估一个地方税种要考虑的因素:是否可行及能否带来同样的收入;能否促使地方政府对选民和纳税人更加负责;是否与纳税能力相称以及实现地区间公平;能否合理征收、成本更低;是否能够让其他纳税主体接受,是否能公平分配负担;是

---

① Alex Henney, *Inside Local Government: A Case for Radical Reform*, London: Browne, 1984, p.139.
② *Local Government Brief* (*No.*43), London: Conservative Research Department, December 1987. (PUB 145/4)

否有助于合理的财政控制;是否适合单层级或多层级的地方政府。① 各种替代地方税或者补充地方税的方案令人眼花缭乱,主要包括:国税分派收入、地方公司税或者工资税、人头税、地方销售税、地方收入税以及各种收费。最后,经过一系列争论,社区费以及统一商业房产税成为替代选项,但先天不足的社区费昙花一现,喧嚣过后又被市政税取代。②

2. 中央拨款制度

中央拨款制度与地方税制度一样,也是地方财税的基本制度。与地方税制度相比,中央拨款制度的历史没有那么久远,其发展演变主要经历了三个阶段。最早的中央拨款与地方司法、警察、教育、卫生以及道路等职能有关,并多以专项补助拨款形式出现,之后形成了收益分配制度以及一揽子拨款制度。1900 年,政府拨款占地方收入的 12%,其中主要是 19 世纪发展起来的专项拨款。两次世界大战之间,拨款制度发展进入第二个阶段。1929年后进行了改革,一些数额较小的专项拨款被一揽子拨款取代,主要因素包括人口等。二战之后,拨款制度发展进入第三个阶段。1948 年开始实行收支平衡补贴,1958 年教育和其他一些专项拨款成为统筹拨款,1967 年统筹拨款成为地税补助拨款。20 世纪 80 年代,中央拨款制度又经历了一系列改革调整。

第一阶段是中央拨款制度的起步阶段,主要是专项补助拨款。早期拨款的重要项目包括警务、教育以及道路修护。1829 年,中央开始对大都市警察支出提供拨款支持。1835 年,中央政府拨付给地方的服务支出为 8 万英镑,主要是用于司法治安方面。1846 年,著名的《谷物法》被取消,进口谷物税降低,为了减轻对农业以及地方的影响,罗伯特·皮尔在提出谷物法动议的同时做出承诺,国家将分担一些地方职能和服务开支,比如犯罪诉讼和囚犯监管费用、济贫助困相关费用等。专项补助拨款同时也可以促使地方

① Alex Henney, *Inside Local Government: A Case for Radical Reform*, London: Browne, 1984, pp. 123-4.

② 市政税(council tax),也有译为"家庭税""市镇税""住宅税"及"住房财产税"等。

政府提高工作质量,比如,根据 1856 年《警察法案》,如果郡和自治市警察的数量和规则被内政部认可,那么,地方可以得到相当于警察薪水和服装支出四分之一的拨款。①

在 1888 年之前,中央拨款有两个估算基础:一方面考虑服务成本,另一方面考虑支出比例。随着地方职能以及拨款数量和项目的增加,需要在中央和地方财政之间进行清晰界定与划分。随后担任索尔兹伯里内阁财政大臣的乔治·戈申希望创设一个清晰的机制,对用于全国普遍目标和用于支持地方服务的国家财政收入做出区分。② 1888 年《地方政府法案》中体现了这一尝试,这便是收益分配制度。

根据 1888 年《地方政府法案》,针对警察、道路、济贫以及犯罪诉讼等方面的年度拨款取消,取而代之的是新的制度体系,从特定的国家税收收入中分配一部分给地方。地方从各种证照许可中获取收入,包括酒类和香烟等税收,地方政府还可以从遗产税中分到四成,这些钱并不归入统一的国家税收池子,而是进入一个新的地方税收账户,然后分配给地方。当然,并非所有专项拨款都被取消,比如教育拨款依然得以保留。

1888 年后,补助拨款有两个类别:针对特定服务的专项拨款和针对普通服务的一揽子拨款。专项拨款主要用于特定地方官员的薪水,或者是特定服务项目,比如贫困疾患群体的赡养。通过这类拨款,中央政府可以鼓励和督导地方不断改进服务。但这类专项拨款导致了另一个结果,地方加强服务可能不是基于服务需要,而是为了获取更多拨款。相比之下,一揽子拨款能更好地适应复杂的形势和不断变化的地方行政环境。

收益分配制度很快遇到了问题。1896 年,农业用地 50% 的地方税收得到减免,导致乡村地区财政收入大幅缩减,中央政府为此拿出部分国家税收,作为一项新的拨款来弥补地方的损失。此外,由于收益分配依据的是 1887 年的计算公式,导致了一些地区的不满,尤其是贫困地区和人口增长

---

① K.B.Smellie,*A History of Local Government*,London:Allen & Unwin Ltd.,1949,pp.68-9.

② Bryan Keith-Lucas and Peter G.Richards,*A History of Local Government in the Twentieth Century*,London:Allen & Unwin,1978,p.141.

地区,关于中央政府应该如何资助地方服务也出现了一些争议。

政府补助拨款制度在 19 世纪不断发展,应对了各种需要。到了 20 世纪初,拨款制度需要在三个方面有所改进:要承担部分服务支出,这些服务由地方管理,却无法完全由地方税收来承担;纠正个体间和地区间税负的不平等;通过拨款机制,使中央能够对地方服务进行行政督导,服务由地方提供,但要符合一定的标准。这三个方面虽然简单,却涉及财政、行政管理和公共政策等现代国家治理的重要问题。①

1895 年成立了地方税制问题皇家委员会,委员会多数派支持采用收益分配制度,而少数派则希望结束该制度,将有关全国服务的拨款归入统一的税收基金,再从中分配到地方税收账户。拨款要基于综合计算,考虑应税价值,使贫困地区和富裕地区能够实现财政状况平衡均等,少数派观点得到了委员会的支持。② 但是所有成员都同意,地方服务可以分成两类:一类是重要的基础性的国家服务,包括济贫、警察、公路和教育,需要作为国家政策;另一类是简单的直接的地方服务,属于选择性的服务,或者是直接有益于纳税人的服务。地方税制问题皇家委员会于 1901 年形成了报告,建议由财政部承担国家服务的一半成本。③

虽然政府并未在报告发布后立即行动,但收益分配在财政拨款中不断减少。1907 年《财政法案》规定,收益分配需要再次归入统一基金,然后转到地方税收账户。此后,一部分车辆许可证收入分给了地方,不是通过地方税收账户,而是通过 1909 年建立的道路基金,用于促进主干道路的养护改善。其他专项拨款也发展起来,比如自由党政府实行的污水处理项目拨款。一战前后,政府设立了各种专项服务拨款,主要用途涉及郡和自治市的教育、警察和道路支出。这样一来,收益分配制度逐渐失去了光芒。

20 世纪二三十年代,中央拨款制度发展进入了第二个发展阶段。一定

---

① K.B.Smellie,*A History of Local Government*,London:Allen & Unwin.,1949,p.115.

② Bryan Keith-Lucas and Peter G.Richards,*A History of Local Government in the Twentieth Century*,London:Allen & Unwin,1978,p.143.

③ *Royal Commission on Local Taxation Report*,Cmnd 638,London:HMSO,1901.

程度的财政独立对于维持地方自治管理是必要的,但又很难给出确定的标准。财政部此时倾向于实行一揽子拨款,并可能为此设法避免了 1922 年梅斯顿委员会报告的出版。① 到了 1929 年,分派收入几乎完全消失了。这就进入了第二个发展阶段,主要特征是一揽子拨款快速发展,专项拨款相对衰落。

第一个一揽子拨款直到 1888 年《地方政府法案》的出台才得以设立,这也是地税补助拨款的原型。1929 年之前,地方财政主要有两个特点,一方面中央政府拨款制度快速发展,另一方面地方支出规模和范围大幅扩张。特别是 20 世纪 20 年代后半期,地方支出快速增长,导致了拨款制度的危机,并引发了对地方税负担的抗议,结果通过了内维尔·张伯伦的 1929 年《地方政府法案》,对拨款制度进行了改革。

1928 年,对工业地方税的部分减免和农业地方税的完全减免,导致地方政府收入减少,需要中央财政进行拨款补助。由于这种补助并非针对某项服务,1929 年《地方政府法案》实行了新的一揽子拨款,终止了针对各种卫生服务和道路建设养护的专项拨款。当然,这也不完全绝对,一揽子拨款的分配是基于一个公式,考虑的是不同地区的特征,而不是地方议会的支出,影响因素包括儿童数量、人均应税价值、失业率和人口密度。按照这种拨款方式,财政需求最大的地方可以获益更多。为了能够平稳过渡,新的分配制度是分步生效的。

尽管专项拨款受到限制,但很多人仍倾向于按特定目的来分配拨款。只有这样,中央政府才能在拨款使用问题上对地方施加影响。通过给拨款附加条件,还能使地方遵守和维持一定的服务标准。事实上,此次改革并没有将教育、警察、住房和道路有关的单独拨款统统裁并。但是,财政部认为,针对特定地方职能的比例拨款会鼓励浪费。② 要有效监管地方议会提出的拨款,会增加行政管理成本,而一次总额付清的拨款提前就固定了,意味着

① Charles Haynes Wilson(ed.),*Essays on Local Government*,Oxford:Blackwell,1948,pp.128-31.
② Bryan Keith-Lucas and Peter G.Richards,*A History of Local Government in the Twentieth Century*,London:Allen & Unwin,1978,p.145.

如果地方议会要额外支出,地方议员要负责筹钱。

客观形势发展使专项拨款再度受到青睐。为了降低生育妇女的死亡率,加强对生育妇女的服务,1936年《助产士法案》给予地方政府一项新的比例拨款。二战期间,拨款范围进一步涵盖到民防以及战争时期所有地方的紧急服务。根据1944年《乡村地区供水和污物处理法案》,乡村地区可以获取拨款来弥补这些基础设施的部分建设成本。此时,更多的地方服务项目是应中央政府要求而产生,很少有服务项目是完全地方化的,从这个角度来看,至少在初期,专项拨款还是最符合实际需要的方式。

二战结束后,中央拨款制度进入到第三个发展阶段。这是中央拨款制度的快速发展时期,与福利国家建设和地方政府职能扩张密切相关。这一阶段主要经历了1948年财政收支平衡补贴改革、1958年统筹拨款制度改革和1968年地税补助拨款制度改革。

战后,工党政府开始有选择地鼓励地方政府活动,当中央希望地方政府承担一些新职能的时候,就会分担一些成本。根据1946年《国民健康服务法案》,中央对地方卫生服务提供一半的拨款。还有针对战后重建和公共建设方面的拨款,比如消防、住房等。按照福利国家的理念,地方政府要稳步改进教育、卫生以及社会服务,地方也想从财政部获取更多的财政援助,尽管有人担心地方自主性遭到削弱,中央拨款仍然受到欢迎。地方议会可能不太情愿承担新职能,但这样就会失去拨款,其服务水平也会落后于其他地方。

首先是1948年的收支平衡补贴制度改革。平衡补贴是在战后正式实施的,其应用可以追溯到早期的教育拨款。早期专项拨款模式中,最重要的项目之一便是教育拨款,该制度基于人数,结合应税价值因素,是资源均等化理念的初次运用。[1] 到了1929年,较小规模的专项拨款被一揽子拨款取代,这是一种总额拨款,根据包括人口等客观因素在内的公式模型计算得出拨款数额方案。

---

[1]　Glen Bramley, *Equalization Grants and Local Expenditure Needs*, Avebury, 1990, p.10.

1948 年《财政平衡法案》引入了颇为现代的资源均等化方法理念,结束了 1929 年开始的一揽子拨款。人均应税价值低于全国平均水平的地方,会得到财政部提供的拨款,从而使其达到全国平均水平。这样一来,人均应税价值最低的地方议会所得补助最多,而高于平均水平的地方则一无所获。这种基础性的改变影响很大,其目的在于促进社会公平。为了避免地方估值机构为获取更多补助而人为低估,1948 年法案将地税估值职能进行了国家化。财政均等化也是世界许多国家在政府间拨款时所考虑的基本因素,为了实现这些目标,美国及其他国家的许多拨款方案都包括"反映财政需要和能力的条款"。①

在 1958 年实行新的统筹拨款制度之前,专项拨款仍然非常重要。仍以教育拨款为例,地方教育机构支出的一半以上来自国家拨款。按照平衡补贴制度,那些应税价值较低的地方可以获取额外的拨款,从而达到全国平均水平。这就意味着,地方教育支出中,实际上有更大比例的支出是由国家拨款承担的,地方议员为地方争取更多补助的动力很强。尽管也有关于地方支出标准的监管法规,但由于监管成本高和地方反对,法规实施起来往往比较困难。

随后是 1958 年的统筹拨款制度改革。1958 年,教育拨款和其他一些专项拨款被合并成为统筹拨款,新拨款是基于公式推算出的综合性拨款,也就是地税补助拨款需求因素的前身。1967 年,该制度更名为地税补助拨款,除了引入住宅因素外,该制度变化很小。

1957 年 2 月 12 日,住房和地方政府大臣亨利·布鲁克宣布,关于赋予地方政府新收入来源的提议未能通过,中央政府认为实行新的地方收入税或者其他国家税收之外的项目没有实际意义,政府的方案是改进地方税制度和拨款制度。保守党政府在 1957 年 7 月的白皮书中宣布,要用新的统筹拨款取代教育、消防等专项拨款,将控制权更多交给地方政府,由地方政府对其职能完全负责,要尽可能地将目标和具体管理权留给地方,中央更多地

① 华莱士·E.奥茨:《财政联邦主义》,译林出版社 2012 年版,第 84 页。

着眼于有效履行中央政策和财政管理。但是,仍然要保证国家政策的执行,确保拨款支持的各种服务符合基本标准。[1]

新的方案是提前确定统筹拨款数额,拨付给郡和郡自治市。计算公式包括三个因素:基础性份额、补充性份额、地税实际扣除。基础性份额是人均数额,加上对15岁以下儿童的小笔额外拨款。补充性份额包括学龄儿童、5岁以下儿童、老人、其他人口密度高和人口下降较快地区以及大伦敦地方当局。基于人均应税价值的收支平衡补贴更名为地税补充拨款,得以继续保留。

保守党宣称,新的统筹拨款方案可以让地方政府摆脱条条框框的束缚。统筹拨款将事先设定,地方将会知晓中央补助额度,然后可以按照他们自己的意愿来安排使用。当然,地方要受到中央的约束,中央可以通过贷款审批来限制地方资本性支出。但是,按照这样的规划,任何额外支出将完全由地方税来填补,这将迫使地方对其支出更加负责。为了增强地方独立性,白皮书提议削减拨款,但同时会进行地方税重估以提高地方税收入。新方案自然招来了一些抗议,地方教育委员会协会声称,教育服务标准将因此受到损害。[2]

根据1958年《地方政府法案》,新的统筹拨款取代了针对教育、消防、健康、儿童照料、规划、道路安全、交通巡逻、选民注册、身体康复训练、居住区和学校巡逻等地方服务的专项拨款。财政收支平衡补贴继续调整,作为地税补充拨款,控制统筹拨款分配的公式类似于1929年所用的方法。事实上,新制度不但没有使地方减少支出,新的拨款规模比预料的更加慷慨,地方政府可用财政资源还有所增加。1958年《地方政府法案》实行的改革对于地方政府很重要,基本原则借此建立了起来,中央拨款是将国家税纳税人的钱转给地方税纳税人,而不是中央政府鼓励特定的服务。

统筹拨款原则成为讨论拨款制度问题的焦点,两党在此问题上意见不一。保守党倾向统筹拨款,而工党则支持专项拨款,这导致了直接的党派冲

---

[1] *Local Government Finance England and Wales*, Cmnd 209, London: HMSO, July 1957.

[2] Bryan Keith-Lucas and Peter G. Richards, *A History of Local Government in the Twentieth Century*, London: Allen & Unwin, 1978, p.147.

突。工党担心减少中央督导会降低服务标准,要求中央对地方支出水平和标准加以干涉,以及实行更多专项拨款的主张在工党党内得到了广泛支持。① 但是,当1964年工党执政后,住房和地方政府事务大臣理查德·克罗斯曼就拨款制度问题咨询了地方政府,他发现,保守党政府推行的新制度得到了广泛支持,而且统筹拨款更加灵活和易于管理,于是工党政府接受了统筹拨款的理念。随后克罗斯曼提出了两个问题:中央需要督导地方服务,不同地方之间负担不平衡。②

最后是地税补助拨款取代统筹拨款制度的改革。20世纪60年代,中央政府关注的问题是拨款数额。此时正处于经济发展较快时期,地方政府需要提供范围更广和标准更高的服务,需要不断增加支出以应对人口增加、工资以及各种成本的上涨。地方支出不断增加,地方税也随着提高,这遭到了公众的反对,并给中央政府带来了政治压力。由于地方税率是地方决定,改革起来并不容易,中央只能通过给地方更多拨款来减轻地方税负担。

1967年,统筹拨款更名为地税补助拨款。地税补助拨款有需求因素、资源因素和住宅税因素三个部分。需求因素就是在人口因素基础上考虑经费需要,包括5岁以下、15岁以下、65岁以上、人口密度、在学儿童比例等多个因素,据此按照公式进行计算,向所有地方提供补助。资源因素基于应税价值,取代了地税补充拨款,给予较贫困的地方额外帮助,如果地方税增长边际收益低于全国,中央就会提供一些拨款。住宅税因素是对那些降低住宅地方税税率的地方进行补偿,主要是对住宅地方税纳税人的减免,对于住宅所有人的减免固定为一个数额,1967—1968财年是5便士,1968—1969财年是10便士。③ 到了1974年,住宅税因素占到了4.4亿英镑,英格兰地

① Tony Travers, *The Politics of Local Government Finance*,London:Allen & Unwin,1986,p.11.

② Bryan Keith-Lucas and Peter G.Richards,*A History of Local Government in the Twentieth Century*,London:Allen & Unwin,1978,pp.147-8.

③ John Pitcairn Mackintosh,*The Devolution of Power:Local Democracy,Regionalism and Nationalism*,London:Chatto & Windus,1968,p.31.

区允许的减免幅度是 13 便士,威尔士地区则为 33.5 便士。① 在此后的一些年里,住宅税减免越来越多。

中央政府在 1967—1968 财年实行地税补助拨款新制度。按照新制度,地方政府需要提交接下来两年的支出预估算。在对服务需求进行评估等基础上,中央政府会决定有关支出总额,并确定拨款数额。此举旨在"保证地方税率增长与经济增长更好地保持一致"。② 1967—1968 财年,需求因素为 10.51 亿英镑,资源因素为 2.09 亿英镑,而住宅税因素为 0.23 亿英镑,地税补助拨款总计 12.83 亿英镑,专项拨款总计 1.31 亿英镑。其中包括主要用来进行城市复兴和废弃土地回收重整的专项拨款,以及为英联邦移民较多地区提供支持的专项拨款。此后,中央拨款不断增加,地税补助拨款和专项拨款总计占拨款相关支出的比例从 1967—1968 财年的 54%,不断攀升至 1974—1975 财年的 60.5%。③

1971 年《地方财政的未来形态》报告指出:所有拨付给地方的拨款中,八成是作为地税补助拨款,其他则是用于警务等经常性支出和道路等资本性支出的专项拨款,中央政府希望给地方政府更多自由,因此会尽可能使用一揽子拨款。④ 中央政府可以通过一揽子拨款来影响地方政府的经常性支出决定,同时给地方政府支出额度上的自由。而资本性支出有所不同,中央政府控制有限,地方支出往往超过限度,地方民主更多关注短期影响而不是资本支出本身。为此,中央政府通过强化管理程序来约束地方,包括"关键部门"这一新的资本性项目制度,这些项目需要有中央负责部门的同意,其

---

① Bryan Keith-Lucas and Peter G.Richards, *A History of Local Government in the Twentieth Century*, London: Allen & Unwin, 1978, p.148.

② *Local Government Finance England and Wales*, Cmnd 2923, London: HMSO, February 1966, para.15.

③ County Councils Association, etc., *A Report on the Rate Support Grant White Paper 1974/75 and the Rate Support Grant(Increase)Order* 1973, London, March 1974, Table 3, p.13.

④ *The Future Shape of Local Government Finance*(Presented to Parliament, July 1971), London: HMSO, Cmnd 4741, p.5.

他项目则留由地方在给定额度内自由决定。①

　　20世纪60年代和70年代,工党政府为了保护地方税纳税人,增加了对地方的拨款。但从1975年开始,经济困难迫使中央开始尝试加强对地方支出的控制。运用拨款来控制地方支出理论上非常浅显,增加拨款将增加支出,促进服务发展,缩减拨款将减少支出,但这种理论逻辑往往与现实不符,地方并不一定将拨款完全用于增加和改进服务,也可以用于降低地方税的涨幅,反之如果拨款减少,那么地方税将会增长。研究认为,20世纪80年代的拨款管理并未如预期那样降低支出,原因包括推行政策过于专断而缺乏协商,许多地方政治上受到工党控制等。②

　　在过去的一个世纪里,关于拨款制度太复杂、不易懂、不公平、不稳定的抱怨很多,地方认为中央政府每年告知拨款方案的时间太晚。政客们曾经许诺如果当选将改革拨款制度,但作出承诺的都是一些从未参与拨款制度设计的人,改革说起来容易做起来难。有些党派和地方政客官僚往往缺乏认识,他们期盼的是中央政府拨款更多一些,控制尽可能少一些,不要考虑效率,不要承担政治责任,不要搞各地均等。事实上,拨款制度的目标各异,有的事情非常复杂,特别是财政限制、拨款与税收的互相作用等,很少有人能够真正理解。关于拨款制度改革,原则性的华丽辞藻多,有实质内容的辩论少。③

　　直到1975—1976财年,中央并没有就整合地方支出与中央支出计划进行太多尝试。从1975—1976财年开始,通过公共支出调查委员会,地税补助拨款开始与中央支出计划紧密联系起来,整个计划过程大概分六个步骤:地方政府与特许公共财务和会计师公会合作提出地方支出预测;在新财年

---

① *The Future Shape of Local Government Finance*(Presented to Parliament,July 1971),London:HMSO,Cmnd 4741,pp.6-7.

② Arthur Midwinter and Paul Carmichael,"*Central Grants and Local Spending in Britain:A Reappraisal of the Post-Layfield Period*",in Paul Carmichael and Arthur F.Midwinter(eds.),*Regulating Local Authorities:Emerging Patterns of Central Control*,London:Frank Cass,2003,p.69.

③ Alex Henney,*Inside Local Government:A Case for Radical Reform*,London:Browne,1984,p.82.

开始前的 11 月份,在地税补助拨款报告或者通告中发布所认可的支出估测;财政部将这些支出估测整合到中央政府经济计划中;确定地税补助拨款之外的合计财政拨款;确定中央作为拨款依据的地方估测支出总额;最后确定合计财政拨款项目与地税补助拨款的划分,包括专项拨款、补充性拨款、交通拨款和其他拨款。①

总体上,拨款制度有助于实现政治目的,促进不同地区平衡均等,中央政府可以借此实行经济控制,鼓励地方政府有效地支出,促进地方履行政治责任,执行特定服务职能,鼓励地方政府发展地方经济。拨款机制还可以体现中央与地方政府的关系,中央作为拨款人有权对地方决策施加影响,拨款成为地方政治议程内容,促进不同层级政府之间专业性沟通联系,有利于进行行政管理等。②

地方依赖中央拨款也引起了关注。按照财政联邦主义的观点,非集权的政府需要更多依赖自身收入来满足需要,对中央拨款依赖过重很容易削弱公共部门效率,特别是如果国家和地方政府相信,数额巨大且不断增长的中央拨款能够解决地方财政问题时,地方在财政责任方面将会非常放松,中央将会附加很多政治要求,会削弱地方财政自主权。③ 费边社委托所做的报告提出,地方政府应该更多地直接从地方纳税人那里获取收入,以此减轻对中央拨款的过分依赖。④

拨款制度最能直接体现中央地方财税关系。莱菲尔德报告之后,特别是撒切尔时期,中央拨款制度变得更加复杂。主要包括四个方面的变化:第一是强调通过拨款操作来增强责任,比如通过削减拨款来试图降低地方支

---

① R.J.Bennett, *Central Grants to Local Governments : The Political and Economic Impacts of the Rate Support Grant in England and Wales*, Cambridge University Press,1982,pp.70-5.

② Alex Henney, *Inside Local Government : A Case for Radical Reform*, London : Browne, 1984, pp. 73-81;E.Page, "*The New Gift Relationship : Are Central Government Grants Only Good for the Soul?*", *Public Administration Bulletin* 36,1981,pp.37-52.

③ Wallace E.Oates(ed.), *The Economics of Fiscal Federalism and Local Finance*, Cheltenham : Edward Elgar,1998,xvi.

④ A.H.Marshall, *New Revenues for Local Government (Fabian Research Series 295)*, London : Fabian Society,June 1971,p.1.

出;第二是改革拨款结构来抑制支出,并对超支地方实施封顶;第三是重点通过税制改革来增强地方责任,用社区费取代地方税就是改革之一;第四是朝着中央控制方向发展,包括实施支出限制或者封顶等。[1]

3. 地方借款制度

地方借款制度也是地方财税的基本制度。除了地方税,地方也可以通过借款募集资金,这也是地方财税制度的重要内容。1972 年英格兰和威尔士《地方政府法案》、北爱尔兰《地方政府法案》和 1973 年苏格兰《地方政府法案》对地方借债进行了规定,地方可以通过抵押贷款、股票、公司债和企业年金凭证、债券、记账以及其他国务大臣批准并经财政部同意的途径来进行借债。借款不局限于英国国内,地方还可以向国外借款。

借款是地方资本性支出的重要来源。地方资本性支出的资金来源包括:借款(包括从中央政府在内的各种渠道进行的借贷);资本收入(包括出售土地和公房等);地方税和盈余。其中,借款是地方资本性支出的最大资金来源,受到中央政府的严格限制。地方借款的一个重要渠道是中央控制的公共工程贷款委员会,其利率由财政部确定,贷款债务对地方政府的收入有优先偿付请求权。

中央控制地方借款的方式主要包括借款数额审批和借款类型审核。借款审批制度最初主要是为了防止地方债务过高,后来主要是用以限制地方资本支出,确保其符合国家经济计划需要。[2] 许多情况下,地方借款来源都与对口部门有关,比如学校对口教育和科技部,道路项目对应交通部门,为了获取财政资金,一些地方政府部门倾向于寻求相关中央部门直接指导,而不是由所在地方议会完全控制。[3] 中央部门对于地方政府资本支出总额保持严格控制,教育机构、道路和住房部门每年都要与对口的中央部门讨论资

---

[1]　Arthur Midwinter and Paul Carmichael, "*Central Grants and Local Spending in Britain:A Reappraisal of the Post-Layfield Period*", in Paul Carmichael and Arthur F.Midwinter(eds.), *Regulating Local Authorities:Emerging Patterns of Central Control*, London:Frank Cass, 2003, pp.62-4.

[2]　N.P.Hepworth, *The Finance of Local Government*, London:Allen & Unwin, 1984, p.132.

[3]　John Pitcairn Mackintosh, *The Devolution of Power:Local Democracy*, *Regionalism and Nationalism*, London:Chatto & Windus, 1968, p.32.

本性项目的规模问题。

19世纪,地方政府通过私法法案获得了借款权。不过,从1875年开始,除伦敦郡议会和战后的大伦敦市议会为实现特定目的外,运用私法法案的情况就很少了。1875年《公共卫生法案》授予地方一般性权利,可以在不超过年度应税价值两倍的数额内进行借款。此后的立法又允许为特定目的进行借款。1882年《市政机构法案》没有对自治机构基于应税价值的借款进行总额限制,但1888年《地方政府法案》提出,当郡议会拟贷款数额超过应税价值十分之一,需要获得国会的允许。①

中央不仅对地方借款数额方面加以控制,在贷款期限方面也有限制。由于担心地方政府能否在资产有效使用年限内还清债务,中央部门根据每笔贷款的目的设定了最高还款年限,自治市和区的总年限在当时为60年,郡议会的借贷年限是30年,如果两个地方的政府一起贷款,那么期限问题就会比较复杂。随着地方资本性支出的持续增长,以及对地方议会财政能力信心的增加,中央逐渐放松了对地方借款的控制。1921年,通过银行透支借款获得允许,这种行为的合法性在此前还受到怀疑。1928年,由于实行工业和农业地税减免政策,中央不再在参考应税价值的基础上对借款总额施加限制。1933年《地方政府法案》赋予地方政府全面借款权,每个项目的最长期限一般是60年,而住房等占用土地则可以达到80年。不过,控制虽有所放松,贷款仍需经过大臣批准,白厅可以对任何不正常的贷款进行询问。

二战后,政府对地方借款总额和借款方法途径的控制大大加强。地方政府也琢磨出很多方法来借款,包括抵押、债券、国内借款、银行透支以及股份流通交易等。较小的地方政府通常通过政府的公共工程贷款理事会来借款,受战争影响,除了少数例外,地方借款必须通过该理事会,这一政策一直持续到战后工党政府时期。一般来说,为了确保能更好地利用资金资源,对

---

① Bryan Keith-Lucas and Peter G.Richards, *A History of Local Government in the Twentieth Century*, London: Allen & Unwin, 1978, p.132.

工程贷款加以控制是必要的，另外，通过该理事会来协调借款，可以减少竞争，有助于获得较低的利率。

保守党政府则倾向于在借款方面给地方更多自由。1952年，地方政府重新获准通过各种方法来获取资金，最初贷款期限不需要与中央政府允许的债务最长期限保持一致，比如，建设新学校的资本性债务必须在60年内还清，但是最初的借款可以选择短期，可以先两年，然后再借，至于是借长期还是短期，取决于对未来利息水平的预估。

1955年，地方政府通过公共工程贷款理事会借款受到了中央政府的限制，政策规定，只有在尝试通过其他方法获取资金失败后，地方议会才能向该理事会提出申请。因此，该理事会成了最后为地方政府提供帮助的借款人，并且基本上完全成了较小地方政府的工具，受此限制，短期借款蓬勃发展。1959年8月，货币体制工作委员会发布了有关货币体系的拉德克里夫报告，批评地方政府短期债务总额可能推高利率。[①] 从1964年7月开始，地方政府短期债务总额受到限制，作为替代补偿性政策，所有地方获准通过公共工程贷款理事会获取部分所需资金。

战后初期，进行借款控制目的在于确保最有效地分配资源，20世纪50年代逐渐变为对公共支出进行限制。这一时期，借款控制变得更加灵活了，中央政府可以根据当前经济政策加以调整。当大臣们呼吁确保支出和通胀平衡，资本支出就受到限制，如果大臣们担心失业问题，就取消有关限制。到了20世纪60年代，单个项目审批被取消，改为对整个资本性项目贷款进行一揽子审批，从1969年开始，进行小额借款可以不再经过内阁大臣的批准。

从1971年开始，地方资本性支出分为关键部门项目和其他项目。关键部门涵盖了那些大臣认为有必要维持标准和协调发展的服务项目，比如教育、住房、主干道路、警务、社会服务，针对这些职能领域的贷款仍然需要审

---

① *Radcliffe Report*(1959)：*Committee on the Working of the Monetary System*，Cmnd 827，London：HMSO，1959.

批。相比之下,对于非关键部门项目,地方政府可以通过借款募集资金,只需要一个年度性的总额审批,至于额度可由中央政府根据全国经济形势进行调整。

通过贷款审批制度,中央大臣们保持了对地方支出施加影响的能力。与经常性支出可以通过提高地方税获取资金不同,建设项目资本性支出很容易受到中央的控制。尽管贷款审批不是资本性支出必须经过的前置环节,资本性项目可以通过其他方式获取资金,比如利用国内养老金基金或者提高地方税,但这些方法的使用空间比较有限。因此,控制地方借款仍然是中央政府的一个有效武器。如果说 20 世纪前期中央关注的是比较纯粹的地方财政问题,那么到了撒切尔夫人上台前后,关注的则是地方资本性支出能否与中央经济政策保持一致。

除了地方税、中央拨款和地方借款之外,地方政府还有收费等多种收入,其中主要是公房租金收入以及服务收费。各种社会服务费用收入主要分为三类:个人服务项目收费,比如照看小孩和老人;各种出工收费,比如修建私人道路、修缮私人房产、移除商业废品;各种设施使用费,比如洗浴和洗衣、停车等。其他一些收费包括办理证照许可、1976 年授权的彩票发行收入等。①

第三节　有限的地方财政自治

要了解英国地方政府财税问题,就要理解英国地方政府在整个国家中的宪法和政治地位,因为"在所谓财政制度和所谓法律、政治或宪法制度之间很难划一条鲜明的界线。"②英国自始就是个单一制的国家,各地情况有所不同,但都拥有不同程度的自治权。整体来看,从中世纪开始,英国的地方政府就长期保持着一定程度的自治,并形成了独特的地方自治体系,英国

① N.P.Hepworth, *The Finance of Local Government*, London: Allen & Unwin, 1984, p.105.
② 布坎南:《民主财政论》,商务印书馆 2015 年版,第 241 页。

甚至被称作"地方自治之家"。① 在财税方面,英国的下院拥有决定性的立法权力,从古至今一直享有无可争议的征税权,或者称作征税同意权。②

相比西欧其他国家,英国地方政府的职能范围比较大。英国的中央机构在很多方面是非执行机构,地方政府可以根据中央授权履行职责,在这个层面上,地方政府是议会的从属,但不能据此认定英国地方政府是中央政府的下属行政组织。在惯例与程序的作用下,地方能够在政策制定和立法问题上扮演重要角色,它们为中央政府的政策动议提供咨询,并有机会在中央政府作出最后决定之前表达意见、提出建议或者表示反对。地方议会政府要对其选民负责,长期以来,地方政府一定程度的自治被看作是一个堡垒,可以保护公民的自由不被过度的中央权力侵害。

但也很难将英国地方政府界定为完全的自治机构,地方的自治空间并非没有限制。如果地方政府能够像美国那样在既定范围内拥有完全的行动自由,包括财政自由,那么就可能形成一个联邦型政府。如果地方议会没有太多行动自由,而是受到中央的法律和财政限制,那么地方政府可能成为国家提供服务和实施行政管理的地方机构,比如法国的地方政府就被看作是国家的代理,在国家等级体系中处于从属地位。尽管在白厅和威斯敏斯特的压力之下,英国有向后一种形式转变的可能与趋势,但始终没有彻底成为这两类之一。③

从国家政体来看,英国地方政府模式与美国和欧洲大陆国家有显著区别。美国和有的欧洲大陆国家地方政府受到宪法保护,并且拥有普遍管辖权,而在英国的单一制和宪法政治体制下,地方政府面临自治权被中央削弱的可能。英国经历了长时间的历史演进,无论其他国家是受到拿破仑影响还是联邦国家影响,英国的体制都保持了不同于其欧洲邻居的特质,这些原则特质包括习惯法优先、议会主权原则和越权原则。英国光荣革命奠定了

---

① 参见陈日华:《中古英格兰地方自治研究》,南京大学出版社 2011 年版。

② 施诚:《中世纪英国财政史研究》,商务印书馆 2010 年版,第 138—144 页。

③ Bryan Keith-Lucas and Peter G.Richards, *A History of Local Government in the Twentieth Century*, London:Allen & Unwin,1978,p.159.

议会主权至上,中央政府的宪法法律权力和正统性降低了地方政府价值,并使中央对地方权力、职能和决策的干预合法化,任何公共机构都要依照国会立法行事,地方政府也要服从立法者的意旨。[1]

与实行总统制的美国和法国不同,英国的立法权和行政权之间并没有显著分离,相反,两种权力之间关联紧密,大臣同时也是议会的成员,要就其行为向议会负责,下院可以要求大臣辞职或者解散整个政府。[2] 中央对地方的控制分为三个部门,分别是国会、中央政府部门和法院,地方相应地受到议员、高级官员和法官这三种人的控制。其中,议会和内阁往往一致,法院相对独立,但如果内阁愿意的话,可以利用议会多数地位修改法律。[3] 中央还可以通过部门监察对地方政府施加影响,以确保其按照确定标准有效提供服务,比如内政部对警务拨款使用情况的督查。[4]

宪法机制是中央与地方关系框架的基础。地方政府当然从属于国家,但有些宪法体制下,地方政府地位更高一些,拥有一般性权限来提供各种服务,除非法律有特别规定,而在另外一些国家,地方政府必须有正式法律授权才能提供相应服务。后一种宪法体制中常常会涉及一个主导性原则——越权原则,越权原则也是英国行政法的"核心原则",这与议会主权原则是相适应的。[5] 所有国家的地方政府都会按照法律要求提供一些服务,但英国是唯一采用越权原则的国家。尽管法国、西班牙和意大利的地方政府权限相对小一些,但他们与挪威、瑞典、丹麦等六个国家的地方政府都拥有一般性权限。[6]

---

[1] Alistair Cole and Peter John, *Local Governance in England and France*, London: Routledge, 2001, pp.18-9.

[2] Simon James, *British Cabinet Government*, London: Routledge, 1992, p.6.

[3] Peter G. Richards, *The Reformed Local Government System*, London: Allen & Unwin, 1980, pp. 75-6.

[4] Howard Elcock with Michael Wheaton, *Local Government: Politicians, Professionals and the Public in Local Authorities*, London: Methuen, 1986, p.54.

[5] 威廉·韦德:《行政法》,中国大百科全书出版社1997年版,第43—44页。

[6] Edward Page, *Localism and Centralism in Europe: The Political and Legal Bases of Local Self-Government*, Oxford University Press, 1991, pp.22-3.

　　不仅不同国家的地方政府角色和权力有所差异,即便在同一国家的不同时期也不尽相同。有些国家的地方政府实际上只是中央政府的行政管理机构,很难说是"政府"。严格来说,正像有学者所言:英国有地方治理体系而无地方政府。① 英国的地方政府一方面根据不同地方需要和国家要求提供各种服务,另一方面对这些服务进行管理和指导,前者主要是行政管理性质,后者则是政治性质。也就是说,地方政府既是服务提供者,又是自治(地方民主)的工具,这两个方面都是英国地方政府体制的实质。②

　　英国地方自治受到合法和越权原则的约束。19世纪20年代和30年代,市政机构无力应对卫生、道路等公共服务和管理需要,其腐败专断、缺乏监督、滥用税收等各种问题引起广泛关注,最终出台的1835年《市政机构法案》将选举产生的机构与治安法官管理分离开来,市政团体的权力界定为收取地方税收、警察、执照许可和制定相关法律,并由中央对贷款和房产处理进行管理。该法案带来了显著的法律变化,此前只要法律没有禁止的事情市政机构都可以做,现在只能做法律授权的事情,这就演化为合法和越权原则。③

　　英国中央地方关系的法律界限不够明晰,这既给地方自治留出了一定空间,也为中央干预地方提供了余地。英国的国会和地方议会是仅有的通过选举产生的统治机构,地方议会及政府对于整个政府体系的运行非常重要。但是,并没有明确的宪法性条文将中央与地方的权力分配交代清楚,而联邦制国家的两者权力是通过宪法分立的。④ 有时候,缺乏权威明确的法律导致地方处于不利境地,既给了法院额外的干涉机会,也限制了地方政府

---

① Attiat F.Ott, *Public Sector Budgets:A Comparative Study*, Aldershot:Elgar, 1993, p.208.

② Colin Mellors and Nigel Copperthwaite, *Local Government in the Community*, Cambridge:ICSA Publishing, 1987, p.1.

③ Alex Henney, *Inside Local Government:A Case for Radical Reform*, London:Browne, 1984, pp. 16-7.

④ John Stewart, "*The Challenge To Our Institutions Of Government*", *in* John W.Raine(ed.), *The Fight for Local Government*, University of Birmingham:Institute of Local Government Studies, December 1983, p.39.

的执行力。例如,大伦敦市议会"注定倒霉的"公平票价政策就遭到了丹宁勋爵、交通部和布罗姆利自治市议会的联合反对。①

即便是皇家特许自治市,也要受到法律的约束。英国的地方自治市包括持有皇家特许证的自治市和基于国会法案产生的自治市,前者享有较大自由,后者只能做国会立法授权的事情。但包括自治市在内的所有地方都需要遵守有关"权限"的法律规定。② 1972 年《地方政府法案》宣告,国王仍然可以给地方颁发特许证,但所有新的地方机构都是法律的产物,都要遵从越权原则。作为个体,法无禁止皆可为,但作为法人则是法无授权不可为,如果超出了授权范围,就被认为是越权违法。③

中央政府还有一项重要的权力,就是缺位裁决权。有时候地方拒不履行法定职权,或者悖逆中央政策导向,那么中央政府就要强制地方履行责任。④ 考文垂和圣潘克拉斯曾分别在 1954 年和 1957 年拒绝履行民防职责,他们认为做这种事情是浪费钱财,不可能有效抵御核武器攻击,内政大臣于是委派地方专员来组织民防,并向地方当局收取成本费用。⑤

19 世纪地方政府快速发展阶段,中央地方权力关系矛盾并不明显。在19 世纪,通常认为内阁会受到作为国家权力象征的王室的影响,同时,内阁也被看作是来自国会的高级大臣小组,要就其行为向国会负责。中央政府主要关注外交事务,也有一些关于地方事务的权力,比如任命法官,但实际上并没有积极地对地方政府实行督导管理。1815 年,内政大臣只有两个政务次官和十八个职员来辅助工作,内政部缺乏行政管理能力,难以积极涉入地方事务。中央也几乎没有对地方发出一般性行政命令,中央地方层级关系也并不显著,中央主要是通过习惯法和国会立法以及司法系统对地方事

① Paul Carmichael, *Central-Local Government Relations in the* 1980s-*Glasgow and Liverpool Compared*, Wiltshire: Antony Rowe Ltd, 1995, p.92.
② Charles Albert Cross, *Principles of Local Government Law*, London: Sweet & Maxwell, 1962, ch.1.
③ Alan Griffiths, *Local Government Administration*, London: Shaw and Sons, 1976, p.9.
④ 威廉·韦德:《行政法》,中国大百科全书出版社 1997 年版,第 267 页。
⑤ Bryan Keith-Lucas and Peter G. Richards, *A History of Local Government in the Twentieth Century*, London: Allen & Unwin, 1978, p.177.

务进行管理。

19世纪地方政府改革增加了中央管理地方事务的法定权力。根据1834年法案建立的济贫理事会是第一个为管理地方政策执行事宜而设立的中央国家机构,此后又设立了多个委员会。中央并不对地方政府承担直接责任,这种拼接式的管理模式虽缺乏效率,反而显示中央尊重地方政府的独立性。比如1856年《郡和自治市警察法案》确立了一个原则,任命郡警察局长或者改变警察编制需要内政大臣的同意,并授权内政大臣可以就警察薪水、装备和纪律问题发出指令,内政大臣可以为全国核定一个总体的绩效标准,但没有直接强制和干预地方管理的普遍权力。以此来看,该法案尊重了地方自治原则。总体上,地方可以在法定机制内提出和发展公共服务项目,中央部门无权指挥地方如何行使权力,中央部门有权在地方未能履行职责的时候采取行动,但这种权力也受到限制。[①]

随着公共服务发展和经济财政形势变化,权力的天平逐渐偏向中央。中央的管理手段之一是进行检查,这不仅是中央管理警察事务的基础,也应用于济贫、公共卫生、教育等事务,并通过进行审计,将权力延伸到地方财政系统,19世纪后期的这些变化使中央政府在处理与地方政府关系时占据了有利位置。中央部门通常通过法院来推行政策,其各种权力看起来都来自国会或者法院。地方政府理事会依据私法法案获取的权力传统上只有国会来行使,由于国会处理各种私法事务负担日益加重,这一过程简化为运用临时命令来处理事务。这就使得地方机构要祈求于大臣而不是国会,大臣权力于是扩大了,这意味着中央对地方的管理从立法转向行政执行。[②]

中央政府应该对如何推动服务发展负起责任,公众把这看作是国家事务,也会在大选投票中表达态度。但中央政府所作所为远远超出了总体制度设计和进行经济指导的范围,而是通过各种手段影响地方政府,中央与地

---

① Martin Loughlin, *Legality and Locality: The Role of Law in Central-Local Government Relations*, Oxford: Clarendon Press, 1996, pp.39-41.

② Martin Loughlin, *Legality and Locality: The Role of Law in Central-Local Government Relations*, Oxford: Clarendon Press, 1996, pp.41-3.

方之间的平衡越来越偏向中央政府,地方政府成为中央政府分支机构的危险越来越大。① 比如在教育领域,按照 1944 年教育法案,尽管地方有权提供继续教育服务,但只有在计划方案提交给国务大臣并经过批准之后,地方才可以行使该项权力。不同地方的教育需求和相关要求千差万别,有必要由本地来做决策,全国都执行一样的教育政策未必符合学童和社区的利益。

20 世纪 60 年代伦敦地方政府改革是一个分水岭,此举表明中央可以不让地方参与就推行激进改革,中央成立雷德克利夫—莫德委员会来研究地方政府问题,实际上否定了地方政府拥有自我界定和改革权力的原则。② 1972 年《地方政府法案》要求建立两个层级的地方政府体制,地方面临的中央集权压力迅速增加,"地方政府现在唯恐失去独立自主,同时一个错误观念广为传播,认为地方政府不过是中央政府的分支机构,事实远非如此,尽管地方在一些方面受制于白厅,但还是享有很多自由。"③

总体来说,英国地方政府有比较强的自主处理地方事务的传统,但中央的督导也被广泛接受,如果国家对地方议会失去控制,地方议会将成为自治单位,没有一个主权国家会容许这样的挑战,除非愿意成为独立共同体联邦,但如果地方政府从来不想撇开中央自作主张,那么它就不再是一个真正的地方政府。因此,中央地方关系需要实现控制与独立的平衡、合伙与分立的平衡。④

在分析中央地方关系时,人们通常集中于财政依赖和具体控制以及地方自治等方面。不过,也有许多官方报告和研究显示,在中央地方关系研究中还有多个维度,包括类似博弈性质的关系,支撑地方研判酌处的资源的多

① David Neden King, *Town Hall Power or Whitehall Pawn?* London: Institute of Economic Affairs, 1980, pp.92-3.

② Jane Morton, *The Best Laid Schemes? A Cool Look at Local Government Reform*, London: C. Knight, 1970, p.17.

③ Raymond S.B.Knowles, *Modern Management in Local Government*, Chichester: Rose, 1977, p.7.

④ Peter G.Richards, *The Reformed Local Government System*, London: Allen & Unwin, 1980, p.75.

样性,政治和专业因素的影响及其关系等。① 英国中央与地方关系比较复杂,在不同时期和领域呈现的特点也有不同。中央地方财政关系就体现出了复杂性,比如,中央可以通过提供专项拨款来促使地方按照中央意图行事,那么这就是鼓励型,对资本支出水平进行控制以确保地方服务中央目标,这就是控制型,其他还有自由放任型,以及施加影响但不彻底控制的指令型。②

英国地方政府长期保持着财政自治。比如,英国中世纪时期的自治市就享有财政自治,包括争取财政独立、自行征税和使用、自我监督管理。③ 在相当长时期里,征收地方税基本上完全属于地方自主事务,地方议会有权提高或降低地方税。此外,地方政府也可以在预算内按照自己意愿安排财政支出,中央的补助拨款甚至也是根据地方的财政需要来确定的。中央政府如果横加干涉,往往要遭到地方政府的反对,甚至中央拨款增加也会引起地方对自主性的担忧。长期的实践表明,中央政府将履行具体职能的权力交给地方政府,并给予一定程度的自治是颇有效率的。

地方政府职权随着地方公共服务发展而扩大,穷人要加以救济,道路要加以维护,疫病要加以控制,儿童要接受教育,这些服务都必须提供。不过,地方机构不能在国会授权范围之外开展活动,任何新的尝试都要经过国会的批准。这些地方政府机构还要接受一定的中央监督,以确保资金不被浪费。一些服务项目要确保符合最低标准,部分服务支出受到中央拨款支持,中央政府相应地也很关注地方政府效能,比如警务拨款就要以一定的效能评估为条件。

中央的控制最初是微不足道的,但是在这样的制度框架下,随着形势发展也足以引起冲突。甚至早在地方自治论的黄金时期,就有人提出过中央集权化的危险。④ 也正是这种独特的宪法与政治框架,为后来地方财税改

---

① R.A.W.Rhodes, *Control and Power in Central-Local Government Relations*, Aldershot: Ashgate, 1999, pp.30-1.

② Arthur F.Midwinter, *The Politics of Local Spending*, Edinburgh: Mainstream, 1984, p.4.

③ 陈日华:《中古英格兰地方自治研究》,南京大学出版社 2011 年版,第 155—158 页。

④ Stephen P.Savage and Lynton Robins(eds.), *Public Policy under Thatcher*, Basingstoke: Macmillan, 1990, p.84.

革和地方支出问题上的冲突埋下了伏笔。伴随着地方支出的膨胀和整个国家经济形势的不断恶化,中央与地方政府在财政支出问题上的矛盾愈加凸显。实际上,并不是到了围绕地方财政支出以及地方税问题进行博弈的时候,中央地方关系的平衡才被打破,而是原本就不平衡。地方自治有时候要依赖地方议员和官员努力方能实现,这也是其有限自治的重要表现。

地方财政自治的有限性还体现在人事方面。财政事务对于地方政府运行一直非常重要,所有的地方政府都要任命合适的财务官。通常而言,地方有雇佣职员和任用官员的自由,但有时候也会受到限制,一些被地方议会任命的官员也并非议会的佣人,他有自己的法定地位和职责,地方财政主管就是一个比较典型的例子。在 1906 年有关财政主管腾比的案件中,最高法院清晰阐明了原则:"财政主管不仅是地方议会的服务员,他也有自己的职责,对于他来说,全体议员是一个机构,而他是整个自治市的财务主管。尽管他由地方议会任命,但并不意味着他要遵从其指令作出不合法行为。"①

在 20 世纪 70 年代地方重组以及许多地方设立政策和资源委员会之前,财政委员会通常是地方议会中最重要的委员会,财务主官经常半开玩笑地被称作是"令人厌恶的说'不'的人",准备预算和批准预算,以及后来有些地方年中调整预算,都是地方当局一年中最重要的事情。② 传统机制既使得财政事务长期位居地方政府政务活动的核心,也对地方灵活有效运行造成了不利影响。

地方政府是行政管理机构,而不是立法主体,他们不能越权或逾越法律。也就是说,尽管地方政府有一定的法律回旋余地,也有自由裁量中央政策法规的空间,但要受到法律约束。比如,作为一个法人团体,一个地方政府可以进行控告,也可能遭到控告,如果有的地方税纳税人认为地方政府支出超越权限损害其权利,也可以在高等法院采取行动督促纠正。在制定地

---

① Bryan Keith-Lucas and Peter G.Richards, *A History of Local Government in the Twentieth Century*, London:Allen & Unwin,1978,p.25,引自 ATTORNEY-General v.De Winton[1906],2 Ch. 106.

② Richard Kerley, *Managing in Local Government*, London:Macmillan,1994,p.88.

方预算方面,如果一个地方议会议员支持超越权限的开支,法院可以责令其自掏腰包弥补损失。如果地区审计员发现地方议员单人所涉金额超过2000 英镑,该议员可能会在一段时间里被剥夺议员公职。①

国会立法禁止自治市议会脱离其财政情况进行开支,除非获得国会立法授权。比如,在有关利兹市政机构的案子中,法官认为:尽管该自治机构源自 1627 年查理一世国王的皇家特许,但其如果将资金用于非法律授权目的,也要受到 1882 年《市政机构法案》的限制。② 这不是说要让自治市议会受越权规则的限制,而是说,由于地方当局没有经费便寸步难行,限制其支出便是限制了其权力范围。③ 无论什么样的地方机构,在财政问题上都没有摆脱中央和国会立法的自由。1914 年,地方税制问题部门委员会明确表示,地方机构及其收入都是国会授权产生,都要直接和间接地受国会控制,这是一个基础性问题,标志着英国的地方政府和其他国家地方政府之间的显著区别。④

中央政府很大程度上也要依靠地方政府来提供公共服务,这些服务开支中相当部分由中央巨额拨款资助,中央政府是地方政府的建立者和管理者,决定了地方政府的架构和形式,也限定了其财政能力。"这并不是说地方政府没有权力,而是说中央政府在这个关系格局中'处于毋庸置疑的主导地位'。"⑤除了刚性法律的约束,中央也会采取劝解、财政诱导或者罚金的方法确保地方服从。到了 20 世纪 80 年代,撒切尔政府在推行地方财政改革时,更多地依赖一系列法律、行政和财政控制对地方施加压力,面对一些地方的对抗和拒不服从,中央甚至不惜诉诸法院来强行解决。

---

① Alan Griffiths,*Local Government Administration*,London:Shaw and Sons,1976,p.10.

② Bryan Keith-Lucas and Peter G.Richards,*A History of Local Government in the Twentieth Century*,London:Allen & Unwin,1978,p.25,引自 A.G.V.Leeds Corporation［1929］,2 Ch.295.

③ Bryan Keith-Lucas and Peter G.Richards,*A History of Local Government in the Twentieth Century*,London:Allen & Unwin,1978,p.29.

④ Alex Henney,*Inside Local Government:A Case for Radical Reform*,London:Browne,1984,pp.16-7.

⑤ K.Newton and T.J.Karran,*The Politics of Local Expenditure*,London:Macmillan,1985,pp.67-8.

　　在地方财政问题上,中央和地方的职能不同,考虑问题的出发点也有差异,因此产生矛盾在所难免。有学者认为,地方政府较低的地位反映了英国主权政治的性质,简单而言,这依赖于"高端"政治和"低端"政治的区分,中央政府由国会多数决定,要考虑对全体国民和整个国家负责,是核心执行者,而地方议会由地方选民选举产生,地方政府要对地方选民负责,这决定了其政策行为的着眼点必须是地方民众和地方事务。[1] 尽管地方政府越来越依赖大量中央拨款来服务其选民,但并没有义务将中央战略目标作为自己努力的方向,除非与地方选民的利益和认同相一致。

　　中央对地方的行政控制都与财政有关。地方政府需要中央拨款,双方地位自然难以平等,中央可以通过立法、法院裁判、通告指导、规划计划以及拨款、借款审批、审计等方式手段来施加影响,还可以通过向大臣授权和派出高级专员等途径加强控制。中央对地方的拨款越来越多,不可避免地增强了中央对地方的影响,比如1929年一揽子拨款的实施,第一次授予卫生大臣削减地方拨款的权力。[2] 再以拨款咨商机制为例,环境部大臣每年通过与地方政府协会的咨商来确定地税补助拨款的规模和形式,尽管双方都宣称这种咨商是建设性的和有用的,地方政府协会也是比较有影响力的,但毋庸置疑,中央政府通过国务大臣发出的声音是主导性的。就像有人所言,"这种关系是伙伴性质的,但却是骑手与马的关系。"[3]

　　从1969年开始,中央政府发布公共支出调查,给出未来一段时期的公共支出计划。调查所考虑因素包括:公共部门与私人部门的平衡、对进出口的影响、投资与私人消费、税收情况与公共部门借款需求等。随着经济形势变化等,公共支出调查对于地方政府也变得越来越重要,影响了关于地方的资本支出审批、服务项目资本支出分配和拨款补助等。不过,公共支出调查

---

[1]　Paul Carmichael, *Central-Local Government Relations in the 1980s : Glasgow and Liverpool Compared*, Wiltshire : Antony Rowe Ltd, 1995, pp.84-5.

[2]　William A.Robson, *Local Government in Crisis*, London : Allen & Unwin, 1966, p.47.

[3]　R.J.Bennett, *Central Grants to Local Governments : The Political and Economic Impacts of the Rate Support Grant in England and Wales*, Cambridge University Press, 1982, p.70.

对地方政府决策过程影响有限,主要原因包括:每年发布时间太晚,很难影响地方政府下年支出决定;各种变化太多,对未来一些年的预测很难作为政策指南;调查主要是为中央政府服务,地方政府不易领会;调查很难调和地方需求与国家需要;出于政治考虑,地方很难顺从中央的目标;中央的规划与地方规划不一致;地方没有参与相关过程,也就不考虑相关调查结果。①

中央政府管用的招数还有借款控制。地方政府往往需要大量借贷来购买土地,启动建筑工程和基建项目,地方要想借款进行固定投资,就要经过大臣的审核。最初,大臣这样做可以确保地方财政资源能够支撑项目建设,同时确保技术上可行,缺乏专业人员的地方政府也可以从中央官员的经验中受益。但到了 1939 年,借款控制的目的发生了变化,借款审批成为中央对国民经济进行整体管理的一种手段,不过,非来自借贷的资本支出在1979 年之前是不受中央控制的,来自地方税收入和资产出售的资本支出就不在管束之列。到了撒切尔政府时期,控制范围扩大到所有资本支出,只对来自资产出售的资本收入开了一个有限的口。②

1844 年开始,新的地方政府都要接受中央委派的审计员的稽核。如果区审计员认为地方当局越权,那么法院将监督执行相关裁决。如果审计员认为哪项支出违法,就可以诉至法院,如果法院认可,审计员可以对负有法律责任的人进行罚款。如果地方议员被罚款超过 2000 英镑,将会被剥夺公职资格。③ 多年以来,财政部和审计部门对地方财政进行了有效的审计,旨在检查地方资金账目是否透明和拨款使用是否合规,地方政府的审计员最初主要关注合法廉洁问题,逐渐开始注重效率问题和支出效用问题。④

二战之后,中央的经济、财政和社会规划管理权力扩大,地方越来越成为中央的代理分支机构。一些政策导致地方政府失去权力、独立和责任,如

---

① N.P.Hepworth, *The Finance of Local Government*, London: Allen & Unwin, 1984, pp.26-8.

② Peter G.Richards, *The Reformed Local Government System*, London: Allen & Unwin, 1980, pp. 81-3.

③ Peter G.Richards, *The Reformed Local Government System*, London: Allen & Unwin, 1980, pp. 86-7.

④ Richard Kerley, *Managing in Local Government*, London: Macmillan, 1994, p.99.

果我们孤立来看这些政策,特别是不究其对整个地方政府体系造成的影响,可能会认为中央集权的部分原因合乎情理。① 战后,西欧国家对地方政府的研究主要有两大问题:一个是地方政府重组问题,有些国家比如英国进行了较为充分的改革,有些国家如意大利和法国的改革则零碎庞杂一些;另一个问题主要是去集权化,由于面临财政压力,20世纪70年代中期以后,中央政府的政策主要是削减中央拨款和地方支出,意大利和法国的去集权化主要是重构决策过程和扩大地方政府参与,而英国和挪威却强化了中央集权。②

中央集权最基本的动力大致是为了进行协调,包括政策制定和执行。比如从1979年开始,保守党政府控制公共支出,四分之一的公共支出出自地方政府而非中央,这成为实现政策目标的一大困难,因此,保守党政府开始逐步增强对地方财政收支计划的影响。中央集权还有一个原因,是为了统一提供各种服务,与其他西方国家相比,英国地方政府管辖地域更大,服务人口数量更多,英格兰和威尔士地方政府平均服务人口为12.3万人,而其他西方国家平均仅为1万人,排名第二的瑞典也仅为3万人,英国的选区划分和单个地方议会的预算规模相应都要大一些。③

不过,地方自治原则没有受到根本性颠覆。第一,是地方政府而非中央政府提供了服务,地方政府总体上是行为主体;第二,中央地方关系并非中央单方控制地方,中央部门可以施加控制,地方也可以影响中央部门,关系是双向的;第三,地方总体上采纳并实现了中央制定的服务标准。尽管中央地方权力关系不对等,但双方都认识到互相依存的关系,这需要互相理解、合作和妥协。④ 按照英国的传统,中央政府通过国会立法来正式推行政策意愿,其意义在于,中央政府需要确保获得国会的批准,而国会是由各地方

① William A.Robson, *Local Government in Crisis*, London: Allen & Unwin, 1966, p.18.

② Edward Page and Michael Goldsmith, *Central and Local Government Relations: A Comparative Analysis of West European Unitary States*, London: SAGE, 1987, p.1.

③ Colin Mellors and Nigel Copperthwaite, *Local Government in the Community*, Cambridge: ICSA Publishing, 1987, p.7, 11.

④ J.A.G. Griffith, *Central Departments and Local Authorities*, London: Allen & Unwin, 1966, pp. 17-8.

的代表组成的,议会为地方提供了一个表达诉求并引起中央关注的平台。①

有学者认为,中央和地方政府都可以凭借一些资源互相博弈。一是中央政府独有的层阶资源,主要源自国会主权,中央可以立法来设立、改变或者取消地方机构,授予或者收回权力,增加或减少财政支持等;二是中央和地方都有的政治资源,国会和地方议会成员都由选举产生,除此之外,还可以运用党派力量;三是财政资源,地方相当部分财政资源来自中央拨款,但地方也有自己的收入来源;四是宪法法律资源,地方权力来自中央立法授权,一旦取得授权,地方就可以免受干扰依法行使权力;五是中央和地方都拥有一些信息资源。②

在财政关系方面,地方并非完全被动,中央也并非层层加码。地方税税率问题被广泛认为是地方事务,中央官员并不想为地方税税率问题承担任何责任,因为这既非其职责,也非其能够操控,没有人愿意为此承担压力风险。当地方政府为满足中央官员要求而可能提高地方税税率时,中央官员通常会另寻解决之道,在一个实行选票政治的国家里,但凡触犯民意的事情都要谨慎。当然,选民并不是一概反对地方税上涨,中央目标与地方取向有时一致,有时也会有矛盾。

当20世纪70年代为应对通胀而冻结工资和控制物价时,地方选民可能愿意通过增税来维持地方服务,但地方税上涨却成为对中央政策的挑战。1973年,中央政府认为,地方税上涨将严重损害其经济战略,结果是地方税税率受到"监控",地方当局如拟提高地方税税率,需要通知中央政府,如果上涨幅度太大,地方政府会被要求重新考虑。③ 实际上,这种"监控"缺乏法律基础,中央和地方政府的利益目标此时出现了矛盾。

在1974年底至1976年底地税补助拨款谈判中,地方政府重拾镇定,拒

① Martin Loughlin, *Legality and Locality*:*The Role of Law in Central-Local Government Relations*, Oxford:Clarendon Press,1996,p.24.

② Howard Elcock with Michael Wheaton, *Local Government*:*Politicians, Professionals and the Public in Local Authorities*,London:Methuen,1986,pp.6-7.

③ DoE Circular,21/73.

绝了中央政府的具体指导,一些通告中可以看到中央政府态度策略变化。
1974年12月强调"中央政府有必要就地方政府如何进行服务限制提供详细指导";1975年9月强调"中央政府需要就采取什么样的措施给出详细建议";1975年12月强调"地方财政咨商委员会中的地方政府代表认识到了中央指导的重要性,但同时也存在顾虑,认为中央指导不能影响地方政府自行决定本地支出优先次序";到了1976年8月,中央强调:"地方政府从此前的通知中得到了一些关于如何进行削减的建议,但他们要自己决定如何削减支出……要看当地的具体情况和各种考虑";1976年12月,中央认为"如何理解本通知关于具体地方特定服务领域的意见,取决于当地的实际情况和各种考虑"。①

　　在20世纪70年代的经济形势下,地方政府在财政方面不断承受压力,中央的干预也越来越多,主要在于控制地方支出。不过,经济收紧短期来看是个有利因素,有助于将注意力转向大规模持续增长却不再适应地方需求的公共支出,也有助于更广泛地考虑包括公共和私人在内的所有投资计划。② 在这种形势下,地方财税问题积弊也逐渐显现,推动中央政府采取了一系列改革。

---

① Robin Hambleton, *Policy Planning and Local Government*, London: Hutchinson, 1978, pp.27-8, 引自 DoE Circular 171/74, para 5; DoE Circular 88/75, para 5; DoE Circular 129/75, para 28; DoE Circular 84/76, para 10; DoE Circular 120/76, para 29.

② Robin Hambleton, *Policy Planning and Local Government*, London: Hutchinson, 1978, p.24.

第二章　地方财政存在的问题

　　财税是贯通经济基础与上层建筑的重要支柱。英国原有地方财税体制成型于自由资本主义时期,而战后的英国发生了很大变化,国家干预不断深化,福利制度快速推进,地方职能不断丰富,地方支出一路攀升,拨款依赖日益增强。进入 20 世纪中后期,英国经济社会日益陷入困境,诸如通胀高企、经济低效、罢工频繁等成为显著特征,而公共支出过高被视为"英国病"病因之一。

　　一无所有之地,国王也收不到税。经济困境导致中央财政压力增大,以往的地方财政模式难以为继。在英国地方职能增加、公共支出膨胀和经济持续衰落的同时,地方政治的政党化显著增强。工党和保守党日益涉足地方政治,导致地方政治日益受到中央政府的影响,这为中央和地方之间以及地方政府内部围绕财税问题的冲突提供了政治基础。现实压力与日俱增,新的思潮不断涌动,持续的危机成为改革的推进器。

第一节　地方支出的持续膨胀

　　英国公共支出主要涉及四类部门,包括中央政府、地方政府、国民保险基金和公共企业。[①] 19 世纪 70 年代以来,英国地方政府职能不断增加、规模不断扩大,地方支出相应不断增长,这一趋势延续到了一战。除了特殊的

---

① Cedric Sandford, *Economics of Public Finance*, Oxford：Pergamon Press, 1992, pp.20-1.

战争时期,地方支出在两次世界大战之间继续增长。二战后,布雷顿森林体系、凯恩斯主义和《贝弗里奇报告》受到重视,市场力量受到抑制,充分就业、收入再分配、社会福利和混合经济成为四个主要政策目标。地方公共服务类别和范围不断扩大,地方支出增长也高歌猛进,并在 20 世纪 60 年代呈加速增长态势。

战后英国公共支出的快速增长成为显著现象,与维多利亚鼎盛时期形成了鲜明对比。从 1822 年到 1890 年,按不变价格计算,公共支出增长了160%。这一时期公共支出水平较低,主要原因是维多利亚时期政府不愿意涉入资源动员型活动,英国是 19 世纪世界上唯一没有参与资助铁路建设的国家,维多利亚时期年度预算最大项目是国防支出和国债还息,但也是这一时期,地方政府支出规模和范围扩大很多,地方政府职能从最早的济贫扩展到道路建设、公共卫生、义务教育等多个领域。①

公众对公共支出的态度也在变化。在 19 世纪,多数人认为政府支出应该最小化。威廉·格莱斯顿认为,政府应该遵从的一个财政原则是削减其支出。但并非每个人都认为支出应该或者可以最小化。比如,阿道夫·韦杰在 1890 年面对社会进步压力时,认为政府支出必须和国内生产总值增速保持一致,财政约束可能阻碍国家活动的扩张,长远来看,人们发展进步的愿望将战胜财政困难。② 到了战后,公共支出又被看作实现均等化和社会公平进步的重要工具,财富再分配成为社会政策领域的一个重要主导因素,一些人认为无论是通过货币还是服务,简单来说,福利国家就是一个再分配机制。③

在 20 世纪的工业化世界里,政府收支占国内生产总值比例的提高是最引人注目的变化之一。公共服务部门越来越庞大,雇佣人数越来越多,政府

---

① Brian W. Hogwood, *Trends in British Public Policy-Do Governments Make Any Difference?* Buckingham:Open University Press,1992,p.38.

② Robert Armstrong(ed.),*Public Expenditure and Management*,Public Finance Foundation Discussion Paper No.5,June 1985,p.23.

③ Timothy Raison,*Tories and the Welfare State:A History of Conservative Social Policy since the Second World War*,Basingstoke:Macmillan,1990,p.181.

活动规模和复杂性不断增加,对人们生活的影响也越来越广。1900 年国会增加了 272 页的法规汇编,1930 年增加了 845 页,到 1950 年增加了 1000 页,到 1974 年增加了 2000 页的新法规。① 教育也成为快速发展的地方服务领域。学校理事会在 1902 年结束使命,大部分职能移交给了郡自治市和郡议会。1904 年开始,地方教育部门要提供初等和中等教育服务,各种初中等和技术教育发展起来,到二战爆发,教育领域经常性支出增长了六倍。住房方面的支出比较典型,19 世纪末期,住房事务主要被视为公共卫生的一个方面。一战之后,住房短缺和过度拥挤问题变得越发明显,根据 1919 年《住房和城镇规划法案》,提供住房成为一个社会责任,国家提供财政支持帮助地方开展公房建设,到 1939 年,建成了超过 100 万套住房。②

地方公共服务支出有一些特点:诸如警察、图书馆和公路等服务支出主要由城市产生,公园、公共卫生、道路、警察和消防等支出通常与城市经济地位有关;地理空间不同也会影响服务支出水平,比如沿海城市花在污水处理上的钱往往要少一些,比如威尔士地区除了图书馆和规划支出较少,其他支出往往都比较高;历史因素也会影响支出,比如战争时期遭炸毁严重的城市的规划支出就比较高;政治因素也会产生影响,工党或保守党在一个地方执政,往往会对特定的服务支出产生较大影响;服务种类特征与支出也有关系,比如公园、警察和消防等服务支出多少往往要看该地区是城市还是乡村,而教育、个人健康和住房等服务支出往往与地区人数有关。③

战后三十年里,有两种思想显著地塑造了英国,这就是凯恩斯主义和贝弗里奇思想。所谓民主社会主义与这一时期资本主义性质特点有关,从战后到 20 世纪 70 年代前期,资本主义带有组织化色彩,这主要源于战争期间的创伤,战时从政党到国民的联合共融催生了战后共识,这种共识为战后数年间地方政府的发展奠定了坚实基础。如果说凯恩斯提供了经济管理的方

---

① John Bourn, *Management in Central and Local Government*, London: Pitman, 1979, pp.4-5.

② Ken Young and Nirmala Rao, *Local Government since 1945*, Oxford: Blackwell, 1997, p.51.

③ Andrew Kirby, Paul L.Knox and Steven Pinch, *Public Service Provision and Urban Development*, London: Croom Helm, 1984, pp.40-2.

案设计,那么贝弗里奇则构建了福利国家的愿景蓝图,这是在战争期间制定的"更美好的和平计划",是英国人民赢得的"双重胜利"。① 凯恩斯和贝弗里奇提供了契合政治形势和社会需要的思想基础,并使生活水平和社会福利得到了史无前例的改善提高。这个时期,主要政党都致力于发展,政党以及民众达成了一致,地方服务迅速扩大,期间只有周期性经济危机,整个时代与以往显著不同。

在这个增长时期,地方政府看起来像是中央的合作伙伴,不过伙伴关系此后不断紧张,中央大臣们越来越将地方政府当作工具。被称作"齿轮效应"的中央控制开始出现,权力一旦被这届政府掌握,也会被下届政府利用。② 战时权力前所未有地向中央集中,中央政府在战后继续对工资、物价和投资等进行管理,以此促进经济增长,实现充分就业,并开始对一些行业企业进行国有化。保守党1951年上台后也接受了这些理念原则,《经济学人》杂志结合工党政府财政大臣休·盖茨克尔和保守党财政大臣拉布·巴特勒的名字,提出了"巴茨凯尔先生"的称呼,由此,20世纪50年代的经济政策被冠以"巴茨凯尔主义"。③ 福利国家建设不断推进,公共支出越来越高,平衡朝着国家偏移,中央紧紧控制着财政和政策动议。

公共支出成为重要的经济政策工具。在两次世界大战之间,英国经济政策有两个重要错误,一个是汇率高估,另一个是"老套的平衡预算",坚挺的货币和平衡的预算是深植于右翼内心的信条。④ 凯恩斯不同意这种观点,比如,他认为在经济衰退时期,可以通过扩张支出实现经济复苏。按照凯恩斯的理论,对经济周期的正确疗法在于"把萧条消除掉,从而使我们永

---

① 威廉·贝弗里奇:《贝弗里奇报告——社会保险和相关服务》,中国劳动社会保障出版社2008年版,第163页。

② Ken Young and Nirmala Rao, *Local Government since 1945*, Oxford: Blackwell, 1997, p.301.

③ "*Mr Butskell's Dilemma*", *The Economist*, February 13, 1954;关于"巴茨凯尔主义",参见 Scott Kelly, *The Myth of Mr. Butskell: The Politics of British Economic Policy 1950-55*, London: Ashgate, 2002.

④ William Keegan, *Mrs Thatcher's Economic Experiment*, London: Allen Lane, 1984, p.17.

远处于接近繁荣状态之中",既"促进投资,与此同时又促进消费"。① 于是,20世纪60年代经济快速发展,也迎来了服务支出的快速增长,公共支出成为政府追求经济繁荣和社会进步的重要工具。工党领导人哈罗德·麦克米伦对失业问题记忆深刻,对充分就业政策格外热心,他的名言"从来没有这么好"被广为引用。②

公共支出还成为政党政治的工具。在实行选票政治的国家里,任何政府都有一个足以影响经济政策的目标,即是否有助于本政党赢得下次大选,距离大选时间越近,该因素作用越重要。③ 战后,两党竞相通过增加公共支出、承诺充分就业和稳定物价等来获取选票,形成了所谓"政治性商业周期",每到大选之年,公共支出就更高,个人获益也更多,比如保守党预算削减收入税后很快赢得1955年大选,而希思时期的"巴伯繁荣"是借过度刺激经济以获取政治支持的新案例。④ 即使撒切尔夫人也不例外,在1983年和1987年大选时,支出计划都有增加。⑤ 不过,政策可能走形变样,结果可能事与愿违,执政党希望通过给地方花钱来"买"些选票,但拨款是给地方政府花的,实际上更可能是替地方议员们"买"了选票。⑥

在1961年普洛登公共支出控制委员会发布报告后,中央政府开始实行中长期财政计划。该委员会认为许多政府项目持续时间较长,政府部门有必要进行统筹测算,了解当前政策在未来若干年所产生的成本,这样大臣们可以预知未来可用的资源与面临的需求,知悉公共部门和私人部门的相对

① 凯恩斯:《就业、利息和货币通论》,商务印书馆2009年版,第332—337页。
② William Keegan, *Mrs Thatcher's Economic Experiment*, London: Allen Lane, 1984, pp.20-1.
③ James M.Livingstone, *The British Economy in Theory and Practice*, London: Macmillan, 1974, p.161.
④ Tim Congdon, *Monetarism: An Essay in Definition*(with foreword by William Rees-Moog), London: Centre for Policy Studies, 1978, p.86.
⑤ Colin Thain and Maurice Wright, *Public Spending Planning and Control 1976-88: A Research Agenda anda Framework for Analysis*, London: Nuffield Foundation, 1987, p.2.
⑥ David Neden King, *Town Hall Power or Whitehall Pawn？* London: Institute of Economic Affairs, 1980, p.13.

规模,从而更好地进行决策。各部门可以把相关测算结果反馈给财政部所属的公共支出调查委员会,供财政部在做公共支出等决策时借鉴参考。该制度最早被国防部门用于国防项目测算,对于公共支出估算方法来说,这个方法被政府部门采用是一个进步。不过,这种制度没有直接评估当前项目的价值,没有评估社区能够从这些项目中获得什么,也没有说明是否在以最有效的方式实施这些项目。①

1959 年和 1963 年,保守党政府实行了减税,但这一时期,保守党对服务不断膨胀的关注要超过减税问题,对通胀风险的忧虑要高于对通缩的担心。20 世纪 60 年代早期的支出耗尽了巴特勒时期的积累,可以确定的是,除非经济增长速度快于预期,否则到了 20 世纪 60 年代中期会出现财政困难。这种情况在威尔逊时期出现了,支出持续增长并超过收入增长,1967 年公共部门支出占国内生产总值比例首次超过 50%,1967 年 11 月英镑被迫贬值,财政大臣卡拉汉辞职未成,与内务大臣罗伊·詹金斯对调职位,詹金斯开始对支出问题采取措施,成功稳定了形势。保守党希思政府前期继续采取措施,公共支出占比有所下降,稳定在 50% 左右,但随着之后"U"型转弯,公共支出占比又开始上升。②

地方支出不断增长,促使中央不得不考虑削减支出。下表显示了 20 世纪英格兰和威尔士地区地方支出增长情况,除了个别时期外,经常性支出整体呈现加速增长趋势,资本性支出增速从 1940 年开始呈现加快趋势。其中,经常性支出和资本性支出在 1950 年迅速增长,特别是 1960 年双双增长了近两倍。从 1960 年到 1970 年,地方经常性支出从不足 18.7 亿英镑增加到 54 亿英镑,资本性支出总额则从 5.7 亿英镑左右增加到超过 17 亿英镑,成为地方支出增长最快的时期。

---

① John Bourn, *Management in Central and Local Government*, London: Pitman, 1979, pp.24–6.

② Richard Clarke (eds), *Public Expenditure*, *Management and Control*: *The Development of the Public Expenditure Survey Committee*(*PESC*), London: Macmillan, 1978, pp.148–9.

表1 1900—1970年英国英格兰和威尔士地区支出增长情况①

年份	经常性支出总额（百万英镑）	经常性支出同比实际增长指数	资本性支出总额（百万英镑）	资本性支出同比实际增长指数
1900	76.0	100	24.9	100
1910	125.8	173.5	40.6	148
1920	265.5	145	23.9	35
1930	423.7	364	108.9	248
1940	578.8	381	117.0	235
1950	849.1	362	331.1	374
1960	1865.7	496	571.5	462
1970	5405.2	1121	1707.9	938

地方经常性支出迅速增长。特别是教育、住房以及消防服务领域，从1900年到1970年，英格兰和威尔士地区的教育领域经常性支出同比实际增长了2942%，而住房领域同比实际增长则达36340%，消防服务支出同比实际增长2294%，特别是20世纪50年代和60年代，各项支出同比都有大幅增长。② 不同时期的支出分布也有明显的相对变化，从数额上看，20世纪上半叶地方用于教育、公路与照明、住房、贫困减免等领域的支出比较高，20世纪中期开始，地方教育、住房领域支出迅速增长，特别是教育支出数额远远超过其他领域，1970年达到将近19亿英镑，占当年英格兰和威尔士地区

① 根据Bryan Keith-Lucas and Peter G.Richards, *A History of Local Government in the Twentieth Century*, London: Allen & Unwin, 1978, pp.128-30, 以及 *Annual Abstract of Statistics* 所得数据选择调整。

② Bryan Keith-Lucas and Peter G.Richards, *A History of Local Government in the Twentieth Century*, London: Allen & Unwin, 1978, p.130.

地方经常性支出总额的三分之一。①

从绝对数量和同比指数(以 1900 年作为不变价格)两个方面可以看出地方服务支出的增长,这反映了 20 世纪英国地方服务的发展。当然,我们也要考虑到表外的因素,比如,英格兰和威尔士地区的人口在 1900—1970 年间增长了 50%,从 3200 万增加到 4800 万。② 英格兰和威尔士地区的地方资本性支出增长中,住房以及教育成为支出最多的领域。特别是战后的住房支出,从数额上看,20 世纪 50 年代只增长了 8740 万英镑,20 世纪 60 年代则增加了 5.1 亿英镑。其他各个领域支出也都在 20 世纪 60 年代出现了急剧增长。③

多种因素造成 20 世纪 70 年代地方支出大幅增长。中央政府要求改善和拓展公共服务,公众对高质量服务的需求日益增长,同时人口增长以及年轻人和老年人人口比例增长,扩大了社会公益服务需求,此外还有通货膨胀的影响。④ 从各个经常性支出项目年均增速来看,各领域支出在 20 世纪 70 年代的增幅明显,其中休闲娱乐与社会服务支出增速最快。按照当期价格计算,比如从 1949—1950 财年到 1968—1969 财年,公共卫生、社会服务和住房支出年均增长分别为 7.6%、6.9% 和 12%,而 1969—1970 财年至 1974—1975 财年,以上三项年均增长分别高达 18%、28% 和 26%,休闲娱乐支出此前近 20 年年均增长 8.6%,而 1969—1970 财年至 1974—1975 财年年均增幅达到 39%。所有服务项目经常性支出在这两个时期年均增长分别达到 8.9% 和 19%。⑤

---

① Bryan Keith-Lucas and Peter G.Richards, *A History of Local Government in the Twentieth Century*, London: Allen & Unwin, 1978, p.128, 引自 *Annual Abstract of Statistics*.

② Bryan Keith-Lucas and Peter G.Richards, *A History of Local Government in the Twentieth Century*, London: Allen & Unwin, 1978, p.127.

③ Bryan Keith-Lucas and Peter G.Richards, *A History of Local Government in the Twentieth Century*, London: Allen & Unwin, 1978, p.129, 引自 *Annual Abstract of Statistics*.

④ Ivor H.Seeley, *Local Government Explained*, London: Macmillan, 1978, p.113.

⑤ C.D. Foster, *Central Government's Response to the Layfield Report* (Policy Series. 1), London: Centre for Environmental Studies, 1977, p.31.

表2　1949—1975 年英格兰和威尔士地方政府经常性和资本性支出①

（单位：百万英镑）

财政年度	1949 —1950	1950 —1951	1951 —1952	1952 —1953	1953 —1954	1954 —1955	1955 —1956	1956 —1957	1957 —1958
经常性支出	849.1	887.3	987.7	1062.2	1127.5	1225.3	1330.8	1497.0	1630.1
资本性支出	331.1	368.8	426.5	497.8	543.7	525.7	541.1	555.0	528.5
财政年度	1958 —1959	1959 —1960	1960 —1961	1961 —1962	1962 —1963	1963 —1964	1964 —1965	1965 —1966	1966 —1967
经常性支出	1731.3	1865.7	2018.4	2232.2	2446.9	2667.5	2902.8	3306.4	3621.5
资本性支出	511.9	571.5	620.3	741.2	793.7	979.5	1225.9	1289.3	1411.9
财政年度	1967 —1968	1968 —1969	1969 —1970	1970 —1971	1971 —1972	1972 —1973	1973 —1974	1974 —1975	
经常性支出	3988.5	4322.3	5405.3	6185.5	7080.7	8004.2	9732.4	12209.4	
资本性支出	1563.3	1597.2	1707.9	2050.2	2231.5	2794.8	3699.4	3775.5	

　　地方政府支出占国内生产总值和政府总支出的比重不断攀升。从 19 世纪末开始,地方政府支出占国内生产总值的比例就呈总体上升趋势,并在战后出现加速上升。1890 年这一比例仅有 3.4%,此后半个多世纪里一路缓慢上升,1950 年,地方政府支出占国内生产总值只有 9.1%,20 世纪 50 年代一直维持在 10%左右,1960 年占比为 10.3%,这一比例在此后十年增长迅速,1970 年高达 15.6%。随后几年不断攀升,并在 1975 年达到了 17.8%的历史新高。

　　而地方政府支出占所有政府支出的比例在 20 世纪上半期起起落落,甚至于 1910 年一度逼近 48%,1920 年又一度跌破 20%,到了 20 世纪 50 年代开始呈相对稳步增长态势,特别是 20 世纪 60 年代,从 1960 年的四分之一增加到 1970 年的三分之一。按照当期价格计算,1960 年代地方政府支出增长了三倍,而中央政府支出只增加了两倍。从 1950 年到 1975 年,地方经常

① 　C.D.Foster, *Appendix* 2&3, *Central Government's Response to the Layfield Report* (Policy Series. 1), London: Centre for Environmental Studies, 1977, pp.44-5.

性支出占公共部门经常性支出的比例从 17.1% 逐渐上升到 30.9%，资本性支出占比则从 59.8% 波动下降到 37.9%。①

表 3 1890 年以来地方支出占所有政府支出及国内生产总值比例（当期价格）②

年份	地方支出 （百万英镑）	所有政府支出总计 （百万英镑）	地方政府支出/ 所有政府支出（%）	地方政府支出/ 国内生产总值（%）
1890	50.1	130.6	38.4	3.4
1900	98.9	280.8	35.2	5.1
1910	130.2	272.0	47.9	6.1
1920	317.3	1592.1	19.9	5.2
1928	399.3	1094.7	36.5	8.8
1933	389.7	1066.0	36.6	9.4
1938	531.2	1587.0	33.5	10.0
1950	1060.0	4539.0	23.4	9.1
1952	1344.0	5777.0	23.3	9.6
1955	1536.0	6143.0	24.2	9.7
1960	2335.0	8423.0	25.4	10.3
1965	4061.0	12384.0	32.9	12.8
1970	6885.0	19327.0	34.4	15.6
1973	10597.0	28567.0	34.8	16.3
1974	12771.0	36200.0	33.7	17.1
1975	16710.0	47182.0	33.2	17.8

公共支出是分析公共政策变化时运用得最广泛的指标，它清晰明了且易于比较，但也有缺点局限，比如支出也可能受到立法等因素的影响，通胀

---

① C.D.Foster: *Central Government's Response to the Layfield Report*（Policy Series.1），London：Centre for Environmental Studies，1977，p.43.

② C.D.Foster，*Central Government's Response to the Layfield Report*（Policy Series.1），London：Centre for Environmental Studies，1977，p.30，p.32，引自 A.Peacock and J.Wiseman，*The Growth of Public Expenditure in the United Kingdom*，1961（*until* 1955）and *Annual Abstract of Statistics*（since 1960）.

削弱了支出数据的可比性等,政府行为不能全用公共支出来衡量。① 战后地方政府支出大幅增长有多种因素影响。一方面,地方服务范围扩大、水平提高,比如就学年龄延长、教育层次提高、师生比例变化导致经费需求增加,其他包括小汽车拥有率、犯罪率和老年人口比例上升,导致道路、警务和福利支出增加。另一方面,地方支出受到相关价格效应影响而上升,一般来说,资本推动的工业部门效率更高,除非地方政府提高工资,当工业部门生产率提高带动工资上涨,将导致地方政府的雇员流向工业部门,结果是地方政府成本不断上升。② 与此同时,公共服务供给增多与需求上升密不可分,特别是失业人数和老年人口数量的增加,比如失业人数从 1975 年到 1980 年增加了一倍,而教育支出下降主要与学龄儿童的减少有关。③

　　大概从 1960 年开始,政府发现在维持地方服务增长和国家经济增长之间出现脱节,财政大臣和负责重要地方服务的大臣之间出现了争辩。住房和地方政府大臣以及此后的环境大臣成为地方政府扩张的主要代言人,这种膨胀在 1964 年工党赢得大选之后达到高潮。此后主要政党继续支持公共服务,但他们越发感到维持增长变得不易,特别是 1974 年之后,压力与日俱增,这迫使中央要控制政府公共支出。有学者通过对瑞典的分析表明,1973 年石油危机导致经济环境恶化,促使国家加紧对地方政府支出的控制,这种情况与英国发生的事情并无二致,不同的是,英国中央政府能够有效干预地方政府,但瑞典中央政府的这种尝试相对不够成功。④ 无论是对于凯恩斯主义还是货币主义者来说,公共支出都是宏观经济政策的中心问

① Brian W. Hogwood, *Trends in British Public Policy-Do Governments Make Any Difference?* Buckingham: Open University Press, 1992, p.33.

② David Neden King, *Town Hall Power or Whitehall Pawn?* London: Institute Of Economic Affairs, 1980, pp.8–10.

③ Alan Walker(ed.), *Public Expenditure and Social Policy: An Examination of Social Spending and Social Priorities*, London: Heinemann Educational, 1982, pp.20–1.

④ Royston Greenwood, "*Relations between Central and Local Government in Sweden: The Control of Local Government*", in G.W.Jones(ed.), *New Approaches to the Study of Central-Local Government Relationships*, Hants: Gower, 1980, p.152.

题,也成为此后英国政治的焦点问题。

通货膨胀是现代经济的常态,合理适度的通胀也许不无裨益,但过度通胀却是百弊无益。按照弗里德曼的说法,通货膨胀是"一种疾病,一种危险的、有时是致命的疾病",甚至能够"毁掉一个社会"。① 20 世纪 60 年代开始,在多种因素的作用下,英国通货膨胀和利率水平不断创下新高。通货膨胀和利率升高反过来加剧了公共部门特别是地方财政的紧张。在高度通胀时期,地方服务的人力薪酬成本增加,地方负债和贷款成本增加,地方支出中占比重较高的土地建筑成本上升较快,地方公共消费支出比其他类型消费增速更快,结果导致地方支出增加较快。②

通胀导致地方服务人力成本上升。很难清楚地界定通胀带给不同部门的影响程度,但通常来说,公共部门单位产出成本要比市场部门高一些,通胀时期支出成本更高。地方机构的教育、消防以及社会工作等公共服务项目,更多依靠雇员人工劳动,偏向于劳动力密集型,薪酬成本上升较快且数额较大。从 1960 年到 1975 年,地方经常性支出中的一半要用于支付雇员工资,而中央政府的这一比例只有 20% 左右。

通胀和利率上涨还导致地方负债成本上升。中央政府可以有预算结余并用于资本性投资,且一段时期内,中央政府盈余较好,受通胀影响较小。但中央有立法限制,地方政府不能进行赤字预算,其经常性账户盈余一般来说很小,地方政府相当比例的资本性投资是通过借款募集,当利率走高,其所需支付利息也要增加。1960 年地方政府支付利息占经常性支出比例为14.6%,1970 年达到了 19.4%,此后略有下降,1975 年达到了 16.4%。同期,中央政府应付利息占其经常性支出比例则从 1960 年的 12.7% 下降到1975 年的 7.6%,一升一降对比鲜明。1958 年地方经常性支出中,每 7 英镑中有 1 英镑用于支付利息,到了 1966 年,每 6 英镑中有 1 英镑支付利息,1974 年达到最高峰,每 5 英镑里便有 1 英镑用于支付利息。③

---

① 弗里德曼:《论通货膨胀》,中国社会科学出版社 1982 年版,第 98 页。

② K.Newton and T.J.Karran, *The Politics of Local Expenditure*, London:Macmillan, 1985, p.85.

③ K.Newton and T.J.Karran, *The Politics of Local Expenditure*, London:Macmillan, 1985, pp.92-3.

　　英国地方政府支出中很大部分与建设住房和购买土地有关。从 1957 年到 1977 年，建设住房以及其他建筑加上购买土地，占到了地方住宅固定资本形成的 94%，中央政府则为 75%。地方花在土地和建筑材料上的支出相对较多，由于当时建筑材料价格上涨较快，通胀带动地方支出成本更快上升。住房领域的资本支出要快于其他部门，1945—1946 财年住房资本支出占到了总资本支出的 47%，1977—1978 财年达到 66%。相关贷款规模迅速增加，1950—1951 财年贷款占住房资本总支出的 25%，1960—1961 财年为 62%，1970—1971 财年为 70%，到了 1977—1978 财年达到了 80%。此时，花在利息上的钱比新的住房建设资金还多。住房建设资本支出为 16.76 亿英镑，净住房贷款债务为 196.42 亿英镑，利息则为 18.26 亿英镑。[1]

　　通胀抬高了地方公共消费支出的价格成本。公共消费是公共部门直接花在商品和服务、薪酬工资以及设备资产的维护运营上的成本，不包括转给其他公共或私人部门的钱，比如津贴、社保、拨款。中央政府支出中公共消费所占比例少于三分之一，而地方公共支出中有一半是公共消费。公共消费支出的重要特点是相对缺乏弹性，往往要按照当期市场价格支付。但中央政府的大部分支出是转移支付和拨款，市场价格很低，有些情况下还可以延迟付款，比如，社会养老金水平并不根据通胀变化自动调整，而是定期评估调整，地方政府很多支出就没有这么大的灵活性和腾挪空间。[2]

　　在通胀时期，英国的地方税制度无助于缓解地方财政紧张。如果地方财政税收主要来自收入税和消费税等，那么地方财政收入也会随通胀水涨船高。[3] 但英国地方税课税对象主要是房产，按规定五年一次的税基估值未能如期进行，导致计税价值低于实际应税价值。地方税基长期固定，除非税率大幅变动，不然地方税收入不会随价格上涨和收入增长而自动增加。

① 　K.Newton and T.J.Karran, *The Politics of Local Expenditure*, London：Macmillan, 1985, p.95, 引自 DoE and Welsh Office, *Local Government Financial Statistics in England and Wales*, London：HMSO.

② 　K.Newton and T.J.Karran, *The Politics of Local Expenditure*, London：Macmillan, 1985, pp.95-6.

③ 　David Greytak and Bernard Jump, "*Inflation and Local Government Expenditures and Revenues：Methods and Case Studies*", *Public Finance Review*, Vol.5 No.3, July 1977, pp.275-302.

其他一些影响地方支出的因素也并非地方能够控制,比如他们不能决定利率,也不能越过法律大量借款用于资本性支出,甚至无论是从国内生产总值还是从政府总体预算规模来说,英国地方政府并非先进工业国家中开支最大者。[1]

20 世纪 60 年代,地方政府支出增速是同期英国经济增速的两倍。中央政府愿意通过拨款鼓励引导地方政府发展公共服务,地方也愿意接受中央的拨款,能够拿中央政府的钱办地方的事情,满足地方选民的需求,没有比这更划算的好事了。地方支出快速大幅增长导致地方财政吃紧,中央政府的压力也越来越大。面对这种情况,要么开辟新的地方收入来源,要么增加中央政府拨款比例,要么将一些公共服务甩给中央,现实选择往往是增加中央拨款。"任何时候任何一项支出提出,假设前提就是将其变成国家支出,由财政部负担,只有特定情况下可能出现例外"。[2]

从地方收入来源看,地方支出中的拨款比例不断提高,地方税收入比例反而相对下降,地方对中央的依赖越来越强。特别是 20 世纪 60 年代中期以后,拨款和地方税占地方支出的比重明显朝着不同方向发展。从 20 世纪 60 年代中期开始到 70 年代初,地方税占地方相关支出的比例从 48.9% 下降到 43.6%,中央拨款所占比例则从 51.1% 增加到 56.4%,两者所占比例差距从 2.1% 扩大到 12.8%。比如 1967—1968 财年,支出比上一财年增长了近 9.4%,该财年地方税收入只增长不到 4.2%,中央拨款增幅超过 14.4%,1969 年之后这种增长差更加显著。[3] 比如,20 世纪 50 年代末期到 70 年代中期,英格兰地区用于经常性支出的收入中,来自地方税的比例从 1958—1959 财年的 32.7% 和 1966—1967 财年的 34.2% 降到 1975—1976 财年的 23.9%,下降近 10 个百分点,中央拨款比例上升超过 10 个百分点,1975—1976 财年达 46.8%。[4]

---

[1]　K.Newton and T.J.Karran, *The Politics of Local Expenditure*, London: Macmillan, 1985, p.7.

[2]　K.B.Smellie, *A History of Local Government*, London: Allen & Unwin, 1949, p.69.

[3]　Layfield Committee, *Committee of Inquiry into Local Government Finance Report*, Cmnd 6453, London: HMSO, May 1976, Table 26.

[4]　Tony Travers, *The Politics of Local Government Finance*, London: Allen & Unwin, 1986, p.211, Table 7(略作调整)。

值得注意的是,从地方税占个人收入比例来看,地方税增幅并不明显。从 1890 年到 1976 — 1977 财年,地方支出中拨款占比从 25% 上升到 65.5%。① 下表可以看出,战后以来,住宅税占个人可支配收入的比例略有上升,从 2% 左右上升至了 2.5% 左右。可以说,相比地方政府支出的大幅增长,这一比例的增加并不显著。通过将负担从地方税纳税人转给国家税纳税人,从住宅地方税纳税人转给工商业地方税纳税人,地方税改革压力确实得以减轻,但没有解决根本问题。服务项目和公共部门规模继续膨胀,拨款数额和比例却不可能无限度地增加,一旦遇到经济下滑或重大危机,中央财政将不堪重负。

表 4　英格兰和威尔士地区住宅地方税占个人可支配收入的比例②

财政年度	个人可支配收入 （百万英镑）	住宅地方税数额 （百万英镑）	住宅地方税/ 个人可支配收入比例（%）
1938 — 1939	4,032	109	2.71
1952 — 1953	10,327	200	1.94
1955 — 1956	12,552	240	1.92
1960 — 1961	16,452	331	2.01
1962 — 1963	18,702	399	2.13
1964 — 1965	21,080	473	2.24
1966 — 1967	23,901	611	2.56
1968 — 1969	26,530	655	2.47
1970 — 1971	31,046	747	2.41
1972 — 1973	39,531	996	2.52
1973 — 1974	45,603	1,006	2.21
1974 — 1975	53,044	1,152	2.17

说明:1973 — 1974 和 1974 — 1975 财年数据为污物处理费从地方税税率中扣除后的情况。

① C.D.Foster, *Central Government's Response to the Layfield Report* (Policy Series.1), London: Centre for Environmental Studies, 1977, p.17.

② C.D.Foster, *Appendix 6, Central Government's Response to the Layfield Report* (Policy Series.1), London: Centre for Environmental Studies, 1977, p.48, 引自 *Annual Abstract of Statistics & Report of Committee of Inquiry into the Impact of Rates on Households*, 1965.

中央政府显然注意到了这个问题。1971年7月,几位大臣向国会提交的《地方财政的未来形态》报告中指出:地方政府支出所消耗的国家资源比例越来越高,尽管增速近来有所降低,但仍然快于整体经济增速,而地方税的增速却更慢了,地方税赖以课税的房产估值没有太大提高,服务标准却提高很多,服务范围扩大不少,地方支出与收入之间的鸿沟需要中央拨款来弥补,并且这个鸿沟还会持续下去。① 包括许多高级官员在内,人们对于地方支出是否失控提出了疑问。

地方政府对于中央拨款的依赖不断增强,威胁到地方的独立自主,成为关于地方政府改革争论的一个重要因素。1966年,财政部在向英格兰地方政府事务皇家委员会提交的文件中表示:需要确保地方政府有足够财税来源以维持其大部分公共服务,这样他们会有足够动力做出负责任的支出决策,从而确保英国经济平稳和英镑币值稳定,如果中央拨款占其收入比例过高,便难以确保实现这些目标。② 费边社研究报告提出:地方当局必须要在国家政策范围内解决其行动范围和方向问题,地方对于中央财政依赖性的增强使地方民主的实现变得日益困难,将来必须避免地方服务支出过度依赖中央,或者将地方税制度绷得过紧,好在地税补助拨款提供了向地方政府施压的独特途径。③

但也有观点认为,很难证明中央拨款比例上升导致中央控制不断加强。因为超过八成拨款是一揽子拨款,地方可以在服务领域自由支配,所以中央控制力度与拨款多少并没有紧密关联。住房和地方政府大臣在提交给地方政府皇家委员会的材料中表示:他们不相信各种小规模的地方政府能够明

① *The Future Shape of Local Government Finance*（Presented to Parliament，July 1971），Cmnd 4741，London：HMSO，p.2.
② A.H.Marshall，*New Revenues for Local Government*（*Fabian Research Series* 295），London：Fabian Society，June 1971，p.3.
③ A.H.Marshall，*New Revenues for Local Government*（*Fabian Research Series* 295），London：Fabian Society，June 1971，p.25.

智地花钱。① 地方主要的问题还是在于不能越权,并且受到中央各种指令条框约束,之所以增强控制,可能主要是中央政府希望全国范围内各种服务及标准等能够统一,并且要符合中央的整体政策意图。

20 世纪 70 年代中期,随着通货膨胀的不断加剧,中央政府倍感压力。理论上,"只有一种办法而且是最后的办法"可以制止通货膨胀,就是降低货币增长率。② 中央政府的办法是尝试通过控制公共支出来降低通胀,地方政府是公共支出的重要主体,要限制公共支出,必然要对地方政府采取行动。而限制地方公共支出不只是应对财政压力,也是解决经济领域问题的药方,"缺乏财政收入不是招致中央加强监管的唯一经济原因,作为劳动力和资本资源的主要消费者,地方政府被要求与中央政府的经济政策转变保持步调一致。"③

第二节　公共支出与英国困境

英国的整体衰落是 20 世纪的显著现象。1880 年至 1914 年间是英国开始衰落的第一个阶段,此时英国虽然还属于鼎盛时期,但开始面临其他工业化国家的竞争。两次世界大战之间属于第二个阶段,英国尝试重建世界强国未能成功,好在避免了 20 世纪 30 年代大萧条的最坏结果。第三个阶段是二战之后,英国开始采取紧随美国的经济、军事与外交战略,日不落帝国的光辉被昔日殖民地遮蔽,对外投资也未能达到其他西方国家同等水平。到了 20 世纪 70 年代,随着世界衰退的到来,英国的衰落也进入到一个新的阶段。④

---

① David Neden King, *Town Hall Power or Whitehall Pawn?* London: Institute Of Economic Affairs, 1980, p.10.

② 弗里德曼:《论通货膨胀》,中国社会科学出版社 1982 年版,第 30 页。

③ Peter G.Richards, *The Reformed Local Government System*, London: Allen & Unwin, 1980, p.158.

④ Andrew Gamble, *Britain in Decline: Economic Policy, Political Strategy and the British State*, Basingstoke: Macmillan, 1994, pp.5-6.

1973 年石油危机将许多西方国家推到了焦灼境地,导致西方世界大范围的经济"滞胀",英国经济社会也开始变得危机四伏,英国经济社会的一系列问题被称作"英国病"。① 关于英国经济衰落问题的解释有很多,包括投资水平较低、产业升级速度慢、组织管理效率低、国家干预增强、宏观政策误导、企业家精神不足、工人培训不够,甚至包括文化精神因素等。② 有学者认为,英国经济衰落原因"超出了经济学家独自能够理解的范围",英国病是一个多世纪以前就有的现象,其深刻的根源在于国家的社会结构和精神状态,是"绅士化"的社会环境和精神文化等,抑制了英国人经济上的进取精神。③

英国经济的重要问题之一是通货膨胀。从 1959 年开始,英国每年的通胀率不断提高,并且高于 1948—1968 年的平均值。1974 年开始,年度通胀率达到了两位数。从 1968—1975 年,只有 1972 年和 1973 年两个年份通胀率是下降的,其他八个年份都呈加速趋势,这一趋势直到 1976 年都没能够逆转。需要注意的是,1967 年通胀警钟开始响起,1970 年通胀率比此前十六年都要高,这都发生在石油危机之前,这意味着,石油价格并不是造成 20 世纪 70 年代新通胀的肇始原因,石油危机只是对业已恶化的形势产生了冲击叠加。④ 通过与其他欧洲国家通胀率的对比可以发现,20 世纪 50 年代英国通胀率大体上处于平均水平,60 年代略微高于平均水平,到了 70 年代则远高于平均水平。1973 年到 1980 年间,英国通胀率平均高达 15%,而同时期奥地利、比利时、荷兰、挪威都低于 10%,德国仅为 4.5%,法国和瑞典也刚刚超过 10%,只有意大利高达 17.1%。⑤

---

① 参见罗志如、厉以宁:《二十世纪的英国经济:"英国病"研究》,人民出版社 1982 年版。

② 彼得·霍尔:《驾驭经济:英国与法国国家干预的政治学》,江苏人民出版社 2008 年版,第 32 页。

③ 参见马丁·威纳:《英国文化与工业精神的衰落:1850—1980》,北京大学出版社 2013 年版。

④ M.H.Peston, *The British Economy: An Elementary Macroeconomic Perspective*, Oxford: Philip Allan, 1982, pp.59-61.

⑤ M.H.Peston, *The British Economy: An Elementary Macroeconomic Perspective*, Oxford: Philip Allan, 1982, pp.66-7.

英国战后通胀率上升的原因有很多,包括增值税提高,国企成本上升抬升物价,货币政策和高利率抬高成本价格,以及工资的上涨等。通常认为,工会运动以及集体谈判推动工资大幅上涨,通胀率也迅速走高,并在1970年6月大选中成为重要问题,工会也成为后来撒切尔政府的重要打击对象。前所未有的通胀问题引起了各种观点和各种力量的争论,学术界、财经界和传媒界的经济观察家和评论人士开始关注通胀,一些经济学家们也开始共聚一堂探讨起因和对策。① 经济自由主义者认为,通胀本质上是个货币现象,凯恩斯式的社会民主主义使得通胀不断加剧,政府用通胀来维持充分就业,长期来看又损害了就业,由于20世纪70年代通胀高企,新自由主义政治经济学日渐受到重视。②

英国陷入经济困境的一个重要表现是经济效率不高。二战前后,英国的单位生产率要高于法国、德国、意大利等国家,一直到1960年,法国、德国和意大利的生产率虽然有所提高,但仍然低于英国。不过到了1970年前后,这些国家生产率已经赶上了英国,甚至逐渐地超出英国不少。以法国为例,1950年英国与法国生产率比是100∶71,到了1973年则变成了100∶108。在国内生产总值和单人产出增长方面,与经合组织国家相比,1979年之前的二十多年里,英国生产总值和单人产出年均增速都要低一些,差不多到了20世纪80年代才超过经合组织国家。③ 毫无疑问,按照国际标准来看,英国的生产率也是比较低的,"证据显示,相比之前时期,英国总体经济表现在1965年至1975年间迅速恶化。"④

关于英国经济困境的理论分析很多,有些分析将其归咎于公共部门的膨胀,这产生了较大的影响。1975年,罗伯特·培根和沃尔特·埃尔提斯

① H.G.Johnson and A.R.Nobay(eds),*The Current Inflation*,London:Macmillan,1971.

② Anthony Seldon and Kevin Hickson(eds),*New Labour*,*Old Labour*:*The Wilson and Callaghan Governments*,1974~79,London:Routledge,2004,p.24.

③ Alec Cairncross,*The British Economy since 1945*:*Economic Policy and Performance*,1945-1990,Oxford:Blackwell,1992,pp.16~23.

④ Robert Bacon and Walter Eltis,*Britain's Economic Problem*:*Too Few Producers*,London:Macmillan,1978,p.8.

在《星期天泰晤士报》上发表了一系列文章,他们基于相关理论区分了市场化产品服务与非市场化产品服务。① 他们的"挤出"理论认为,英国经济的主要问题是资源投向过度错配,资源都从市场化生产部门转移到了非市场公共服务部门,不断增加的公共支出挤压了私人投资和市场活动,非市场部门和市场部门失衡,结果导致投资下降,经济效率降低。②

英国的产业就业结构也开始落后。在美国和加拿大,就业人口中从事服务业的比例比英国要高。1978 年至 1980 年,美国和加拿大服务行业就业人数年增长分别达到 2.7% 和 4.4%,而英国只有 1.3%。同时,美国和加拿大服务业就业人口占劳动力总数的比例分别达 67% 和 64.6%,而英国只有 57.2%。关键在于,要确保工业企业流失的岗位被新的服务业岗位替代,同时不能被官僚机构的就业岗位消耗,就要鼓励建立更多企业特别是小企业,由市场来提供新的就业岗位。③

公共部门和公共支出被看作是英国经济困境的罪魁祸首,其中地方政府"贡献"最大。从 20 世纪 60 年代开始,用于市场化部门的劳动力比例连年降低,而依赖于市场化部门来滋养的非市场化部门,比如公务员、社会工作者、教师、医疗工作者开始不断增加。从 1961 年到 1975 年,地方机构提供的就业上升了 70%,中央政府提供就业上升了 27%。而形成对照的是,零售物流、银行、金融、保险、娱乐等就业只增加了 11%,更多的人由产业部门转到了公共就业部门。④ 从战后英国地方政府雇员与中央雇员、制造行业、工作人口数的比例来看,可以清晰地看出,地方政府就业人数增速整体最快。从 1952 年到 1974 年地方政府雇员数量几乎翻了一番,而中央政府

① J. Johnston, "*A Macro-Model of Inflation*", *Economic Journal* Vol. 85, No. 338, June 1975, pp. 288-308.

② Robert Bacon and Walter Eltis, *Britain's Economic Problem: Too Few Producers*, London: Macmillan, 1978.

③ F. V. Meyer(ed.), *Prospects for Recovery in the British Economy*, London: Croom Helm, 1985, pp. 129-30.

④ Robert Bacon and Walter Eltis, *Britain's Economic Problem: Too Few Producers*, London: Macmillan, 1978, pp. 12-3.

公务员、制造业的就业人数相对稳定。①

经济整体衰落中的英国,国家收入与支出之间的鸿沟越来越大。国家既要增加服务,来保证地区、公司、工会、穷人、失业人群、弱势群体的利益,又要从各种经济活动中征税来获取资金。公共部门增长产生的成本都要由市场部门来承担,大量的市场部门税收增长被用来资助非市场部门,减少了市场化部门资本积累能力,损害经济发展基础,如此一来,更要依赖于国家开支来维持福利和经济,这几乎成了一个矛盾的闭环。不经意之间,英国开始成为世界上非市场部门支出较高而经济活动投资较低的国家,其不良后果从 1970 年开始显现。

基于以上解释,英国要摆脱经济困境有两条路可走。一方面,要通过削减公共支出,减少国有工业损失与补贴,加强经济领域市场部门,这是一些工党人士和中央政府从 1975 年开始倾向的选择。新的保守党领导人对此方案更是青睐有加,撒切尔夫人在 1975 年 9 月 15 日的演讲中表示,如果人人都从产业部门转到政府部门,将削弱生产部门,并增加其负担。另一方面,政府要将资源投入到私人部门服务中,从而增强市场部门,壮大以工业产业为基础的国家经济。面对一系列经济弊病,"英国人民必须决定,要么增强市场部门,使其更有效率地运行,要么支持左派。"②

也有学者对挤出理论的判断提出了质疑。他们认为地方政府提供许多公共服务,或者是因为这些领域倾向于自然垄断,比如道路、公共交通等,或者是因为这些产品很难由私人部门提供,比如公园、图书馆。他们认为很多地方服务根本无法找到可用以比较的私人效率,也没有证据证明公共部门就业与同期经济增速放缓有关,至少这种关联并不明显。此外,地方政府部分支出是用来购买私人部门的服务和产品,作为其稳定而庞大的消费者,地

①　C.D.Foster, *Central Government's Response to the Layfield Report* (Policy Series.1), London:Centre for Environmental Studies, 1977, p.34, 引自 *Annual Abstract of Statistics*; *Economic Trends*.

②　Robert Bacon and Walter Eltis, *Britain's Economic Problem:Too Few Producers*, London:Macmillan,1978,p.32,116.

方支出削减将立即影响私人工业部门的产品和服务需求。与此同时,私人部门离不开地方政府和公共部门提供的基础设施和基本服务,诸如教育等服务,必然有益于经济社会的长期发展,只不过难以通过数据来说明。①

反对挤出理论的学者还引用他人观点认为:如果经济增长是持续的,额外的公共服务需求要通过增加产量来提供,公共支出占国内生产总值的比重可以增加或减少,但经济增长缓慢,对于公共服务的更高需求只能通过增加公共支出比重来实现。② 因此,不是公共支出的增长导致了经济增速放缓,恰恰相反,是经济增速放缓导致了总支出占国民财富比重的上升。按照结构理论的分析,地方支出不是经济放缓的原因,只是国家财政危机的症状。不是高额的地方或公共支出造成了整个经济问题,而是支出问题强化了社会结构性问题,特别是经济社会以及国家组织形式问题,这不可避免地导致了地方财政危机。③

还要注意的是,公共部门雇佣人数很多,但其工资水平并不高。地方政府和公共部门迅速扩张的时期,也改变了雇佣方式,更多聘用低工资的妇女和兼职劳动力,地方政府的工资预算并未像雇佣人数一样增长,有一些地方机构的雇员长期忍受低工资。④ 比如,公共部门的工资水平并不比私人部门高,1950 年到 1971 年,公共部门工资落后私人部门两三个百分点。⑤ 而1970 年到 1975 年,在稍微高于私人部门之后,1976 — 1977 财年又有下降。⑥

关于私人资本积累和社会支出水平怎样才算合理,不同国家之间的判断标准也有很大差异。比如,斯堪的纳维亚半岛福利国家建设起步很早,在

---

① K.Newton and T.J.Karran,*The Politics of Local Expenditure*,London:Macmillan,1985,p.36.

② D.R.Cameron,"*The Expansion of the Public Economy:A Comparative Analysis*",*American Political Science Review*,Vol.72,No.4,Dec.,1978,pp.1243-61.

③ K.Newton and T.J.Karran,*The Politics of Local Expenditure*,London:Macmillan,1985,p.36.

④ Gerard Stoker,*The Politics of Local Government*,London:Macmillan Education Ltd,1988,p.23.

⑤ A.J.H.Dean,"*Earnings in the Public and Private Sectors 1950-75*",*National Institute Economic Review*,74,November 1975,p.63.

⑥ R.I.Hawkesworth,"*Private and Public Sector Pay*",*British Journal of Industrial Relations*,XIV,2,1976,pp.206-13.

很长时期里,国家税收很高,政府开支很大,福利很好,社会稳定,也保持了持续繁荣,成为比英国更为典型的福利国家。当然,此后受经济影响,半岛国家也出现了问题,但整体表现要好于英国等国。实际上很难界定究竟多高的支出属于过度,从 20 世纪 60 年代中期到 70 年代中期公共支出占国民生产总值的比例来看,瑞典,丹麦等北欧国家高达 27%左右,西德、加拿大、美国和英国差不多,刚刚超过 20%,日本则只有 14%左右。[①] 但从经济表现来说,北欧与经济危机的距离要比英国、美国远得多,而西德和日本的经济效率要好于许多国家,公共部门膨胀与经济衰退发生的时间并不吻合,因此,也很难证明公共支出水平与经济效率必然有关。[②]

英国的宏观经济政策也是经济表现欠佳的部分原因,后来的政府往往要重新提出一套解决方案,这些尝试大多无疾而终,政策考虑常常比较短视,结果是经济政策反复变化。[③] 总的预期支出与预期收入的关系没有恢复正常,并非因为公共支出不断增长,而是因为导致支出增长的那些决策,总体来说,决策时对其可能产生的影响缺乏研判,英国国家经济发展委员会高估了 20 世纪 60 年代中期的经济增长率,同时又遭遇了 60 年代后期和 70 年代早期的经济停滞。[④]

英国的经济体制机制也影响了英国的经济表现。英国和联邦德国都是先进工业国家,尽管私有企业仍然都是经济活动基础,但联邦德国强调市场作用,而英国混合制和国有化要多一些,当面临经济问题时,作为中央集权国家,英国的地方财政体制缺乏刺激因素,战后国有化使地方失去许多经济职能,地方缺乏经济发展的动力。联邦德国作为联邦制国家,地方政府相比英国要享有更多的自主权,地方往往支持开发项目来刺激经济增长,许多工业投资更多地依赖市场条件而非地方控制。两个国家的地方支出都占了公

① *Public Expenditure*, *Written Answers*, HC Deb 14 February 1975 vol 886 cc230-3W.
② 彼得·霍尔:《驾驭经济:英国与法国国家干预的政治学》,江苏人民出版社 2008 年版,第 34 页。
③ Roger Backhouse, *Macroeconomics and the British Economy*, Oxford:M.Robertson,1983,p.274.
④ Richard Clarke(eds), *Public Expenditure*, *Management and Control*: *The Development of the Public Expenditure Survey Committee*(*PESC*),London:Macmillan,1978,p.160.

共支出很大比例,英国的地方支出中,中央拨款比例占到将近一半,而联邦德国中央拨款仅占不到四分之一,这样一来,英国要就地税补助拨款和控制地方资本支出问题反复争论,而联邦德国相关政策就相对没有那么重要。①美国的联邦主义也受到一些学者推崇,认为联邦模式"集中了集权与分权的优势",联邦体制被看作是"政府的最优形式"。②

保守党从国家与自由的关系角度提出了解决方案。保守党政治中心一份材料表示:从任何角度说,过去一些年来,政府对我们日常生活的影响都在不断增加。政府用于公共支出的资金来自借贷、税收或者通货膨胀,1964年国家每1英镑收入中有6先令用于缴税,如今已经涨到了8先令,公共部门占英国经济的比例超过一半。保守党将通过降低公共支出、减轻税收负担、改革政府、依法保护个体,再次赋予人们自由。③ 1974年6月,诺特议员在给撒切尔夫人的信中表示:"所有政治家都希望一切皆利于产值增长,而不乐于在公共支出、私人投资和私人消费之间进行选择,但在高度通胀背景下,有必要降低公共部门支出增速,增加实际的私人投资。"④费边社委托的研究报告也提出:地方政府财税体系构成了整个国家体系的一部分,地方财政运作必须符合国家计划,不能与国家经济政策冲突,地方政府有积极义务来支持国家政策,包括对付通胀、刺激经济和应付短期危机。⑤

许多评论人士和经济史学者认为,1960年之后是经济政策重新评估的时期。此前,政府主要着力于战后重建以及重构贸易和经济秩序,公共部门相对较小,到了20世纪60年代早期,公共支出开始增长并成为经济结构的

---

① Nevil Johnson and Allan Cochrane, *Economic Policy-Making by Local Authorities in Britain and Western Germany*, London: Allen & Unwin, 1981, pp.116, 125–8.

② 华莱士·E.奥茨:《财政联邦主义》,译林出版社2012年版,第19页。

③ *Masterbrief 25: A Free Society-Scaling Down Government*, Conservative Political Centre, 1969. (PUB 134/38)

④ John Nott MP, *The Letter to the Rt Hon Mrs Margaret Thatcher MP*, 4th June 1974, p.4. (THCR1/12/4)

⑤ A.H. Marshall, *New Revenues for Local Government* (*Fabian Research Series* 295), London: Fabian Society, June 1971, p.4.

重要变量,各方面越来越认识到英国经济面临严重困难,许多政客开始在公共支出和财税制度问题上寻求办法。但是,关于实行什么政策并没有达成共识,关于怎样的财政政策才能解决英国经济问题方面,政府系统也不能形成清晰的观点,或者就税收制度对经济的总体影响进行彻底评估。① 战后很长一段时间里,无论是工党还是保守党,都没有让公共部门如何运行形成一个稳定清晰的架构,所采取的许多政策只是为了应对特定的国内形势,而不是作为预定战略的一部分。②

　　到了 20 世纪 70 年代,凯恩斯主义和社会民主主义日益受到诟病。随着布雷顿森林体系崩溃,西方世界陷入滞胀,大量失业再次出现,凯恩斯的宏观经济政策工具看起来也不再奏效,自由市场意识形态的自信日益增强,这导向了新的资本主义,不再需要国家来扮演均等化和再分配的角色。③ 英国的资源分配模式使得地方政府高度依赖中央政府,当中央面临压缩公共支出的压力时,就会对地方施加限制,再加上经济意识形态变化,社会事业的政治优先性开始受到削弱。实际上,不仅英国如此,联邦德国也有类似政策,联邦德国在 1967 年通过了《经济稳定与增长促进法案》,也要求公共机构根据国家经济周期来调整支出水平,地方政府支出要在国家经济管理框架下来设定。④

　　政治家和决策者不同于专业学者,他们不仅要发现和研究问题,还要及时有效地解决问题。1976 年工党大会上,首相卡拉汉对凯恩斯主义提出了批判,这个演讲成了"英国凯恩斯主义的讣告"。⑤ 货币主义和公共选择理

① Martin Daunton, *Just Taxes：The Politics of Taxation in Britain*, 1914 - 1979, Cambridge University Press,2002,p.365.

② Paul Jowett and Margaret Rothwell, *Performance Indicators in the Public Sector*, Basingstoke：Macmillan,1988,p.2.

③ Noel William Thompson, *Left in the Wilderness：The Political Economy of British Democratic Socialism Since* 1979, Chesham：Acumen,2002,p.281.

④ Nevil Johnson and Allan Cochrane, *Economic Policy-Making by Local Authorities in Britain and Western Germany*, London：Allen & Unwin,1981,p.127.

⑤ 彼得·霍尔:《驾驭经济:英国与法国国家干预的政治学》,江苏人民出版社 2008 年版,第113 页。

论引起了人们注意,这些理论打破了凯恩斯主义的信条,使公共支出在公共政策中的角色作用发生了巨大变化。1979 年保守党当选后,首份公共支出白皮书开宗明义:公共支出是英国经济困境的核心问题。[1] 对于工党特别是保守党来说,削减公共部门特别是地方政府公共支出规模,成为英国走出经济社会困境的不二法门。

第三节　地方政治的政党化

地方政府的建设不仅基于客观需要和历史沿革,还受到价值观念与意识形态的强烈影响。在 20 世纪的西欧,政治领域最显著的发展就是在国家和地方层面,都实现了选举民主的普遍化和政党制度的成熟化。特别是二战后,地方政治中的政党因素不断渗透强化,政党政治深植于地方政府体制,这就造成了地方政府的"政治化"。

早在 19 世纪,托克维尔、密尔等人都强调了地方政府培养民众政治能力和民主习惯的价值,地方政府可以依据地方情况和民众需求提供合适的公共选择。[2] 在 19 世纪,特别是本杰明·迪斯雷利时期,托利党进行了许多重要社会改革。1835 年实行选举后,地方政府开始出现政党政治。1867年公民权的扩大促使各政党发展地方组织,伯明翰自由党开创了这一模式,很快保守党也紧随其后。到了 19 世纪末,几乎所有大城镇都有了政党派别,不过,此时矛盾主要在于谁来掌权,而不是要推行什么样的政策。但不同党派的政策分歧开始显见,自由党、激进派和保守党分子开始就教育、教堂作用、济贫等问题发生碰撞。

英国与其他欧美发达国家也有所不同。从国家架构上看,爱尔兰体制更

---

①　Alan Walker(ed.), *Public Expenditure and Social Policy:An Examination of Social Spending and Social Priorities*,London:Heinemann Educational,1982,p.47.

②　Stephen J.Bailey and Ronan Paddison,*The Reform of Local Government Finance in Britain*,London:Routledge,1988,pp.9-22.

多地源自英国模式,但地方政府对中央的依赖更大一些。从政治化角度看,欧洲与北美有明显不同,地方的政治参与度和政党活跃程度整体都比较低,英国地方投票参与度较低,但政党制度比较活跃,而两党选举机制与美国更为相似。欧洲国家体制差异一定程度上源于历史,早期特许城市和自治市的自由建立在其工商业和财富贡献基础之上,欧洲国家大都如此,这些市镇的自治机构管理着自己的财政体系,并对个体直接征税。后来,英国通过改革地方架构、扩大公民选举权和调整地方机构职能,发展了现代郡和地区政府体制。在 19 世纪,包括英国在内的欧洲国家,地方政府逐步发展起民主制度。[1]

工党的崛起给地方政治带来了重要变化。进入 20 世纪,特别是一战之后,政党地方组织迅速发展,工党着眼于赢得权力,不断增加开支,特别是开展济贫活动。尽管这一时期政党在地方政治和治理中的作用还不算显著,但工党在党派政治地方化方面还是迈出了不小步伐。最迟在 1946 年,地方议员加入到政党组织的现象已经变得比较普遍。[2] 20 世纪上半叶,地方政府中的党派政治发生了很多变化,由于城镇的扩张膨胀,城市党派政治所涉范围也扩大了,其中工党的发展影响了地方党派政治,刺激了保守党、自由党和无党派的发展,地方政治中出现了"威斯敏斯特模式"。[3]

直到 1945 年,许多地方议员都还属于独立无党派人士,除了少数明显涉及宗教或党派事务的情况,议员一旦当选,在议会内部往往独立投票。但随着 20 世纪城市化和工业化的推进,这种传统逐渐弱化了,只有一些乡村地区还保持这种局面。国会授权给地方政府的具有较强政治意味的职能越来越多,各党派的兴趣也不仅限于地方选举,还关心地方议会的运行,地方选举可以检验各党派的地方组织,控制地方议会还可以推行其意图或者挫败对手。到了 20 世纪 40 年代后期,城市地区的议会普遍走向了政治化,特

[1] Richard Batley and Gerry Stoker, *Local Government in Europe: Trends and Developments*, London: Macmillan Education, 1991, pp.22-5.

[2] Dilys M. Hill, *Democratic Theory and Local Government*, London: Allen and Unwin, 1974, pp. 67-71.

[3] John Gyford and Mari James, *National Parties and Local Politics*, London: Allen & Unwin, 1983, p.1.

别是工党,还在地方议会内成立议员小组来领导党派活动。①

工党倾向于扩大地方开支来赢取民众支持。20 世纪 20 年代伦敦东部的波普拉市就诞生了一种叫作"波普拉主义"的地方模式,在乔治·兰斯伯里领导下,工党控制的地方议会支付超出市场水平的工资,实行过于慷慨的资助救济,导致该市多次与中央政府发生冲突,再加上其他原因,最终导致30 名地方议员遭到法律制裁并被处以罚款。② 更典型的是赫伯特·莫里森领导下的伦敦郡议会,如果说伯明翰的约瑟夫·张伯伦是 19 世纪城市政府领导人的典型,那么莫里森就是 20 世纪的典型,他们都对改善市政设施充满热情,但张伯伦是资产阶级企业家,在政治中运用了商业知识和技能,而莫里森代表了组织起来的工人的利益,他领导的伦敦郡议会建立了工党的声誉。③

地方政府越来越深地卷入政党政治,全国性政党越来越多地主导了地方政治,地方政治也越来越政党化和国家化。对政党的投票受到全国形势的影响,而不是取决于地方政绩表现,这就削弱了地方选民的投票责任。随着地方选举的全国化,地方议员们将更多精力投入所属党派的全国性利益,而不是地方社区利益。地方政府逐渐成为中央政府的下属机构,地方议会的政策越来越多地听命于主要政党控制的中央机构,地方市政厅的规则被威斯敏斯特的规则取代。④ 全国地方税纳税人联盟主席 1945 年曾经警告说:如果地方议会的政策都被保守党或者工党中央机构主导,那么地方议会也就失去自治或者民主性质了。⑤

---

① G.W.Jones and Alan Norton,*Political Leaders in Local Government*, University of Birmingham: Institute of Local Government Studies,1978,p.14.

② Hugh Atkinson and Stuart Wilks-Heeg,*Local Government from Thatcher to Blair:The Politics of Creative Autonomy*, Cambridge:Polity Press,2000,p.27.

③ Robert Leach and JaniePercy-Smith,*Local Governance in Britain*,Basingstoke:Palgrave,2001, p.54.

④ John Gyford, "*Political Parties and Central-Local Relations*", in G. W. Jones (ed.), *New Approaches to the Study of Central-Local Government Relationships*,Hants:Gower,1980,p.28.

⑤ Ken Young,*Local Politics and the Rise of Party*,Leicester University Press,1975,p.191.

保守党和工党都建立了专门机构来研讨处理地方事务。保守党于
1944年建立了一个专门负责地方政府相关事务的组织来考虑战后选举问
题，该组织很快被全国地方政府事务咨询委员会取代，1974年地方重组后，
该组织重组为各地保守党团体领导人的一个论坛。此外，保守党每年3月
份会召开为期一天的地方政府事务大会，借此讨论地方政府事务、提出地方
税制改革、敦促贯彻保守党的原则主张。为处理地方政府事务，1955年工党
全国执委会设立了地方政府事务分委员会，其主席一般是工党全国执委
会的成员，而不是地方政府成员。从1956年开始，工党举行地方议员全国
性会议，代表来自各地工党议员，会期三天，包括聆听工党领导人演讲，讨论
一些政策，会议提出的方案不作为工党党派政策，但工党执委会会进一步讨
论，并可能影响到领导层。①

地方政府的政党化和政治化势不可当，二战后，英国政党及地方政治生
态加速变化。一些城市如伯明翰或利兹从维多利亚时代就开始经历政党政
治博弈，这种情况在20世纪的其他大城市中也都存在。政党政治在地方政
府中发挥了各种各样和充满争议的作用，特别是在城市地区，政党提供更
有效的政治控制。不过，也不能过分夸大不同政党对地方政策的改变和区
别，这一定程度上是源于对专业判断的尊重，此外，地方的托利主义和社会
主义在20世纪70年代以前并不存在尖锐的意识形态分野。②

乡村地区很大程度上与党派政治保持了距离，一直到20世纪60年代，
许多地方还是由无党派人士控制。郡和自治市镇则有所不同，20世纪50
年代早期无党派人士还占有500个席位，1963年后再也达不到这个水平，
到了地方重组前的1972年，只剩下348个席位。1970年有13个郡可以看
作非党派主导的，到了1973年选举，新的郡只剩下两个还由无党派控制；到
了1981年，只剩下康沃尔一个地方；1979年，非都市郡的296个非都市区

① J.A. Chandler, *Public Policy Making for Local Government*, London: Croom Helm, 1988, pp. 67-72.
② Robert Leach and JaniePercy-Smith, *Local Governance in Britain*, Basingstoke: Palgrave, 2001, pp.52-3.

里只有 39 个仍然是无党派控制。在大都市地区几乎都被党派控制,1981年大都市郡选举中,91%的席位被工党和保守党占据。随着自由党在一些地方的崛起,1981 年大都市和非都市郡选举中,三个党派取得的席位合计分别占了 99.3%和 90.6%。①

地方政治的政党化为中央与地方的冲突埋下了种子。政党对于地方政治的深度渗入有两个结果:如果地方议会多数党与国会多数党为同一政党,那么将有利于中央政策法令在地方的贯彻执行;如果中央与地方的执政党不是同一政党,中央政策在地方推行时很可能滋生矛盾,遭遇地方政府的软磨硬抗。随着党派机制在地方议会中的作用日益提升,很多地方将不可避免地被大臣们的政治反对势力控制,如果政党政策发生冲突,地方议员可以反对和阻止中央政府的意图。也就是说,如果有哪个地方议会反对中央,很可能是有些政治动机不同的议员在主导地方政策。

一些地方政府屡屡在法律范围内反对中央政府。希思政府时期,保守党控制的地方政府反对综合性中等学校,1971 年《教育法案》提出停止向 7岁以上儿童提供免费牛奶,一些工党控制的地方议会坚决反对,他们通过一系列技术手段来抵消法案的效果,这些行动让伦敦白厅街的大臣们感到头疼。1972 年《住房财政法案》要求实行公平租金,个别地方对此表示反对,一些工党控制的地方议会也威胁采取类似行动,但工党知道拒不履行法定职权将面临法律后果,于是这些地方议会接连改变了主意,结果使挑头的地方孤掌难鸣,"有些极端的地方议员想制造一种当代英国地方政府未曾有过的喧嚣,结果他们被解除了职务。"②由于该地方拒不履行法定职责,中央政府任命了一个专员来管理当地公房。

1974 年地方政府重组改革改变了地方政府的辖区边界和权力职能,特别是在农村地区,地方政治的政党化明显加速。其主要原因之一是地方重

---

① John Gyford and Mari James, *National Parties and Local Politics*, London:Allen & Unwin,1983, pp.1-2.

② Bryan Keith-Lucas and Peter G.Richards, *A History of Local Government in the Twentieth Centu-ry*, London:Allen & Unwin,1978,p.177.

组,一些较小的和独立人士主导的地方合并成为较大的和政党化明显的地方。此外,由于面临选举压力,不少独立派议员汇入其他党派特别是保守党。结果,地方重组后,非党派主导的地方议会和独立议员持续减少。1973年,英格兰和威尔士地区53%的地方由保守党或工党控制,1974年和1977年分别达到70%和79%。苏格兰地区重组前有34%的地方被两党控制,1975年和1978年分别达到48%和58%。在两个层级的地方政府中,党派政治的影响都明显增强。① 到保守党上台时,80%的地方议会是由一个主要政党控制的,该数字看上去还将继续上升,这必然影响政策制定过程。② 到了1986年,由戴维·威第库姆领衔的委员会统计显示,非党派化的地方议会只占英国地方议会总数的15%,在英格兰和威尔士只占到12%。③ 特别是城市地区,地方政府重组加上政治版图变化,使工党在一些城市地区取得多数,这为日后发生冲突提供了条件。④

　　1974年地方政府重组之后,对中央地方关系产生的几个影响值得注意。第一,地方和中央权力平衡更倾向中央,中央发出指令要限制支出,而这些指令缺乏针对性,地方政府不愿作出反应,紧缩开支对中央地方关系的影响要大于扩张支出的影响。第二,比较团结的中央政府和不那么团结的地方政府影响了中央地方关系。中央政府有五个涉及地方服务管理的部门,而地方政府重组之后数量大幅下降,控制400个议会比控制1200个议会要容易得多,更加强大的地方政府却更难团结一致。第三,选举体制和党派政治影响了中央地方关系。选民投票更多地是对国家而非地方事务的反应,地方议会选举反映的往往是中央政府的政绩表现。第四,政治关系离不

① Alan Alexander, *The Politics of Local Government in the United Kingdom*, London: Longman, 1982, p.75.
② Martin Minogue(edited for the National Consumer Council), *The Consumer's Guide to Local Government*, London: Macmillan, 1980, p.100.
③ Chris Game and Steve Leach, "*Political Parties and Local Democracy*", in Lawrence Pratchett and David Wilson (eds.), *Local Democracy and Local Government*, London: Macmillan, 1996, p.127.
④ Howard Elcock, Grant Jordan, Arthur Midwinter with George Boyne, *Budgeting in Local Government: Managing the Margins*, Essex: Longman Group, 1989, p.2.

开财政基础。地方越来越依靠中央财政,地方更加听命于中央。由于带有争议的重组和持续的经济危机,中央与地方的冲突在 1974 年之后变得更多了。①

地方政党政治会影响到地方预算和开支。如果问哪些人负责地方政府运转并决定四分之一的公共支出,法定的答案是地方议员们,但是党派控制的地方议会议员们则认为是他们的领导——在中央政府战略决策过程中处于核心位置的人。② 在那些议会对立严重的地方,或者是政客们执意贯彻其选举承诺而罔顾中央意图的地方,比如利物浦和谢菲尔德,政治对预算过程的影响就要最大化。③ 每个选举产生的机构都声称要服务其选民,这会对地方政府的职能产生影响。如果政治上达成一致不出现矛盾,出现意识形态纷争的可能性会大大降低。如果一个地方的所有机构都被保守党控制,那么在诸如公共教育管理和地方税税率问题上,郡议会和区议会之间可能就不会出现分歧。同样,如果工党在一个大都市郡议会中占据多数,就不太可能反对实施综合教育,也不会反对增加社会公益服务开支或者对公共交通进行补贴。④

在经济危机压力下,间接地促使两党就中央地方政府关系以及政党与其控制的地方政府之间关系问题进行了反思,两个政党开始就国家和地方政府的角色作用等基础性问题进行争论。保守党开始对自由市场经济充满热情,主张减少国家及地方政府作用,1970 年甚至有人主张要结束地方政府,将许多市政职能转给私人企业。对于战后共识的崩塌,工党出现了两种不同的反映,有人对非中央集权社会主义模式充满兴趣,有人则向着更

---

① Alan Alexander, *Local Government in Britain since Reorganisation*, London：Allen & Unwin, 1982, pp.148-50.

② G.W.Jones and Alan Norton, *Political Leaders in Local Government*, University of Birmingham：Institute of Local Government Studies, 1978, p.5.

③ Howard Elcock and Grant Jordan (eds.), *Learning from Local Authority Budgeting*, Aldershot：Avebury, 1987, p.243.

④ Alan Alexander, *The Politics of Local Government in the United Kingdom*, London：Longman, 1982, p.54.

加激进的左翼方向靠拢。① 此外,1974 年地方重组后,除了党派政治不断深化,地方政治也随之发生变化,加上其他一些改革,推动了新政治的发展,一些地方考虑用市场力量打破地方政府保护主义,更多地实行服务竞标。②

随着地方政府党派政治的发展,部分地方议员的政治倾向增强,导致出现滥用政治权力问题,这引起了媒体和公众的关注,并被称作是新的腐败。为应对这些批评,保守党政府于 1985 年成立了由威第库姆担任主席的委员会,该委员会于 1986 年 6 月提交了报告,委员会报告认为,决策过程要反映公众观点,反映议会的政治平衡,要限于地方议员。也就是说,只有地方议员才能决定地方议会政策。保守党政府于 1988 年 7 月发布了白皮书,成为 1989 年《地方政府和住房法案》第一部分的立法基础。白皮书采纳了报告的意见,认为地方议会不能任命非选举产生的个人担任决策委员会和下属委员会的成员,原则就是代表议会进行决策的人要反映选民的意愿。当然,1989 年法案没有禁止任命非选举产生或有专业知识的个人作为顾问或评估人加入委员会。③

战后英国政治的发展变化体现在多个方面。比如,国会议员中有地方任职经历的比例有所上升。1979 年国会中有 44.4% 的议员拥有地方政府经历和背景,1974 年国会只有 38.6%,其中保守党这一比例从 31% 增长到 37%,而工党这一比例则从 46.4% 增长到 53.2%,都达到了战后最高。1979 年国会中自由党议员有 45.5% 拥有地方政府经历。④ 公众的政治行动倾向也发生明显变化。1983 年,一项调查发现,英国公众行动倾向要比 1960 年

---

① John Gyford and Mari James, *National Parties and Local Politics*, London:Allen & Unwin,1983, pp.11-2.

② John David Stewart, *The New Management of Local Government*, London:Allen & Unwin, 1986, pp.25-9.

③ Nirmala Rao, *The Making and Unmaking of Local Self-Government*, Aldershot:Dartmouth, 1994, pp.15-7.

④ John Gyford and Mari James, *National Parties and Local Politics*, London:Allen & Unwin,1983, p.102.

显著增强,被问到当面对一项不公平或者有害的法律将作何选择时,77%的人认为要采取个体行动,比 1960 年高出 30%;要采取集体行动的人数比例同样为 77%,而 1960 年仅为 23%;选择什么也不做的人仅占 14%,比 1960年下降了 18%。①

---

① Roger Jowell and Colin Airey(eds.),*British Social Attitudes:The* 1984 *Report*,London:Gower and Social and Community Planning Research,1984,p.22.

第三章　工党政府的地方财政改革

这是最好的年代,也是最坏的年代。进入 20 世纪 70 年代,英国经济社会危机日益明显,战后共识开始松动瓦解,维持旧体制变得越来越难。希思政府尝试控制通胀和削减支出,但形势变化引发其政策"U 型转弯"。1974年,工党政府上台,鉴于地方政府重组并未解决地方财税问题,中央成立了地方财政咨商理事会,为中央地方政府提供讨论财政问题的平台,并建立了莱菲尔德委员会来评估地方财政体系。

1976 年实际上成为英国中央与地方财政关系的分水岭,这也是英国当代史上一个易被忽略的转折点。1976 年,莱菲尔德委员会发布了具有标志性意义的报告,但未能就地方财税改革提出明确可行的方案。同在这一年,由于公共预算问题引发了英镑危机,英国不得不向美国和国际货币基金组织借款求援,并不得不坚决实行支出控制,地方公共开支成为重要削减对象。但工党并未完成思想转型,新政策取得了一定成效,却未能解决英国经济社会和地方财税问题。

第一节　"U"型转弯与工党新举措

20 世纪初,英国还维持着"日不落帝国"的名号,无论管辖的土地面积和人口数量,还是拥有的工业实力和军事力量,依然都称雄世界。此时的英国,外交上纵横捭阖,经贸上举足轻重,文化上引领世界。但经历一战和大萧条后,英国国力大不如前。二战之后,尽管国家重建如火如荼,经济社会恢复发展,福利国家建设成就斐然,但繁荣的表象之下,问题丛生弊病累积,经济实力与国际地位下降难以扭转。当德国、日本等战败国纷纷东山再起时,英国却表现出明显的颓势。1956 年爆发苏伊士运河危机,引发了英镑挤兑并导致英镑危机,整个事件对英国产生了巨大冲击,这标志着殖民主义时代一去不复返,日不落帝国迎来了黄昏。

20 世纪 50 年代末,宏观经济目标之间的冲突已经显现,国际差距促使决策者要寻找新办法来医治经济弊病。20 世纪 60 年代的威尔逊繁荣时期,通胀高企和罢工频繁预示着不祥迹象,保守党和工党政府建立了新的机构来处理经济增长事务,包括 1962 年成立的国家经济发展委员会和 1964 年成立的经济事务部,然而经济事务部的国家计划没能成功。与此同时,决策者们不得不开始注意两个新的问题:公共支出增长和工资膨胀。控制物价和收入成为 1964—1970 年工党政府的一个棘手问题,20 世纪 60 年代末维持充分就业和低通胀还是成功的,但之后形势开始发生变化。① 到了 20 世纪 70 年代中期,经济问题开始变得积重难返,亟须大刀阔斧的变革。

20 世纪 60 年代保守党政府时期经济表现尚可,基本实现低通胀和低失业率,生活水平快速提高,但这并未能阻止工党上台。1957 年安东尼·艾登离任和 1963 年哈罗德·麦克米伦离任,拉布·巴特勒这两次都未能继承保守党和内阁大权。1963 年道格拉斯—霍姆爵士赢得首相之位,但霍姆爵士对经济事务缺乏手段,适逢这一时期经济日益成为中心议题,霍姆的短板为工党提供了可乘之机,也导致了希思的崛起,而希思执掌大权则为撒切尔夫人以及经济福音主义的崛起铺平了道路。②

1967 年,威尔逊政府不得不向汇率问题屈膝。通过使英镑贬值,工党政府实现了账户平衡,并于此后几年实现了盈余,不过这也提高了进口食品价格,带来了工资上涨压力。希思上台前的几年里,零售价格指数和工资成本都开始上升,失业率也开始抬头。不难看出,20 世纪 60 年代工党执政的

---

① Michael J. Oliver, *Whatever Happened to Monetarism? Economic Policy-Making and Social Learning in the United Kingdom since* 1979, Aldershot: Ashgate, 1997, pp.21-2.

② William Keegan, *Mrs Thatcher's Economic Experiment*, London: Allen Lane, 1984, pp.23-4.

最后阶段已经出现经济滞胀的端倪。① 从英镑贬值开始,英国面临更大的压力,宏观经济政策要兼顾对付通胀和削减借款,即便是支出增长被抑制,也意味着要大量增税。1968 年预算是工党第一个明显削减支出的预算,但它仍然要大幅提高税收。②

进入 20 世纪 70 年代,"英国病"的症状愈加严重,通货膨胀率长期居高不下,经济颓势不断加剧,令英国朝野上下忧心忡忡。根据整个国家的经济状况,20 世纪 70 年代可以分为三个时间段,包括希思政府时期、1974—1976 年威尔逊政府和詹姆斯·卡拉汉上台初期、1976 年英镑借款危机事件之后到撒切尔上台的时期。这既是政治上的划分,很大程度上也契合了经济形势变化,包括 20 世纪 70 年代初期的繁荣,20 世纪 70 年代中期的危机和之后的经济恢复时期。③

希思担任党魁时赢得了声誉,在竞选时受到了保守党左翼伊恩·麦克劳德的支持,像保守党右翼的邓肯·桑兹一样,许多人都认为希思将成为强有力的领导人。但这似乎有些乐观和仓促,因为希思从未担纲诸如财政、外交或者内政大臣这样的关键职位,缺乏经验成为他的弱项。哈罗德·威尔逊更是带有预见性地认为:希思将会分裂所在政党,凡是不站在他一边的就是反对他,这就像工党的休·盖茨克尔一样。④ 希思政府四年任期主要有两个主题,首先是加入欧共体谈判成功并获得国会通过,其次是进行了一系列不太成功的尝试,包括解决工会权力问题、通胀问题和生产率较低问题。⑤ 这些尝试随着 1973 年秋天石油危机爆发而失败,加上其他一系列因

① Leo Pliatzky, *Getting and Spending : Public Expenditure , Employment and Inflation* , Oxford : Basil Blackwell , 1982 , pp.95 – 6.

② Jim Tomlinson , *The Labour Governments* 1964 – 1970 : *Economic Policy* , Manchester University Press , 2004 , p.206.

③ Alec Cairncross , *The British Economy since* 1945 : *Economic Policy and Performance* , 1945 – 1990 , Oxford : Blackwell , 1992 , p.182.

④ William Keegan , *Mrs Thatcher's Economic Experiment* , London : Allen Lane , 1984 , p.26.

⑤ Timothy Raison , *Tories and the Welfare State : A History of Conservative Social Policy since the Second World War* , Basingstoke : Macmillan , 1990 , p.72.

素影响,导致保守党在 1974 年大选中失败。

艾德礼时期,作为反对党的保守党忙于应对工党的各种措施,未就上台执政做好准备。而希思领导的保守党在野期间进行了充分的政策准备,主要包括减税并进行税制改革、改革劳资关系、带领英国加入欧共体。1970年1月,影子内阁及其重要顾问们在塞尔斯登公园酒店开会讨论政策问题,所列出的政策优先项主要是此前四年准备的结果,对于希思来说,振兴经济的愿望非常强烈。[1]

1970 年 10 月,希思在保守党大会上表示,"我们要创造的自由社会同时也必须是负责任的社会",并提出了"安静的革命"的说法,此次大会演讲被认为是希思任内最好的一次,不仅包含具体政策内容,还展现了新的领导风格以及不安于现状的决心,"尽管这个目标从政治上看有些过于雄心勃勃,但希思及其阁僚们至少朝着他们认为正确的方向迈出了一步。"[2]

希思政府曾经尝试自由市场政策,试图要降低通胀率,削减地方支出。托尼·巴伯就任财长时还没有准备好,但他有丰富的财政工作经验,他承诺要削减公共开支,降低收入税。保守党的多份文件也都表示,当务之急是遏制通货膨胀。[3] 中央政策评估小组认为:公共支出增速过快,特别是地方政府支出仍保持快速增长势头,任何风吹草动,比如国有工业赤字,都将使本就危险的形势更加恶化。[4] 希思政府上台之初,曾发生撒切尔停止向小学生供应免费牛奶一事,这样一个旨在削减支出的举措,使时任教育大臣撒切尔夫人陷入了舆论旋涡。

但形势变化不遂人愿,最后出现了著名的"U 型转弯",制造了同样著名的"希思—巴伯繁荣"。[5] 从希思政府的经济政策来看,可以从 1972 年分

① Martin Holmes, *The Failure of the Heath Government*, Basingstoke: Macmillan, 1997, pp.5-6.

② Martin Holmes, *The Failure of the Heath Government*, Basingstoke: Macmillan, 1997, pp.9-13.

③ *Counter Inflation Policy Group*, *Minutes and Papers*, 1974.(CRD 4/4/21)

④ *Mid-term Strategy: Is the Balance Right?* By the Central Policy Review Staff, in *Budget Policy Group*, 1971-3.(CRD 3/7/2/6)

⑤ G.R.Steele, *Inflation Economics: The Heath-Barber Boom* 1972-74, *Economic Affairs*, Vol.30, Issue 3, pp.79-81, October 2010.

为两个时期,1970年上台后,希思尝试自由主义经济政策,包括减少国家干预,鼓励自立和企业发展;改进政府效率,加入欧共体,尽管这些方法与之前工党政府有所不同,但目标都是要提高经济长期增长率。但是1971年失业率上升,就业问题越来越重要,7月份开始采取的一些刺激政策效果并不明显,通胀率有所下降,但失业率依然居高不下,同时工资继续增长。这些问题导致1972年出现政策方向变化,包括扩张性财政政策、汇率开始浮动、工业投资补贴增加等。①

希思的政策转弯对撒切尔夫人产生了很大影响。撒切尔夫人在1980年的保守党大会上有句名言:"你要转弯就转弯,本女士不会回头",这被看作是对希思的"含蓄的指责"。② 撒切尔夫人在1990年的一次采访中表示:她和希思在思想方面很相似,但不同的是,希思采取政策大转弯从而走上了错误道路。③ 这种勇气有助于撒切尔夫人驰骋政坛推进改革,但随着时间推移,她在有些问题上也开始滑向一意孤行,并最终带来了政策灾难,也使其个人政治生涯遭遇了滑铁卢。

1973年,财政大臣向国会明确表示:控制通货膨胀的目标没有改变。④ 但是,当其他国家成功抑制通胀的时候,英国却没有成功。1972年下半年到1973年上半年经济增长迅速,虽低于预计,却也还不错。1972—1973财年,进口食物和原材料成本大幅上涨,加上1973年能源短缺石油价格蹿升等影响,1973年下半年经济增速下降,到了1974年前几个月,经济严重下滑,大概损失了五分之一的工业产出。⑤ 在1974年2月中旬之前的12个月里,狭义货币(M1)增长了4%,而广义货币(M3)增长了27%,广义货币

① Roger Backhouse, *Macroeconomics and the British Economy*, Oxford: M. Robertson, 1983, pp. 246-52.

② Richard Vinen, *Thatcher's Britain: The Politics and Social Upheaval of the Thatcher Era*, London: Simon & Schuster, 2009, p.33.

③ John Ranelagh, *Thatcher's People: An Insider's Account of the Politics, the Power, and the Personalities*, London: Harper Collins, 1991, p.112.

④ *The Price and Pay Code for Stage 3: A Consultative Document*, Presented to Parliament by the Chancellor of the Exchequer, Cmnd 5444, London: HMSO, October 1973.

⑤ *Financial Statement and Budget Report* 1974-75, London: HMSO, March 1974, p.3.

快速增长悖逆了 1971 年信贷控制政策。①

中央政府希望地方政府限制其支出。由于预计石油和煤炭将出现短缺,政府宣布调整国内经济并确保收支平衡,对地方经常性支出进行压缩控制。地方政府还被告知要限制地方支出增长速度,并且要在实现这些削减计划的基础上,进行本年度地税补助拨款谈判。② 1974 年 1 月,环境部等多个部门联合发出通告,旨在借地方政府准备下年预算之机,强调紧缩开支实现国家利益的重要性。该通告重申了半年前环境部的通告内容,将特定服务支出削减 7100 万英镑,要求地方政府增效节支约 1000 万英镑,但中央并没有要求地方政府必须按照通告要求的模式进行削减,而是每个地方要根据自身情况进行合理削减。由于重组形成的新地方政府要在 1974 年 4 月1 日开始履行全部职能,许多地方要根据服务扩增情况来增加职员数量,通告就此指出:目前情况下,在相同地区提供相似服务时,新的地方政府使用雇员数量不应多于以往。③

1974 年 1 月 22 日,中央政府发布了 1974—1975 财年地税补助拨款白皮书,政府宣布将保护住宅地方税纳税人的利益。白皮书确定了 1974—1975 财年的地税补助拨款方案,住宅税因素要比此前各个年份都高,部分用于提高针对所有住宅地方税纳税人的税收减免,部分用于特定地区的住宅地方税额外减免。住宅地方税减免由固定部分和可变部分构成,可变部分旨在保护纳税人避免因拨款方案变化和地方重组及水务和污物处理系统重组引起的税负增加,确保重组和通胀等导致的地方支出增长和住宅地方税增加在任何地区不超过 9% 的比例上限。④

---

① *Financial Statement and Budget Report* 1974−75, London: HMSO, March 1974, p.5.

② *The Rate Support Grant* 1974−75, (*Presented to Parliament by the Secretary of State for the Environment and the Secretary of State for Wales, January* 1974), Cmnd 5532, London: HMSO, p.1.

③ *Rate Fund Expenditure and Rate Calls in* 1974−75, Joint Circular(Circular 19/74, DoE; Circular 16/74, Home Office; Local Authority Circular 11/74, DoHSS; Circular 2/74, DoES; Circular 35/74, Welsh Office), 31 January 1974, London: HMSO, 1974.

④ Department of the Environment, *Variable Domestic Relief* 1974−75, Circular 24/74, 4 February 1974, London: HMSO, 1974.

　　1974年3月初,未能挽救局面的希思辞职,工党领袖威尔逊再次组阁。3月14日,工党环境大臣安东尼·克洛斯兰、威尔士大臣约翰·莫里斯与地方政府协会代表碰面,讨论1974—1975财年地税补助拨款问题。克洛斯兰表示:中央政府准备在未来几个月里对1975—1976财年拨款方案进行评估,但多数地方政府已经在此前1974—1975财年拨款方案基础上制定了计划并设定了地方税税率,在最后阶段,任何基础性变化都将导致混乱,进一步来说,经济形势不允许重新制定拨款方案,中央政府倾向于维持前任政府确定的拨款数额方案。[1]

　　按照1974—1975财年地税补助拨款方案,大部分项目的支出相比上一财年都有所增加,支出数额排名前十的项目中,只有行政管理和道路两项略有下降。[2] 经过准备阶段以及与大臣的磋商,最终确定1974—1975财年英格兰和威尔士地区地税补助拨款总额为30.76亿英镑,其中需求因素19.07亿英镑,资源因素7.23亿英镑,住宅税因素4.46亿英镑。加上专项拨款和补充性拨款3.55亿英镑,中央拨款共计34.31亿英镑,占预估地方相关支出56.71亿英镑的60.5%。[3] 根据郡议会协会的报告预测,1975—1976财年和1976—1977财年的拨款相关支出分别为约56.44亿英镑和59.55亿英镑(基于1972年12月价格),相比上一财年增长幅度分别为9.6%和5.5%。[4]

　　从数据上看,希思政府执政四年期间,地方服务支出的增长比20世纪60年代的任何一个政府都多。英格兰地区人均公共支出从1969—1970财年的246英镑一路攀升至1973—1974财年的424英镑,增幅超过72%。[5]

---

① *Rate Support Grant Settlement* 1974–75(*Press Notice* 150),London:DoE,14 March 1974.

② *Rate Fund Expenditure and Rate Calls in* 1974–75,Joint Circular(Circular 19/74,DoE;Circular 16/74,Home Office;Local Authority Circular 11/74,DoHSS;Circular 2/74,DoES;Circular 35/74,Welsh Office),31 January 1974,London:HMSO,1974.

③ *The Rate Support Grant* 1974–75,(*Presented to Parliament by the Secretary of State for the Environment and the Secretary of State for Wales,January* 1974),Cmnd 5532,London:HMSO,p.10.

④ County Councils Association,etc.,*A Report on the Rate Support Grant White Paper* 1974/75 *and the Rate Support Grant*(*Increase*)*Order* 1973,London,March 1974.

⑤ *Public Expenditure Written Answers*,HC Deb 12 February 1975 vol 886 c163W.

保守党有些人对此颇感不平,认为希思时期的通胀是从 1969 年开始蹿升的,工党政府出于选举原因,让工资水平脱缰狂奔,结果不可避免地导致物价上涨。[1] 如果说工党没给希思政府留下好底子,那么希思留给工党政府的经济遗产也不怎么样。无论如何归咎责任,客观上希思政府没有控制好工会以及货币供应,"由于此前政府政策失误,1974 年上台的工党政府所能够做的事情受到严重制约。"[2]

工党政府上台后,面临几个紧迫问题,包括预算支出问题、地方税上涨问题、通货膨胀问题和工资增长问题等。在预算方面,工党执政后的举措与之前的承诺形成了对比。1973 年工党宣布其政策目标是抑制通胀,促进经济增长和收入再分配。具体政策包括通过控制能源、食品和住房价格来抑制通胀,并期望借此形成适度的工资方案;通过更多的经济计划和直接进行经济干预来促进增长;通过增加医疗卫生、教育、住房和现金福利来增进社会公平正义。[3] 刚刚接过政权的工党出台了自己的预算,该预算被保守党影子内阁财政大臣罗伯特·卡尔描述为"高增长预算",它将会导致价格上涨、税收提高、产业衰败、生活标准下降、退休金增长、实物补贴增加、国有工业价格上浮、收入税上调。[4]

1974 年 10 月大选,工党以三席的优势获得多数,幸运地得以继续执政,但形势并不乐观。不乐观并非因为选举优势不大,工党应付这种局面很有经验,1950 年艾德礼政府和 1964 年威尔逊政府都只是在大选中以微弱优势胜出,不乐观主要源于英国经济社会形势看上去越来越糟。与全国其他地方政府一样,伦敦巴尼特自治市议会面临前所未有的工资和价格上涨,

---

① *Fighting Inflation* (Quick Brief No.58), London: Conservative Central Office, March 1973. (PUB 134/101)

② A Cox, *The Unintended Consequences of Policy Initiation: A Study of the British Conservative Government's Property Policy in the 1970s, Environment and Planning: Government and Policy*, 1983, Volume 1, Number 3, p.355.

③ Maurice Mullard, *The Politics of Public Expenditure*, London: Routledge, 1993, pp.121-2.

④ *Labour's High Rise Budget* (Quick Brief No.70), London: Conservative Central Office, April 1974. (PUB 134/113)

财政事务负责人告诉财政委员会,如果通货膨胀照目前情况继续下去,并且地方财政来源没有根本变化的话,巴尼特地方税总额将在 1975—1976 财年上涨至少 40%,而服务不会有任何明显提高。①

通胀问题已经成为引发系统性危机的潜在导火索。1974 年 12 月,巴洛格在提交给威尔逊的经济问题函件中显示出担忧,认为如果目前的赤字继续下去,将会导致短期资金急速撤出。他还警告说,危机"可能导致一场从大规模破产开始的整体清盘……这种威胁的影响将很难估量。"②一些财政官员对此信心不足,此时还不是首相的卡拉汉则敦促他的同事齐心协力渡过难关。截至 1975 年 3 月 31 日,英国国家债务规模累计达到 459 亿英镑,1975 年 4 月 15 日,威尔逊政府拟定了一个反通胀预算,对于地方政府来说,这意味着中央政府的资本性支出限制更加严格。③

1975 年白皮书的关键问题在于支出削减的规模。在 1975 年 1 月底发布的公共支出白皮书中,工党政府第一次声明要削减公共支出,计划削减公共支出总额为 11 亿英镑。④ 在回答下院提问时,财政部秘书长乔尔·巴尼特表示:按照白皮书,1973—1974、1974—1975 和 1975—1976 财年的公共支出增幅分别为 6%、7.4% 和 1.4%。⑤ 也就是说,从当年开始,公共支出预算的增速将大幅降低,其中地方政府住房领域的支出要连续降低,包括住房在内的各种土地和建筑支出也要连续缩减,要从 1974—1975 财年的约 6.18 亿英镑削减到 1977—1978 财年的约 5.93 亿英镑(基于 1974 年价格计算),其他机构支出保持相对稳定。⑥

现金限额政策是控制通胀的重要措施。公共支出白皮书发布前,在财政部公共支出部门负责人道格拉斯·亨利的领导下,从 1974 年 12 月就开

---

① Chief Executive of Barnet, *Barnet Borough Rates Forecast*, Issued by the Press and Information Section of the Town Clerk's Department, London Borough of Barnet, 18th September 1974.

② Ollie Stone-Lee, "1975 *Economic Fears are Laid Bare*", *BBC News*, 29 December 2005.

③ *National Debt*, *Written Answers*, HC Deb 14 April 1975 vol 890 c34W.

④ *Public Expenditure White Paper*, Cmnd 5879, London: HMSO, 1975.

⑤ *Public Expenditure*, *Written Answers*, HC Deb 30 January 1975 vol 885 cc255-6W.

⑥ *Public Expenditure*, *Written Answers*, HC Deb 14 February 1975 vol 886 cc230-3W.

始制定现金限额政策。① 1975 年 7 月,丹尼斯·希利和威尔逊都将现金限额作为对付通胀的手段,政府开始计划通过技术手段更好地控制公共支出。7 月 1 日,丹尼斯·希利在国会发言中宣布对公共部门实行现金限额,"丹尼斯的发言简短却不够有力,但幸运的是,当时是杰弗里·豪担任保守党影子内阁财政大臣,豪对于这方面事务不太在行,丹尼斯很容易就摆脱了麻烦。"②

这是工党政府首次对公共支出实行现金限额政策。现金限额就是在头一年开始对政府要花在特定服务领域的资金总额进行限制,主要针对经常性支出,目的是打破通胀怪圈,这让地方政府感到了财政压力。针对关于现金限额政策的争论,乔尔·巴尼特曾表示:现金限额政策恰好符合削减公共支出的需要,于是被当作削减公共支出的另一种方法,事实上,即便高额公共支出符合民众意愿,现金限额的制度也很重要,没有这个政策,内阁没法民主地确定哪些公共支出优先。③

除了现金限额政策,收入政策也是遏制通胀的办法。工党曾于 1973 年底与工会联合会达成一项"社会契约",工会支持工党上台后推出一项限薪政策,工党希望借此抑制通胀。1975 年 7 月 11 日,工党政府发表一份名为《遏制通胀》的白皮书,认为通胀必须得到有效遏制,直接办法就是降低工资薪酬增长率。④ 工党建议职工加薪幅度不可高于每周六英镑,获得工会大会理事会通过。工党政府和工会在应对经济问题特别是控制通胀时没有回到现实主义,每周加薪不超过六英镑的政策只是削减公共支出、削减总需求等必要手段的替代品。六英镑政策"与其说是应对 1975 年夏季危机的经济方案,还不如说是一种政治性方案。"⑤延迟必要的诊疗,只能加剧病情,

①　Kevin Hickson, *The IMF Crisis of 1976 and British Politics*, London: Tauris Academic Studies, 2005, p.57.

②　Joel Barnett, *Inside the Treasury*, London: Andre Deutsch, 1982, p.68.

③　Joel Barnett, *Inside the Treasury*, London: Andre Deutsch, 1982, p.191.

④　*The Attack on Inflation*, Presented to Parliament by the Prime Minister by Command of Her Majesty, Cmnd6151, London: HMSO, July 1975.

⑤　Martin Holmes, *The Labour Government*, 1974–79, London: Macmillan, 1985, p.33.

一年多后,当工党求助于国际货币基金组织的时候,英国几乎已经病入膏肓,再也不能讳疾忌医了。

工党此前执政时已显出通胀推动工资需求的危险,同时工会也对法定的收入控制产生了深深的敌意。"社会契约"承认了工会的力量,并表明只有工党政府可以与工会和平共处,工党可以通过谈判与工会领导层达成志愿收入政策,是一个不引发冲突就能控制通胀的政党。① 但从 1961 年 7 月塞尔温·劳埃德宣布第一个收入政策以来,许多人把收入政策看作解决英国问题的"万灵药",实际上造成了许多不良后果,工会转变成了"国家公开的敌对者"。② 当然,工党内部也有人不认可关于工资问题的社会契约,认为这种社会契约是"胡说八道",未来形势发生变化,这种契约无疑将使政府陷入通货膨胀泥潭。③

工党在 1976 年开始实行现金限额政策的同时,也开始实行收入政策,作为对付通胀的手段,两个政策互相搭配组合运用,取得了一定的效果。但随着 1978 年底至 1979 年初工党工资增长限制政策的破产,现金限额和收入政策的关系产生了变化,收入政策不复存在,现金限额政策在控制公共支出中的地位更加重要。④ 工党政府开始实施的现金限额主要是应对成本推动型通胀,撒切尔政府对这一制度也很有兴趣,中央政府此后一直采取现金计划,并被许多地方政府推行。⑤ 撒切尔夫人也认为:现金限额的方法在控制真正的公共开支方面产生了很有价值的成果,政府各部门对寻求提供服务的最高效的方式产生了更加强烈的兴趣。⑥

---

① Edmund Dell, *A Hard Pounding : Politics and Economic Crisis*, 1974－1976, Oxford University Press, 1991, p.13.

② 彼得·霍尔:《驾驭经济:英国与法国国家干预的政治学》,江苏人民出版社 2008 年版,第95—102 页。

③ Edmund Dell, *A Hard Pounding : Politics and Economic Crisis*, 1974－1976, Oxford University Press, 1991, p.15.

④ David Heald, *Public Expenditure : Its Defence and Reform*, Oxford : Martin Robertson, 1983, pp. 226－7.

⑤ Attiat F.Ott, *Public Sector Budgets : A Comparative Study*, Aldershot : Elgar, 1993, p.213.

⑥ 撒切尔:《唐宁街岁月》,国际文化出版公司 2009 年版,第 128 页。

面对持续通胀和各种危机,工党在有关地方财政问题上迈出了重要步伐。1975 年,工党政府成立了地方政府财政咨商理事会,中央和地方政府以此为平台,讨论地方财政和地税补助拨款问题。工党政府建立了莱菲尔德委员会来回顾评估整个地方财政体系,开始设立货币供应目标和公共部门借款需求目标,这些都成为变革的种子。随后几年,也能看出工党政府控制地方支出的努力,其分析判断与撒切尔政府非常相似,比如,工党苏格兰大臣提出的 1976—1977 财年地税补助拨款方案中,要求减少接下来四年的需求,从而将资源转向出口和投资。更为重要的是,实行了现金限额政策,对于地方支出来说,现金限额适用于中央拨款,来自地方税的支出不在此列。①

此时,流行多年的凯恩斯主义受到越来越多的质疑。面对布雷顿森林体系的崩溃以及欧佩克危机,凯恩斯理论遇到了麻烦,种种问题催生了对其第二波批判。以哈耶克为代表的经济自由主义理论变得时髦起来,实际上,这股思潮在战后一直存在,只是当时世界经济思潮和政策尚未转向,也就没有遇到合适的气候。经济自由主义是新右理论的组成部分,它反对既有的混合经济,倾向于自由市场,希望将国家干预降到最低,通过重申传统价值观和自由市场原则来挑战战后共识及政策。其实,两位学者的论战从大萧条前后就已经开始了,通过书信论著就各自主张进行论辩阐发,两派理论消长互融各领风骚,加上美国的弗里德曼等人,共同影响了整个世界的政治经济乃至社会政策思潮。②

在 1970 年大选失败后,左派逐渐主导了包括工党全国执委会和各种分委会在内的决策机构。凯恩斯主义已在工党内部流行多年,更替性经济战略则是 20 世纪 70 年代早期由新左派理论家发展起来的理论。斯图亚特·霍兰在他的《社会主义的挑战》一书中提出了首个理论基础,剑桥经济政策小组提供了第二个理论基础,他们强调收支平衡,认为通胀政策虽然有助于短期充分就业,却导致收支平衡危机,还有一些学者主张提高工业效率,通

① Arthur F.Midwinter,*The Politics of Local Spending*,Edinburgh:Mainstream,1984,pp.13-4.
② 参见尼古拉斯·韦普肖特:《凯恩斯大战哈耶克》,机械工业出版社 2013 年版。

过强制计划减少公共部门借款需求。①

1975 年底,更替性战略更加清晰,批评之声也更加严厉。尽管议会左翼、工会领导人等人的观点并不完全一致,但布莱恩·赛哲莫的九点战略被看作具有总体代表性的观点,其主要政策主张包括实施进口控制、结束英镑的储备货币作用、进行价格控制和实行收入政策、推进工业化民主等。② 更替性经济战略理论主要受到托尼·本的支持,该理论形成了工党左派在 1976 年接受国际货币基金组织贷款的基础。③

总体来说,在 1976 年之前,两个政党并非是纯正的货币主义者,为了经济管理需要而控制地方支出的理论并未真正执行过。共识政治时期,中央对地方支出表示关注,但没有真正采取措施进行控制。1976 年英镑危机后,工党政府不得不痛下决心,到 1979 年的四年时间里,地方支出计划只比中央设定的目标高出平均 3%,实际支出额仅超出目标额不到 1%。总体上,工党时期成功地控制了地方支出,中央和地方的工党领导人甚至举行私人聚会来探讨支出水平问题,与保守党相比,工党政府通过调整拨款来实现目标,将设定地方支出的传统权力留给了地方议会。④

第二节　财政咨商机制与莱菲尔德报告

在地方税问题方面,工党政府面临新的形势。1974 年的地方重组改革与雷德克里弗—莫德委员会的建议有所不同。重组导致支出大量增加,此时正值高通胀时期,加上 1973 年进行的地税税基重估,1974 年地方税税率

---

① Kevin Hickson, *The IMF Crisis of 1976 and British Politics*, London: Tauris Academic Studies, 2005, pp.170-1.

② David Coates, *Labour in Power? A Study of the Labour Government*, 1974–1979, Longman, 1980, p.236.

③ Kevin Hickson, *The IMF Crisis of 1976 and British Politics*, London: Tauris Academic Studies, 2005, p.53&p.222.

④ Arthur F.Midwinter, *The Politics of Local Spending*, Edinburgh: Mainstream, 1984, pp.16-8.

大幅上涨,引发了各地选民的不满,这为重新审视地方财政问题提供了契机。

早在 1971 年 7 月,财政大臣等人向国会提交的《地方财政的未来形态》报告指出:地方政府的重组为重新审视地方财政问题创造了机会,中央政府现在希望就重组带来的财政影响、特别是中央与地方政府财政关系进行广泛的公开讨论。任何对财政制度安排的回顾评估,都必须力求保留和加强地方政府财政责任,减少中央部门的具体干预。该报告还提出:正确的财政框架是,中央和地方政府可以作为伙伴来提升市民福利,每一方都要将重叠交错和潜在冲突最小化。这种情况下,中央政府需要保留管理经济的职责,并且控制好公共支出和分配来推动落实国家政策。①

1974 年 2 月 20 日,环境大臣杰弗里·里彭告诉英格兰和威尔士地方政府,住宅税减免将在当年实施,并在此后的议会发言中表示,住宅地方税增长比例将保持在个位数。② 但 1974 年的地方税上涨还是引起了人们对于地方税制度的关注,不少人认为,整个地方政府财政体系变得难以运转、不公平、不可预见,地方税既不反映纳税能力,也不反映服务使用多少,既不反映地方意愿,也不反映中央意图,变得乱糟糟。1974 年 5 月一篇题为《地方税过时了吗?》的文章发出疑问:"地方政府实际拥有多少财政独立性?所有的服务都要由中央埋单吗?"③

保守党政府通过 1974 年《地方政府法案》,表达了对财政问题的关注,但所收到的效果很小。按照 1974 年地方政府法案的规定,在决定拨款数额及分配方案之前,国务大臣要与地方政府协会进行咨商,以掌握最新的地方服务变化、相关支出信息等情况。④ 过去,中央政府对地方事务的干预途径

---

① *The Future Shape of Local Government Finance* (Presented to Parliament, July 1971), Cmnd 4741, London: HMSO, p.1.

② *Variable Domestic Rate Relief* 1974–75(*Press Notice* 114), London: DoE, 20 February 1974.

③ Alfred Sherman, *Are Local Rates Old-fashioned*? House of Commons Library-Home Affairs, 6 May 1974.

④ *Part* 1(3), *Local Government Act* 1974(*Chapter* 7), London: HMSO.

包括立法、咨商、拨款以及借助非地方组织机构等。20 世纪 70 年代经济困难导致财政压缩,但地方政府日子仍然安稳。中央在迈出削减拨款的步伐的同时,也劝导地方收紧财政。为了更好地与地方磋商拨款等事宜,于1975 年成立了地方政府财政咨商理事会,苏格兰与威尔士成立了同类机构。1975 年 4 月,财政大臣在预算演讲中宣布设立咨商机构,以这样一种方式宣布意味着,理事会主要是用于帮助中央控制经济,而非增强地方政府的谈判地位和对中央政府的影响力。①

地方财政问题咨商理事会是 1974—1979 年处理中央地方关系问题的最重要创新之一。关于其起源有几种说法,最广为接受的说法是,理事会不过是 1974 年环境部大臣安东尼·克罗斯兰倡议的政治会议;第二种看法认为,理事会最初是对莱菲尔德委员会征询所涉证据和建议的回应;第三种看法认为,理事会是地税补助拨款机制的演化和延伸;第四种看法认为,理事会是财政部为应对变化的经济环境形成的"隐形的手"。理事会的设计者认为,该机制将鼓励地方政府参与资源分配,并通过解释限制支出的必要性来确保地方的合作,理事会的主要功能是就地税补助拨款进行磋商,主要目的是通过合作来控制公共支出。②

该理事会成了讨论财政问题唯一且权威的平台。作为中央与地方政府讨论财政问题的重要渠道,该理事会由环境部大臣担任主席,其他涉及地方政府的中央部门也参与其中,地方政府协会则由地方选举产生的高级成员以及总部位于伦敦的协会官员作为代表,该机构秘书处由环境部和地方政府协会联合组成,但秘书机构缺乏独立性。③ 每年夏季和秋季,中央与英格兰和威尔士的地方财政咨商理事会以及苏格兰地方政府协会进行商讨,经

---

① Alan Alexander, *Local Government in Britain since Reorganisation*, London: Allen & Unwin, 1982, p.158.

② R.A.W.Rhodes, *The National World of Local Government*, London: Allen & Unwin, 1986, p.102, 121.

③ Jacques Lagroye and Vincent Wright, *Local Government in Britain and France: Problems and Prospects*, London: Allen & Unwin, 1979, p.181.

磋商协调后做出相关决定,最后综合形成地方拨款方案。①

　　参与这个咨商机制的人员来自各方面,中央政府人员包括职能部门官员和专家,地方政府人员主要是财政主官,既有来自非党派控制的乡村地区议会的代表,也有党派控制的城市议会的代表。他们所在地区的经济增长或衰落情况各异,其支出压力也各有不同。地方代表通常寻求说服中央允许所在地区增加支出,并提供尽可能多的拨款。环境大臣就总支出、财政部拨款总额以及分配模式变化做出决定,这些决定是一系列咨商活动的结果,并被官方认可。

　　威尔士地区的中央地方关系相对简单,威尔士地方政府财政咨商理事会实际上也是一个官员讨论财政事务的论坛。在英格兰之前,苏格兰就已经有了非正式的地方政府咨询,并成为苏格兰地区游说团体的组成部分。围绕苏格兰地方政府财政工作组机制实现了决策过程的程式化,该组织由苏格兰国务大臣领导,地方政府由苏格兰地方政府协会作为代表。由于保守党在苏格兰的支持率下降,该协会成为工党主导的组织,苏格兰地区对中央并不百依百顺,工党地方主义很难对付。在北爱尔兰,地方政府财政咨商理事会由北爱尔兰的环境部领导。从实际运行看,理事会既是中央与地方的沟通协商平台,也是中央劝告和鼓励地方限制支出的渠道。

　　地方政府财政咨商理事会是 20 世纪 70 年代关于地方财政问题的重要内容。有的学者认为,这一方面表明中央与地方进入了财政咨商协作的新阶段,另一方面也是中央政府在财政问题上控制地方的"聪明把戏"。② 这种方式总体上推动了中央和地方政府的对话,减少了中央财政收缩过程中的阻力,大臣们提出的削减政策也取得了一定的成效。工党主政期间,在支出计划问题上,地方政府的参与使得评估更加现实,事实上,工党政府的削减计划比后来的保守党政府更为成功。政府可以不理会该机构的谈判,但

---

① *Review of Administrative Budget Procedures* 1977 *Jan*-1978 *Dec*,HM Treasury,The National Archives(T363/29).

② Howard Elcock,Grant Jordan,Arthur Midwinter with George Boyne,*Budgeting in Local Government:Managing the Margins*,Essex:Longman Group,1989,p.25.

很少有参与者希望将其简单描述成中央对地方提要求的渠道,曾经主持了1977 年和 1978 年拨款谈判的国务大臣彼得·肖尔认为谈判并非是形式主义,地方政府协会也持有这种态度。①

到了撒切尔政府时期,咨商机制沦为政府要求地方削减支出的一个渠道。比较 1976 年和 1984 年的地税补助拨款磋商机制可以发现,其工作组织形式发生了显著变化。1976 年在理事会的官方督导委员会下,设立了预测、统计、监测、拨款、资本分配等五个工作组。② 到了 1984 年,该机制工作内容更加明确和细化,官方督导委员会下设工作组调整为拨款、地方税、资本性项目、支出督导、联合人事监测、统计等五个工作组,特别是地方税工作组和支出督导分组,要对地方的拨款相关支出进行逐项评估,并对地方支出进行逐项督导管理。③ 理事会从工党建立时期的磋商平台变成了中央督导地方的平台,将中央的财政权力延伸到了地方政府的传统领地,理事会逐渐只剩下交换公共支出信息的功能,中央越来越青睐的是行政和法律手段。

工党政府还迈出了另一个更具标志性意义的步伐,成立了专门的莱菲尔德委员会来研究地方财税问题。地方财政制度在 1974 年改革之后没有改变,遭到了许多批评。1972 年《地方政府法案》重组了地方政府,减少了地方议会数量,使得收取地方税的政府数量从 1165 个减少到 332 个。但法案关于财政问题着墨甚浅,主要关心的是地方收支以及审计问题,这实际上是"对 1933 年《地方政府法案》相关部分的再现,没有针对新形势进行明显调整。"④

一些批评意见认为,权力与财政必须齐头并进。地方税制度越来越弱,中央拨款占比越来越高,新的地方议会辖区更大了,但并不一定更加自主和强势。1974 年 10 月大选中,保守党承诺在下届议会任内取消地方税,但没

---

① J.A.Chandler, *Public Policy Making for Local Government*, London: Croom Helm, 1988, p.123.

② "*Figure App.11 RSG Negotiating Machinery 1976*", Local Authorities Associations, Rate Support Grant (7th Period), January 1976, Appendix 1.

③ Tony Travers, *The Politics of Local Government Finance*, London: Allen & Unwin, 1986, Figure App.12.

④ Peter G.Richards, *The Local Government Act 1972: Problems of Implementation*, London: Allen & Unwin, 1975, p.155.

有解释用什么样的税种替代。最终保守党再次败给了工党，但工党政府并未急于出台改革方案，也没有明确要进行地方税改革，而是成立了莱菲尔德委员会来研究整个地方财政问题，重大决定需要等到委员会形成报告后方能做出。

地方税的上涨推动了莱菲尔德委员会的建立。1973年的地方税税基重估以及1974年地方政府重组，给地方议会增加了许多困难。1974年地方政府重组导致地方税普遍上涨50%以上，巴恩斯利上涨了一倍。地方税上涨主要原因包括：通货膨胀导致支出上涨、1973年新的水务法案所征相关费用转嫁给了地方税等；地方议会为应对重组，将手中的盈余花掉，客观上减少了重组后地方政府的收入；另外就是重组工作本身导致的各种支出，增加了地方开支。① 地方税上涨引发强烈不满，地方财政问题的重要性凸显。为了更好地研究解决地方财税问题，工党政府建立了莱菲尔德委员会，"作为地方政府评估和改革的一部分，这是最后一次通盘考虑地方财政所有相关问题。"②

1974年7月30日，环境部大臣安东尼·克罗斯兰宣布了地方政府财政问题咨询委员会成员构成，弗兰克·莱菲尔德担任委员会主席，成员包括佩思郡财务主管亚历山大·布什内尔、格林尼治市议会议员约翰·卡特赖特、伦敦政治经济学院经济学教授艾伦·戴、全国地方政府官员协会秘书长杰弗里·德雷恩、伦敦政治经济学院政治学高级讲师乔治·琼斯博士、帝国化学工业公司的首席地税测量员巴里·桑顿·琼斯、曼彻斯特区议会议员凯瑟琳·奥利伦肖女爵、诺森伯兰郡议会主席里德利子爵、法夫地区议会召集人乔治·夏普、伯明翰大学地方政府研究所副主任约翰·斯图尔特教授、大伦敦市议会财政服务主管莫里斯·斯通弗罗斯特。③

中央地方财政关系是否科学合理对于国家治理至关重要。战后以来，

---

① Peter G.Richards, *The Local Government Act* 1972: *Problems of Implementation*, London: Allen & Unwin, 1975, pp.161-3.

② Janice Morphet, *Modern Local Government*, London: SAGE, 2008, p.97.

③ *Local Government Finance Inquiry*, *Press Notice* 588, London: DoE, 30 July 1974.

政府及国会发布了一系列报告,就地区议会、地方税等各种问题进行分析,但不是所有的报告都带来了变革,有一些主要是起到长远的作用,有些则受短期的党派因素的影响。莱菲尔德委员会则有所不同,这是英国历史上首次专门就中央地方财政关系问题设立委员会,委员会经过大量工作,于1976年发布了报告,首次正式将复杂的中央与地方财政关系问题摆上了桌面。报告梳理了过去以来中央地方财税关系的发展以及现状,并分析了各种具有可能性的选择,报告涉及的基础性问题是:既有的地方政府财税机制是否能促进和保证地方履职尽责。

莱菲尔德委员会收到了许多关于地方税上涨、地方税制度不公平、地方政府浪费和冗员过多的投诉。地方政府是先决定支出水平,然后才决定要收多少税,这也遭到了一些批评。报告指出了既有体制的弊病:在中期支出计划或者拨款预判方面,地方政府没有确定的指导准则;中央政府短期内控制地方支出的尝试导致了不良后果;地方服务扩张的成本没有均摊给地方议员或公众;资源分配、拨款谈判和贷款审批等机制不清,而这些职能和决定将影响地方支出;中央政府对不同地方政府施加的压力存在矛盾;英格兰地方政府感觉跟中央计划安排没有关系;中央控制被用于与中央意图无关或者不合适的方面。①

莱菲尔德报告认为,目前的地方财政机制不够清晰,需要厘清中央地方政府关系中存在的各种模糊混乱。委员会认为地方财政体系不够持续稳定,地方政府缺乏责任,并提出了清晰稳定的地方财政体制应该满足的条件:应使地方政府承担责任;应实现个体间公平;应实现地区间公平;应使地方可以在消费和投资之间进行选择;财政安排应促进效率提高;应使地方政府和纳税人有稳定预期;应能根据经济形势变化灵活调整;应易于理解。②

---

① Arthur F.Midwinter,*"Local Authority Financial Planning in a Turbulent Environment"*,*Studies in Public Policy*(*Number* 46),Glasgow:University of Strathclyde,1979,p.2.

② N.P.Hepworth,*The Finance of Local Government*,London:Allen & Unwin,1984,pp.287−8;Douglas Henley,et al.,*Public Sector Accounting and Financial Control*,published in cooperation with Chartered Institute of Public Finance and Accountancy［by］Van Nostrand Reinhold,1989,p.104.

莱菲尔德报告讨论了几种不同选项。首先是中央与地方政府共同分担地方支出，但这种模棱两可的选项遭到了否定，报告提出要么采取强有力的中央指导的财政制度，要么采取措施来增强地方当局管理地方事务的能力。① 也就是说，中央政府面临两个选择：中央政府负责制或地方政府负责制。要么朝向中央集权，对地方财政施加更多直接控制，中央政府对大多数公共服务负责，地方议会更多地成为中央政府的代理机构，行动自由比较有限；要么迈向地方主义，强化地方职能，让地方议会拥有更多财税自主权，减少中央控制，增强地方自治。

但也有很多意见不认同报告的观点。不少人认为混合方案更加切实可行，"现实世界是个复杂的地方，不能搞单纯的集权主义或者地方主义。"② 理解这个问题非常重要，特别是从莱菲尔德报告提议的视角来看，在当时情况下，中央与地方政府的一些职能并不能精确区分和定义，比如，不能说某些服务是由作为中央政府代理人的地方政府提供的，而其他服务则是由地方政府负责。几乎在每个服务领域，都不完全是中央或者地方来决定资源分配，而是中央决定一部分，地方决定一部分，抑或中央与地方共同决定一部分。

莱菲尔德委员会多数成员更青睐地方自治。报告认为："在一个民主社会中，对政府的第一个要求就是，无论中央还是地方都要对选民负责。"③ 随着地方政府服务的快速发展，所耗用的国家税收也在增长。高比例的中央拨款不仅违背了公共职能原则，还会鼓励地方增加支出，地税补助拨款占地方支出比例不断增长，进而导致中央权力和对地方事务干预的不断增长。报告认为，"所有的经验表明，那个埋单的人最后获取了权力。"④ 与此同时，

---

① Layfield Committee, *Committee of Inquiry into Local Government Finance*, Cmnd 6453, London: HMSO, 1976, p.74.

② C.D.Foster, *Central Government's Response to the Layfield Report*, Policy Series.1, London: Centre for Environmental Studies, 1977, p.24.

③ Layfield Committee, *Committee of Inquiry into Local Government Finance*, Cmnd 6453, London: HMSO, 1976, p.49.

④ Layfield Committee, *Committee of Inquiry into Local Government Finance*, Cmnd 6453, London: HMSO, 1976, p.67.

中央政府拨款相对地方税收越多,对于地方选民的责任就越弱。

但也有观点认为,莱菲尔德报告并非强调地方自治,而是强调地方职能和责任。报告的观点是要在地方政府责任和地方政府职能之间选择,如果选择地方责任,那么就要由地方选民来承担更多的地方支出,增加地方税不会自动增强地方责任或地方自治。① 对于地方财政制度而言,谁进行了支出,就要负责募集所需财政收入。但莱菲尔德报告又很清楚地表明,地方财政体系很难完全承担这个责任。莱菲尔德报告提出的地方主义方案要求地方政府提高来自地方税收的收入占比,"报告认为这个比例应该是对半,但不清楚为什么莱菲尔德认为对半是正确的比例。"②

尽管存在争议,莱菲尔德报告总体厘清了两种不同情况。如果中央担负更多责任,那么需要中央政府来设定地方支出总额,保留地方税作为地方支出来源,通过包含审核地方预算程序在内的拨款分配制度控制地方支出,通过以单项服务为基础计算拨款的拨款制度来决定地方服务政策和优先次序,扩大对资本支出和借款的控制。如果要增强地方的责任,那么就要实行地方收入税作为地方税的补充,减少对中央拨款的依赖,实行统一拨款,限制中央在经济管理和地方支出分配方面的控制,减少中央对地方事务的主导等。③

作为对莱菲尔德报告以及地方财政问题的回应,1977 年 5 月,工党政府发表了《地方政府财政绿皮书》,阐述了其政策主张。地方税和拨款制度是绿皮书讨论的重要问题,其中有一些比较引人关注的重要提议,包括实行一揽子拨款制度、更清晰地定义专项拨款并扩大专项拨款的使用、用资本性估值取代租金估值作为地方税税基以及提高地方财政效率、不用地方收入

---

① George Jones and John Stewart, "*Central-Local Relations Since the Layfield Report*", in Paul Carmichael and Arthur F.Midwinter(eds.) , *Regulating Local Authorities*: *Emerging Patterns of Central Control*, London: Frank Cass, 2003, p.7.

② Francis Cripps and Wynne Godley, *Local Government Finance and Its Reform*: *A Critique of the Layfield Committee's Report*, University of Cambridge: Department of Applied Economics, 1976, pp.10-2.

③ Arthur F.Midwinter, *The Politics of Local Spending*, Edinburgh: Mainstream, 1984, pp.8-9.

税来补充地方税、对服务收费进行重新考虑等。① 但绿皮书中有限的提议也没有执行,因为工党在议会只有微弱多数,常常要寻求反对党支持,工党关于改革住宅税基础以及实行新拨款制度的动议并不受在野党欢迎。②

工党政府提出要实行一揽子拨款制度,拨款额度将基于对每个地方支出成本以及税收收入的估算。因为简单地按比例缩减对所有地方的地税补助拨款,难以针对不同地方实施差异化政策,也难以对不严格执行中央政策的地方进行惩罚。新制度"能够对地方支出需求是否合适进行评估,地方税纳税人可以质询,如果执行地方税率高于标准地方税率,政府是否效率偏低抑或其服务质量高于类似地方。"③一揽子拨款的动议遭到许多地方的反对,大都市政府协会主席杰克·斯马特表示:我们承认目前的地税补助拨款制度存在缺点,但是,用一个不完美的其他制度取代现有制度并不能解决问题,因为一揽子拨款制度下的地方需求不好评估,一些服务将受到更多中央干预等。④

政府不愿意在中央集权和地方主义两条路径间进行选择。工党政府1977年绿皮书青睐中间道路,拒绝了地方收入税的方案,也不接受莱菲尔德报告关于改进地方税制度的建议。⑤ 工党政府没有对地方税收体系做出大的调整,中央官员们不愿给地方政府更多财政自主权,"中央政府不认为地方承担的责任取决于来自地方的收入的比例"。⑥ 这比较容易理解,在经

---

① John Stanley, *Letter to Mrs. Thatcher about Local Government Conference Speech*(*included CRD Draft for local government Politics Today*, *etc.*), London: Conservative Research Department, 13th January 1978, pp.13-4.(THCR5/12/166)

② C.D. Foster, *Central Government's Response to the Layfield Report*(Policy Series. 1), London: Centre for Environmental Studies, 1977, p.26.

③ Tony Travers, *The Politics of Local Government Finance*, London: Allen & Unwin, 1986, p.74.

④ John Stanley, *Letter to Mrs. Thatcher aboutLocal Government Conference Speech*(*included CRD Draft for local government Politics Today*, *etc.*), London: Conservative Research Department, 13th January 1978, p.15.(THCR5/12/166)

⑤ Robin Hambleton, *Policy Planning and Local Government*, London: Hutchinson, 1978, p.37.

⑥ C.D. Foster, *Central Government's Response to the Layfield Report*(Policy Series. 1), London: Centre for Environmental Studies, 1977, p.17,转引自 Cmnd 6813, 6.11.

济衰退背景下,中央政府更需敦促地方支出顺应全国形势。这种情况下,即便开征地方收入税是一个比较好的方案,中央政府也不会乐意接受,因为这将增强地方财政自主权,削弱中央政府的影响力,何况开征地方收入税并非轻而易举。

建立莱菲尔德委员会是对地方税上涨问题的反应。随着1976年通胀缓解,危机感逐渐褪去,工党政府不再寻求基础性变革,也不愿面对莱菲尔德报告提出的方案或问题,而是重申了伙伴关系原则,也就是地方公共服务职责要由中央和地方基于伙伴关系进行分担。有学者认为莱菲尔德报告很大程度上框塑了此后多年关于地方政府财政问题的争论,这样的结论并不准确,尽管该报告的一些方法受到学术界的讨论,但该报告的主要提议都被忽略了,其分析也并未受到任何一届政府的重视。[1]

莱菲尔德报告的重要性主要在于其标志性意义,而不是推动解决实际问题。实际上,绿皮书也没有针对财政危机提出根本对策,它将继续维持既有的财税体制和中央地方关系,虽然工党政府也曾努力削减拨款,但只要形势好转,将继续增加拨款来保证地方支出。虽然未必有意扩大地方财税自主权,但至少无意去收紧地方传统权力,这也是工党改革与后来保守党改革的重大区别。

第三节　1976年英镑与借款危机

1976年是中央地方财政关系发展过程中的分水岭。这一年,莱菲尔德委员会发布了具有标志性意义的报告,这是英国政府第一次专门就中央地方财政问题发布重要报告;这一年,由于削减支出方案未获通过引发了英镑危机,进而发生了广受瞩目的借款事件,英国经济弊病及财政问题彻底暴

---

[1]　George Jones and John Stewart, *Central-Local Relations since the Layfield Report*, in Paul Carmichael and Arthur F.Midwinter(eds.) , *Regulating Local Authorities:Emerging Patterns of Central Control*, London:Frank Cass, 2003, p.7.

露,工党政府只能接受国际货币基金组织的贷款条件,坚决削减和限制公共支出;这一年,中央拨款数额及其占地方支出比例冲上新高,1967—1968 财年地税补助拨款占地方支出比例低于 53%,到了 1975—1976 财年一举超过 66%。①

经过战后二十多年的发展,英国政府主要经济目标是经济快速增长、充分就业、收入公平分配、合理控制物价。英国政府的政策优先项发生了很大的转变,多年以来颇为重要的收支平衡目标逐渐弱化。这主要与英国在世界上的经济政治地位变化有关,之前强调收支平衡主要为了确保英镑国际货币地位。英镑曾经是英国的一个荣耀,但战后三十年对英国和英镑持有者来说是不幸的,英镑危机频繁出现,1947 年出现自由兑换危机,1949 年出现贬值,1951 年、1955 年和 1957 年三次出现危机,1964 年、1965 年和 1966年连续出现危机,并于 1967 年出现贬值。

尽管一直到 20 世纪 70 年代才发出英镑"死亡证明",但 20 世纪 60 年代中期的危机实际已经结束了英镑作为主要储备货币的地位。20 世纪 30年代,为应对大萧条和国际货币贸易战,英国曾联合英联邦等国家成立了"英镑区",此时货币区体系已渐渐难以维持,并且也已经脱离了时代背景。希思政府上台后,终于决定做出牺牲,逐渐偿付英镑区其他成员的英镑结余,这样一来,英国作为一个货币区中央银行的地位就结束了,1972 年年中的英镑危机最终标志着这一过程的结束。②

从 20 世纪 70 年代中期以来,英国国内和国际经济的相互依存影响更加明显。对于老牌殖民帝国来说,国内外互相依存也不是个新问题,只是英国政治高层习惯性地忽视这个方面。1973 年石油危机加剧了英国困境,高通胀和低增长将英国经济推到了焦灼的境地。政府通过财政支出和大量借款来维持国内经济和就业,而其他国家则通过提高能源价格来抑制通胀,结

---

① Tony Travers, *The Politics of Local Government Finance*, London: Allen & Unwin, 1986, Appendix 4.

② J.M. Livingstone, *The British Economy in Theory and Practice*, London: Macmillan, 1974, pp. 152-60.

果是英国经常账户赤字,而欧佩克国家则积累了大量财政盈余。[1] 英国通胀率在 1974 年达到 15%,到了 1975 年甚至高达 27%,政府与工会联合会和英国工业联合会实行了一系列措施,包括冻结工资和固定物价,政府还发出多个文件宣示反通胀政策。[2]

但 1976 年全面的英镑危机还是不期而至。1975 年 4 月,著名的《经济学人》杂志对工党政府预算和公共支出等问题进行了讨论,认为若不加以控制和有效应对,将继续面临公共支出增加、税收提高和价格上涨等问题。[3] 10 天后,《经济学人》杂志的观点在大西洋对岸的一篇文章中得到呼应。4 月 29 日,《华尔街日报》在显要版面发表题为《再见,大不列颠》的著名文章,描绘出一幅英国经济政治彻底崩溃的景象。因为英国工党政府没有治理好经济,导致英镑疲软、通胀高企、赋税沉重、商业信心崩溃、公共支出失控、收支账户和公共财政双赤字,结果使投资可用资金和潜在回报枯竭,导致"经济增速放缓、所有英国人生活水平降低"。[4]

工党政府也对形势发展表现出担忧,威尔逊在 1975 年曾经警告,英国经济可能面临着全面清算。随着政治经济周期更替和时间推移,政策是非对错和目标轻重缓急也会发生变化。在经济事务中,政治家的真正艺术在于比经济学家和官僚们提前感知,当社会希望进行改变时,使轨道转换和路线调整变得平缓有序。[5] 如前所述,威尔逊时期已经开始采取行动,从 1975 年甚至更早时候开始,可以看到一系列政策变化,包括收入政策、现金限额、削减公共支出,这些都发生在国际货币基金组织到达伦敦之前。一方面,中央政府相信削减开支有利于英国经济的健康稳定发展,另一方面,这也是国际方面的压力,英国这样做可以减轻西方世界的

---

[1]　Philip Stephens, *Politics and the Pound: The Conservatives' Struggle with Sterling*, London: Macmillan, 1996, pp.3-4.

[2]　*The Cabinet Papers Global Oil Shortage.*

[3]　*The Economist*, April 19, 1975.

[4]　"Goodbye, Great Britain", *Wall Street Journal*, April 29, 1975.

[5]　J.M.Livingstone, *The British Economy in Theory and Practice*, London: Macmillan, 1974, p.160.

通胀压力。

在英镑危机前后,国际货币基金组织所扮演角色颇有意思。最初,货币基金组织为避免世界范围的衰退而支持扩张性财政和货币政策,但当危机出现时,基金组织又对此采取了批评态度,这主要是"美国的吩咐"。[1] 虽然开始尝试控制公共支出,但多年来凯恩斯主义的信徒依然很多。丹尼斯·希利最初秉持经济刺激政策,这也是源于基金组织的建议,基金组织负责人约翰内斯·维特文要求主要工业国家提高支出应对欧佩克油价波动。依据凯恩斯主义分析,希利提高了支出,因为油价上涨将导致失业上升,赤字预算能避免世界范围的衰退,即便这样会导致通胀。

政策逆转发生在 1975 年 4 月,原因在于美国和西德的反对,他们要避免更多的通胀压力,促使基金组织要求控制物价。在基金组织的会议上,负责人维特文受到美国财政部门的压力,特别是美国财政部长威廉·西蒙和美联储主席阿瑟·伯恩斯,他们要求削减赤字,因为油价上涨已经给国际经济带来通胀压力,各国政府要通过削减公共部门赤字来降低通胀压力。1975 年 4 月,工党政府开始削减公共部门借款需求,削减公共支出的同时也开始实行现金限额政策,这与其前一年的大选宣言承诺相矛盾。[2]

1976 年 2 月公布的公共支出白皮书列出了削减计划:在 1977—1978 财年进一步削减 16 亿英镑,1978—1979 财年削减 30 亿英镑。大额削减包括:教育方面 6.2 亿英镑、道路交通方面 5 亿英镑、环境服务方面 2.2 亿英镑、卫生和个人社会服务方面 1.5 亿英镑。住房建设方面没有削减,住房补贴减少 3.1 亿英镑,食品补贴减少 2.9 亿英镑。此外,监狱、法庭、海外服务、中央政府办公楼预算都有小幅削减,同时还削减了国有工业资本性支出。"对于白皮书的各种批评都有,严肃的报纸认为削减太少、太晚了,而

---

① Kevin Hickson, *The IMF Crisis of 1976 and British Politics*, London: Tauris Academic Studies, 2005, p.67.

② Anthony Seldon and Kevin Hickson(eds), *New Labour, Old Labour: The Wilson and Callaghan Governments*, 1974-79, London: Routledge, 2004, p.41.

议会中工党左派团体论坛报小组认为,这是个耻辱白皮书。"①

尽管削减公共支出已经成为中央政府的确定议题,但反对力量仍不可小觑,工党领导层不少人还是囿于传统的凯恩斯主义经济刺激政策。1976年3月,旨在削减支出的白皮书在下院被工党左翼否决,外汇市场立即下滑。3月16日,几次在大选中险胜的威尔逊首相出人意料地宣布辞职(4月5日生效),卡拉汉在党魁选举中胜出并继任首相,他是英国历史上首位曾担任财政、外交和内政三个最重要大臣职位的首相。对于保守党来说,卡拉汉比威尔逊似乎更难对付,卡拉汉比威尔逊年长4岁,但看上去反而成了优势,"威尔逊看起来让人困倦,卡拉汉看起来智慧"。② 然而,需要卡拉汉对付的不是保守党,他的位置还没坐热,就要作为工党首相面对自1931年以来最严重的经济政治危机。

尽管1976年4月的时候危机还不明显,但事后来看当时危机已经隐现,此时收入政策第一阶段以及六英镑加薪限制政策的推行,加上2月份白皮书对公共支出的控制,解决收支赤字对于财政大臣丹尼斯·希利来说并不太困难。③ 但由于自身经济已危机四伏,经不起任何风吹草动,旨在削减福利预算的计划遭受挫折,财政赤字可能继续增加,这直接导致外汇储备减少。形势的变化使投资者开始确信,英镑估值虚高,政府可能要将其贬值,市场上开始大范围抛售英镑,致使英镑汇率迅速下跌,英国外汇市场局势开始恶化。

英格兰银行动用外汇储备对汇市进行了干预,但只产生了短期效果,可用外汇储备逐渐减少,英镑继续贬值,到了1976年6月,英镑兑美元汇率达到了历史低点。美国财长同意国际清算银行官员的观点,英镑被低估了,考虑到英美冷战盟友关系,美国同意提供一笔53亿美元的应急贷款,可以随时支援英镑,从而确保英国公共支出处于掌控之中,但条件是要在1976年

---

①　Joel Barnett, *Inside the Treasury*, London: Andre Deutsch, 1982, p.87.

②　Richard Vinen, *Thatcher's Britain: The Politics and Social Upheaval of the Thatcher Era*, London: Simon & Schuster, 2009, p.79.

③　Martin Holmes, *The Labour Government*, 1974~79, London: Macmillan, 1985, p.80.

12 月偿还这笔贷款。

1976 年 3 月到 9 月是英国经济环境恶化的时期,到基金组织贷款危机时达到了顶点。在此期间,卡拉汉政府也在努力推动通过削减方案。根据卡拉汉顾问伯纳德的日记记载,卡拉汉的办法是组织内阁成员进行一轮又一轮的咨询磋商。[①] 1976 年 7 月 6 日至 21 日,内阁举行七次会议讨论削减支出问题,大臣们围绕进一步削减支出和增加税收以降低预算赤字问题进行了争论。

1976 年 7 月 6 日,内阁曾花了三个多小时讨论财政大臣丹尼斯·希利和财政部秘书长乔尔·巴尼特提交的报告,他们呼吁削减 12.5 亿英镑公共支出,从而将公共部门借贷需求减少到 110 亿英镑。对此,内阁左派代表托尼·本指出,需要削减的规模比提出的数额要大得多,如果要提升经济,可以建立在其他基础上。在所有人表态之后,卡拉汉总结认为:多数支持削减。[②] 1976 年 7 月 15 日,内阁会议继续讨论公共支出问题。财政大臣丹尼斯·希利提出了目标,要将 1977—1978 财年公共部门借贷需求削减到 90 亿英镑,货币供应削减 10%,国内信贷总额削减 80 亿英镑。经过一番讨论,该提议获得通过。[③]

早在 1976 年 6 月关于当前危机的辩论中,曾有议员表示坚信终将削减支出。[④] 经过内阁以及内阁之外的一系列谈判,1976 年 7 月 22 日,财政大臣宣布了支出削减方案。内阁会议最终同意削减 10 亿英镑支出,但同时错误地决定向雇主另外征税 10 亿英镑。这些措施未能阻止局势的进一步恶化,市场认为,工党并未认真对待支出削减问题,于是连续抛售英镑。但问题在于是否要向国际货币基金组织求援,因为一旦求援,基金组织就会要求英国改善国际收支,还要归还借款。内阁就此进行了一系列讨论,媒体对此

---

① Benedict Brogan, "*The Debt Crisis of 1976 Offers a Vision of the Blood, Sweat and Tears Facing David Cameron*", The Telegraph, 22 Oct 2009.

② Tony Benn, "6th Jul.1976", *The Benn Diaries 1940-1990*, London: Arrow Books, 1996, p.365.

③ Tony Benn, "15th Jul.1976", *The Benn Diaries 1940-1990*, London: Arrow Books, 1996, p.366.

④ Lionel Robbins, *Against Inflation: Speeches in the Second Chamber*, 1965-1977, London: Macmillan, 1979, p.96.

密切关注。①

　　1976 年 9 月,英国已经被短期贷款弄得疲惫不堪,而英镑面临的压力仍然没有消退。在 9 月中旬的内阁会议上,希利已经就可能发生的英镑危机发出了警告,但危机来势汹汹,甚至比他预计的还快。1976 年 9 月底,事态发展急转直下,以至于让人有些猝不及防,当时,希利正准备前往马尼拉参加一个国际金融会议,但他不得不从希斯罗机场匆忙返回。很明显,英国需要从基金组织贷款来偿还短期借款。身为能源大臣的托尼·本也是事到临头才知情,在去开会的路上,一个代表向其询问贷款之事并希望他不要接受,这是他第一次听说希利到国际货币基金组织借款 25 亿英镑。② 托尼·本在日记中写道:“有关国际货币基金组织贷款的消息到处都是,有一种浓烈的 1931 年的味道。”③

　　1976 年 9 月 29 日,英国政府向国际货币基金组织提出了 39 亿美元的贷款申请,这是当时该机构历史上收到的最大一笔借款请求,于是货币基金组织不得不向美国和联邦德国寻求额外资金支持。国际货币基金组织同意援助危机中的英国政府,但正如卡拉汉内阁所担忧的,该组织确实附加了一些贷款条件,其中一条是英国政府要控制住公共支出的增长。

　　11 月初,由艾伦·惠特莫领导的基金组织工作小组到达伦敦。该组织要求英国在 1977 — 1978 财年进一步削减 30 亿英镑的公共支出,1978 — 1979 财年削减 40 亿英镑(基于 1976 年价格),从而降低公共部门借款需求预期。对于英国政府来说,削减支出比增税的效果要好一些。惠特莫的理念很清楚,与英国政府进行磋商不仅是为基金组织收回借款提供一个合理前景,还要让英国经济获得新生。④

――――――――――

① Leo Pliatzky, *Getting and Spending*: *Public Expenditure*, *Employment and Inflation*, Oxford: Basil Blackwell, 1982, p.151.

② Tony Benn, "29th Sep.1976", *The Benn Diaries* 1940−1990, London: Arrow Books, 1996, p.369.

③ Tony Benn, "30th Sep.1976", *The Benn Diaries* 1940−1990, London: Arrow Books, 1996, p.369.

④ Leo Pliatzky, *Getting and Spending*: *Public Expenditure*, *Employment and Inflation*, Oxford: Basil Blackwell, 1982, p.153.

借款决定在财政部内部引起了争论,有人认为这不仅是经济问题,而且担心国际金融压力可能导致工党政府的崩溃。1974 年,一些人担心英国无法治理,并认为工党政府的上台是不祥之兆,因为没有哪个政府能够扛得过工会,现在,他们开始担心工党因拒绝满足基金组织所提条件而崩溃。财政部内部就有高级官员认为,这将引发工党政府垮台和社会冲突,威胁到英国的宪法与立国精神,甚至还向贸易大臣埃德蒙·戴尔询问怎样做才能支持政府拒绝基金组织的要求,但戴尔认为,货币基金组织的压力对于英国经济和工党政府都有好处。①

在 1976 年英镑与借款危机中,卡拉汉处境感受比较复杂。他主要担心的是政治问题,首要目标是维持内阁和工党执政,他让内阁讨论了几个星期,让所有人都有机会表达观点,同时,他希望能够获取包括美国和联邦德国在内的国际支持。② 面对内阁的分歧,卡拉汉努力避免分裂并做出决断,在内阁会议上,卡拉汉试图在同僚之间达成共识,同时符合国际货币基金组织的要求。③ 戴尔也认为卡拉汉最终会与货币基金组织达成协议,虽不一定采纳货币基金组织的最初建议,但他会支持财政大臣与货币基金组织进行谈判,这也是挽救政府的唯一途径。④乔尔·巴尼特在回忆中提到:"当丹尼斯·希利说他将在我们既有政策基础上与货币基金组织谈判时,大家都发出了欢呼。"⑤

12 月,内阁召开了九次会议来讨论削减支出问题,以此赢得基金组织及其股东美国和联邦德国的支持。卡拉汉与内阁大臣们焦躁又愤懑,因为基金组织的要求很可能触犯民意,也需要花很大功夫弥合党内分歧,这实际

---

① Edmund Dell, *A Hard Pounding: Politics and Economic Crisis*, 1974－1976, Oxford University Press, 1991, p.250.

② Anthony Seldon and Kevin Hickson(eds), *New Labour, Old Labour: The Wilson and Callaghan Governments*, 1974－79, London: Routledge, 2004, pp.44-5.

③ Dominic Casciani, "*Crisis Threatened Nuclear Weapons*", *BBC News*, 29 December 2006.

④ Edmund Dell, *A Hard Pounding: Politics and Economic Crisis*, 1974－1976, Oxford University Press, 1991, p.251.

⑤ Joel Barnett, *Inside the Treasury*, London: Andre Deutsch, 1982, p.97.

上是要工党政府来执行保守党撒切尔夫人的政策。但是,放任英镑自由贬值显然并不可行,这将使其经济地位更加岌岌可危,并且严重损害英国的国际形象和地位。可行的选择只能是与主要盟友合作来挽救英镑,并按有关各方要求进行痛苦的财政经济改革。

内阁一些人并不确信可能发生的彻底崩溃,并对财政部自己预估的可怕后果表示怀疑。凯恩斯主义在工党内阁中的主要代表是托尼·克罗斯兰,尽管他没有反对降低公共支出增长速度,但他在1976年12月反对削减公共支出。因为公共支出是满足福利目标的需要,是避免失业情况进一步加剧的需要,也没有经济案例可以论证支持公共支出削减,削减支出主要有国际证据支持,但克罗斯兰不喜欢建立在国际证据基础上制定政策。[1] 在12月7日最后的决定性会议上,托尼·本用长篇文章论述其政策主张的理论基础的历史重要性。

卡拉汉表示,如果大臣们没有削减支出,他将强行削减,如果大臣们拒绝,他将辞职。尽管丹尼斯·希利的预算赤字削减方案在内阁引起争论,但安东尼·克罗斯兰和迈克尔·富特最终同意该削减方案,因为拒绝贷款将可能给英镑带来新一轮灾难。1976年秋天的危机是丹尼斯·希利职业生涯中的最低点,许多报纸不断呼吁时任贸易大臣埃德蒙·戴尔取代希利担任财政大臣,但戴尔给予希利全力支持。[2]

冷战因素对于协议最后达成发挥了一定作用。如果英国经济崩溃,那么国防支出将首当其冲,成为左派工党大臣大幅削减的首要目标,华盛顿和其他北约盟友担心英国陷入经济困境,从而削弱整个冷战战略和同盟力量。在英镑危机前一年,基辛格便给伦敦发电报,预报了华盛顿的担心,"任何的国防预算开支削减都将削弱英国作为北约盟友的影响力,并对欧洲未来的稳定带来影响。"12月5日,在与基金组织的谈判即将破裂之时,内阁秘

---

① Kevin Hickson, *The IMF Crisis of 1976 and British Politics*, London: Tauris Academic Studies, 2005, p.224.

② Edmund Dell, *A Hard Pounding: Politics and Economic Crisis*, 1974–1976, Oxford University Press, 1991, p.240.

书长约翰·亨特向卡拉汉递送了一个有关削减国防开支后果的机密报告。亨特警告说,撤回英国驻西德军队在政治和外交上都令人无法接受。[1]

1976年12月15日,希利向国会报告了接下来的公共支出削减计划。随着与国际货币基金组织达成协议,英国经济金融形势有所改善,利率很快下降,英镑汇率也随即回升。到了1977年末,贸易平衡有所改善,其中,部分受益于新的北海石油收入。再到后来,英国已不需要提取所有的货币基金组织贷款。

1976年英镑和借款危机的发生是长期积累的结果。严格意义上的危机主要发生在1976年10—12月,工党政府与基金组织谈判获取贷款支持,内阁辩论是否接受贷款条件。但不能将此事件与1974年以来的更为广泛的经济政策割裂开来,因为危机是逐渐发生的。[2] 从这个意义上说,1976年危机不仅发生在当年10—12月,也就是英国与货币基金组织谈判的时期,还要延伸到1972年和1973年欧佩克石油提价之后,发生在1974年至1976年的经济危机。[3] 这场危机究竟是否促成了工党政府的彻底转变,以及在多大程度上影响了此后英国政治经济的变化,成为一个值得探讨的重要问题。

1976年的这场危机被许多人看作是战后英国的重要事件,是英国当代史上一个重要却未被重视的转折。该事件让政经高层认识到,只有下猛药才能治愈英国的顽疾。这场危机带有意识形态色彩,也是战后经济政策共识开始破裂的分水岭,充分就业和经济增长不再是压倒一切的优先目标,失业是老一代人的痛苦经历,而通胀则是新一代人的痛楚,控制通胀开始成为政府当务之急。[4] 毫无疑问,英镑借款危机促使英国政策发生方向性改变,

---

[1] Dominic Casciani, "*Crisis Threatened Nuclear Weapons*", *BBC News*, 29 December 2006.

[2] Anthony Seldon and Kevin Hickson(eds), *New Labour, Old Labour: The Wilson and Callaghan Governments*, 1974-79, London: Routledge, 2004, p.41.

[3] Kevin Hickson, *The IMF Crisis of* 1976 *and British Politics*, London: Tauris Academic Studies, 2005, p.1.

[4] Kathleen Burk and Alec Cairncross, "*Goodbye, Great Britain*": *The* 1976 *IMF Crisis*, New Haven: Yale University Press, 1992, Xi.

从充分就业和全面福利转向控制通胀和公共支出，当然，这种转变也是一个持续过程，而非一朝一夕之间的逆转。

1976 年危机加速了凯恩斯主义向货币主义的转变。借款危机本身再次告诉英国朝野，凯恩斯主义已经难以为继，必须转换思路加快调整。国际货币基金组织通过有条件申请贷款机制，迫使英国做出进一步的支出削减计划，借机对英国的经济社会政策发挥影响。经过此次危机，凯恩斯主义在政治精英中的影响被削弱，货币主义理论以及经济自由主义受到更多关注，"国际货币基金组织所带来的政治方向的变化，其实已经开始发生，并处于英国社会民主制度的驾驭之中"。[1]

对于工党支持者以及部分选民来说，实行削减公共支出政策是工党的背叛。有人批评希利反对工人阶级。然而，不直接控制公共支出，仅实行替代政策会助推通胀，英镑贬值和商业信心崩溃将推高失业率，这样的结果加上通货膨胀，将严重损害工党选民乃至英国人民利益。对进口加以控制也不会让工人阶级消费者受益，这将推高商品价格并减少消费选择。归根到底，丹尼斯·希利和卡拉汉都知道，国际货币基金组织的药味苦口却有益于英国经济。但从政治上来说，鉴于工党和工党政府意见不一，很难得出同样结论。希利和卡拉汉明白，"货币基金组织的方案只是在下院投票时受到支持，因为多数工党议员知道，（如果工党政府不迅速走出危机）保守党赢得下次大选那就太可怕了。"[2]

在撒切尔夫人看来，这场危机"正是国际市场对工党政府的经济管理完全无可非议的失去了信心的结果"。[3] 在 1977 年 10 月布莱克浦保守党年会的演讲中，撒切尔夫人不忘对工党财政大臣希利从机场返回处理危机一事进行了讽刺，认为是货币基金组织的命令让他的政策发生了 180 度的大转变，而"基金组织让工党政府服用的药方就是我们长期以来坚定拥护

---

[1]　Steve Ludlam, "The Gnomes of Washington: Four Myths of the 1976 IMF Crisis", Political Studies, Volume 40, Issue 4, December 1992, p.727.

[2]　Martin Holmes, The Labour Government, 1974–79, London: Macmillan, 1985, pp.101–2.

[3]　撒切尔:《通往权力之路》，当代世界出版社 1998 年版，第 320 页。

的方案———一个听起来明智的保守党方案。"①不过,削减公共支出的药方治标而未治本,危机虽然结束,但英国经济问题根源仍在,地方财政矛盾并未解决。

第四节　工党政府的财政紧缩政策

公共支出增长在20世纪70年代成为主要政策问题。工党内部对于公共支出的负面影响也有明确的认识,"公共支出不断增长,促使工党支持者乔伊·詹金斯表示,公共支出比例如此之高将给我们的多元社会带来危险。"②20世纪70年代中期的危机促使政府加速了财政收缩步伐,公共支出问题到了刻不容缓的地步,关于公共支出与税收和通胀的关系问题进入工党政府的政治日程。控制通胀和地方支出成为工党政府任内优先政策。工党政府在1974年12月的通告中要求地方政府限制其支出增长,又在之后的通告中提出,由于地方政府在1975—1976财年超支,在1976—1977财年只能实现支出零增长。"1975年之后,公共支出总额并不是按照实现完全就业的前提设定的,尽管导致失业增加和产出降低,限制支出实际上成为一个政策目标。"③公共支出的增加将有赖于税收上涨,而劳动者会要求更高的工资,结果会加剧通胀。工会不得不接受削减工资成本的收入政策,因为这是降低失业的唯一办法。危机之后,工党政府明确采取新的政策,来削减公共支出从而抑制通胀。

按照市场价格,1974年公共支出占国内生产总值比例为42.2%,1975年上升到44.6%,然后就开始下降,1977年达到最低的38%,1979年略微

---

① *Margaret Thatcher Speeches to the Conservative Party Conference* 1975-88,London:Conservative Political Centre,April 1989.(PUB 181/21)

② Joel Barnett,*Inside the Treasury*,London:Andre Deutsch,1982,p.80.

③ Colin Thain and Maurice Wrtigh,*Public Spending Planning and Control*,1976-88:*A Research Agenda and a Framework for Analysis*,London:Nuffield Foundation,1987,pp.2-3.

回升到 39.4%。从 1974 年到 1979 年,住房项目支出占国内生产总值比例从 5% 下降到 3.3%,教育支出占比经历了先增后降,从 5.9% 下降到 5.4%,卫生医疗支出增减过程和教育领域有些相似,先从 1974 年的 4.3% 增加到次年的 4.9%,随后又下降到 1979 年的 4.6%,社会保障支出增长非常迅速,占国内生产总值的比例从 1974 年的 8.3% 增加到 9.8%,反映了工党要强化收入、财富和生活等各领域公平的意愿。这一时期,资本支出占国内生产总值比例下降了 2.5%。经常性支出下降了 0.25%,其中下降最多的是防务支出。[1]

　　工党政府削减公共支出的努力受到了保守党的认可。1977 年 10 月,保守党研究部在给撒切尔夫人的报告中表示:上一财年公共开支总额减少了 19.4 亿英镑,数据非常亮眼,基本相当于公共部门政策小组给保守党提出的建议(21 亿英镑),很难对工党政府 1976—1977 财年的支出削减加以批评。这也说明许多公共支出项目是可以削减的,现金限额是个控制支出的办法。[2] 杰弗里·豪等人在谈到公共支出问题时表示:感谢国际货币基金组织对工党政府贷款设定的条件,如果不对所有政府项目的年度总支出实行严格的现金限额政策,我们就不可能削减国家支出,在保守党的有力督促下,工党政府已经朝着这个方向迈出了第一步,我们将继续夯实这项工作。[3]

　　1976 年实际上成为中央与地方财政关系的一个分水岭,而不是 1979 年。[4] 工党政府启动了中央与地方财政关系改革,任内建立了新的中央地方关系机制,包括讨论、谈判和妥协,当然也有政治冲突。工党任内地方财政问

① Maurice Mullard, *The Politics of Public Expenditure*, London: Routledge, 1993, pp.121-8.

② Geoge Cardona: *Public Spending in 1976-7* (letter to Mrs.Thatcher), 4th October 1977. (CRD 4/13/14)

③ Geoffrey Howe, Keith Joseph, James Prior, David Howell and was edited by Angus Maude, *The Right Approach to the Economy: Outline of an Economic Strategy for the next Conservative Government*, London: Conservative Central Office, Oct.1977. (PUB 97/32)

④ Howard Elcock, Grant Jordan, Arthur Midwinter with George Boyne, *Budgeting in Local Government: Managing the Margins*, Essex: Longman Group, 1989, p.3.

题变得愈加紧迫,并开始尝试收缩中央财政,使得地方财政压力增加。因此,中央地方关系出现矛盾不完全是撒切尔时期的特点,还可以追溯到 20 世纪 70 年代中期,经济停滞导致政府重新强调在资助公共服务方面存在困难。[1]

1976 年后,中央要求所有地方要削减公共支出,或者至少降低公共支出增速。乔尔·巴尼特曾在 1974 年至 1979 年担任工党政府财政部秘书长,他在回忆录中表示:"我们一致讨论如何才能实行控制……主要控制的是地税补助拨款的规模,作为秘书长,我主张尽可能减少拨款,促使那些不想提高地方税的地方削减支出。"[2]1977 年 11 月 18 日,中央在地方政府财政咨商理事会会议上宣布了 1978—1979 财年地税补助拨款方案,英格兰和威尔士拨款相关支出确定为 125.31 亿英镑(基于 1977 年 11 月价格)。实际上,经常性支出维持了上一财年相同水平。彼得·肖尔表示:"今年中央政府将着重稳定地方拨款和地方税,中央拨款占比将维持在 61%,希望住宅地方税平均增长保持在个位数以内。"[3]

地方支出确实有所下降,至少增速有所降低。从 20 世纪 50 年代后期以来地方政府人均支出迅速增长,到了 1974 年开始减速。1975 年,地方政府支出占国民生产总值的比例到达峰值后开始下降,从 1975 年的 17.17% 下降到 1979 年的 14.6%,逆转了过去百年来的趋势。[4] 唯一的例外是住房,在 1974—1975 财年,住房支出几乎占了地方总支出的 38%,住房支出对于地方支出影响很大。数据显示,一直到 1974—1975 财年,住房支出都维持了 1971—1972 财年水平。之后,地方资本性支出实际开始下降,经常性支出也有削减,其中住房领域支出削减是"经过了内阁会议桌上的一番

---

[1] John W.Raine, "*Rate-Capping and Abolition-The Continuing Story of Central Government Extending Control Over Local Government*", inJohn W.Raine(ed.), *The Fight for Local Government*, University of Birmingham:Institute of Local Government Studies,December 1983,p.1.

[2] Joel Barnett, *Inside the Treasury*,London:Deutsch,1982,pp.75-6.

[3] John Stanley, *Letter to Mrs.Thatcher aboutLocal Government Conference Speech(included CRD Draft for local government Politics Today,etc.)*,London:Conservative Research Department,13th January 1978,p.8.(THCR5/12/166)

[4] K.Newton and T.J.Karran, *The Politics of Local Expenditure*,London:Macmillan,1985,p.115.

斗争之后才实现的。"①

中央拨款占地方收支的比例有所下降。1976—1977财年,中央政府同意支付拨款68.52亿英镑,占地方政府相关支出104.61亿英镑的65.5%,1977—1978财年,中央对地方支出进行控制,将拨款所占地方支出117.17亿英镑的比例降低至61%,使得在1977—1978财年的地方支出中,地方税占比从34.5%上升至39%。② 地方支出最剧烈的下降出现在1977—1978财年,这一年的拨款补助下降最多。"那时我们曾说服自己,不能迅速进行大幅削减……当时我们发现不可能在即将到来的1976—1977财年立即进行削减,但我们最终在1977—1978财年进行了16亿英镑的削减,在1978—1979财年计划中进行了更大幅度的削减。"③工党下台前,中央政府对苏格兰的补助拨款占其支出的比例从75%下降到68.5%。④

工党时期削减中央拨款的趋势延续到了保守党时期。不过,与此后保守党政府相比,工党的支出削减目标要温和一些,地方政府对于工党政府所提要求的反应也更为积极。中央财政政策变化对地方的影响是显而易见的,据一份书面问询答复显示,各财年拨款方案中人均需求因素情况各有不同,从1975—1976财年到1976—1977财年,多个地方的人均需求因素普遍上涨,大部分涨幅超过20%,最低11.11%,最高58%;而从1976—1977财年到1977—1978财年,除了两个地方涨幅超过10%外,其他地区涨幅多为1%左右,还有许多地方有所下降。⑤

从地方税税率来看,在1975年前后涨幅比较大,此后涨幅有较大回落。1974—1975财年到1975—1976财年,英格兰地区无论是住宅地方税税率,还是非住宅地方税税率,增长比例基本都达到了两位数。其中各个地区增

① Joel Barnett, *Inside the Treasury*, London: Andre Deutsch, 1982, p.81.
② *Debate on the Rate Support Grant Order* 1977, PLG (77) 5, London: Conservative Research Department, 14 December 1977, p.1.(THCR5/12/166)
③ Joel Barnett, *Inside the Treasury*, London: Andre Deutsch, 1982, p.80.
④ Howard Elcock, Grant Jordan, Arthur Midwinter with George Boyne, *Budgeting in Local Government: Managing the Margins*, Essex: Longman Group, 1989, p.39.
⑤ *Grant Amounts per Head and Percentage Changes*, Written Answers, 6 December 1977.

长情况差异较大,增长率最高的是英格兰东南地区,特别是伦敦地区几乎增长一半,可谓领涨全国,相对贫困的东安格利亚地区增长率较低。到了1975—1976 财年至 1976—1977 财年,大部分地区的住宅地方税税率都有下降,特别是非住宅地方税税率增幅都明显回落到 10% 以内。①

总体上看,中央拨款下降导致地方税税率上涨。环境部 1977 年 11 月为地方财政问题咨商理事会准备的一份文件显示,12 个地方将失去部分拨款,结果相当于地方税税率上涨 2 便士,伦敦以外的一些地方问题要严重得多,有些地方的地方税上涨远超过彼得·肖尔所说的个位数,比如斯塔福德郡议会预测继 1977—1978 财年增长 25% 之后,1978—1979 财年地方税上涨幅度为 20%。② 在工党整个执政时期,尽快增长幅度有波动,总体来看地方税增长还是比较明显。

工党政府的地税补助拨款方案引来许多争议。保守党研究部分析认为,彼得·肖尔的 1978—1979 财年地税补助拨款方案在平衡各种利益方面取得了成功,为城市提供了更多资源,但同时影响了郡的利益。该平衡建立在错误假设之上,比如假定继续"勒索"一些地方和纳税人去补助另一些地方扩大服务在政治上是正确的,假定基于过去的数据计算需求因素可以得到更公平和确切的结果等。③

有的地方对不同地区之间的比例平衡问题提出质疑,有的则对数额减少提出不满。相比之前两个财年,1978—1979 财年有 16 个保守党和独立派控制的郡和大都市区的拨款需求因素数额同比减少。④ 苏格兰地区

---

① C. D. Foster, *Central Government's Response to the Layfield Report* (Policy Series. 1), London: Centre for Environmental Studies, 1977, pp.37-8.(根据 Table 7 和 Table 8 合并调整)

② *Debate on the Rate Support Grant Order* 1977, PLG (77) 5, London: Conservative Research Department, 14 December 1977.(THCR5/12/166)

③ *Debate on the Rate Support Grant Order* 1977, PLG (77) 5, London: Conservative Research Department, 14 December 1977.(THCR5/12/166)

④ John Stanley, *Letter to Mrs. Thatcher aboutLocal Government Conference Speech* (included CRD *Draft for Local Government Politics Today*, etc.), London: Conservative Research Department, 13th January 1978, pp.5-8.(THCR5/12/166)

1978—1979 财年地方相关支出为 15. 17 亿英镑，其中 68. 5%由中央的地税补助拨款提供。新的财年将完成房产价值重估，这也被考虑进了拨款方案。结果是住宅地方税减免从 31 便士减少到 3 便士。工党控制的洛锡安地区议会召集人威尔逊表示，该地区的薪酬开支面临 10%的增幅，而拨款只增长了 6%，这是"犯罪性的错误"，中央确定的支出限额"低的荒谬"。[1]

工党政府开始的削减政策改变了此前的地方财政规则。地方政府财政计划构成了与中央政府磋商以确定来年拨款规模的基础，中央政府关于地税补助拨款决策的考虑因素包括：总支出预测是否实际可行；各地的地方税负担变化；地税补助拨款数额是否以及多大程度上可以影响地方支出水平。中央政府觉得削减一些计划支出，就可能降低地税补助拨款，从而向地方当局施加压力。[2]

一直到 1976 年，地方政府还是很自由的，在财政方面没有什么实际压力，地税补助拨款的数额看他们自己的判断，并考虑地方税负担情况。"然而，最近有一个非常重要的变化，国务大臣在 1976 年的 84 号通告中警告说，考虑到宏观经济管理的需要，他将把未来支出预测作为上限，如果超过上限，可能会导致未来地税补助拨款的削减。"[3]自此，财政预算模式已经开始发生根本性变化。传统的预算是从下向上建构的需求导向型预算，作为对财政压力的反应，从 20 世纪 70 年代中期开始，转变为从上到下的政策导向型预算。[4]

在苏格兰,1976—1977 财年开始针对每个地方经常性支出实行指导制

---

① *Scotland Local Government Finance*,*Rate Support Grant Order* 1978-79,引自 *Scotsman*,7th December 1977.

② Francis Cripps and Wynne Godley,*Local Government Finance and its Reform*:*A Critique of the Layfield Committee's Report*,University of Cambridge:Department of Applied Economics,1976, p.8.

③ Francis Cripps and Wynne Godley,*Local Government Finance and Its Reform*:*A Critique of the Layfield Committee's Report*,University of Cambridge:Department of Applied Economics,1976, p.9.

④ Howard Elcock,Grant Jordan,Arthur Midwinter with George Boyne:*Budgeting in Local Government*:*Managing the Margins*,Essex:Longman Group,1989,p.13.

度,1977 年开始实行控制地方资本性支出的新制度,这个制度旨在给地方政府更多的自由,减少中央的具体干预,增强对地方支出的总体控制,从而有利于国家经济管理。过去,苏格兰办公室试图通过单个项目审批来控制地方支出,也就是要看"合算性",而现在的目标是对借款总额进行管理,新制度要使地方政府能够尽可能准确的提前五年预告资本支出水平,并根据预测来调整实际资金流动。①

工党政府的政策前景起初并不十分明朗。有学者认为,就算是从1975—1976 财年开始降低地方支出的增长,在长期来看,66.5%的拨款占比也很难维持太久,即便是地方支出年增长率一直低于 20 世纪 60 年代和70 年代早期,中央拨款占比也将在 80 年代中期超过 70%。② 从 20 世纪 70年代英格兰和威尔士地方政府支出实际和计划变化情况来看,尽管不是所有的支出削减计划都能实现,但总体上来说,经常性支出增速有所下降,资本性支出下滑更加明显。

工党削减支出的成效也间接得到了保守党的肯定。保守党财政经济事务发言人杰弗里·豪在针对 1978—1979 财年公共支出白皮书的发言中表示:国际货币基金组织迫使工党政府进行的公共支出削减,对于最近国家财政状况好转起到了重要作用,整个国家总体福利并不比四年前更大,白皮书中支出增长计划将威胁到此前支出削减产生的效果。"③利物浦工党在竞选材料中宣称:是工党赢得了反通胀斗争,并控制了价格,但由于保守党和自由党上台而影响了工党的政策持续性,我们需要更好和更多地控制物价。④

可以说,政策波浪式变化反映了立场和形势的复杂。从 1964 年至

① Arthur F.Midwinter,*Local Authority Financial Planning in a Turbulent Environment*,*Studies in Public Policy*(*Number 46*), Glasgow:University of Strathclyde,1979,p.8.

② C.D.Foster, *Central Government's Response to the Layfield Report* (Policy Series. 1), London: Centre for Environmental Studies,1977,p.18.

③ *Statement on Today's Public Expenditure White Paper*, by Sir Geoffrey Howe MP,*News Service*, London:Conservative Central Office,12th January 1978.

④ *Election Addresses 1979 England*:Liverpool (Scotland Exchange) – Morpeth, 1979. (PUB 229/18/11)

1977 年预算收支平衡的变化趋势可以看出,1965 年预算有所收紧,随后又有所放松,1967 年英镑贬值使得支出增加,之后詹金斯明显收紧预算,到了希思政府时期,巴伯又放松预算。从 1967 年到 1970 年,预算收支情况不断好转,但是进入 20 世纪 70 年代之后,预算失衡又不断加剧,1976 年赤字占国民生产总值的比例达到 1964 年以来的峰值,经过工党政府的努力,1977 年预算平衡又有所恢复。[①]

工党开始实行政策转变,限制政府角色作用,控制支出增长,并与工会达成社会协议,实行自愿控制加薪幅度的收入政策。能够同时实现工资政策与公共支出削减,这与希思政府形成了对比,希思政府假定只能通过增加支出来实现收入政策,工党政府在这个问题上越过了一个分水岭。[②] 但与之后的保守党改革相比,工党财政改革还存在局限性。

首先,工党新政策无法根治地方财政问题。工党迈出了控制地方支出的步伐,地方支出和中央拨款持续快速增长势头得到扭转。可以说,是卡拉汉和丹尼斯·希利开始了向新政策方向的转变,使英国得以暂时渡过危机,通胀有所缓和。但是,与国家经济以及地方财政面临的问题相比,工党政府的政策存在力度不足、手段有限、拘泥过往、治标不治本等局限。

一方面,中央对地方财政控制越来越多。战后以来,无论保守党还是工党政府,都表示要给地方政府更多的决策自由。自从 1949 年 12 月地方政府人力委员会发布第一份报告,简化和减少中央部门控制就成为中央申明的目标,"地方政府履行自己的职责……中央部门则专注于那些关键的问题,在这些领域最有效地推行政府政策和财政管理。"[③]但实际情况是,随着经济形势恶化,中央对地方收支的控制越来越多。另一方面,中央管理地方

① T. S. Ward and R. R. Neild, *The Measurement and Reform of Budgetary Policy*, London: Heinemann Educational, 1978, p.42.

② Maurice Mullard, *The Politics of Public Expenditure*, London: Routledge, 1993, p.144.

③ Layfield Committee, *Committee of Inquiry into Local Government Finance*, Cmnd 6453, London: HMSO, 1976, p.14.

财政的手段偏向治标,一直到撒切尔上台,原有的地方财政制度架构都没有根本的变化。1977年《地方财政绿皮书》在提出要保留地方税制度、不采用地方收入税的同时,并未提出其他有实质内容的建议。

工党政策对地方财政控制能力有限。除了对用于资本性支出的借款进行控制以外,工党政府对付地方的财政工具更多是"影响而非控制"。[1] 财政部也承认,不管是对地方政府经常性支出总额,还是不同项目或者子项目之间的分配,中央政府都没有正式的控制权。尽管三分之二的经常性支出由中央拨款资助,地方政府却可以通过调整地方税税率来增加或者减少地方预算总额。[2]

地方财政一直到1979年都保持着相对独立。多年以来,地方政府经常性支出持续增长,无论保守党还是工党执政都是如此。1975年,支出限制越来越有必要,一方面是经常性支出,"我们身处中央政府,对其并无直接控制。我们只有间接的控制手段,就是地方经常性支出中我们资助的部分。"[3]另一方面是资本性支出,有学者认为,虽然中央政府控制着地方借款,但地方的资本支出并没有直接处于中央控制之下。[4] 正如巴尼特所言,"我们认识到需要做些事情,但困难有两个方面,包括直接控制的缺乏和地方政府的极度敏感,尽管地方资金依赖于中央政府,但却坚持自己的自治。"[5]

工党政府未能在关键支出领域进行突破。尽管工党政府开始控制地方支出,但不敢大胆触碰福利保障支出。1976年7月15日,内阁会议讨论公共支出问题,当提及削减支出时,卡拉汉的意见受到多数人的认可。卡拉汉说:"我们需要做出一个决定,要将社会保障支出排除在削减序列之外,因

---

[1] Howard Elcock, Grant Jordan, Arthur Midwinter with George Boyne, *Budgeting in Local Government: Managing the Margins*, Essex: Longman Group, 1989, p.28.

[2] *Treasury Economic Planning Review*, October 1978.

[3] Joel Barnett, *Inside the Treasury*, London: Andre Deutsch, 1982, pp.74-5.

[4] Tony Travers, "*Current Spending*", in Michael Parkinson (ed.), *Reshaping Local Government*, London: Policy Journals Ltd, 1987, p.11.

[5] Joel Barnett, *Inside the Treasury*, London: Andre Deutsch, 1982, p.75.

为我认为这不可能。"①不断膨胀的地方支出已经成为整个国家的沉重负担,中央政府对地方财政问题越来越关注,与此同时,地方政府很难从公共服务和福利制度的窠臼中自行解脱。

中央和地方政府面临的压力与日俱增,需要采取新的措施来控制支出的增长。要想深化改革,中央政府须拥有足够的权威和权力。保守党政府和此前的工党政府一样,试图削减整体公共支出,从而重振英国经济。既要保持对不断增加的失业者的福利支出,又要维持防务和法治秩序,迫使中央只能在福利国家的其他领域寻找削减空间,这往往是治标不治本。后来的撒切尔夫人用行动证明,一定程度的集权是解决地方财政问题的重要基础,只有强有力的中央政府才能改革整个旧体制,并触及包括地方政府在内的各方面利益。

工党政府没有对拨款等制度进行优化改进。伦敦及大都市郡之外的许多地区发现,他们所缴纳的地方税明显上涨,而服务却没有改进。与此同时,克洛斯兰和肖尔给城市地区大量补助,用于缓解地方税上涨并改善地方服务。② 1976—1977 财年,利兹的住宅地方税税率为 43 便士,平均每位房主缴纳地方税不超过 60 英镑,而泰恩河畔纽卡斯尔则为 78 便士,平均每位房主缴纳超过 115 英镑。③ 郡议会协会主席伊丽莎白·科克尔女士认为这"非常不公平",但是"政府很清楚,城镇是工党的,而郡则是保守党的,所以打击起后者可以不用那么小心翼翼。"④

当然,也有观点认为,政治控制特别是工党控制往往导致地方税税率较高,这种情况确实存在,但工党控制地区地方税税率也与高需求和低资源有关,这两个因素是独立于政治的。支出较高的地方确实可以获得更多需求

① Tony Benn, "15ᵗʰ Jul.1976", *The Benn Diaries* 1940-1990, London: Arrow Books, 1996, p.366.

② *Debate on the Rate Support Grant Order* 1977, PLG(77)5, London: Conservative Research Department, 14 December 1977, p.1.(THCR5/12/166)

③ Richard Jackman and Mary Sellars, "*Why Rate Poundages Differ: The Case of Metropolitan Districts*", *Centre for Environmental Studies Review* 2, 1977, p.26.

④ *Local Government Brief* (*No.* 10), Local Government Organisation & Conservative Central Office, 21/12/1976.(PUB 145/3)

因素拨款,但他们没有将其用于降低地方税税率,而是将其花掉了。地税补助拨款的资源因素可以使不同地方的可纳税资源均等化,但实际上却制造了新的不平衡,一些地方将这部分资金用于改善地方服务,结果不同地方之间再次失衡。①

其次,工党有新政策却没有新思想。1976 年英镑与借款危机经常被视为引入货币主义理论的时点。1976 年 10 月 5 日,工党能源大臣托尼·本和《泰晤士报》编辑威廉·瑞斯莫格讨论到凯恩斯主义以及战后共识的崩溃时表示:"实际上,我们都同意,共识是在我们这里破裂了,现在需要做一个相当基础的选择。"②也有评论认为工党在危机之前就已引入了货币主义理论,1976 年秋季的危机事件标志着公开宣示支持新战略。比如,危机发生之前,英国工党政府就开始进行政策调整,1975 年实行了现金限额制度,取代了以部门支出为基础制定支出计划的传统制度。加上其他一些措施,加强了财政部的力量,削弱了支出部门的权力,以便在接下来的年份里削减支出。

但据此断定货币主义始于 1976 年甚至更早是不准确的。这一系列调整并不是指导思想上的转变,而是对过去政策后果的修正。政策的制定是对经济政治环境逐渐回应的过程,其中更是对过往政策的回应。工党政府在 1975 年出台的现金限额政策就是对公共支出问题的回应,英镑与借款危机本身就是以往凯恩斯主义经济政策失败的结果。面对英国的经济社会问题,从专家学者到政策制定者,乃至普通公众都在寻求解决之道,是旧政策的失败促使工党精英转向货币主义等新的选项。③

左翼常常把希利视作货币主义者,这并不符合实际。希利对经济学理论很感兴趣,研究理论是形成决策的一种途径,挤出假设理论对希利所采取

---

① Richard Jackman and Mary Sellars, "*Why Rate Poundages Differ: The Case of Metropolitan Districts*", *Centre for Environmental Studies Review* 2, 1977, pp.31-2.

② Tony Benn, "5th Oct.1976", *The Benn Diaries* 1940-1990, London: Arrow Books, 1996, p.370.

③ Peter A.Hall, "*Policy Paradigms, Social Learning, and the State: The Case of Economic Policymaking in Britain*", *Comparative Politics*, Vol.25, No.3, April 1993, pp.275-96.

的危机应对策略产生了影响,但希利并没有严肃对待货币目标问题,主要有两个原因。首先,希利尽管接受削减公共支出带来的失业上升,但他采取了许多方法来降低失业影响,到了 1977 年和 1978 年,希利增加支出试图减少失业,认为工党政府放弃充分就业政策的观点实际上被夸大了。其次,希利继续实行工资限制政策,试图降低通胀,如果他接受了货币主义理论,那就没有这种必要,因为货币主义者明确拒绝承认工资与物价之间有因果关系,长期来看是货币供应量决定通货膨胀。[①]

即便采用具有货币主义特征的政策手段,也不能等同于接受了货币主义。20 世纪 70 年代后期工党政府采纳了"前撒切尔货币主义"和非共识战略,不过这不完全是出自本意,很大程度上是国际货币基金组织设定的贷款先决条件促成的。[②] 当希利在 1976 年圣诞节做出削减决定时,资本性支出首当其冲,而经常性支出相对未受侵扰,"高级文官们将削减带来的负担转给了私人产业。"[③]有三个政策改革标志着货币主义:清晰明确的货币目标,就像撒切尔的中期金融战略一样;在宏观经济政策中更多使用货币工具;更多强调遏制通胀的方法,哪怕短期内失业上升。但工党政府确立货币目标是为获取国际信心,更多运用货币工具是因为国际化背景下经济衰退限制了财政手段,即便强调降低通胀,也只是因为价格稳定有助于实现充分就业,这仍然是凯恩斯主义的套路。[④]

工会势力过大成为英国重要经济政治问题。威尔逊在其第一任期中曾经尝试立法来约束工会,强化工会的责任,但未能取得成功,希思政府再次尝试仍未成功。尽管与工会关系密切的卡拉汉并不偏向工会,但 1976 年危

---

① Anthony Seldon and Kevin Hickson(eds),*New Labour,Old Labour:The Wilson and Callaghan Governments*,1974-79,London:Routledge,2004,pp.45-6.

② Peter Dickens,*One Nation? Social Change and the Politics of Locality*,London:Pluto,1988,p.150.

③ Patrick Hutber,*Economic Opinion:Why Do They Do It? …Off-White Expenditure Paper…*,The Sunday Telegraph,January 15,1978.

④ Kevin Hickson,*The IMF Crisis of 1976 and British Politics*,London:Tauris Academic Studies,2005,p.225.

机之后,工党也没有出台强有力措施来制约不断膨胀的工会,这与此后严厉限制工会的撒切尔政府形成了鲜明对比。有人告诉卡拉汉的政策主管伯纳德·多诺霍,在"不满的冬天"罢工期间,"我们的目标是得到比你所提供的更多,无论你提供什么都不够。"①1979 年大选成为工党历史的一个重要转折点,工党内部也陷入左右之争,在此后三十年时间里,"不满的冬天"仍然存留在大众记忆里,并继续在英国政治中产生回响。②

在产业政策方面也能反映工党转变的不彻底性。建筑行业在英国经济中扮演着重要角色,但由于经济持续不景气,该行业失业人数从 1973 年 11 月的 8 万人增加到 1977 年 5 月的 20.5 万人。针对这一问题,1977 年工党大会的发言显示:工党哲学的核心信条是移开私人之手,实行社会所有。工党相信将公共所有制延伸到建筑部门是优先事项,工党政策的着眼点是增加工人福利、强化经济稳定和社会责任。③ 对于工党的建筑产业国有化政策,保守党人评论道:"工党是天生的惯犯,他们没有真正进行改革。"④保守党议员兼住房土地事务发言人休·罗西更是在建筑工会刊物上发文宣称:保守党将在国会和选区与工党的国有化方案作斗争。⑤

有学者认为,工党内部的变化很小。工党政府领导人可能谴责用公共支出来对付衰退,同时却准备支持公共部门借款需求。当局势看起来比较安全时,财政大臣倾向于弥补削减,公共部门借贷需求在 1978—1979 财年超过了 90 亿英镑。在"不满的冬天"里,所有问题都清楚地表明,他们根本没有改变。除了连续设定却很少达到的货币目标,工党政府最后几年的经

---

① Dominic Sandbrook, "*Crisis, What Crisis?*", *New Statesman*, 02, October 2008.

② John Shepherd, *Crisis? What Crisis?: The Callaghan Government and the British "Winter of Discontent"*, Manchester University Press, 2013, pp.147-67.

③ The National Executive Committee, *Statements to Annual Government: Building Britain's Future- Labour's Policy on Construction*, The Labour Party, October 1977.

④ Patrick Rock, *Nationalization of the Construction Industry*, 11th November 1977.

⑤ *Labour and the Construction Industry*, Article by Hugh Rossi for the *Building Trades Journal*, 1977, p.8.

济政策与货币基金组织介入之前只有细微的差别。① 撒切尔夫人也认为，希利在 1976—1978 年度实际削减公共支出，以及 1976 年与国际货币组织签订的协定条款，都是重大步骤，但是"它们的实施来自必要而不是信念，因此一有机会就被放弃。"②

在削减支出和约束地方政府的问题上，工党某种程度上和保守党达成共识。这是战后共识破裂之后达成的新的一致，但这种共识是表面上的政策一致，而非实质上的趋同。撒切尔夫人领导的保守党早已开始转向新的政治经济学，而工党政府只是为了应对国内外的压力，是不得已而为之。在工党的一揽子政策里，控制通胀是通过与工会达成收入政策，而不是限制货币供应。③

工党的指导思想和政策工具不能根治危机。有学者比较了 20 世纪 70 年代的危机和大萧条时期后认为，如果假设北海油田至少为英国经济提供短期利好，那么很可能像 20 世纪 30 年代后期一样，过上一两年，地方支出将继续增长，中央拨款占比将面临持续上升的压力。④ 这样会导致经济调控能力的弱化，需求规律是经济规律第一条，降低价格将导致需求上升，通过增加拨款来降低地方服务成本，将导致地方税纳税人增加公共服务需求。

1974—1979 年这段时期，对凯恩斯主义的信心逐渐崩溃。在 1976 年 9 月工党大会上，卡拉汉的著名演讲显示了这种日益增长的失望，演讲看上去是就解决通胀问题作的国际选择进行解释，但这对政客、政策顾问和经济学家们的观点态度产生了很大影响。⑤ 卡拉汉在演讲中指出：我们习惯性认

---

① Kathleen Burk and Alec Cairncross, *Goodbye*, *Great Britain*: *The* 1976 *IMF Crisis*, New Haven & London: Yale University Press, 1992, p.228.

② 撒切尔:《通往权力之路》, 当代世界出版社 1998 年版, 第 571 页。

③ Richard Hill, *The Labour Party and Economic Strategy*, 1979-97: *The Long Road Back*, Basingstoke: Palgrave, 2001, p.124.

④ C. D. Foster, *Central Government's Response to the Layfield Report* (Policy Series. 1), London: Centre for Environmental Studies, 1977, p.22.

⑤ N. F. R. Crafts and N. W. C. Woodward (eds.), *The British Economy Since* 1945, Oxford: Clarendon, 1991, p.71.

为可以通过减税和增加政府支出来应对衰退和失业增加,这样的方法不能继续下去了,这样的结果只能是通胀上升,随之而来的是更高的失业率,这就是过去二十年的历史。两个月后,财政大臣希利在写给国际货币基金组织总干事的信中表示:中央有必要继续削减公共部门资源和借款需求,从而创造货币环境条件来鼓励投资、确保持续增长和控制通胀。①

但工党对这些新观念有些半心半意。工党政府任内已经放弃充分就业的目标,但当工党下台后,又要重新强调实现充分就业的重要性。随着1979—1983年间失业率的上升,保守党政府也开始寻求通胀出路,就业成为工党经济政策的优先考虑。② 正如保守党研究部的大选分析文件提到的,"工党从未认识到,社会服务所需资源取决于财富的创造和自由企业制度的运转。为什么欧共体国家如西德能够支付更高的养老金,人均健康支出高出我们60%,是因为他们鼓励自由市场经济。"③

工党的竞选主张和承诺表明,其直到1983年仍未能实现思想转型。工党1983年大选宣传材料中称:为了重建英国,工党(如果上台)将启动许多公共投资项目,并在住房建设、公共交通和新技术等领域创造就业岗位;为养老金领取者提供新的帮助,并将在儿童、医疗服务、住房建设、教育等方面投入更多资源。④ 北伊灵选区的工党候选人希拉里·本在竞选宣传中表示,保守党增加了社会的不平等,富人们从穷人的损失中获益,工党将提高儿童补助、冻结公房租金一年、启动大规模住房建设项目等。⑤ 与此形成对比,保守党政府能源大臣约翰·摩尔在1983年的竞选材料中表示:公共支出将受到限制,将在青年培训、计算机教育等方面投入10亿英镑,通过支持

① Nigel Lawson, *The New Conservatism*, London: Centre for Policy Studies, Aug. 1980. (PUB 107/1b)

② Richard Hill, *The Labour Party and Economic Strategy*, 1979-97: *The Long Road Back*, Basingstoke: Palgrave, 2001, pp.125-6.

③ "Social Services", in 1979 *General Election-Social Services Expenditure*, 1979. (CRD 4/7/90)

④ *Labour Says*, published by J.W.Colhsson. (PUB 229/19/3)

⑤ *Vote Hilary Benn-Labour-June 9th 1983*, in *Chislehurst-Ealing (Southall)*, 1983. (PUB 229/19/3)

技术创新项目、企业补贴、创业项目、企业扩建等来创造就业岗位,并将进一步降低企业税收和地方税负担。①

再次,工党缺乏共识并出现分裂。危机促进了工党的转变,但也使工党日益陷入分裂。围绕着经济社会政策以及财税问题,工党领导层内部发生了许多摩擦。由于意识形态与政策取向矛盾,加上政治争斗和人事矛盾,使工党在失去政权后迅速陷入长期衰落。在削减公共支出问题上,工党内部意见分歧要明显大于保守党。正如多年后布莱尔所言:"我想明白说明一点,在政府里,控制公共支出是一项漫长、痛苦的差事。"②

工党内部既有自由市场主义者,又有传统左翼人士。以丹尼斯·希利为代表的部分工党高层受到了挤出理论的影响,并运用供给学派观点来进行政治辩论。正如希利的高级经济顾问艾德里安·哈姆认为,希利要用手中的各种论据来进行辩驳,挤出理论就是这样一个好用的政治武器,可以用来对付内阁中反对削减支出的势力。③ 希利主张削减公共部门借贷需要,增加私人部门可用资源。他在财政部受到了艾伦·洛德和德里克·米切尔的支持,在内阁受到了埃德蒙·戴尔的支持,但受到了托尼·克罗斯兰和罗伊·哈特斯利的反对。④ 卡拉汉内阁贸易大臣埃德蒙·戴尔曾被认为要担任财政大臣,但他拒绝了该职位,因为他的同事更倾向计划经济和法团主义,而他倾向自由市场资本主义。

1976 年 2 月,丹尼斯·希利在一场演讲中表示:"英国工会联合会和工党都相信,制造业持续萎缩是战后经济表现令人失望的主要原因。这种萎缩必须遏止并逆转,倘若我们将更多资源投入到公共服务中去,我们就不能

---

① *The New Conservative Government Plans-Vote Moore*-June 9th 1983, in *Chislehurst-Ealing* (*Southall*) , 1983.(PUB 229/19/3)

② 布莱尔:《新英国》,世界知识出版社 1998 年版,第 108 页。

③ Anthony Seldon and Kevin Hickson(eds) , *New Labour* , *Old Labour* : *The Wilson and Callaghan Governments* , 1974-79 , London : Routledge , 2004 , pp.45-6.

④ Kevin Hickson , *The IMF Crisis of* 1976 *and British Politics* , London : Tauris Academic Studies , 2005 , p.226.

逆转这个趋势。"①1976年圣诞节当天,内阁会议谈到了国际货币基金组织借款问题,希利提议将1977—1978财年的公共部门借贷需求削减10亿英镑,下一财年削减15亿英镑,尽管失业人数会不断上升,但这是宏观经济的代价,否则信心无法恢复。②

丹尼斯·希利和托尼·本之间的裂痕继续扩大。希利希望继续坚持既有战略方针,但要更加有效率,在与工会的对话中,希利希望工会确保工资受到限制。而托尼·本则在1975年3月给威尔逊的信中要求采取不同的方法,他建议直接采取进口配额、高关税、削减国防支出等方法。他还认为,希利的反通胀措施将不可避免地导致严重失业。③ 1979年大选落败后,工党左右两派的对抗使其陷入了自20世纪50年代以来更为严重的意识形态分化。左翼在托尼·本的领导下批评工党政府,认为在五年执政期间错失了推行彻底的社会主义改革的机会。④ 托尼·本很容易被看作是马克思主义者,实际上他的许多关键立场都与正统的马克思主义相矛盾,同时也被马克思主义者看作是乌托邦社会主义者,"他确实非常激进,但把他当作马克思主义思想家就错了。"⑤

1977年2月,安东尼·克罗斯兰去世,他在工党政府中历任多个职位,是工党的著名理论家,曾经出版多本著作。他曾经为社会民主主义修正主义理论进行辩护,认为"平等是社会主义的首要目标",凯恩斯主义等都是实现这些目标的重要手段。⑥ 克罗斯兰的去世是工党思想理论发展过程中一个重要事件,在其去世之时,他的思想正在受到英国左右两方面的攻击。左翼正在形成更替性经济战略,主要与托尼·本有关,右翼则对经济自由主义兴趣渐浓,主要包括撒切尔夫人、基思·约瑟夫、杰弗里·豪和彼得·桑

---

① "*Runaway Victory by Mr Healey over the Left-wing Militants*",*The Times*,26 February 1976.

② Tony Benn,"25th Dec.1976",*The Benn Diaries* 1940-1990,London:Arrow Books,1996,p.383.

③ Ollie Stone-Lee,"1975 *Economic Fears are Laid Bare*",*BBC News*,29 December 2005.

④ Martin Holmes,*The Labour Government*,1974-79,London:Macmillan,1985,p.166.

⑤ Anthony Seldon and Kevin Hickson(eds.),*New Labour,Old Labour:The Wilson and Callaghan Governments*,1974-79,London:Routledge,2004,p.32.

⑥ Anthony Crosland,*The Future of Socialism*,London:Jonathan Cape,1956,p.148.

尼克罗夫特。①

　　削减开支是痛苦的,面临很多不同意见。尽管许多议员乃至公众认识到公共支出过高以及通胀等问题,但或是出于政治利益考量,或是思路观念难以转变,或是对问题对策有不同见解,并非所有人都能很快接受削减支出政策。"比如住房等有些领域,简直变得神圣不可侵犯了,当讨论起公房租金上涨,就像谁要蓄谋将小孩从母亲的怀抱中抢走,并将其投入矿井做工一样。"②在收入政策方面,同样存在不一致。控制通胀毫无疑问是这一时期工党最困难的事情,工党政府收入政策的最终失败意味着,"党内对这种控制通胀的方法充满敌意,大多数版本的更替性经济战略表明了对收入政策的反对。"③

　　工党内部也并未就削减公共支出完全达成一致。围绕削减支出问题,卡拉汉和希利之间的关系紧张起来,这让卡拉汉感到很为难,他既想支持丹尼斯(但不喜欢财政部),又担心进一步削减支出的政治后果,"最后,卡拉汉对内阁说,他们必须统一,如果内阁还想存活的话,少数就必须接受多数的决定。"④希利处理经济的方法受到很多攻击,关于是否需要在新一年削减直接税的问题,他的观点也遭到怀疑。希利很低落,也没有得到首相的多少支持。卡拉汉说,如果内阁不喜欢希利的税收政策观点,那么4月份将会让他辞职。⑤ 应该说,卡拉汉在危机中成功地维持了内阁的团结,但是代价也很高,工党不再完全属于社会左翼阵营,这在党内和工会内部引起了争议。

　　在1976年危机中,货币基金组织的巨额贷款挽救了英国,但工党经济政策的声誉却毁掉了。在一份为撒切尔准备的材料中,比较了工党和希思政府的政绩,虽有以己之长攻人之短的嫌疑,但或多或少也能说明问题。

---

① Anthony Seldon and Kevin Hickson(eds), *New Labour*, *Old Labour*: *The Wilson and Callaghan Governments*, 1974–79, London: Routledge, 2004, pp.18–9.

② Joel Barnett, *Inside the Treasury*, London: Andre Deutsch, 1982, p.70.

③ Richard Hill, *The Labour Party and Economic Strategy*, 1979–97: *The Long Road Back*, Basingstoke: Palgrave, 2001, p.130.

④ Joel Barnett, *Inside the Treasury*, London: Andre Deutsch, 1982, p.104.

⑤ Joel Barnett, *Inside the Treasury*, London: Andre Deutsch, 1982, p.109.

1977年,工党政府上台已经三年八个月有余,这与希思政府任期相当。价格方面,保守党政府时期年均增长9.7%,工党政府时期两倍于此;失业率方面,保守党时期最高失业人数为97.2万人,而工党时期达到160万人;税收方面,保守党降低地方税税率3便士,而工党提高了4便士,保守党削减间接税达到9亿英镑,工党提高了60亿英镑;工业产量方面,保守党时期增长了6.3%,工党时期下降了3.7%。[1]

工党的民意基础并没有保守党坚实。通常情况下,决策者按照共识进行决策,而普通选民对政策的形成影响不大,他们也不会有强烈的被忽略感,但在领导层分化或者对事情不太确定的时候,选民的观点就会对政策形成产生更大影响。[2] 巴斯大学财政研究中心对200名巴斯注册选民进行了面谈调查。在是否要降低收入税的问题上,各选民群体差异不大,绝大多数选民都支持减税;在是否应该削减公共支出的问题上差异明显,工党支持者中倾向于削减支出的占55.8%,而保守党支持者中持同样态度的占了76.3%,非特定政党支持者选民中倾向于削减公共支出的比例也超过了六成。[3]

1978年7月21日,希利发表新的白皮书,宣布推出第四阶段工资控制,规定自同年8月1日起,普通职工的加薪幅度不得高于5%,为期一年。这引起了公共部门和私人部门的罢工抗议,成为工党政府的经济悲剧和政治灾难。工党政府意味着劳资关系更好的观点曾经在社会上广泛流传,如今看起来更像是个虚构的神话,从罢工范围和时间以及表现出来的怨恨来看,"不满的冬天"成为1926年以来最激烈的罢工潮。

20世纪70年代,除了经济财政领域,工党围绕着欧洲问题、国防等问题也发生分歧。威尔逊执政的两年里并无鲜明政绩,卡拉汉执政后,团结内阁应对了1976年英镑危机,促使生产稳步上升,英镑走强,通胀和失业双下

---

[1] *Who Served the People Best*? A News Piece Prepared for Thatcher's Speech, December 1977. (THCR5/12/166)

[2] Arthur Aughey, *Constituency Attitudes and Policy Formulation*: *The Role of the Conservative Political Centre*, University of Hull: Department of Politics, 1981, p.26.

[3] Alan Lewis, *Attitudes towards Income Tax and Public Expenditure*, Bath: School of Humanities & Social Sciences, University of Bath, c1979, p.5.

降,1978 年许多观察家认为,如果此时举行大选,那么工党还能继续执政。但卡拉汉决定推迟大选,至于原因众说纷纭。有说法是工党重臣迈克尔·富特强烈建议 1979 年春天举行大选,同时也有分析认为希利提出 1979 年春天通胀水平不会有大的变化,两位大臣的意见使得卡拉汉确信推迟大选不会带来灾难。还有说法认为,卡拉汉受到民意测验的影响,同时希利对经济形势充满自信,使卡拉汉认为推迟大选风险要小一些。甚至还有人认为卡拉汉只当了两年半首相,他不想早早举行大选危及自己首相位置。无论出于什么原因,最终证明推迟大选对工党是个致命错误。①

在 1985 年保守党年会上,撒切尔夫人谈到 1979 年工党治下的英国时说:此时的英国参加国际会议却不受重视,英国成为众所周知的欧洲病夫,饱受"不满的冬天"之苦,政府却无力处理这些问题。她用褒奖的口吻调侃了工党存在的问题:"我们许多人都记得工党过去是个什么样子,工党在过去至少是一个有理想的党……渐渐地它发生了变化。我毫不怀疑,这些理想、原则仍然留存于传统的工党支持者内心,但领导工党的一些人却走错了路。"②保守党赢得 1979 年大选后,将扭转国家衰落作为中心主题,他们拒绝接受衰落无法避免的论调,矢志不移要重振英国。③

1975—1976 年前后,中央与地方都忙于应付经济危机和削减支出。无论在工党还是保守党内部,关于地方政府支出问题都存在分歧。1976 年工党大会拒绝执行工党政府公共支出白皮书提出的削减政策,反而支持地方工党议会抵制削减,并号召其他地方工党团体效仿。1976 年一些公共部门联合会建立了一个全国指导委员会来反对削减,但直到 1979 年保守党上台之后,工党反支出削减运动才活跃起来。工党全国执行委员会还呼吁政府不要削减社会工资,并于 1979 年早些时候宣布坚决反对削减公

---

①　Martin Holmes, *The Labour Government*, 1974-79, London: Macmillan, 1985, pp.132-3.

②　*Margaret Thatcher Speeches to the Conservative Party Conference* 1975-88, London: Conservative Political Centre, April 1989.(PUB181/21)

③　Andrew Gamble, *Britain in Decline: Economic Policy, Political Strategy and the British State*, Basingstoke: Macmillan, 1994, p.186.

共支出。①

1979 年 5 月之后,保守党政府的地方政府政策给工党带来了挑战,工党很难有效回应。工党自身就地方支出问题出现矛盾,并且采取过限制措施,反对保守党的政策难免会有些尴尬。从逻辑上来说,保守党的政策是工党政府早前曾经宣示过的,只是保守党的手段更加凌厉一些,工党活跃分子自己都难以清楚区分本党政策主张和本党政府的行动,工党大会和工党全国执委会都曾就工党政府的政策表达过反对态度。②

到了 1979 年,支持工党财政政策的选民有所减少,许多支持者对拥有房产和享受消费更感兴趣,而不是将资源交给看起来缺乏效率和信任的国家,通过取富人之税用于工人阶级变得越来越困难。以收入税为例,随着越来越多的人成为收入税纳税人,来自社会低收入人群的收入税越来越多,社会结构的变化使得工党很难按以往方式行事。③

自由经济战略和更替性经济战略都是对英国 20 世纪 70 年代深刻的政治经济危机的回应,两种战略对政策的影响却不尽相同。更替性经济战略主要在工党内部发挥作用,政策思想上也并未达成一致。而自由经济战略则在撒切尔夫人领导的保守党内颇有市场,保守党连续赢得 1979 年、1983 年、1987 年和 1992 年大选,这为其推行自由经济思想,并打破法团主义和社会民主主义的束缚提供了条件。④ 在新的经济理念中,自由大过均等,个人主义大过集体观念,效率大过公平,同时也强化了社会秩序观念,维多利亚价值观得以重申,安全和权威让位于法律和秩序。⑤

---

① John Gyford and Mari James, *National Parties and Local Politics*, London: Allen & Unwin, 1983, p.10.

② John Gyford and Mari James, *National Parties and Local Politics*, London: Allen & Unwin, 1983, p.177.

③ Martin Daunton, *Just Taxes: The Politics of Taxation in Britain*, 1914 - 1979, Cambridge University Press, 2002, pp.335-6.

④ Andrew Gamble, *Britain in Decline: Economic Policy, Political Strategy and the British State*, Basingstoke: Macmillan, 1994, p.186.

⑤ Stewart Ranson, G. W. Jones and Kieron Walsh, *Between Centre and Locality: The Politics of Public Policy*, London: Allen & Unwin, 1985, pp.12-3.

第四章　地方拨款和支出制度改革

变革会有风险,守旧则有危险。进入20世纪70年代,世界开始转变方向。英国战后共识彻底破裂,工党政府在"不满的冬天"里黯然下台,撒切尔夫人带领保守党开启新的时代。撒切尔政府上台前,宣示要削减公共支出,改革地方财税制度,并在上台伊始就公布了新的紧缩预算,又先后改革了一揽子拨款制度、推行支出目标与拨款处罚制度,开始借助惩戒机制来约束开支过高的地方,进而取消了地方补充征收地方税的权力,新建立了名义独立实则受命于中央的审计委员会。

中央政府愈加严厉,地方政府亦有手段。许多地方运用创造性会计手段、出售和回租资产等办法来应对拨款减少和不确定性。公众的态度则较为复杂,既要求维持公共服务,又不希望税收负担过高。撒切尔夫人的改革取得了一定效果,地方支出中来自中央拨款占比确有下降,地方政府资本性支出明显下降,但经常性支出等方面成效并不显著。拨款和支出制度改革显然只是起点,随着保守党连续赢得大选,地方财税改革重头戏陆续上演。

第一节　保守党的政策思想转型

政府应在经济社会发展中发挥什么作用、如何发挥作用,需要政府来主导经济还是交由市场运行,国家是否应该主导社会服务,这都是基本的原则和方向问题,相关的思考、争论与实践从未停止。自由主义在很长时间里都是英国主流意识形态,从亚当·斯密到约翰·斯图亚特·密尔,多位思想家提供了自由放任主义的基本理论。到了托马斯·希尔·格林则从自由主义转向福利国家，类似的还有经济学家阿尔弗雷德·马歇尔，而自由党政治家赫伯特·阿斯奎思和劳合·乔治在拓展国家在社会福利建设中的角色作用方面发挥了重要作用。[1]

20世纪30年代经历的失业无助促使哈罗德·麦克米伦提出"中间道路"，挑战保守党的自由经济政策。凯恩斯理论和贝弗里奇报告共同勾勒了战后国家蓝图，需求管理和福利国家使地方政府成为国家干预的重要工具，共识政治成为这一时期的显著特征。保守党也承认战后共识，丘吉尔下台之后的25年里，与过去的保守主义观念不同，包括社会民主理念、对政府行为特别是经济调控效率的信任、对平等理念的信奉占据了主导地位，保守党也或多或少地浸淫其中。对此，有保守主义者认为，"保守党皈依凯恩斯主义学说与其说是一个思想上的转变，不如说是政治自尊的沦丧。"[2]

保守党承认共识带有实用主义色彩。当保守党在选举中获胜，就开始讨论自由放任政策的回归问题，比如曾经担任财政、内政和外交大臣的拉布·巴特勒以及曾担任首相的安东尼·艾登等人。最著名的是1957至1958年担任财政大臣的彼得·桑尼克罗夫特及其团队1958年辞职事件，他们为抗议中央政府没能控制支出并实现经济自由而辞职。[3] 按照托利改革小组负责人伊恩·皮克顿的观点，保守党的托利主义是一种复杂的哲学，它羞于信奉僵化刻板的教条和意识形态，即便保守党所相信的自由市场经济也只是个工具，并非必须盲从的教条，借用首相索尔兹伯里的话就是"有用则用，没用就扔"。[4]

---

[1] Geoffrey K. Fry, *The Growth of Government: The Development of Ideas About the Role of the State and the Machinery and Functions of Government in Britain Since* 1780, London: Frank Cass, 1979.

[2] 斯克拉顿:《保守主义的含义》,中央编译出版社2005年版,第95页。

[3] Paul Carmichael, *Central-Local Government Relations in the 1980s-Glasgow and Liverpool Compared*, Wiltshire: Antony Rowe Ltd, 1995, p.2.

[4] *The State of the Party … Up Where We Belong*, London: Bow Group, Autumn 1986. (PUB 195/15)

1951 年保守党上台后,保守党财政大臣拉布·巴特勒赞同共识政治,特别是充分就业的承诺,由此形成了著名的"巴茨凯尔主义"。"巴茨凯尔主义"一定程度上是正确的,1945 年到 1963 年,工党和保守党政府都认为,预算是影响增长率和就业情况等经济指标的重要杠杆。但巴特勒也不完全是巴茨凯尔主义者,他最早尝试通过货币供应而非预算来管理经济,直到 1979 年保守党放弃共识政治并转向撒切尔主义,可以说是巴特勒迈出了这条漫漫长路的第一步。①

20 世纪 50 年代,在共识政治方兴未艾之时,两党围绕集体福利未来发展问题已经出现矛盾。工党被其左翼理论家克罗斯兰的"社会主义理念"主导,要通过增强国家干预来实现无阶级社会,主张继续增加公共支出改进公共服务质量。保守党继续坚持注重效率,反对平均主义和普惠福利,保守党政府更倾向通过贷款减税、对私人养老金减免利息以及其他方式促进福利保障。简单来说,工党目标是普惠制的福利,保守党则主张福利要基于需求,要有选择性和目标性。② 在战后经济迅速恢复发展,福利国家建设不断推进,地方支出不断膨胀的过程中,新的思想因素和政策取向不断萌发。

工党威尔逊政府推行国家计划,结果导致支付危机、英镑贬值和通胀加速之后,新思想因素在保守党内部越来越流行。20 世纪 60 年代,基思·约瑟夫曾表示:英国真正的政治斗争是"包含相对较小私人经济部门的集体主义经济"的信奉者与"包含相对较小公共部门的私有企业经济"的信奉者之间的斗争。③ 1968 年 11 月底,保守党研究部全体人员被告知,要在接下来的几个月里集中精力研究节约政府支出的方案,对下届保守党政府来说,节约支出才有空间减税和增加有价值项目支出,找到一些控制政府支出的方法非常重要。④ 按照弗里德曼的说法,英国拥有知识、资本和人力优势,

---

①　Aubrey Jones, *Britain's Economy: The Roots of Stagnation*, Cambridge University Press, 1985, pp.9-10.

②　Hugh Butcher, *Local Government and Thatcherism*, London: Routledge, 1990, p.61.

③　Andrew Denham & Mark Garnett, *Keith Joseph*, Chesham: Acumen, 2001, p.161.

④　*Economics in Government Expenditure* (*B.S.to all Research Department Officers*), London: Conservative Research Department, 29th November 1968. (CRD 3/7/10/1)

如果能摆脱战后两党政府政策所"强加给它的束缚的话",英国将"有一个好的发展前途"。①

到了20世纪70年代,英国许多经济学家开始对货币主义和供给学派感兴趣。对于凯恩斯主义的去魅是很重要,但这些对凯恩斯主义失去信任的人并没有形成新的共识,不同的人选择不同的路径来偏离凯恩斯主义。这些新思想因素与新的思潮有关,同时也是对保守党传统的再次确认,比如法律与秩序、防卫、国家地位和家庭等观念。希思政府推行了这些新的观念,却是半心半意的。保守党在1974年2月选举中败北,10月的大选中再次失败。保守党开始对其政策进行基础性评估,无论是党内还是党外,希思时期的政策显然不再受到普遍支持,过去的基本方法还是凯恩斯需求管理,如今一些经济学家对此失去信任,保守党自战后第一次开始进入反思时期。②

随着1974年大选失利,保守党自身也出现了信任危机。1975年2月,撒切尔夫人对希思发起挑战,这是首次对在任保守党领袖发起正式挑战,可谓开历史之先河。最终撒切尔夫人战胜了掌舵十年之久的希思,通往唐宁街的权力之路从此铺开。但这条路并不平坦,对于撒切尔的竞选,很多人甚至包括她自己开始都并不看好。托尼·本曾在日记中提到:在1968年皇家学会一次宴会上,撒切尔夫人坐在时任工党政府经济事务大臣彼得·肖尔旁边,撒切尔夫人显得过于进取且不太受欢迎,和希思搭话也没有得到回应,彼得·肖尔认为,撒切尔将在年底离职,托利党不会接受她。③ 保守党议员杰拉德·纳巴罗爵士在1973年写道:"撒切尔可能会继续高升但不会登顶,她不是块首相的料儿,但我猜她可能会到财政部,如果有哪个勇敢的首相敢任命她担纲财政大臣的话。"④

---

① 弗里德曼:《论通货膨胀》(杨培新译),中国社会科学出版社1982年版,第49页。

② Adrian Williamson, Conservative Economic Policymaking and the Birth of Thatcherism, 1964–1979, Hampshire:Palgrave Macmillan,2015,pp.41–4.

③ Tony Benn, *The Benn Diaries* 1940–1990, London:Arrow Books, 1996, p.363.

④ Gerald Nabarro, *Exploits of a Politician*, 1973, London:Barker, 1973, p.101.

但撒切尔夫人不仅一直坚持了下来,在党内地位还不断攀升,直到掌舵保守党。撒切尔夫人能赢得党内选举有多个原因,比如,希思低估了撒切尔夫人的挑战,他起用撒切尔夫人在下院就财政法案进行辩论,此举使撒切尔夫人赢得了许多同僚的赞誉和钦佩。但主要原因在于,多数保守党议员对希思大选失败心怀不满,一些党内重要人士如基思·约瑟夫对希思政府的经济表现颇有微词,许多人期待新的人选替代希思,撒切尔夫人恰好扮演了这一角色。从这个角度来看,撒切尔夫人赢得党内选举并不代表多数保守党议员在意识形态上发生明显变化。① 党内一些主要思想家对抛弃凯恩斯主义转向货币主义充满敌意,这个方面的党内斗争并没有随着 1979 年大选获胜而结束。②

1974 年可以看作战后保守党政治的转折点,保守党除了在议会选举中失败,其共识也正是在这一年开始破裂,针对过度干预、反企业和法团主义的不同声音开始走高,其中最显眼的便是基思·约瑟夫。③ 1975 年 7 月,基思·约瑟夫在 1974 年至 1975 年间的演讲汇编成《逆转趋势》一书出版,表明要拒绝战后各届政府所追求的政策。④ 他和撒切尔夫人于 1974 年建立的政策研究中心提出了自由市场等理念,中心逐渐成了一大批“自由市场经济思想家的聚集地”,撒切尔夫人承认:“没有基思我不会成为反对党领袖,也不会取得我任首相时所取得的成就。”⑤而年轻一代的保守党议员已经受到了哈耶克和弗里德曼的影响,特别是朝圣山学社和经济事务研究所的影响。

撒切尔夫人领导下的保守党不再犹疑,指导思想和政策目标渐渐清晰

---

① Peter Riddell, *The Thatcher Era and its Legacy*, Oxford: Blackwell, 1991, pp.5-6.

② Stanislao Pugliese(ed.), *The Political Legacy of Margaret Thatcher*, London: Politico's, 2003, p.348.

③ Timothy Raison, *Tories and the Welfare State: A History of Conservative Social Policy since the Second World War*, Basingstoke: Macmillan, 1990, p.88.

④ Keith Joseph, *Reversing the Trend: A Critical Re-appraisal of Conservative Economic and Social Policies*, Chichester: Barry Rose, 1975.

⑤ 撒切尔:《通往权力之路》,当代世界出版社 1998 年版,第 254—255 页。

起来。经过一番权衡博弈,撒切尔组建了影子内阁,其中财政大臣也由罗伯特·卡尔换成了杰弗里·豪。此时撒切尔夫人地位不够稳固,影子内阁"反映出一种团结全党的意见平衡",但这是一次"相对成功的行动",一个"赞同我与基思自由市场经济观点的财政班子形成了"。① 基思·约瑟夫担任撒切尔夫人的经济政策参谋助手,对撒切尔夫人产生了很大的影响,他没能赢得领袖地位,却赢得了政策之争。② 保守党并未拒绝希思1970年所宣示的目标或者启动的政策,撒切尔夫人的政策自然受到1965年政策评估和希思所作尝试的影响,就像1988年帕特里克·詹金所言:撒切尔实现了希思当年想要实现而没能实现的目标。③

这一时期,新右派思想开始在英国和美国兴起。"新右派"一词最早于1966年出现在美国,被用于概括竞选加州州长的罗纳德·里根的思想,并于1968年出现在费边社成员撰写的名为《新右派批判》的小册子中。新右派的思想一方面源于包括新自由主义经济学家在内的学者,如熊彼特、哈耶克、弗里德曼和约瑟夫,他们强调个人主义和自由市场。另一路是新保守主义,思想主要源于保守主义哲学小组和索尔兹伯里小组,这些研究团体强调等级、权威和国家的价值。④ 新右派自由主义的地方政府理论基本原则是,地方要控制税收和支出政策,最大限度让选民满意。其核心政治价值理念是自由和责任,主张财政和分配制度界定清晰,关注削减政府支出和扩大私人部门职能。⑤

新右派并非一个统一的政治运动或者某种主义,其思想脉络庞杂、所涉人物众多,其传播和影响也是多层次、多渠道和多角度的。新右派服膺于新

① 撒切尔:《通往权力之路》,当代世界出版社1998年版,第294页。

② William Keegan, *Mrs Thatcher's Economic Experiment*, London: Allen Lane, 1984, p.71.

③ Anthony Seldon(ed.) (assisted by Gerard Daly) , *UK Political Parties since* 1945, London: Philip Allan, 1990, pp.32–3.

④ Brendan Evans, *Thatcherism and British Politics*, 1975–1999, Stroud: Sutton, 1999, p.207.

⑤ Desmond King, "*From the Urban Left to the New Right*: *Normative Theory and Local Government*", in Gerry Stoker and John David Stewart(eds.) , *Local Government in the* 1990*s*, Basingstoke: Macmillan, 1995, pp.228–48.

的圣贤哲人,包括哈耶克和弗里德曼等,他们重新阐释了亚当·斯密等人的政治经济学智慧。有许多学者和政界人士参与了新右派思想的阐发传播,比如艾伦·沃尔特斯、塞缪尔·布里顿、阿瑟·塞尔登、阿尔弗雷德·谢尔曼、帕特里克·明福德以及基思·约瑟夫等,其中,作为货币主义重要拥趸的沃尔特斯,长期担任撒切尔夫人的私人经济顾问,对撒切尔政府的经济政策产生了很大影响。一些新自由主义的智库如经济事务研究所、亚当·斯密研究所和政策研究中心,一些团体组织如捍卫自由和财产联盟、英国宪政协会、全国争取自由协会等,还有一些新保守主义研究组织如保守主义哲学小组和索尔兹伯里小组,以及电讯报、金融时报等媒体,都在研究传播推行新右派思想方面发挥了重要作用。①

新右派思想主要与经济问题和经济哲学相关。经济学家恰好处在经济政策成为政治辩论中心议题的时代,这是迪斯雷利和格莱斯顿时代不曾有过的。② 新右派群体的构成也是多样化的,包括收缩公共部门的支持者、削减税收的支持者,以及自由论者和货币主义者。他们的观点也未必完全一致,比如严格控制货币的支持者与持有供给学派理念的人常常重合,但有时又会出现矛盾冲突。又比如,里根政府中的供给学派学者支持减税,但他们曾增加联邦预算赤字,也会批评美联储的货币紧缩政策。③

新思想在保守党高层很有市场。20 世纪 60 年代,伊诺克·鲍威尔高调反对经济领域里任何形式的国家干预,他反对国有化、经济计划、高额公共支出、汇率控制,反对任何关于价格和收入的政府政策,甚至还出现了"鲍威尔主义",一些崇拜者喜欢强调"撒切尔主义实际上是在朝当权的鲍威尔主义"。④ 作为麦克米伦时期最为积极的福利主义大臣,基思·约瑟

---

① 王皖强:《国家与市场——撒切尔主义研究》,湖南教育出版社 1999 年版,第 84—108 页。
② Nigel Lawson, *The New Conservatism*, London: Centre for Policy Studies, August 1980.(PUB 107/1b)
③ Peter Riddell, *The Thatcher Era and its Legacy*, Oxford: Blackwell, 1991, pp.5-6.
④ Richard Vinen, *Thatcher's Britain: The Politics and Social Upheaval of the Thatcher Era*, London: Simon & Schuster, 2009, pp.43-59;王皖强:《国家与市场——撒切尔主义研究》,湖南教育出版社 1999 年版,第 60—64 页。

夫开始与自由市场支持者走到一起,并发表系列演讲宣传保守主义,将货币主义引入到英国政治中,在撒切尔夫人塑造新保守党的过程中发挥了重要影响。[1] 迈克尔·赫塞尔廷则受到了 20 世纪 70 年代牛津学者"挤出理论"的影响。[2] 新自由主义观点和尼古拉斯·里德利领导的相关运动对撒切尔夫人产生了很大的影响,不过撒切尔夫人自传里对此着墨并不多。[3]

对于保守党而言,货币主义的出现"简直就是喜从天降。"[4]货币主义是新思潮的重要组成部分,是当代经济学说的典型。1911 年欧文·费雪教授形成了货币数量论,其后获得广泛阐释发展,数量理论在几十年间影响了英国经济政策,到了 20 世纪 60 年代晚期,关于货币政策作用的共识在财政部和英格兰银行圈子里流行起来,但直到希思时期,货币主义对于经济理念的影响才变得特别明显。[5] 一些新的理论观点都不支持公共支出,货币主义也与对公共支出的批评联系在一起,实际上货币主义从未表示什么样的公共支出水平才是合适的,当讨论到高额公共支出和高额税收的负面影响时,货币主义才成为有限政府和严格限制公共支出的论据。货币主义理论和对公共支出的批判一起提供了反对社会民主主义的基础,主要理论要素包括供给学派理论、挤出假设理论和财政危机理论。[6]

撒切尔夫人接受货币主义有一个过程。1968 年 10 月,撒切尔夫人在

---

[1] Nirmala Rao, *Towards Welfare Pluralism: Public Services in a Time of Change*, Aldershot: Dartmouth, 1996, pp.3-4.

[2] David Walker, *Municipal Empire: The Town Halls and Their Beneficiaries*, Hounslow: Maurice Temple Smith, 1983, p.124.

[3] Kieron Walsh, *Contracting for Change: Contracts in Health, Social Care, and Other Local Government Services*, Oxford University Press, 1997, p.7.

[4] 彼得·霍尔:《驾驭经济:英国与法国国家干预的政治学》,江苏人民出版社 2008 年版,第 117 页。

[5] Tim Congdon, *Monetarism: An Essay in Definition* (with foreword by William Rees-Moog), London: Centre for Policy Studies, 1978, p.3& p.38.

[6] Anthony Seldon and Kevin Hickson(eds), *New Labour, Old Labour: The Wilson and Callaghan Governments*, 1974-79, London: Routledge, 2004, p.25.

保守党政治中心的演讲中提到要控制货币供应。① 有学者认为,这展示了撒切尔夫人的独特政治视野,并以此作为撒切尔时代的起始。② 撒切尔夫人的传记作者则认为,其基本政治直觉早在 1945 年前就已形成,但鲜有证据能够证明她在 1974 年前就接受了货币主义理论。希思政府时期,撒切尔夫人并不参与经济政策事务,她的右派直觉以及作为杂货店主女儿的家庭经济学可能使她更愿意接受基思·约瑟夫的货币主义观点,但是在领导权建立起来之前,这些观点并不明显。③ 早在 1969 年,杰弗里·豪向经济事务研究所的阿瑟·塞尔登吐露心迹,甚至担心撒切尔可能妨碍经济自由。有保守党作家撰文指出,撒切尔夫人喜欢在演讲中引用经济事务研究所的复杂理论观点,但没有将其转化为通俗易懂的语言,一方面说明她深受经济事务研究所影响,同时也说明她缺乏理论转化能力。按照理查德·科克特的观点,撒切尔夫人并不是一个战略思想家。④

社会思潮变化为推行改革提供了基础。1976 年,基思·约瑟夫在一篇序言中表示:至少在四分之一世纪里,英国知识界被左翼主导,集体主义观念俘获了多数知识分子和传媒人士的头脑,不健康的统一观念窒息了关于政治、经济和社会主要问题的讨论。⑤ 而新右主义智库扭转了一代舆论人物和政治家们的观念,就像费边社在世纪之交起到的作用一样。⑥ 一些人就英国"错在哪里"进行发挥,批评福利国家远远偏离了应有水平,公共开支成为巨大负担,英国成为所谓"保姆式国家"。20 世纪 70 年代晚期,经济福音主义开始在保守党内部占据主导地位,主要包括四个方面:首先是货币

---

① *"What's Wrong with Politics?"*, Margaret Thatcher's Speech at CPC, 11 October 1968.(TFW 101632)

② Richard Vinen, *Thatcher's Britain: The Politics and Social Upheaval of the Thatcher Era*, London: Simon & Schuster, 2009, pp.7–8 & p.30.

③ William Keegan, *Mrs Thatcher's Economic Experiment*, London: Allen Lane, 1984, p.47.

④ Michael David Kandiah and Anthony Seldon, *Ideas and Think Tanks in Contemporary Britain*, London: Frank Cass, 1996, p.53.

⑤ *Bibliography of Freedom*, London: Centre for Policy Studies, 1976.(PUB 106/2)

⑥ Michael David Kandiah and Anthony Seldon, *Ideas and Think Tanks in Contemporary Britain*, London: Frank Cass, 1996, p.50.

主义,认为要控制货币供应来抑制通胀;二是右派势力,认为应该削减公共开支,这与"挤出理论"有关;三是家庭经济学派,认为国家要像家庭一样账目平衡;四是醒悟的凯恩斯主义者。①

撒切尔夫人接受了许多新的理念甚至矛盾的观点,她并非特定意识形态的拥护者,她和亲密盟友主要担心的是英国的衰落。撒切尔夫人看上去对前途充满信心,矛头所指也非常清楚。1975 年 10 月,在布莱克浦举行的保守党年会上,撒切尔夫人发表了当选党魁以来首次年会演讲,她回忆了当年作为本科生代表牛津大学保守党协会首次参加保守党年会的情景,并给自己鼓劲打气:"在我见证的时期,所有保守党领袖都成为了首相,我希望这将继续下去,不同领导人风格各有不同,但都直面了所处时代的挑战。"她认为面临的挑战有两个:一个是解决国家经济和财政问题,另一个是让英国和所有人重获信心。②

集体主义和社会主义成为被攻击对象,公共支出成为众矢之的。撒切尔夫人一开始就被媒体看作是个"善战的斗士",而她"能提供的应当是保守党在抨击社会主义时所缺乏的道义感"。③ 1974 年,撒切尔夫人在给一位议员的回信中表示:"工党政府的资本性支出没有收益,但目前我们没有办法加以控制,我们必须把控制所有地方政府支出作为一个主要政策目标。"④她对工党的治理混乱进行了批判,认为英国"在经济方面已经屈膝在地",她批评威尔逊和卡拉汉政府肆意花钱,"希望和荣誉的乐土"在工党治下变成了"乞求和借贷的温床",解决这些问题的唯一途径是削减政府支出。⑤1976 年 1 月,撒切尔夫人在肯辛顿市政厅发表了题为"唤醒不列颠"的演

① William Keegan,*Mrs Thatcher's Economic Experiment*,London:Allen Lane,1984,pp.35-7.

② *Margaret Thatcher Speeches to the Conservative Party Conference 1975-88*,London:Conservative Political Centre,April 1989.(PUB 181/21)

③ 撒切尔:《通往权力之路》,当代世界出版社 1998 年版,第 285 页。

④ Margaret Thatcher, *The Reply to a Letter from MP(Tebbit)*,11th July 1974.(THCR1/12/4)

⑤ *Margaret Thatcher Speeches to the Conservative Party Conference 1975-88*,London:Conservative Political Centre,April 1989.(PUB 181/21)

讲,并由此从苏联报纸那里获得了"铁娘子"称号。①

有关货币和公共支出问题成为政策焦点。保守党内就解决英国经济社会问题提出了许多分析建议,杰弗里·豪等人提出了一系列政策主张,包括稳定的经济环境、严格控制货币供应、坚决管控政府支出、减税、减少对商业的限制、利率多样化、鼓励集体谈判、开放公共讨论辩论等。② 基思·约瑟夫认为德国控制了货币供应增速,结果通胀控制得很好,但货币主义对英国来说是不够的,英国国家部门"管控过多、支出过多、税收过多、借贷过多、冗员过多……控制货币供应的同时,必须减税、削减公共支出、鼓励财富创造者。"撒切尔夫人肯定了基思·约瑟夫的观点,认为大量的国家支出是以中小企业和没有补贴的大公司为代价的,而这些企业是就业岗位和国家财富的主要源泉。③

撒切尔夫人的货币主义政策取向日渐清晰。1976 年 10 月,时任工党内阁能源部大臣托尼·本问到《泰晤士报》编辑威廉·瑞斯莫格有关撒切尔夫人的政策取向时,后者表示:"她和我一样相信货币稳定,也就是说要对货币供应采取果断行动。就像一战后亚尔马·沙赫特在德国,或者雷蒙·普恩加莱在法国,或者像戴高乐和路德维希·艾哈德在二战后的政策一样。这将导致在短期内失业增加,但随后会失业下降、信心恢复,人们将持有更为坚挺的货币而非疲软的通货。"④

撒切尔夫人赢得了保守党同僚们的支持。在经济战略和地方支出政策取向上,保守党领导层和地方势力要比工党更为一致,保守党地方议员们对地方政府消耗大量财富心存不满,决心要将钱用对地方,尽可能物有所值。

---

① "*Britain Awake*", Margaret Thatcher's Speech at Kensington Town Hall, 19 January 1976.(TFW 102939)

② Geoffrey Howe, Keith Joseph, James Prior, David Howell and was edited by Angus Maude, *The Right Approach to the Economy: Outline of an Economic Strategy for the next Conservative Government*, London: Conservative Central Office, Oct.1977.(PUB 97/32)

③ Keith Joseph, *Monetarism is Not Enough*, with a foreword by The Rt.Hon.Mrs Margaret Thatcher MP, London: Center for Policy Studies, 1976.(PUB 106/8)

④ Tony Benn, "5th Oct.1976", *The Benn Diaries* 1940-1990, London: Arrow Books, 1996, p.370.

撒切尔夫人在 1976 年 5 月 9 日伦敦周末电视节目中表示:只能通过认真审核每个预算来使地方政府实现结余。①

保守党在 1977 年郡议会选举活动中提出了三个主要目标:降低支出;确保支出效用最大化;公平征收用于地方服务的费用。保守党认为,地方税上涨主要是因为公共支出过多导致的通胀,因此希望对地方政府支出进行更有效的现金限制。② 撒切尔夫人向保守党的地方势力发出呼吁:"身在地方政府的你们处于政治前线,你们可以提供更多的保守主义样本,为夺取全国胜利做出重要贡献。"③保守党的地方同僚已经开始行动,据 1978 年 1 月《每日电讯报》报道,保守党控制的大伦敦市议会决定削减 1000 万英镑的租金补贴。④

撒切尔夫人把公共部门和工会视为英国病的病灶。在许多地方,当地政府是最大的雇主,对于地方经济发展和就业至关重要。英国地方政府雇佣了 302 万人,相比之下,联邦德国雇佣了 117.8 万人,而法国为 84.7 万人。⑤ 1978 年,在为撒切尔准备的地方政府大会演讲中提出,保守党"要显示出决心,砍掉延伸至福利和所有制领域的国家触角,重振责任感,扩大英国人民的自由。"⑥和基思·约瑟夫一样,撒切尔夫人将德国视为榜样,她在 1978 年 10 月布莱顿的保守党年会上表示:德国的成功是因为有严格的货币供应控制,没有僵硬的收入政策,国家控制比我们要少,个人税负较低,工

---

① *Local Government Brief*(*No.5*),Local Government Organisation & Conservative Central Office,18/5/1976.(PUB 145/3)

② *Local Government Brief*(*No.11*),Local Government Organisation & Conservative Central Office,21/1/1977.(PUB 145/3)

③ *Suggested Outline for Mrs.Thatcher's Speech to Local Government Conference-February* 4th 1978.(THCR5/12/166).

④ *GLC Plan £ 10m Cut in Rents Subsidy*,by Local Government Correspondent,Daily Telegraph,10 January 1978.

⑤ Michael B.Forsyth,*Down with the Rates:Proposals for Reducing Local Authority Spending While Improving Services*,London:Conservative Political Centre,1982,p.6.

⑥ *Suggested Outline for Mrs.Thatcher's Speech to Local Government Conference-February* 4th 1978.(THCR5/12/166).

会着眼未来而不是纠缠于过去。①

　　撒切尔夫人及其盟友如劳森等人接受了社会科学家曼瑟尔·奥尔森的理论,该理论认为,由于包括生产者、工会和国家官僚在内的既得利益者阻碍变革,降低了经济效率,影响生产率的提高,社会失去调整能力和活力。②1979 年"不满的冬天"坚定了撒切尔夫人的判断,就是地方政府雇员走得太远了,用形象的说法就是:"生产者团体太希望将客户充作人质,来与政府谈判,教师利用家长和孩子,医疗工作者利用病人。"③要打破这样的逻辑怪圈,削减公共部门雇员人数,就要将市场机制引入到公共部门,打破地方政府的法团主义政治,削弱工会和生产者团体的垄断基础。

　　保守党主张财产所有制民主,公房政策是其典型体现。针对公房出售的争议问题,影子内阁环境部大臣迈克尔·赫塞尔廷表示:"保守党坚定支持个体所有和选择,社会主义者相信要将财富集中在国家之手,而我们决定要将其扩散到整个社会。"④撒切尔夫人表示,公房出售政策不会增加 1 便士的公共支出,实际上会使地方财政受益,这只需要态度的转变。她批评近几届工党政府大量增加社会服务公共开支,提高个人税收,结果经济增长缓慢甚至停滞,此后社会服务支出不得不大幅削减,使"人们的期望受到很大打击"。⑤ 由于中央和地方公共开支过大,促使保守党决心实行公房私有化,根据赫塞尔廷的计算,实行公房出售的十八年里,总计为英格兰地方政府带来了 240 亿英镑收入。⑥

　　1979 年大选中,左翼与右翼、工党与保守党的意识形态与政策分野明

①　*Margaret Thatcher Speeches to the Conservative Party Conference* 1975–88,London:Conservative Political Centre,April 1989.(PUB181/21)

②　Peter Riddell,*The Thatcher Era and its Legacy*,Oxford:Blackwell,1991,pp.6–7.

③　Hugh Butcher,*Local Government and Thatcherism*,London:Routledge,1990,p.61.

④　*Extract from Politics Today No.22*,5th December 1977.(CRD 5/12/166)

⑤　Mrs Margaret Thatcher,*Local Gvoernment Conference*(speech),London:Conservative Research Department,31st January 1978.(THCR5/12/166)

⑥　Michael Heseltine,*Life in the Jungle*:*My Autobiography*,London:Hodder & Stoughton,2000,pp. 196–7.

显。保守党在给选民的信中表示:工党执政五年明显在走社会主义道路,我们认为这没有出路。保守党将给出替代选项,首先要鼓励人们工作,改革税收结构,让人们能够留下更多收入;其次是放活企业自主经营,避免政府干涉;此外,改革企业劳资关系,使罢工力量受到制衡。与此相对应,左派在给选民的信中表示:通胀是可怕的严重问题,但并非是由公共支出或者增加工资所导致,国家和地方的公共服务都要增加,并将增加教育住房等投入、增加地税补助拨款,通过改善地方服务来对付通胀。①

在保守党上台之前,党内已经在控制支出和减税方面达成了共识。保守党领袖私人办公室在代撒切尔夫人所写的多封回信中,一再表示将削减收入税。② 杰弗里·豪在写给议员安格斯·莫德的信中论述了经济政策的一些要点,包括要让人们工作、储蓄、投资、设立和扩大经营,削减政府规模和成本,控制价格上涨对付通胀,促进英国经济独立、商业自由,并鼓励参与世界竞争,确保北海油田收入用于减税而不是增加政府支出等。③ 在地方选举中,保守党议员也明确提出要削减公共支出,从而进行减税,低税收将有助于投资和工业增长。④ 1978 年 1 月,杰弗里·豪在给撒切尔夫人的信中提出,要减免小工商业资产的资本转让税。⑤ 不过,国会秘书代表撒切尔夫人给其回信表示:有关想法在现阶段还不需要立即采取行动。⑥

撒切尔夫人相信,保守党将扭转国家的颓势。保守党提出了未来五项

---

① *Election Addresses 1979 England*:Liverpool(Scotland Exchange)– Morpeth,1979.(PUB 229/18/11)

② *Reply Letters* from Adrian Hopkinson on 10th March 1977 and Matthew Parris on 31st March 1978 (Private Office of the Leader of the Opposition).

③ Geoffrey Howe,*Letter to Angus Maude about Economic Policy*(included "*Manifesto Points*:*Finance & Economic Policy*"),6th March 1978.

④ John J. Wells,*Vote Conservative-Vote John J. Wells*,Published by Peter Currie,Rock House,Maidstone,April 1979.

⑤ Sir Geoffrey Howe,*Letter to Mrs. Thatcher About Capital Tax Policy*(attached the paper "*Capital Transfer Tax*",19th January 1978),24th January 1978.(THCR2/3/1/12)

⑥ Adam Butler MP,*Letter to Sir Geoffrey Howe about Margaret's Respond to Geoffrey Howe's Letter and Attached Papers*,21st February 1978.(THCR2/3/1/12)

任务,第一项便是控制通胀和改革工会,其他包括鼓励工作、增强法治、改进民生、加强国防等。大选宣言提出,要通过控制货币供应和缩减政府借款规模来控制通胀。撒切尔夫人表示"我们不仅能够,而且必须做好。"①保守党上台前即开始拟定预算方案,旨在首份预算就果断开始削减公共开支,1978年夏天,影子内阁已经同意公共支出削减计划,此后为了1979年5月的大选,该计划又经过影子财政部团队的更新。②

从1979年开始,保守党政府宣布,他们的公共支出决定受到意识形态驱动,特别是他们对公共部门的态度发生了变化,包括公共部门在经济中的作用角色及其规模模式。③无论是工党还是保守党,赞成市场方案的固有选择就是:释放空间给私人部门,刺激生产、投资和出口,解决英国经济问题。这也是保守党政府1979年上台时计划要做的,"新的理论实际上是货币主义的变种,撒切尔政府1979年上台开始明确地将新思想注入意识形态。"④货币主义在英国的兴起和胜利,"不是经济科学的成功,而是政治理念的成功",它还印证了一个道理:"当取得组织性的表达途径之后,理念便会获得力量。"⑤

意识形态与公共支出变化的关联度并不好界定,但意识形态对财政政策方向的影响非常显著。对于国家应该多大程度上控制来自地方税的支出尚存争论,但保守党政府观点却是一贯的:地方支出就是公共支出,是公共支出就得进行削减。这有两个理论基础,保守党领导层将两种理论进行了混合:一是认为地方政府公共支出水平较高,影响了资本积累投入和财富的生产创造;二是要将国家之手往回撤,理由是福利国家太大了,产

①　*The Conservative Manifesto* 1979,London:Conservative Central Office,April 1979.

②　Nigel Lawson,*The View from No*.11,London:Transworld,1992,p.31.

③　Colin Thain and Maurice Wright,*Public Spending Planning and Control*,1976-88:*A Research Agenda and a Framework for Analysis*,London:Nuffield Foundation,1987,p.14.

④　Paul Carmichael,*Central-Local Government Relations in the 1980s-Glasgow and Liverpool Compared*,Wiltshire:Antony Rowe Ltd,1995,p.6.

⑤　彼得·霍尔:《驾驭经济:英国与法国国家干预的政治学》,江苏人民出版社2008年版,第118、333页。

生很多问题。①

在撒切尔夫人看来,保守党代表着昔日"自由"的回归。撒切尔夫人在1979年保守党大选宣言序言中说:政治的核心不是理论,而是人民以及他们想要的生活,过去5年里,每个人都能感受到,社会的平衡更多倾向于国家,并以个体自由为代价,这次大选是逆转这种进程并使权力平衡偏向个人的最后机会。② 贝德福德郡卢顿地区的保守党候选人格雷厄姆·布赖特在竞选宣传中表示:工党的高税收政策抑制了生产积极性,影响了人们的独立性,保守党将一如既往地削减税收,这样人们能够自己照料自己和家庭,构筑自己的未来,这是焕发英国人独立精神的唯一途径。③

国家的困局为推行新政提供了最好的契机。保守党研究部关于1979年预算的材料表示:最近一些年听了很多关于英国不如其他国家的说法,包括生活标准、产出、生产率、国民收入、福利服务等方面,这也不奇怪为什么我们去年没能进入欧洲货币体系,我们被当作不够繁荣的国家。④ 上台伊始,保守党政府就在1979年11月的首份公共支出白皮书中宣称,公共支出已经成为当前英国经济困境的中心问题,直陈要害,让习惯了老套乏味官样文章的官员们感到惊讶。⑤

保守党要通过财政预算重塑自由与市场机制。尽管可能还没有做足准备,但保守党甫一登台,就采取了限制政府支出的措施。杰弗里·豪在6月12日其第一份预算中清楚地表明,他不会接受英国彻底衰落的前景,他将其称作是"一个机会预算",从对收入课税转变为对支出课税,从而扩大选择和改进激励,该预算将使英国和英国人有更大机会实现更好生活。他的

① David Walker, *Municipal Empire: The Town Halls and Their Beneficiaries*, Hounslow: Maurice Temple Smith, 1983, pp.123-4.

② *The Conservative Manifesto* 1979, London: Conservative Central Office, April 1979.

③ *Election Addresses* 1979 *England*: Liverpool (Scotland Exchange) – Morpeth, 1979. (PUB 229/18/11)

④ *The Budget: A Change of Direction*, Briefing Note No.17, London: Conservative Research Department, 14/6/1979, in *Budget Papers* 1979.(CRD 4/4/9)

⑤ Nigel Lawson, *The View from No.* 11, London: Transworld, 1992, p.37.

计划包括四个原则:通过让人们保留更多收入来激励劳动和才能;通过减少国家行为来拓宽人们选择的自由;通过削减对公共部门资助来为工商业繁荣腾出空间;让参与劳资集体谈判的那些人了解其行动后果。①

保守党政府立志要打赢地方支出削减战。赫塞尔廷给出了十个办法来削减支出,包括削减公共支出、冻结人员招募、出售公房以及地方持有的部分土地、给企业更多机会竞标地方公共服务等。② 保守党对削减支出的阻力非常了解,在赫塞尔廷看来,许多地方"事实上并没有开始减肥。"③赫塞尔廷及其同僚将地方支出问题作为中央经济政策的关键环节,"让我们别问战场在哪里,而是要问问机遇出路在哪里。"④

保守党政府1980年预算确定,要进一步削减多项社会支出和国有企业借款,接下来四年减少地方政府人员数量,这是降低通胀和复兴经济的唯一途径。但是,防务预算将不断上涨,年增长3%,防务支出将由77.23亿英镑增加到1984年的87.4亿英镑,法律和秩序方面支出也将增加,年增长2.5%,1984年将达到27亿英镑。该预算支出计划可能是战后以来最激进的,接下来四年,公共支出将不断下降,到1983—1984财年要比1979—1980财年同比下降4%。到1982—1983财年,公共支出将比工党的计划至少低110亿英镑(按1980—1981财年价格计算)。该预算不是孤立的,而是政府长期政策中的一个步骤。⑤

各方面围绕1980年预算发生了争论。有人高度肯定这份预算,认为这朝着1979年6月预算开启的新方向迈出了新步伐。但工党领导人卡拉汉认为该预算对出口商、失业青年、降低利率和增加产出毫无帮助,批评该预算是"战后最令人失望和1931年以来最粗鄙的预算",还有报纸评论把矛

---

① *The Budget: A Change of Direction*, Briefing Note No.17, London: Conservative Research Department, 14/6/1979, in *Budget Papers 1979*. (CRD 4/4/9)

② *Local Government Brief*(*No.29*), Local Government Organisation, April 1979. (PUB 145/3)

③ *Local Government Brief*(*No.33*), Local Government Organisation, September 1979. (PUB 145/3)

④ *Local Government Brief*(*No.34*), Local Government Organisation, October 1979. (PUB 145/3)

⑤ *The Budget 1980*, in *Budget Papers 1980*. (CRD 4/4/10)

头对准财政大臣杰弗里·豪,批评他的各项政策一无是处,讥讽铁娘子"用了一个庸俗迟钝的财政大臣"。① 工党影子内阁财政大臣丹尼斯·希利对预算将导致的收入分配问题提出了批评,认为政府削减支出造成公共服务供应不足,老弱病幼、穷人及失业者负担加重,而富人获益更多,预算将导致"国家的分裂和人们的失望"。② 保守党看上去也注意到了这种观点论调,提出"首要的是采取步骤来纠正这种印象。"③

削减地方支出被看作实现宏观经济政策目标的必要步骤。有些地方对新政策表达了不满,但威尔士大臣尼古拉斯·爱德华兹的态度非常坚决,他认为:地方政府威胁要调高下一年的地方税,这没有正当理由。中央政府没有让地方脱离实际进行削减,而只是让地方在1978—1979财年支出水平上削减2.5%,这可能会给地方带来困难,但不会导致严重破坏,这一削减幅度仅比工党政府1976年借款危机时要求的削减幅度多一点。地方政府必须认识到不会有更多的现金,其工资支出不能超过现金限额,否则就缩减服务和裁减人员。④

1981年预算面对衰退仍然要削减公共开支,该预算通常被视为"本女士绝不回头"的注脚。1981年3月,364位经济学家在《泰晤士报》上联名指责撒切尔的政策,占到了英国经济学家总数的三分之一,其中剑桥大学的教授们颇为令人瞩目,公开信因此被称为"剑桥宣言"。⑤ 经济学家们公开批评政府的通货紧缩政策,要求撒切尔政府放弃货币主义,但这"不经意间

---

① Daily Mirror, Thursday, March 27, 1980, in *Budget Papers* 1980.(CRD 4/4/10)

② Rt.Hon. Denis Healey (Shadow Chancellor of the Exchequer), Recorded from Transmission (BBC-1) 2125, 27th March, 1980, in *Budget Papers* 1980.(CRD 4/4/10)

③ Anne Bulloch(to Howarth) , *Draft CRD Representations to The Chancellor of the Exchequer on the Budget*, London: Conservative Research Department, 22nd February 1980, in *Budget Papers* 1980. (CRD 4/4/10)

④ *Extract from a Speech on* 24th *November* 1979 *by Nicholas Edwards* (*Secretary of State for Wales*) , *News Service*, London: Conservative Central Office.

⑤ Mark Wickham-Jones, "*Monetarism and Its Critics: The University Economists' Protest of* 1981", *The Political Quarterly*, 1992, Vol.63: pp.171-85.

帮助撒切尔建立了自己的真正观点"。① 在推出预算的例行内阁会议上,一些人都被预算缩减力度"吓晕了"。撒切尔夫人也知道预算将会遭到一些人反对,她认为,这个预算确实与战后奉行的经济理论差别甚大,但产生效果可能需要一段时间。此时,即将在伯恩茅斯召开的保守党高层会议为她"提供了一个不能错过的好机会",她决定在会上发表讲话来呼吁党内支持。②

1983 年 3 月,撒切尔政府公布了为期四年的中期金融战略,并承诺将坚持执行该战略,这与此前政府"将信将疑的货币主义"不同。③ 中期金融战略旨在确定未来一些年的公共财政方向,核心目标是不断降低货币供应增速,同时通过政府支出和税收政策强化这个目标。④ 中期金融战略认为,货币供应导致通胀,而公共部门借款需求加剧了货币膨胀,未来几年降低货币供应增速的途径不是提高利率,而是削减公共部门借款需求。⑤ 当然,控制地方公共支出并不仅因为货币主义通胀理论的影响,还在于普遍将公共支出和公共部门规模与英国糟糕的经济表现联系在了一起。⑥

当撒切尔夫人在 1979 年 5 月入主唐宁街的时候,人们并不确定她将带来多大变化,也很难想到她会连续执政十一年,并成就了一个以其名字命名的新时代。在英国广播公司夜间大选节目中,希利等人认为,工党几年后将重返唐宁街。连保守党记者佩里格林·沃索恩都悲观地认为,撒切尔夫人的微弱多数将导致她无法全面彻底改革,并预言英国将处于另一个共识政治时期。⑦ 事实不言而喻,他们都判断错了,在撒切尔夫人独具风格的领导下,此后十年出人意料的改革激荡,俨然开启了一个新的时代。

---

① Andrew Denham & Mark Garnett,*Keith Joseph*,Chesham:Acumen,2001,p.362.

② 撒切尔:《唐宁街岁月》,国际文化出版公司 2009 年版,第 129 页。

③ *The Need to Explain Our Economic Strategy*,4/7/1980,in *CRD papers on Economic Strategy*,1978-80.(CRD 4/4/31)

④ *Medium-Term Financial Strategy*,London:H M Treasury,26 March 1980.(CRD 4/4/31)

⑤ *The Budget 1980*,in *Budget Papers* 1980.(CRD 4/4/10)

⑥ Hugh Butcher,*Local Government and Thatcherism*,London:Routledge,1990,p.58.

⑦ Dominic Sandbrook,"*Crisis*,*What Crisis*?",*New Statesman*,2 October 2008.

第二节　拨款削减与支出控制

撒切尔政府上台之初,就宣示要削减公共支出,改革地方财税制度。1979 年保守党布莱克浦年会上,撒切尔夫人提出了保守党面临的四个最核心的经济问题:通货膨胀、公共支出、收入税和劳资关系。[1] 在她的第一任期里,保守党政府围绕地方支出问题发起了数次冲锋,这些措施包括:改革拨款制度,切实推动公共支出削减;降低地方支出中来自中央地税补助拨款的比例,在不同地区重新分配地税补助拨款;设定支出目标,并对那些没执行其意旨的地方进行处罚等。中央更加关注地方政府的具体行为,也有了更多方法调整控制,这也在重塑着地方政府的政策制定过程。

首先是一揽子拨款与相关支出评估。需要说明的是,一揽子拨款并非撒切尔政府的新创,而是在既有拨款制度基础上进行的改革。20 世纪 70 年代中期经济形势恶化,中央试图控制地方支出,一揽子拨款逐渐发展成为一种解决问题的方法,期间虽然政府更迭,但中央的高级文官们为政策持续改进提供了条件。[2]

保守党认为,地税补助拨款方案不公平,将资源从郡县地区转移到了城市地区,英国经济难以承受这样的公共支出模式。1977 年 12 月 15 日,迈克尔·赫塞尔廷在下院表示:1974—1975 财年伦敦和大都市区获得 11.4 亿英镑,占到了拨款需求因素部分的 42.5%,到了 1977—1978 财年,这一比例提高到 46.6%,数额达 17.27 亿英镑,与此同时,1974—1975 财年郡县地区获得了需求因素拨款的 57.5%,如果能够像都市地区一样对待,那么

---

[1] *Margaret Thatcher Speeches to the Conservative Party Conference* 1975–88, London: Conservative Political Centre, April 1989. (PUB181/21)

[2] Tony Travers, "*Block Grant: Origins, Objects and Use*", *Fiscal Studies*, Vol 3 Issue 1, pp.11–22, March 1982.

到了 1978 — 1979 财年应该获得 23.42 亿英镑,然而事实上只得到了 19.8 亿英镑。① 赫塞尔廷表示:工党的政策有失公平,保守党承诺将纠正目前地税补助拨款分配机制。② 赫塞尔廷还认为,城市地区的问题不能简单地靠投钱来解决,过度依靠公共资金引发诸多问题且难以承受。③

环境部大臣赫塞尔廷在 1979 年夏天宣布:该财年他将从英格兰和威尔士地方政府那里撤回 3 亿英镑的地税补助拨款,同时,中央将大幅削减公共支出。他还宣称,将推行新的一揽子拨款制度来对付超支的地方,该制度将从 1981 — 1982 财年开始施行,1980 — 1981 财年作为过渡安排。④ 1979 年 11 月,赫塞尔廷提出了 1980 — 1981 财年地税补助拨款方案。既有的地税补助拨款假设需求可以通过地方支出反映出来,支出较高的地方实际上可以拿到更多比例的拨款,这是以牺牲其他更为节俭的地方为代价的。撒切尔政府认为,旧的地税补助拨款分配体系效率低且成本高,无助于实现其战略目标,"公共支出如此巨大,为了纳税人利益,迫切需要对其进行适当限制,中央政府决定采取行动。"⑤

撒切尔夫人把改善经济作为执政基础,拨款制度是实现经济目标的重要手段。撒切尔在 1980 年保守党布莱顿年会上表示:"我们的愿景和目标绝不局限于关于经济问题的复杂争论……,但没有健康的经济,我们就没有健康的社会,经济也不能长期保持健康。"⑥保守党在解释其经济政策时表示,"要坚决控制政府借贷,同时要改进激励机制,尽可能继续减税,特别是收入税,减少借贷和税收意味着减少(公共)支出,必须按经济承受水平来

---

① *Local Government Brief*(*No.*16),Local Government Organisation,January 1978.(PUB 145/3)

② *Local Government Brief*(*No.*25),Local Government Organisation,November 1978.(PUB 145/3)

③ *Local Government Brief*(*No.*26),Local Government Organisation,January 1979.(PUB 145/3)

④ Tony Travers,"*Current Spending*",in Michael Parkinson(ed.),*Reshaping Local Government*,London:Policy Journals Ltd,1987,p.15.

⑤ John Gibson with Tony Travers,*Block Grant:A Study in Central-Local Relations*,London:Policy Journals for the Public Finance Foundation,1986,p.3.

⑥ *Margaret Thatcher Speeches to the Conservative Party Conference* 1975–88,London:Conservative Political Centre,April 1989.(PUB 181/21)

限制公共支出。"在诸多手段中,地税补助拨款方案"在政府经济战略中居于中心地位……这些命令代表了我们对地方税和地方支出施加影响的主要方式。"①

1980 年 11 月 13 日,议会通过了 1980 年《地方政府规划与土地法案》,该法案是英国中央拨款制度里程碑式的变化。它创造了篇幅最长、条款最多、页数最多、辩论时间最长等多项纪录,仅二读与三读之间的辩论阶段就花了 126 小时,法案涵盖五个不同主题领域,并提出了许多激进的方案。② 新法案实行新的一揽子拨款制度和拨款相关支出评估,其根本目的旨在削减地方拨款额度,一揽子拨款原来是个蛋糕分配机制,现在成了控制蛋糕大小的手段。新的拨款制度增强了中央政府对地方政府的影响,"尽管(保守党)曾公开宣称要放松对地方的控制,也确实在一些小事情上放松了控制,但在财政控制这个关键领域却收紧了……(1980 年法案)成为最近一些年最凶猛的立法之一。"③

实行新的一揽子拨款制度是一个关键步骤。通常来说,专项拨款促进支出和服务,一揽子拨款便于限制总支出。根据地税补助拨款制度,每个地方政府可以自行决定支出总额和项目间资金分配,但新制度下,中央政府的关注点从拨款分配转向了通过拨款限制实现支出控制。新的拨款制度充分考虑了需求因素与资源因素,拨款分配均衡考虑了人均支出需要和各地人均应税价值两个方面。简而言之,旧制度是基于地方对支出需要的评估,新制度则是基于中央政府对地方需要的评估。④ 随后又实行了处罚制度,如果哪个地方支出超过了中央确定标准的 10% 及以上,就要面临处罚,拨款就会遭到缩减直至全部收回。

---

① *Ministerial Statements-Fiscal*, London: H.M.Treasury, 8th February 1980, in *CRD papers on Economic Strategy*, 1978–80.(CRD 4/4/31)

② John Gyford and Mari James, *National Parties and Local Politics*, London: Allen & Unwin, 1983, p.152.

③ Steve Gillon, Marc Dorfman and Andy Moye, *The Local Government*, *Planning and Land Act 1980: A Layman's Guide*, London: TCPA, Planning Aid Unit, 1982, p.1.

④ K.Newton and T.J.Karran, *The Politics of Local Expenditure*, London: Macmillan, 1985, p.117.

不同的地区具体标准有差异。1980 年 12 月发布了新法案颁布后的第一份英格兰地税补助拨款报告,具体公布了拨款相关支出水平线以及 1981—1982 财年各地方政府的一揽子拨款数额,报告显示,环境部没有按照统一方法为所有地方计算拨款数额。[1] 各地主要分为三类:第一类是应税价值高和拨款相关支出高的地方,包括威斯敏斯特、卡姆登、伊斯灵顿以及内伦敦教育局,在给定水平线以下,所有支出都由拨款负担,如果超过水平线,一揽子拨款将遭到无条件削减;第二类是应税价值高于平均水平但低于第一类地区的地方,如朗伯斯和萨里,在不超过支出水平线的情况下,其支出都由一揽子拨款来承担,如果超出设定门槛(超过拨款相关支出 10%),一揽子拨款将遭到削减;第三类属于多数普通地区。

中央拨款分配公式发生了变化。此后,在英格兰和威尔士,分配是基于每个地方的拨款相关支出,由中央按照地方支出需要进行计算累加而得。此举削减了拨款总额,实际上没有认真考虑城市地区的社会需求,比如 1984—1985 财年,伦敦和大都市地区的拨款相关支出总额与地方预算相差甚远,其中伦敦地区预算超过中央拨款相关支出评估的比例高达 34.2%,相比之下,很多农村以及保守党控制的非大都市地区拨款相关支出总额实际上要比总预算还高。[2]

工党控制的城市地区所受影响更大。旧制度的主要缺点是会刺激支出,地方议会支出越多,所获拨款也越多。特别是工党主政的 20 世纪 70 年代后期,城市地区(特别是伦敦)基于需求因素享受到的拨款份额越来越高,支出高的地方基于资源因素享受拨款更多,总趋势就是工党控制的地方拨款份额更多,比如伦敦基于需求因素和资源因素所得拨款占到所有地区比例,从 1975—1976 财年的 13.3% 增长到 1979—1980 财年的 17%,而主

① Steve Gillon, Marc Dorfman and Andy Moye, *The Local Government, Planning and Land Act 1980: A Layman's Guide*, London: TCPA, Planning Aid Unit, 1982, p.11.

② *Rate Capping & Abolition: Councils in Danger*, London: Labour Research Department, August 1984, p.3.

要由保守党控制的非大都市地区份额未能增长,同期还下降了 3.9%。① 旧制度下拨款总额是限定的,结果是"节俭的保守党控制地区获得拨款较少,都用来弥补工党控制地区的浪费了。"②如今,"保守党控制地区感觉自己的努力已经足够了,现在到了城市工党议会节约开支的时候。"③

事实上,1980 年法案是保守党政府对莱菲尔德报告所提出挑战的重要回应。该法案力图限制地方政府支出,往大的方面说,这是对地方政府以及中央地方关系的重构。1980 年法案也改变了中央对地方资本支出的控制,此前中央可以控制地方的借款收入,从 1981—1982 年开始,控制延伸到了支出方面。对于地方资本性支出的控制主要涉及法案第 71—85 节和第 12、13 条款,不过大部分内容与中央控制的本质关系不大。比如第 71 节列出了要受到控制的地方政府,包括所有乡村议会以上层级的地方政府,以及各种消防和国家公园规划理事会。第 71 节实行了叫作法定支出的支出目录,并在第 12 条中进行了界定。第 72 节包含了控制的核心内容,除了交通大臣,每个负责服务部门的大臣都有责任告诉所有地方每年法定支出限额,除此之外,地方政府支出只能比分配额度高出 10%。④

法案第八部分相对较少受到关注,部分原因在于大家聚焦于更有争议的部分,比如引入一揽子拨款机制。第八部分设定了资本支出目标,地方政府支出不达标并不鲜见。⑤ 控制资本性支出的方法是特定财年的现金限额,中央给地方政府许可,可以分配用于教育、个人社会服务、交通、住房、城市和其他服务。此外,中央可以向单个项目提供额外拨款。地方也可以使

① *Statement by the Secretary of State for the Environment to the Consultative Council on Local Government Finance*, 16 December 1980.

② *Politics Today* No.3, *Local Government Issues*, London: Conservative Research Department, 18th February 1985, p.40. (PUB 221/43)

③ Howard Elcock, Grant Jordan, Arthur Midwinter with George Boyne, *Budgeting in Local Government: Managing the Margins*, Essex: Longman Group, 1989, p.43.

④ John Bloomfield, *Local Authority Capital Spending: Controls & Consequences*, North East London Polytechnic & Essex County Council, January 1986, pp.3-4.

⑤ John Bloomfield, *Local Authority Capital Spending: Controls & Consequences*, North East London Polytechnic & Essex County Council, January 1986, p.1.

用净资本收益(比如出卖土地或者公房)的一部分,该机制的运作基础是,地方政府通过借款和其他方式的资本性活动获取资金,他们能够花费的总额受到中央分配制度的约束。

最为引人注目的成功应该是在资本支出方面,这是工党政府 1976 年启动的。如果某个地方超支或者看起来要超支,环境部有权进行干预,并命令该地方停止其资本性支出项目,并不得进入任何新的项目。在 1981—1982 财年,地方债务的平均利息从 13.04% 小幅下降到 12.69%。同一时期,地方政府债务总额上升了 5.4%,达到了 417.57 亿英镑,而前一年度涨幅为 8%,中央政府限制公共支出增长的压力下,地方资本投资增速有所下降。① 不过,"该法案意图很明显,但结果未必如此鲜明……削减资本性支出也可能意味着更多土地荒废,这有悖于该法案原初的期望。"②

苏格兰的情况略有不同,但也明显受到了影响。苏格兰地方政府表示:本地政府严重依赖中央拨款,总体来说,拨款占到了总收入的一半,最重要的地税补助拨款占到了拨款相关支出的三分之二。从 1976—1977 财年开始,苏格兰办公室为每个地方政府发布支出指导准则。65 个地方议会中,只有 5 个符合 1981—1982 财年指导准则,有 10 个按照 10/1980 号财政通告调整了预算。③

1980 年法案将一揽子拨款作为中央控制地方支出的工具,这自然遭到了地方的反对,理由是这损害了地方自行决定支出水平的传统自由。对于大都市政府协会来说,这是"本国 19 世纪以来地方政府宪定自治权遇到的最大的威胁。"④实际上,地方政府的总支出多年以来都处于或者接近于中央白皮书表达的期望值,地方政府的记录要比中央政府好很多,地方可以通

①　Statistical Information Service(SIS ref.43.83), *Capital Expenditure And Debt Financing Statistics* 1981-82,London:CIPFA,1983,p.2.

②　Steve Gillon, Marc Dorfman and Andy Moye, *The Local Government*, *Planning and Land Act* 1980:*A Layman's Guide*, London:TCPA,Planning Aid Unit,1982,p.2.

③　*A Time to Listen-A Time to Speak Out*:*Central/Local Government Relationships*,Edinburgh:Convention of Scottish Local Authorities,1982,p.8,10.

④　Tony Byrne, *Local Government in Britain*,Penguin Books,1986,p.238.

过提高地方税来弥补支出。

1981—1982 财年是实行新的一揽子拨款制度的第一年。有内阁大臣认为,仅是新拨款制度还不足以控制地方支出,于是,中央政府又实行了新的严厉制度,"一旦中央政府采取错误步骤限制地方的开支,它就已经走上了直接控制之路。"①地方可以通过提高地方税补足收入,赫塞尔廷担心这将鼓励地方政府忽视环境部的拨款相关支出水平线,并大范围超支。据此,他考虑运用 1972 年《地方政府法案》第 165 条款的授权,指导地区审计员对那些支出较高的地方进行额外审计,试图借此将有关地方议员起诉到高等法院,指控其支出不合理乃至不合法。②

后来,审计委员会认为,新的拨款制度对不同地区的地方税税率进行了均等化,也就是说,地方税纳税人对于相同标准的服务支付相同的地方税税率,而不考虑地方资源问题,这种支出需求数据是通过一个公式模型得出的,该公式模型考虑了各地不同的社会和人口统计情况。③ 实际上,此前的工党政府考虑过并拒绝过这些方面,因为它会导致拨款从城市地区转到乡村地区。《金融时报》评论认为,新的拨款制度将会比旧的拨款制度更复杂、更难以确定,中央政府在拨款分配中会干预更多。④

一些中心城市曾经有着良好的工商业税收红利,使其能够提供良好的福利,但这并未实现资源均等化。严格地根据拨款相关支出评估将使一些地方支出增加,而另外一些地方则面临支出削减或者税收增加。⑤ 许多支出较低的保守党地区将拨款相关支出评估作为目标上限,因此相比以往还

---

① John Stewart,"*The Challenge To Our Institutions of Government*", in John W. Raine(ed.),*The Fight for Local Government*, University of Birmingham:Institute of Local Government Studies, December 1983,p.41.

② Steve Gillon, Marc Dorfman and Andy Moye,*The Local Government, Planning and Land Act 1980:A Layman's Guide*,London:TCPA,Planning Aid Unit,1982,p.12.

③ Audit Commission,*The Impact on Local Authorities' Economy, Efficiency and Effectiveness of the Block Grant Distribution System*,London:HMSO,1984,p.63.

④ Robin Pauley,"*Councils Fail to Meet Cuts Target*",*Financial Times*,4 August 1980.

⑤ Arthur F. Midwinter and Colin Mair,*Rates Reform:Issues,Arguments & Evidence*,Edinburgh:Mainstream,1987,p.143.

增加了支出,而超支的地方也没有减少支出,这就导致了戏剧性结果,地方政府面临总体支出增长的压力。

拨款相关支出评估很快就失去了完整性,目标和原则被搅和得模糊不清。最初,拨款相关支出代表的普遍服务水平,可以视为与中央预算中公共开支一致的平均服务水平。但很快就出现了变化,由于公共支出增长受到限制,拨款相关支出代表的普遍服务水平比平均水平低一些,结果地方议会要通过增税来补足拨款缺额。

支出目标与拨款处罚制度很快推出。尽管一揽子拨款制度和相关支出评估制度已经为限制地方支出提供了有力工具,但是大臣们认为,一揽子拨款制度不能降低支出,除非大幅度并迅速削减拨款。于是,中央政府紧跟着就迈出了第二步:针对每个地方政府设定支出目标(在苏格兰称为指导准则),这就是引起争议的目标与拨款处罚制度,旨在配合一揽子拨款机制,对地方支出进行更严格限制,拨款关系的重心从劝导转向强制。

目标制度不同于拨款相关支出评估制度,拨款相关支出评估主要基于各类指标(比如老人小孩的数量),"目标"数额是根据最近一些年的支出水平来设定,其依据是地方政府支出历史记录,并且有处罚制度作辅助支持。如果超出目标限度,则要面临严厉处罚,拨款就要减少,也就是所谓"拨款撤回",没有超支则不受影响。"一揽子拨款制度与有争议的目标与处罚制度进行了嫁接……此举旨在对所有地方施压,促使其削减支出,方法就是让那些没有满足削减要求的地方损失更多。"①

通过目标与处罚制度,中央政府进一步增强了对地方财政的控制,用来设定目标的制度每年都变化,甚至不到一年就有变化,处罚也一年比一年严厉。以1984—1985财年为例,超支1%所损失的拨款相当于地方税税率提高2便士,如果超支2%,相当于地方税税率提高6便士,而当超支10%的时候,相当于从超支5%到10%,每超支一个百分点,拨款减少导致地方税提

---

① John Gibson with Tony Travers, *Block Grant：A Study in Central-Local Relations*, London：Policy Journals for the Public Finance Foundation, 1986, p.1.

高 9 便士,也就是说,超支的边际成本不断提高。①

实行处罚制度是一个重要转变,这是中央政府首次借助惩戒机制来约束开支过高的地方。1967 年开始的拨款制度在给地方拨款的时候,不会将地方支出水平作为考量标准,直到 20 世纪 70 年代后期,中央政府也并未设定标准,从而在拨款上掣肘一下超支地区。现在,根据目标与处罚制度,中央可以有选择地惩罚一些地方,而不是像以前那样削减所有地方的拨款。1981—1984 年,仅英格兰地区,从地方收回的拨款就高达 7.13 亿英镑。②

在地方财政问题上说了算的地方政府,如今突然要接受这么重大的制度变化,必然会出现争议和反对,"人们担心一揽子拨款改革会导致对地方预算的全面监管,这可能带来政治歧视。"③比如,对于支出低于 1000 万英镑的地方政府不适用制裁,这样就使保守党占主导的英格兰郡地区议会远离了威胁。有的明确质疑该制度受到了政治操控,保守党控制的地方议会受到惩罚少一点,而工党控制的地方成为主要处罚对象。例如,1983—1984 财年,保守党控制的地方议会遭受处罚为 2400 万英镑,而工党控制的地方议会遭受的处罚总共达到了 2.17 亿英镑,内伦敦教育局和大伦敦市议会拨款资格几乎全部丧失。④ 肯·利文斯通对拨款问题也颇感不平,"两年时间里,赫塞尔廷要停止给大伦敦市议会的拨款,惩罚伦敦地方税纳税人1.5 亿英镑,因为他们选举了一个工党主导的市议会。"⑤

尽管后来又进一步取消补充性地方税,但收回拨款和对超支地方进行处罚仍然是中央政府的主要武器。不过,该制度的效果似乎并不尽如人意,由于该制度本身具有不确定性,这使得地方制定计划变得比较困难。目标设定参考过去的支出,也产生了与中央预期相反的效果,中央政府的一些手

---

① Malcolm Grant, *Rate Capping and the Law*, London: Association of Metropolitan Authorities, February 1986, p.27.

② Tony Travers, *The Politics of Local Government Finance*, London: Allen & Unwin, 1986, p.132.

③ P.Self, "*Rescuing Local Government*", *The Political Quarterly*, 53, July-September 1982, p.292.

④ Martin Boddy and Colin Fudge, *Local Socialism? Labour Councils and New Left Alternatives*, London: Macmillan, 1984, p.221.

⑤ Ken Livingstone, *You Can't Say That: Memoirs*, London: Faber, 2011, p.192

段是在鼓励支出而非削减支出,比如设定了支出目标,那些支出较高的地方可能会削减,但那些支出较低的地方也可能调高支出。① 处罚力度看似年年加码,有的地方拨款不断减少,但支出水平却更高了,这明显背离制度本身要达到的目的。

另外,中央政府为地方设定的支出目标有些不合理。广泛认为,大多数年份所设定目标比较低,甚至不切实际,地方支出难以达到中央要求,或者超支比例波动比较大。以 1984—1985 财年谢菲尔德地区的拨款及预算情况为例,中央政府对谢菲尔德的拨款相关支出评估为人均 331 英镑,总额为1.81 亿英镑,为谢菲尔德设定的支出目标为 2.09 亿英镑,而谢菲尔德地区的经常性预算约为 2.19 亿英镑。那么这就会出现缺口,拨款相关支出与预算之间的缺口为 3800 万英镑,支出目标与地方预算之间的缺口为 1000 万英镑。②

在苏格兰实行的是类似目标与惩罚的制度。不过,对于苏格兰的条件相对宽松不少,会给那些支出较高的地方一些额外的资金,使其更容易达到要求。对于那些超出中央指导线最多的地方,新的指导线比既有预算要低1.5%。中央政府看起来是要对那些超支的地方采取强制措施,实际上对他们还是有所退让。例如,爱丁堡地区支出超过 1984—1985 财年指导准则的12%,随后收到的指导线提高了 10.5%,而平均增长则是 4.5%。③ 当然,对于超支过分的地区也不是一味地迁就宽容,比如洛锡安和斯特拉斯克莱德,支出指导线就要严厉一些。

目标和处罚以及一揽子拨款使制度变得非常复杂,于是后来成立了独立的审计委员会,就一揽子拨款、目标和处罚制度的复杂性和不稳定性提出意见。面对不断改革的拨款制度,延迟的拨款方案,以及处罚威胁,一些地方不得不增加预算来建立储备,以应对不时之需。除了建立储备金,一些地

---

① J. Gretton and P. Gilder, "*Local Authority Budgets* 1982: *Responding to Incentives*", *Public Money*, 2 December 1982, p.47.

② Steve Bond, *Taking over the City*: *Threats to the Future of Services and Jobs in Sheffield*, Sheffield 88 Southview Cres., 1985, p.7.

③ Howard Elcock, Grant Jordan, Arthur Midwinter with George Boyne, *Budgeting in Local Government*: *Managing the Margins*, Essex: Longman Group, 1989, p.45.

方还通过创造性会计手段来应对不确定性。

中央政府对地方财政支出的控制可谓环环紧扣,在进行了拨款制度改革,实施了支出目标和惩罚制度之后,中央仍然没有放慢进攻的节奏。碍于地方自治的传统原则,中央政府不能直接控制地方的经常性支出。在拨款制度方面做过文章之后,大臣们又将注意力集中于地方税本身。1981 年,内阁开始考虑对地方政府的地方税权力"开刀"。

1981 年 12 月 16 日,1982 年地方政府财政议案提交下院讨论,这是该议案的第二个版本。在 11 月 6 日提交下院的第一个版本中,曾经提议如果地方想提高地方税,需要通过地方的公民投票,但许多人对此带来的宪法影响表示关切,保守党许多后座议员"荒唐地向他们的保守党地方议员屈膝,认为这是对地方民主的不可容忍的侵犯。"①尽管实行公民投票的提议被否决,中央政府却成功地通过了第二个版本,这就是 1982 年《地方政府财政法案》,该法案完全取消了补充性地方税。

该法案于 1982 年 7 月 13 日获得女王批准,在英格兰和威尔士地区实行。法案分为 3 个部分共计 36 个条款:第一部分关于地方税、规则和借款;第二部分关于一揽子拨款;第三部分则关于会计与审计。该法案包含三个重要内容:第一,该法案就此前 1981—1982 财年中央政府实行的目标和处罚制度进行了追溯性立法,根据国务大臣的意见,调整地方的一揽子拨款数额,旨在鼓励削减地方支出;第二,有关补充地方税问题,取消地方政府征收补充性地方税的权力,要求地方政府一次性设定整个财年的地方税;第三,在英格兰和威尔士建立了更加倾向于中央的地方政府审计委员会,来负责监督地方财政审计,增强地方支出的合算性。②

这是中央政府第一次对地方税采取措施。由于取消了地方补充征收地方税的权力,1982 年法案引起广泛关注,该法案通过引入乘数系数,大幅提高了针对超支者的罚金。其实一般情况下,地方议会也很少补充征收地方

---

① Nigel Lawson, *The View from No*.11, London: Transworld, 1992, pp.103-4.

② *The Local Government Finance Act* 1982 / *with Annotations by Reginald Jones*, London: Sweet & Maxwell, 1982.

税,但在高通胀背景下,这项权力的重要性凸显了出来。面对不断收紧的中央拨款,以及越来越严重的拨款不确定性,补充性地方税成为一个应对波动的有效途径,地方议会可根据需要弥补财政年度中期赤字。取消此项权力后,面对无法预料的通胀,地方政府变得很脆弱。

建立新的独立审计委员会是一项重要改革措施。1972 年法案允许地方在国务大臣委派的官方审计员和大臣批准的私人审计员之间选择。1982 年法案取消了这个选择权,建立了审计委员会来负责审计事务,委员会通过与有关机构协商来委派审计员,审计员可以是委员会的官员,也可以是私人会计师。① 此番建立审计委员会来负责任命委派审计员的规定,一定程度上符合莱菲尔德委员会的目标。莱菲尔德报告曾经考虑到,由公共机构来自行选择审计员是错误的,并建议审计应该完全由独立于中央和地方政府的机构来负责。② 赫塞尔廷对此甚为满意,"1982 年建立审计委员会是最具雄心的变革,我 1979 年就想采取这项改革,但当时未能成功。"③

审计委员会名义上是个独立机构,但其管理机构则是中央政府委派,由于国务大臣有权对委员会进行指导,委员会的独立性受到了影响。④ 这样一来,就不能完全专注于经济和效率问题,而是倾向于意识形态上支持保守党政府。审计委员会在执行中央削减支出政策方面有着重要作用,但也不是完全听从中央政府意旨,对中央干涉过于武断等问题也有批评。实际上,早在 1974 年 7 月,保守党议员迈克尔·斯派塞在给撒切尔夫人的信中就提出,可通过国家层面的财政部和审计机制来构建一个新的有效的地方政府

---

① *The Local Government Finance Act* 1982,s.13.

② Layfield Committee, *Committee of Inquiry into Local Government Finance*,Cmnd 6453,London:HMSO,1976,Ch.6,paras.18,30-3.

③ Michael Heseltine,*Life in the Jungle:My Autobiography*,London:Hodder & Stoughton,2000,p.206.

④ *The Local Government Finance Act* 1982 / *with Annotations by Reginald Jones*,London:Sweet & Maxwell,1982,p.34.

审计机制,但该建议的出发点并非增强中央权力。①

　　根据 1982 年《地方政府财政法案》规定,审计也不再只是对过去进行检查,审计员拥有检查当前账目的法律授权。审计分为普通审计和特别审计,普通审计一般在财年结束后进行,根据 1983 年会计和审计条例,审计报告内容包括:每笔资金的收支情况总结、资本性支出类别以及来源总结、综合盈余账目表等。② 特别审计是由地方议会的选民申请、或审计委员会认为需要、或者国务大臣依据公共利益需要提出要求,由审计委员会负责实施。③ 利物浦和朗伯斯就受到了这种审计,并使一些议员最终受到处罚。

　　新的法律框架下,审计行为绝非"纸老虎"。如果故意采取不当行为或违法进行支出,造成损失超过 2000 英镑,将面临剥夺公职资格的处罚,处罚对象包括地方议员以及地方政府官员。④ 在剥夺公职资格之后,还要进行经济处罚,法庭或审计员可以确定损失额度并要求其偿付有关损失。如果法院认为有关议员和官员支出合理或者合法,那么将不会对其进行处罚,如果认定其行为不当或者行为不合法导致了损失,那么将要求其进行赔偿。当然,处罚要"考虑到包括个人赔偿能力和方式在内的各种情况"。⑤

　　对于现代政府而言,如何花钱和募集资金都是非常核心的问题,当支出受到约束,政府效率也往往成为关注焦点。对地方财政支出绩效进行评估监督由来已久,19 世纪上半期,国会建立了区审计员来调查所授权项目开支情况,一方面是希望确保地方在法定范围内行事,另一方面也希望了解中央资金的绩效和合算性。最近的监督机制始于 20 世纪 60 年代,一直到 70 年代晚期,主要特点是项目规划和预算制度的发展和应用,一些委员会也在这一时期建立起来,强化了提高地方支出效率和严格财政控制的重要性,新

---

①　Michael Spicer MP, *The Letter to the Rt Hon Mrs Margaret Thatcher MP*, 4th July 1974. (THCR1/12/4)

②　*Accounts and Audit Regulations* 1983,reg.7(3).

③　*The Local Government Finance Act* 1982,s.22.

④　Malcolm Grant:*Rate Capping and the Law*, London:Association of Metropolitan Authorities, February,1986,pp.113-4.

⑤　*The Local Government Finance Act* 1982,s.15,s.19 and s.20.

的审计委员会在这条道路上再迈进了一步。

撒切尔政府时期,地方总支出一直在增长,对绩效的要求就更高。保守党内也有人认为,"过去削减政府开支往往是采取过度削减或者延迟资本性支出或其他采购的政策,将来必须避免这种情况,要通过改进政府部门的内部运作特别是提高效率来实现。"①在衰退时期,地方政府必须削减支出的时候,"身处中央政府的我们也在考虑,如何才能支撑这个国家。尽可能紧盯所有公共支出,确保每一便士都花得明智并效用最大化,这非常重要。"②

撒切尔时期围绕强化地方支出绩效提出了多个举措。除了1982年《地方政府财政法案》要求审计员对地方政府效率效能进行评估外,1980年《地方政府规划和土地法案》要求各地要编制年度报告,告知地方税纳税人开支情况;建立审计委员会来审计英格兰和威尔士地方政府;1984年全国消费者理事会宣布要编制消费者导向的地方政府绩效指标;1986年理事会发布了地方政府绩效报告,审计委员会发布了地方政府绩效测算指南。③

第三节　地方对策与选民态度

地方当局在财政领域的权力主要有三个方面:设定当地的地方税;管理中央拨款,根据国家政策但按照地方意愿来使用;区分哪些特殊需要不能由前两种资源满足,并向中央政府寻求额外帮助。④ 中央的集权化政策侵蚀了地方自治传统和权力,引起一些地方政府的反弹,地方政府协会对此提出

---

① *The Budget 1980-CBI Representations to The Chancellor of the Exchequer*, London: Confederation of British Industry, 7 February 1980, in *Budget Papers* 1980. (CRD 4/4/10)

② Bellwin, "*Forward*", *Down with the Rates*: *Proposals for Reducing Local Authority Spending While Improving Services* (Michael B.Forsyth), London: Conservative Political Centre, 1982.

③ Paul Jowett and Margaret Rothwell, *Performance Indicators in the Public Sector*, Basingstoke: Macmillan, 1988, pp.21-38.

④ David Eversley, *Reform of Local Government Finance*: *The Limitations of a Local Income Tax*, London: Centre for Environmental Studies, March 1975, p.29.

了批评和控诉。作为对中央削减拨款的回应，地方政府采取各种方法来维护自身权益。依据对中央改革政策的反应表现，可以形象地将地方政府分为三个类别：听话服从型；空拳比划型；边缘游走型。①

一些地方按照保守党政府要求，采取措施降低支出。保守党刊物刊登了关于如何削减地方税的报道，塞文欧克斯区议会领导人接受了采访，该地区议会通过召集政策与资源委员会举行特别会议，评估议会各个支出项目，提高公房维修、垃圾粪便清理收费，控制雇员招录和人员支出等办法降低了地方税税率。② 一些左翼工党控制的地方议会，支持地方政府反对中央政策，采取的措施也多种多样，比如提高地方税来维持服务。还有一些地方，比如伦敦的朗伯斯地区，地方议员、地方工会和社区团体等联合起来反对中央削减当地支出，但随着斗争失败，这样的运动逐渐衰落。这一时期，地方的关键性防御武器似乎并不那么好用。

中央并不能一直强迫地方政府执行其计划。中央拥有财政资源对付地方，但地方也可借助一些资源反对中央。1979—1983年期间，地方政府主要的武器是提高地方税。有些时候，特别是一个地方受到撤回拨款的严重打击，地方税上涨幅度会比较惊人，比如1980年至1984年的四个财年里，英格兰地区住宅地方税增长分别达27%、19.4%、15.4%和7.3%。③ 1981年，包括大伦敦市议会和朗伯斯区，以及一些保守党控制的郡，运用补充性地方税来保障各种项目需要，这促使1982年《地方财政法案》取消了地方补充征税的权力。

中央政府拨款机制愈加严厉，地方政府也相应更加大胆。正所谓"上有政策，下有对策"，地方财政官员承认，他们在熟悉的财政管理中形成了一套自己的办法，比如在发生通胀之前提高地方税，在中央拨款以及房屋补

---

① Paul Carmichael, *Central-Local Government Relations in the* 1980s—*Glasgow and Liverpool Compared*, Wiltshire: Antony Rowe Ltd, 1995, p.10.

② *Local Government Brief* (*No.* 42), Local Government Organisation, September 1980. (PUB 145/3)

③ *Financial and General Statistics* 1980-81 *to* 1983-84, London: CIPFA.

贴减少的情况下提高公房租金。① 地方政府也担心地方税上涨不受选民欢迎,但一些民调显示,多数人认为是中央政府直接导致了地方税的上涨,地方政府可以借指控中央政府削减拨款催涨了地方税,从而减轻可能对自身造成的负面影响。例如谢菲尔德议会,1980 年将其地方税提高了 41%,1981 年提高了 37%,却仍然在民意测验中得到支持。②

此外,相对于税收削减,公众更加倾向于适度增税来维持服务,也就是说,提高地方税并不像想象的那样会对选举带来不利,一些左翼势力通过增加保障支出来补贴贫困群体,并赢得支持。中央政府也通过补贴来减轻贫困家庭的地方税负担,这样一来,就出现了相当数量的不纳税或不足额纳税的选民,遂成为保守党的心头之痛。

面对中央的各种紧缩限制政策,地方必须寻求安全的办法来渡过难关。除了提高地方税,还有各种富有想象力的办法,这些手段包括:妥善研究应对通胀、薪酬和利息的不确定性;在不同财年之间腾挪盈余以及其他资金,维护拨款资格并尽可能降低罚金;控制储备;运用偿债基金重新设定债务偿还计划;回租已经出售的资产;推迟购买或者采取信托安排来搞活资金。③面对中央政府的步步紧逼,地方政府大多时候招架乏力,"创造性会计"成为地方的一个重要手段,这实际上是掩盖事实甚至造假的委婉说法。这些都是短期办法,对一些地方政府将会产生长期影响,但在不确定的情况下,地方政府倾向于短期考虑。

从 1981—1982 财年以来,为应对拨款目标和处罚的不确定性,地方政府开始建立他们的地税结余基金,以此获得腾挪空间。此外,还设立了特别基金,这是运用最广泛的会计手段,其优势主要在于能使地方政府在不同财

① Paul Carmichael,*Central-Local Government Relations in the* 1980s*-Glasgow and Liverpool Compared*,Wiltshire:Antony Rowe Ltd,1995,p.106.

② David Blunkett and Keith Jackson,*Democracy in Crisis:The Town Halls Respond*,London:Hogarth,1987,p.154.

③ Paul Carmichael,*Central-Local Government Relations in the* 1980s*-Glasgow and Liverpool Compared*,Wiltshire:Antony Rowe Ltd,1995,pp.106-7.

年之间进行支出操作。资金可以放到一个特别基金中,而在另外一个财年里花出去,这样就可以尽量避免处罚,使拨款收入最大化。比如,1985—1986财年经常性支出的下降更多是表面现象,因为许多地方运用创造性会计技巧,将当年支出挪移到未来年份,从而能够从一揽子拨款机制获益。

正如工党人士戴维·布伦基特指出的,创造性会计成为一个主要的政治反对形式。[1] 从1982—1983财年,保守党控制的伦敦克罗伊登和工党控制的巴金自治市,分别使用1800万和1200万英镑的盈余来保持地方税稳定。1984—1985财年,西约克郡的科克里斯使用了640万英镑盈余,否则地方税将上涨33%,伦敦北部的哈灵盖计划使用900万英镑的盈余来弥补70便士的地方税税率上涨。[2]

除了此前讨论过的技术手段,还有一系列的资本腾挪术,包括出售抵押债务、土地和其他议会资产,用作资本性支出。有些地方则重新调整了既有债务表,将一些偿付款延迟到未来年份,减少了短期支出。另一种技巧是资本化,就是将以前视作经常性支出的项目调整记录成资本性支出项目,比如公房维修改造,这有助于避免经常性支出水平过高而遭受拨款处罚。通过运用财务公司做中介,来修订拖延收购项目,也就是说,一个地方可能今年进行了资本性支出,但是在未来一些年支付资本和利息,这样就能先偿付一小部分,将来再偿付大部分。因为资本化的利息比较高,这种方法成本要更高一些,但还是吸引了一些面临困境的地方政府。

还有一个重要方法是各种租赁和售后回租项目。根据《星期天泰晤士报》报道,曼彻斯特城市议会计划通过与曼彻斯特抵押公司进行租赁交易来融资2亿英镑,而该公司完全为城市议会所有。市议会将向该公司长期出租32栋民用建筑来回收资金,包括游泳池、艺术博物馆和屠宰场等,该公司将建筑抵押募集2亿英镑。议会将其用于投资,第一年可以带来1500万

---

① David Blunkett and Keith Jackson, *Democracy in Crisis: The Town Halls Respond*, London: Hogarth, 1987, p.155.

② *Rate Capping & Abolition: Councils in Danger*, London: Labour Research Department, August 1984, p.7.

英镑的利息,用以支持地方公共服务和就业。曼彻斯特议会将回租这些建筑,但议会可以指定期限,两年内将不会开始支付租金。据《星期天泰晤士报》估计,工党掌控的地方议会可能通过这种项目借款募集到50亿英镑。①

有些项目将偿付时间延推到将来,导致将来实际待付款项数额巨大。比如莱斯特市议会的"布特住房"②翻建项目,如果正常偿付,七个财政年度内需要支付的资金共计2850万英镑,而如果延迟偿付,分摊到十四个财政年度的话,则总计需要支付5070万英镑,几乎多支付一倍。对于这类项目,中央政府尝试视作不合法来处理,1986年《地方政府法案》限制了抵押债务出售。从1986年7月22日午夜开始,延迟收购安排也被宣布为不合法。1988年早些时候,中央开始叫停租赁和售后回租项目。③工党控制的地方议会期望将来遇到一个更好对付的中央政府,这些问题就会比较容易解决。

围绕地方政府的这些行为,中央与地方发生了不少冲突,甚至屡屡诉至法院。在卫生和社会保障大臣与谢菲尔德城市议会的案件中④,法院很谨慎地列出了谢菲尔德住房维修项目的政治背景,并指出,在中央地方政府关系遇冷的气氛里,无论给中央政府还是地方政府贴上阴谋诡计的标签都是不明智的。案件审理法官指出:"从案件背后的历史来看,地方议会显然至少有一个目标是补贴最大化,同时也很清楚,中央政府要修改法令来挫败这种意图,这并非政策的对与错这样一个简单问题。"⑤

中央政府在限制地方支出,尤其是控制地方税的时候,一直打着民意的

---

①　Gerry Stoker, *The Politics of Local Government*, London: Macmillan, 1991, pp.166-7, 引自 *The Sunday Times*, 12 April 1987.

②　"布特住房"(Boot houses)是指 Henry Boot 公司在两次世界大战之间建设的约5万套住房,由于砖块短缺使用了熔块混凝土,20世纪80年代检测发现水泥碳化致使房屋质量存在严重问题。根据1985年《住房法案》,政府向这些房屋所有人提供拨款补助。

③　Gerry Stoker, *The Politics of Local Government*, London: Macmillan, 1991, p.175.

④　Malcolm Grant, February 1986, 引自 R.v.Secretary of State for Health and Social Security, ex parte Sheffield City Council(Forbes J., July 26, 1985; unreported).

⑤　Malcolm Grant, *Rate Capping and the Law*, London: Association of Metropolitan Authorities, February 1986, p.88.

旗号。保守党政府在白皮书中说:对于过高的开支以及带来的地方税上涨,许多住宅地方税和非住宅地方税纳税人"有着广泛而且很深的怨愤不满"。① 公众要求中央政府采取措施,以确保地方税和地方支出增长放慢一些,为此,"中央政府别无选择,只能对地方税施加限制。"②

事实上,公众的态度比较复杂,并不像中央政府宣称的这样简单和一边倒。1980 年 1 月保守党研究部在给桑尼克罗夫特的材料中提到,调查机构圣诞前就公众对公共支出的态度倾向调查了 1000 名选民。当问到政府预算宣布的税收政策将使其个人或家庭受益还是受损时,只有 11% 的人表示受益,47% 的人表示无影响,41% 的人表示受损。当问到哪些人或群体从中受益最多时,66% 的人认为是富人。当问到如果 1979 年 5 月工党赢得大选将采取何种公共支出政策时,46% 的人认为工党不会改变目前的支出水平,37% 的人认为将增加支出,只有 5% 的人认为将降低支出。③

更多的人不赞成中央加强对地方支出的控制。保守党研究部资料也显示,当被问到中央政府是否应该加强对地方支出的控制时,34% 的人认为应该减少控制,28% 的人认为可以维持现有力度,26% 的人认为应该加大力度。④ 1982 年进行的一项针对约千名英国居民的调查显示,有 46% 的人不太赞同增强中央对地方支出的控制,而赞成的占 41%,还有 14% 的人表示不知道。"看来更多的人倾向于地方政府的自主,他们希望由了解地方的人来做出地方支出决定,他们相信地方自己做出的决定更有影响力。"⑤

---

① John W. Raine (ed.), *The Fight for Local Government*, University of Birmingham: Institute of Local Government Studies, December 1983,引自 White Paper, Para 1.3.

② John W. Raine (ed.), *The Fight for Local Government*, University of Birmingham: Institute of Local Government Studies, December 1983,引自 White Paper, Para 3.23.

③ *"Headline" Results from ORC Survey on Attitudes to Public Expenditure*, London: Conservative Research Department, 2nd January 1980. (CRD 4/4/111)

④ *Public Attitudes on a Range of Economic Issues*, 19/6/1980, in *CRD papers on Economic Strategy*, 1978–80. (CRD 4/4/31)

⑤ Stuart Weir, "*The Citizen and the Town Hall*", *New Society* 9, March 1982, p.346.

公众存在将地方税上涨归咎于中央政府的倾向。在 1980 年 4 月和 1982 年 2 月就地方税上涨问题进行的两次盖洛普调查中,都有接近六成的受访者认为,中央政府要为地方税上涨负责,把责任归咎于所在地方议会的比例稳定在 30% 左右,这表明公众的态度具有一定稳定性。[①] 1983 年 4 月和 5 月间,在克里夫兰地区进行的入户访问显示,在关于地方税上涨主要原因的开放式问题中,高居前两位的原因分别是地方服务成本高、通货膨胀,都超过了 10%。[②] 关于对地方和中央的满意度方面,伊斯灵顿的调查显示,有 41% 的反馈者不满意地方议会表现,对中央不满的达到了 68%,并且 49% 的人是非常不满。[③]

关于是否愿意增税用于服务开支的问题,大多数调查显示更多人支持增税来维持服务。保守党研究部有资料显示,当被问到选择地方政府削减服务来节约开支还是提高地方税来维持服务时,33% 的人支持削减服务,而 55% 的人赞同维持服务并提高地方税。[④] 当然,不同的调查也有差异,保守党研究部另一份资料显示,当被问到地方政府为维持服务提高地方税是对还是错时,36% 的人认为是对的,54% 的人认为是错误的。[⑤] 多数调查支持前者的结论,1980 年 4 月和 1982 年 2 月两次盖洛普调查数据显示,支持增税维持服务的人数比例偏高。在缩减地方服务与提高地方税之间进行选择的话,超过三分之一的人倾向于扩大学校、住房和福利设施等地方服务,为此宁愿地方税上涨一些。主张降低地方税,甚至砍掉一些地方服务的人大

---

① Chris Game,"*Where is The Public Pressure for Rate Limitation?*", in John W. Raine (ed.), *The Fight for Local Government*, University of Birmingham:Institute of Local Government Studies, December 1983, p.30, Table 3.

② C. Vamplew & V. Gallant, *Consumers Views-The Cleveland Case*, *Local Government Policy Making*, Volume 10, No.2, 1983.

③ *Public Attitudes to Rates and Council Spending in Islington*, London Borough of Islington, 1982, pp.1-2.

④ *Public Attitudes on a Range of Economic Issues*, 19/6/1980, in *CRD papers on Economic Strategy*, 1978-80. (CRD 4/4/31)

⑤ "*Headline" Results from ORC Survey on Attitudes to Public Expenditure*, London:Conservative Research Department, 2nd January 1980. (CRD 4/4/111)

概占了四分之一,倾向于增加地方税的人数比例比主张降低地方税的比例分别高出了 10% 和 16%。①

伊斯灵顿地区的调查则印证了两次盖洛普调查的结论。1981 年 12 月,社会民主党赢得了伊斯灵顿议会多数,第一个动议就是进行民意调查。市场调查公司应邀对 1040 个调查样本进行了访谈,并于 1982 年 2 月中形成了报告。结果是:10 个居民中有 4 个对地方议会不满,将近 7 个人对中央政府不满;大多数人不喜欢通过新法律来增强中央对地方支出的控制;倾向于提高地方税并维持服务与倾向于小幅提高地方税并缩减服务的人数没什么差别,最后的共识是,可以增加 20% 的地方税,并缩减一些服务;10 个人中有 6 个人倾向于地方税上涨快于通胀;如果必须削减,最受影响的领域是规划和娱乐休闲,社会服务受到最大的保护,就业服务也很重要;10 个反馈者中有 7 个赞同削减地方议会雇员数量。②

在问到是否赞同通过新的法律,来增强中央政府对伊斯灵顿之类的地方支出的控制时,总体上,有 35% 赞同批准新法律、46% 不赞同批准新法律、19% 不知道。即便在伊斯灵顿这样一个近年来支出较高、地方税增幅很大的地方,依然有更多的人反对中央增强对地方支出的控制,从全国范围来看,也显示出和伊斯灵顿相同的倾向,53% 的人不赞同通过新法律来增强中央对地方支出的控制,赞同的只有 30%。③ 在有关中央政府限制地方支出问题上,不同年龄层次显示出明显差异。年轻人是地方财政独立最坚定的捍卫者,随着年龄层次的提高,赞成中央加强控制的比例越高。18—34 岁人群中只有 28% 赞同、52% 反对。55 岁以上群体中,赞成加强控制的比例高达 40%,不赞成的比例为 39%,在房屋所有人群体中则两个比例

① Chris Game,"*Where is The Public Pressure for Rate Limitation?*", in John W. Raine(ed.), *The Fight for Local Government*, University of Birmingham: Institute of Local Government Studies, December 1983, p. 30, Table 2.

② *Public Attitudes to Rates and Council Spending in Islington*, London: Borough of Islington, 1982, p. i.

③ *Market and Opinion Research International Ltd(MORI) Survey for Association of Metropolitan Authorities*, October 1981.

基本持平。①

在模拟情景选项中,大多数人不能接受地方税过快过高增长。当问到"假设通胀确定,且不可能降低地方税,地方议会应该如何做"时,约三分之一的反馈者认为应该将地方税提高 10% 左右(平均 1 镑/周),这意味着许多服务将大幅削减;约四分之一的反馈者愿意将地方税提高 20% 左右(平均 2 镑/周),这意味着许多服务将会削减;还有不到四分之一的人愿意将地方税提高 33%(平均 3 镑/周),并维持既有服务水平;愿意将地方税提高 33% 以上,并真正改进服务的反馈者比例刚刚超过 10%。当假定中央政府希望所有地方将公房租金平均上涨 2.5 英镑/周,否则将损失一些拨款时,无论是全体反馈者还是公房承租人,都有大约一半的人选择"小幅提高公房租金,并进而小幅提高地方税",只有少数人愿意大幅提高地方税。②

1983 年曾经有过一项针对 1761 名英国成年人的调查,当被问及"你认为地方议会是否应该受到中央政府更多控制"的问题时,一半的人维持现状,而三分之一的人希望减少控制,只有不到七分之一的人希望增强控制。即便在保守党人中,也只有不到七分之一的人希望增强中央控制,超过四分之一的人希望减少控制。1983 年同样的调查,假设政府只能在三项措施中选择一个时,9% 的回复认为"要减税和削减支出",54% 的人希望"维持既有状况",32% 的人希望"增税和增加开支"。③ 此项调查总结认为:有关公共支出和税收水平的争论进行了四年之后,只有不到十分之一的人选择减税和削减社会支出,支持增加的人不占多数,但支持削减的人数更少。④ 与此同时,还有研究显示,在 1978—1982 年间进行的五次盖洛普测验都显示,

① *Public Attitudes to Rates and Council Spending in Islington*, London: Borough of Islington, 1982, pp.3-4.

② *Public Attitudes to Rates and Council Spending in Islington*, London: Borough of Islington, 1982, p.10, 34.

③ Roger Jowell and Colin Airey (eds.), *British Social Attitudes: The 1984 Report*, London: Gower and Social and Community Planning Research, 1984, pp.29-30.

④ Roger Jowell and Colin Airey (eds.), *British Social Attitudes: The 1984 Report*, London: Gower and Social and Community Planning Research, 1984, p.80.

反对减税的人一直占多数,其中四次调查显示,更多选民倾向于增加税收,从而增加开支。①

总体而言,公众与地方议员联系要比国会议员更多,地方政府要比中央政府更接近民众,距离居民更近,地方政府更能回应和理解其需求。② 多数调查显示,更多地方居民倾向于容忍地方税小幅上涨,来维持既有服务和福利,主张降低地方支出和地方税税率的居民属于相对少数。与此同时,在是否接受增税来扩大中央政府服务问题上,基于全国样本的调查显示:倾向于增税来提高中央政府服务的受访者比例,要比反对这一选项的高出了20%左右,1979年11月该比例高出了19%,而在1983年3月则高出了26%。③这也能看出,中央政府认为是民意促使其作出削减控制政策的说法并不可信,限支限税的政策动力更多来自中央政府自身。

工党始终未能找到清晰的策略来反对保守党的一系列紧缩政策。1979年7月,大都市政府协会的工党团体最先采取行动,他们组织三个地方政府协会中的工党代表在伦敦举行了会议,工党环境事务发言人罗伊·哈特斯利表示要建立工党地方议员反削减委员会,邀请工党全国执委会参加。但工党全国执委会认为,这样的委员会应该自行成立和开展活动来反对保守党政府政策。事实上,这场运动的主要内容是组织一些集会游行,主要的有1979年11月底的伦敦游行,此外就是举办会议、发布月度简报、加上两次特别会议以及年度大会辩论等。

运动需要领导层团结一致,这也遇到了问题。金诺克1979年11月表示:地方工党团体具有自主性,全国执委会可以进行呼吁、提出建议和指出

---

① R.Rose, "*Getting by in Three Economies: The Resources of the Official, Unofficial and Domestic Economies*", *Studies in Public Policy*, No.110, Glasgow: University of Strathclyde, 1983, pp. 13-4.

② Commission on the Constitution, Research Paper no.7, *Devolution and Other Aspects of Government: An Attitudes Survey*, London: HMSO, 1973.

③ Chris Game, "*Where Is The Public Pressure for Rate Limitation?*", in John W.Raine(ed.), *The Fight for Local Government*, University of Birmingham: Institute of Local Government Studies, December 1983, p.31, Table 4.

政治后果,但地方工党团体必须自行把握。也就是说,要承担超支后果的是地方工党议员们,而不是工党全国执委会。尽管 1979 年和 1980 年工党大会都表示要抵制削减,但金诺克的立场态度显示出工党领导层的局限。工党地方团体也出现了不同意见,比如,1979 年冬天,布里斯托、考文垂和曼彻斯特的工党团体就认为一些削减是必不可少的,不同参与者之间存在一些重要分歧,这些区别分歧似乎从未完全化解消除。[①]

第四节　改革成效及存在的问题

从保守党政府制定的支出削减计划来看,对地方政府的要求比较苛刻。从 1979—1980 财年到 1980—1981 财年,中央政府支出计划总额减少了 0.7%,其中国有工业企业借款项目大幅缩减 63.2%,其他除了农业渔业下降 7.2%、道路交通支出下降 4.8%、住房和教育等项目支出略有下降外,包括社会保障等五个项目继续增长。而地方政府支出计划总额下降 6.2%,除了法律和秩序相关支出增长外,其他多个项目下降达 5% 以上,其中地方政府住房支出大幅下降 22.4%。地方政府支出削减幅度远超过中央政府,降幅比例是后者的 9 倍。[②] 1981—1982 财年地税补助拨款方案提出,1981—1982 财年地方政府相关支出要比上一财年缩减 3%。[③]

整体上,撒切尔执政初期英国公共支出下降不及预期。保守党政府认为公共支出应该零增长,但事实是既未冻结也未削减,支出总额年年增长。1979 年 11 月的白皮书宣称要稳定公共支出,1980 年 3 月的白皮书宣布要在接下来四年里削减公共支出,事实上从 1978—1979 财年到 1984—1985

① John Gyford and Mari James, *National Parties and Local Politics*, London: Allen & Unwin, 1983, pp.178-92.

② *The Government's Expenditure Plans* 1980-81 *to* 1983-84, Cmnd 7841, London: HMSO, 1980, Tables 1.3&Tables 1.5.

③ *Local Government Brief* (*No.*45), Local Government Organisation, January 1981.(PUB 145/3)

财年,无论以哪种方法计算,公共支出增长都在 10%以上。保守党政府承诺事项太多,却未能按照预定计划进行,防务、健康服务、教育、社会保障等成为最大的四个公共支出领域,政府不可能进行削减。此外,如马岛战争和煤矿工人大罢工等重大事件,都带来了公共支出的增加。[1] 削减公共开支也不是顺风顺水,在中央层面,"环境部成为三明治中间的果酱,财政部赢得了整体预算削减,环境部要使每个地方政府悉听遵命,与此同时,教育部、内政部、交通部和其他花钱的部门用尽办法,要使自己的地方支出项目完好无损。"[2]

撒切尔夫人第一任期,经常性支出占国内生产总值的比例从 20%上升到 21%。而此前工党政府时期,这一增幅只有 0.1%。分析显示,增长最快的领域是医疗卫生项目,支出占国内生产总值比例从 4.0%上升到 4.8%。[3]从 1979 年到 1983 年,资本支出持续下降,按市场价格,从 1979 年占国内生产总值的 2.6%下降到 1983 年的 1.8%,其中主要是住房资本项目的削减。教育领域延续了工党政府时期的趋势,学校建筑方面的资本支出下降了32%,医疗卫生领域的政策与此前工党政府有很大不同,保守党政府没有迟滞医院建设,同期资本支出占国内生产总值比例上升了 0.05%,而此前工党执政五年间下降了 0.08%,保守党政府完成了 26 家新医院,另有 49 家在建设之中。在资本支出方面,保守党政府未能实现此前工党政府那样大幅度的削减,1979 年到 1983 年资本支出削减了 30%,而工党 1974 年到 1979年间削减了 49%。[4]

撒切尔政府初期在地方支出问题上并未取得全面成功,有些方面的成效并不显著甚至失败,与此相伴随的却是中央与地方之间关系的恶化,在有些问题上还出现了激烈斗争。尽管环境部的经济学家为中央政府辩护,但

---

[1] Leo Pliatzky, *The Treasury under Mrs Thatcher*, Oxford: Basil Blackwell, 1989, pp.29-30.

[2] Michael Heseltine, *Life in the Jungle: My Autobiography*, London: Hodder & Stoughton, 2000, p.202.

[3] Maurice Mullard, *The Politics of Public Expenditure*, London: Routledge, 1993, p.160.

[4] Maurice Mullard, *The Politics of Public Expenditure*, London: Routledge, 1993, p.159.

中央政府的行动方式却被财政专家描述为"病态的创意"。研究普遍认为，地方政府的资本性支出延续了工党时期的下降趋势，而经常性支出在撒切尔时期继续增长，至少没有显著下降，有高级地方政府官员将其描述为"不体面的平局"①。

首先，从拨款方面来看，拨款制度改革显现出一定成效，但也遭到不少批评。其中最基本的批评是，保守党政府没有认识到一揽子拨款机制作为支出控制工具的固有困难，因为一揽子拨款原本是用于平衡地方支出与地方税收之间的差额，这一特性使其不适合作为对地方施压的机制。② 此外，中央用更严厉的拨款削减和处罚来实现目标，在一定程度上将负担从中央政府转到了地方税纳税人身上，不少地方对此表示了抗议，随着中央政府不断加码，有的地方不惜违法对抗以示不满。实行新的一揽子拨款制度的最重要结果是：中央政府意识到以地方税制度为基础的地方财政体制的弊端，并开始寻求新的制度。③

地方支出中来自中央拨款的比例确有下降。从 1978—1979 财年到 1983—1984 财年，英格兰和威尔士地区经常性支出中，来自中央政府拨款的比例从 59.6% 下降到了 50.9%。地方税的比例从 36.5% 上升到 47.6%。从更长时间来看，财政部拨款占地方相关支出的比例在五年时间里下降了 10 个百分点左右，从 1981—1982 财年的 54.9% 下降到了 1985—1986 财年的 45.9%。值得注意的是，每一年的实际确定数额都低于最初协议设定数额，部分原因在于中央收回了部分超支地区的拨款。④ 从 1980—1981 财年到 1984—1985 财年，中央拨款占地区计划支出比例有所下降，英格兰从

① Tony Travers, *The Politics of Local Government Finance*, London: Allen & Unwin, 1986, p.147, 145.

② Martin Loughlin, *Legality and Locality: the Role of Law in Central-Local Government Relations*, Oxford: Clarendon Press, 1996, p.90.

③ John Gibson with Tony Travers, *Block Grant: A Study in Central-Local Relations*, London: Policy Journals for the Public Finance Foundation, 1986, p.32.

④ Malcolm Grant, *Rate Capping and the Law*, London: Association of Metropolitan Authorities, February 1986, p.19, 引自 HC Debs, Vol.83, col.381, 22 July 1985.

61%下降到了 51.9%,苏格兰从 68.5%下降到 60.2%,威尔士地区则从 74.4%下降到了 68.7%。①

中央政府的地税补助拨款呈现逐渐减少的趋势。按照 1987 年价格计算,从 1978—1979 财年到 1983—1984 财年,英格兰地区地税补助拨款的数额从 133 亿英镑持续减少到 108 亿英镑,又继续减少到 1986—1987 财年的 94 亿英镑。② 但专项拨款并未下降,从 1981—1982 财年到 1984—1985 财年,专项拨款占财政部拨款总额的比例不断增加,按照协议数额计算比例从 17.1%提高到 21.5%,按照实际调整确定数额从 17.6%提高到 22.9%。其中有一个值得关注的现象,实际调整确定的拨款总额往往要低于最初协议设定的数额(1981—1982 财年除外),专项拨款则恰恰相反,实际调整确定的数额总是高于最初协议设定的数额。③

目标与惩罚制度取得了效果。根据撒切尔的新政策,听话的地方政府可以得到更多一揽子拨款的奖励,而违反中央旨意的地方要遭受拨款收回的处罚。1984—1985 财年中,英格兰和威尔士地区有三分之一的地方政府受到处罚。在英格兰地区,地方政府损失的拨款要比他们超支总额还要多,预算超过中央所定目标的总额为 3.43 亿英镑,而因超支遭到的处罚总额为 4.52 亿英镑,可谓得不偿失。同一财年,威尔士地区预算超过目标数额总计达 2000 万英镑,遭受处罚总额达到 1300 万英镑。④

其次,资本性支出和经常性支出的改革效果有所不同。有关地方支出的研究普遍显示,资本性支出有所下降的同时,地方经常性支出不降反升。这一时期,地方政府经常性支出持续小幅增长。撒切尔政府把地方财政负担转嫁给了地方税纳税人,但是没能成功减少地方经常性支出。

①　*Rate Capping & Abolition：Councils in Danger*，London：Labour Research Department，August 1984，p.3，引自 *White Papers on Government Spending Plans*，*DoE Statement* 24/7/84 & *Welsh Office Statement* 25/7/84.

②　*The Attack on Local Government*，Association of London Authorities，1988，p.3.

③　Malcolm Grant，*Rate Caping and the Law*，London，1986，p.20，引自 *Operation of the Rate Support Grant System*. Report by the Comptroller and Auditor General；HC 313(1984-5)，para.4.25.

④　*Finance and General Statistics* 1984-85，Table F，London：CIPFA.

保守党政府继续保持了对资本性支出的控制,延续了20世纪70年代后期由工党政府时期开始的趋势,资本性支出明显下降。通过高利率和限制政策,地方政府被迫削减资本性支出,相比1975年之前时期,住房、学校、道路维护等方面的地方资本性支出保持在较低水平。实际上到1982年末,中央开始担心资本性支出下降对建筑产业的影响,并要求地方政府增加资本性支出,结果出现了一个住房改善拨款和其他资本性项目支出的小高潮。1984—1985财年,中央再次回到限制资本性支出的路上。

表5　1976—1986年地方政府经常性支出和资本性支出①

（单位:百万英镑）

财政年度	经常性支出	资本性支出
1976—1977	25596	7898
1978—1979	26291	5981
1979—1980	27058	6588
1980—1981	26951	5764
1981—1982	26978	4843
1982—1983	27598	5479
1983—1984	29476	5508
1984—1985	29877	5349
1985—1986	29339	4598

说明:基于1984—1985财年价格。

地方债务代表了地方政府所有、中央政府批准、借贷用于资本投资的资金总额。财政部有特定规则来确保地方债务稳定,并努力减轻给地方税纳税人带来的负担。但长期以来,地方政府累计借贷数额很大,全国范围内,

① Gerry Stoker, *The Politics of Local Government*, London: Macmillan, 1991, Table 1.4.

这些债务的利息支出就达到地方财政开支的百分之十,同时,借款也意味着巨额的利息和还款,受到货币市场波动影响比较大。一项与环境部合作进行的调查统计显示,1982年3月31日,所有英国人人均债务为741.5英镑。过去一些年,无论是英格兰还是威尔士,最大比例的固定资产支出都是住房,在1981—1982财年,这些支出中的很高比例是通过固定资产出清和政府拨款偿付。①

此外,自从工党政府1977年开始控制地方资本性借款和支出以来,地方政府债务结构开始变化,五年期以上的长期债务有所增加,而短期债务相对下降。1981—1982财年的借款来源也反映出明显变化,来自公共工程贷款委员会的借款明显下降4.5%,而来自国内基金的借款增加3.7%,其他包括债券与抵押也略有上升。不过,这被证明只是一个短期现象,在1982—1983财年,来自公共工程贷款委员会的借款又有回升,原因是利率有所下降。以上是整体数据,每个地方具体情况可能会有差异,甚至完全颠覆总体计算得出的结论。比如1981—1982财年,同样是大都市郡,同样是来自公共工程贷款委员会的长期外部借款,大伦敦市议会占到了其总借款的44.9%,而大曼彻斯特地区则为15.3%,西约克郡则为27%。②

一些城市地区因为失业、贫困以及老年人口不断增加,相应服务需求也不断增长。比如住房方面,谢菲尔德主要削减的是资本性支出,中央政府允许本地区用于住房方面的借款下降了一半,从保守党上台前的4500万英镑,下降到了1985—1986财年的2160万英镑。与此同时,仅从1982年到1984年,谢菲尔德地区等待公房的人数便由18200人增加到31700人。但中央允许谢菲尔德议会用于住房项目的借款数额远低于该地区的要求,新开建的住宅数量也大幅下降。以翻修改造住房为例,该地区需要翻新改造23000处住宅,每年要资助翻新改造3000处住宅,但只有四分之一

---

① Statistical Information Service (SIS ref. 43. 83), *Capital Expenditure and Debt Financing Statistics* 1981−82, CIPFA, 1983, p.2.

② Statistical Information Service (SIS ref. 43. 83), *Capital Expenditure and Debt Financing Statistics* 1981−82, CIPFA, 1983, pp.2−3, 12.

得到了处理。① 利物浦也遇到了类似情况,由于中央对地方资本性支出的限制,当地住房投资往往不能满足需求。

保守党政府对资本性支出态度比较一致。1985 年,消费事务大臣亚历克斯·弗莱彻、能源大臣彼得·沃克、财政部秘书长彼得·里斯对公共支出问题进行了阐释。彼得·里斯认为,太多人觉得在基础设施建设上投入更多资本是个好事情,其实经不起客观检验,资本支出只是一个个具体的项目和建筑而已,是好是坏取决于效益效用。亚历克斯·弗莱彻认为,公共部门借的更多花的更多,但这无益于就业,因为就业来自私人部门,那些呼吁更多公共支出从而降低失业的人实际上是在欺骗公众。②

中央政府削减政策非常具体,许多地方公共服务受到影响。许多保守党控制的地方议会,比如伦敦自治市希灵登,列出了符合中央政府要求的1984—1985 财年削减项目,包括减少教师,取消移动图书馆服务,关闭运动设施和儿童游乐园,关闭两个托儿所,提高居家服务、餐饮和日常照料服务费用,清洁工裁员,停止向公园补充学徒。③ 与此同时,地方经常性支出的一些变动受到保守党政府的优先政策影响,保守党多份文件在支持削减公共支出的同时,主张防务、法律与秩序、社会保障、全民医疗的支出应该增加。④

保守党政府削减地方支出的态度异常坚决。1981 年秋伦敦交通公司票价下降,伦敦南部地区地铁设施落后于北边,当地居民从中受益较少,伦敦工党议会认为这对使用英国铁路公司的通勤者不公平,因此决定每年向英国铁路提供 2000 万英镑,让其对伦敦地区票价进行同等额度的削减,但撒切尔的交通大臣诺曼·福勒通知英国铁路公司不收这笔钱。面对伦敦官

---

① Steve Bond,*Takingoverthe City:Threats to the Future of Services and Jobs in Sheffield*,Sheffield 88 Southview Cres.,1985,Talbe 1.1,引自 Sheffield Housing Department.

② "*Stop Arguing Blindly for More Public Spending*",in *Conservative Newsline*,January 1985.(PUB 125/1)

③ *Hillingdon Budget Report*,1984-85.

④ "*Headline*"*Results from ORC Survey on Attitudes to Public Expenditure*,London:Conservative Research Department,2nd January 1980.(CRD 4/4/111)

员利文斯通和戴夫·韦策尔,诺曼·福勒承认他不能阻止伦敦降低公交和地铁票价,但如果英国铁路公司拿了这 2000 万英镑,他将削减 2000 万铁路补贴。①

经常性支出确实在 1980—1981 财年和 1981—1982 财年有所下降,但随后又时有上升。比如,英格兰地区经常性支出超支比例从一揽子拨款实施第一年的 8%,降到了 1983—1984 年的 3.9%。但在低位运行了一段时间后,再次攀升,到了 1986—1987 财年超支比例超过了 9%。② 有些数据也不能完全反映真实情况,比如,1985—1986 财年支出下降 1%更多是表面性的,因为许多地方运用创造性会计手段,将当年支出挪移到未来年份,以便从一揽子拨款机制获益。此外,有些年份,由于一些服务不再由地方政府负责,地方政府实际低报了支出的增长幅度。有些支出目标失败是因为设定的时间太晚,变化过多且比较轻率,甚至同时出现不同的目标,地方来不及比照调整。③

表6   1981—1987 年间英格兰经常性支出计划与实际对比④

(单位:百万英镑)

财政年度	1981—1982	1982—1983	1983—1984	1984—1985	1985—1986	1986—1987
计　划	16180	18000	19692	20389	21314	22250
实　际	17472	19051	20451	21529	22285	24266
超过比率(%)	8.0	5.8	3.9	5.6	4.6	9.1

---

① Ken Livingstone, *You Can't Say That: Memoirs*, London: Faber, 2011, p.195.

② Tony Travers, "*Current Spending*", in Michael Parkinson (ed.), *Reshaping Local Government*, London: Policy Journals Ltd, 1987, p.18, 引自 Rate Support Grant and Supplementary Reports, 1981/82-1986/87.

③ Dunleavy and Rhodes, "*Beyond Whitehall*", in Henry Drucker et al. (eds), *Development in British Politics*, London: Macmillan, 1984, p.116.

④ Tony Travers, "*Current Spending*", in Michael Parkinson (ed.), *Reshaping Local Government*, London: Policy Journals Ltd, 1987, p.18, 引自 Rate Support Grant and Supplementary Reports, 1981/82-1986/87.

高通胀时期,保守党政府也设法削减拨款,但有三个重要变化增加了中央政府的困难。首先是地方政治变得更加分化,一些工党控制的地方议会更愿意面对地方税上涨;其次,保守党失去了对一些地方议会的控制,中央要面对更多不太顺从的地方政府;第三个也许是最重要的,一些人对中央政府的经济分析产生了更多怀疑,对于是否有必要削减支出缺少共识。[1]

第三,经常性支出的增加推高了地方税税率。地方政府可以通过提高地方税来弥补财政资源。地方经常性支出的收入来源包括几类:一是地方税,住房、工业、商业和公共部门都要交纳,农业用地和建筑、王室房产、教堂和慈善机构房产免税;二是中央拨款,来自于国家税收,比如收入税和增值税,包括专项拨款(警察、城市项目、学生拨款),住宅税减免补助和一揽子拨款(后两种拨款共同组成了地税补助拨款)三种拨款;三是各种收费,包括公租金,高等教育以及继续教育课程收费,地方资产出售,停车和市场收费;四是盈余,比如一些服务收费等。由于地方所依赖的中央拨款总体比例和数额下降,加上地税税基重估五年才进行一次,通胀时期地方税基无法因时上调,地方财政出现紧张。

地方经常性支出的增长主要依赖于地方税税率的提高,对于一些严重依赖拨款的地方政府来说,甚至小幅度地削减拨款就会导致地方税大幅上升。比如谢菲尔德地区,从1980—1981财年到1984—1985财年,谢菲尔德地区的中央拨款占经常性预算比例从46%下降到29%,而地方税占比从26%上升到35%,各种收费及租金等占比从28.5%上升到33%。[2] 再比如,布伦特自治市在1979—1980财年时地税补助拨款和地方税收入各占一半,而到了1983—1984财年,两者比例变成了3∶7,1979年至1983年间,将近一半的地方税上涨要归因于中央拨款的削减。[3]

---

[1]　Howard Elcock, Grant Jordan, Arthur Midwinter with George Boyne, *Budgeting in Local Government*: *Managing the Margins*, Essex: Longman Group, 1989, p.39.

[2]　Steve Bond, *Taking over the City*: *Threats to the Future of Services and Jobs in Sheffield*, Sheffield 88 Southview Cres., 1985, p.12.

[3]　*Rate Capping & Abolition*: *Councils in Danger*, London: Labour Research Department, August 1984, p.5, 引自 Local Government Campaign Unit.

据 1984 年《金融时报》的报道,中央政府的审计委员会在进行了一项调查之后总结认为:由于一揽子拨款制度的复杂性和不确定性,最近三年耗费了地方税纳税人多达 15 亿英镑。[1] 1984—1985 财年,中央要求地方要在上一财年支出基础上削减 6%,如果地方超过这些目标,将损失中央拨款。根据工党研究部的测算,超支 4% 的地方,损失的拨款相当于 23 便士地方税税率,而如果再进一步超支一个百分点,其损失相当于地方税税率提高 9 便士。在利物浦,这意味着每额外花费 1 英镑,要给地方税纳税人增加 2.19 英镑负担。从 1979 年以来,曼彻斯特、利物浦、谢菲尔德,以及格林尼治、刘易斯舍姆、萨瑟克三个伦敦自治市共计损失超过 1 亿英镑。[2]

虽然地方支出特别是资本性支出已经受到限制,中央拨款占地方支出比例也有所降低,但保守党政府对此并不满意。正如有学者认为,中央政府没有用好拨款制度,1981—1982、1982—1983、1983—1984 财年的地税补助拨款方案都可以被描述为不合适、软弱或者荒谬的方案,没有清楚地表明中央的支出削减要求。如果中央政府继续执行这种绵软的政策,许多地方将继续超支(相比中央设定目标),"那么不可避免地,我们将很快看到中央动用权力来普遍限制地方税。"[3]

保守党中央认为,一揽子拨款没法限制高额支出,需要采取直接的行动。保守党 1983 年大选宣言提出,要取消大伦敦市议会和大都市郡,并提出了有关地方财政的新动议,最重要的就是限制地方税,或者叫作地税封顶。

第四,中央和地方呈现两种变化趋势。首先是中央与地方政府支出占比的变化。1979—1983 年间,保守党政府对于地方支出的攻击伴随着有关

---

[1] "*The Economies that May Have Cost £ 1.5bn*", *Financial Times*, 18 July 1984.

[2] *Rate Capping & Abolition: Councils in Danger*, London: Labour Research Department, August 1984, p.5,引自 Local Government Campaign Unit.

[3] John Gibson, "*Local Government 'Overspending'—Who is Responsible?*", in John W. Raine (ed.), *The Fight for Local Government*, University of Birmingham: Institute of Local Government Studies, December 1983, p.6, 10.

地方议会"开支过大"和"合算性"的渲染。① 但是,在地方支出和中央拨款有所下降的同时,中央支出比例却有所增加。按照 1975 年价格计算,仅从 1975—1976 财年到 1981—1982 财年,中央拨款占地方支出的比例便从 63.1% 下降到了 54.2%,缩减数额超过 11 亿英镑,地方支出总额也下降将近 20 亿英镑,占国内生产总值比例从 15.5% 下降到 13.2%,占公共部门支出比例从 31.1% 下降到 26.3%。但同期,中央政府支出却增加了 33 亿英镑,中央政府支出占国民生产总值比例从 34.3% 增加到 36.9%,占公共部门支出比例从 68.9% 增加到 73.7%。②

公共部门借款方面,中央与地方政府的趋势也有不同,地方政府公共部门借款占比在经历了一段时间的快速增长后,从 20 世纪 70 年代中期开始下降。同一时期,中央支出占比在连续下降后开始上升,从 1980 年的 59.7% 增加到 64.4%,而地方政府支出占比则延续了工党时期开始的下降势头,从 1980 年的 21.7% 下降到 19.2%。③ 中央政府在要求控制和削减支出的时候,自己往往没有实现预计目标,中央的支出控制要比地方当局差一些,正如《金融时报》所说:"除了一两个例外,地方政府都有坚实的预算控制记录,白厅都要对此心怀嫉妒。"④

中央政府的权力之手还伸向了苏格兰地区。通过资本分配制度,中央可以直接控制地方政府用于资本性支出的借款。通过拨款制度,中央可以间接控制地方政府的经常性支出。苏格兰地方政府协会列出了中央政府的十多种控制途径:削减相关支出的基数;削减地税补助拨款比例;运用现金限额,比如 1980—1981 财年地税补助拨款允许支出增长 18%,实际增长 22.5%,到了 1981—1982 财年,只允许工资支出增长 6%,其他支出增长

---

① Gerry Stoker, *The Politics of Local Government*, London: Macmillan, 1991, p.165.

② M.Stewart, "*The Future of Local Democracy*", *Local Government Studies* 10, March/April 1984, p.5.

③ COS, *Annual Abstract of Statistics*, London: HMSO, 1968 and 1980.

④ The Convention of Scottish Local Authorities, *Government Economic Strategy*: *The COSLA Critique*, Edinburgh: COSLA, 1981, p.14.

11%;在盈余和需求及资源因素之间进行调整,比如苏格兰传统的需求与资源因素之间比例为4∶1,而保守党政府调整比例后,1980—1981财年为7∶1,1981—1982财年为9∶1;设定支出指导准则;根据1981年法案有选择地撤回地税补助拨款;削减住房补助拨款等。①

除了减少中央财政支持,中央还有两个新武器对付苏格兰地方政府。根据1981年《地方政府法案(苏格兰条款)》,授权国务大臣在特定财政年份减少拨款和禁止地方政府通过额外借款弥补拨款损失,允许中央有选择地干涉单个地方议会的支出决定。1981—1982财年中央针对七个地方发起了行动,1982—1983财年仍然是七个地方,1983—1984财年则是五个,洛锡安、斯特灵和邓迪处于对抗中央政府的前沿。除此之外,中央政府的第二个主要武器是1982年《苏格兰地方政府和规划法案》,根据这一立法,苏格兰国务大臣如果认为某地方支出不合理,有权决定是否削减其拨款,或要求降低其地方税并补偿地方税纳税人、或要求削减拨款的同时降低地方税。

中央的决心和控制力度是显而易见的。1981—1982财年,苏格兰国务大臣动用1981年法案授权,迫使洛锡安地区议会削减了3000万英镑的支出,从1981年到1983年,削减1000名左右的家政居住相关服务人员;取消1300个教师岗位;公交费上涨3次;取消老年人免费乘车;取消3000个针对残疾人等不便人士的免费电视收视许可证;取消5500个儿童的免费校餐;砍掉了针对志愿组织的50万英镑拨款。② 1983—1984财年,包括洛锡安以及格拉斯哥等四个地方登上处罚名单。结果,格拉斯哥被迫削减600万英镑,包括住房拨款、图书馆图书、游泳洗浴、住房救济等公共服务支出。洛锡安则需要通过解雇382名教师、清退272名住房福利申请人、削减公交费优惠等措施来减少1200万英镑支出。③

① *A Time to Listen-A Time to Speak Out*:*Central/Local Government Relationships*,Edinburgh:Convention of Scottish Local Authorities,1982,pp.10-6.

② *Lothian-The Lessons*,Lothian NALGO,1984.

③ *Rate Capping & Abolition*:*Councils in Danger*,London:Labour Research Department,August 1984,p.4.

1984—1985财年,苏格兰议会被迫削减公共服务。由于支出超过了政府指导线,苏格兰的拨款遭到削减,50个苏格兰地方议会被处以总计9000万英镑的处罚,影响到了8000个岗位。在1984年5月地方选举中,工党在爱丁堡获胜,该市损失了390万英镑拨款,占预算的20%以上。① 洛锡安议会也损失巨额拨款,该地区议会的保守党领导人指出,在最近四年中央政府的压力之下,洛锡安已经被迫削减了超过1亿英镑的支出,裁减的劳动岗位超过5000个。②

中央的政策侵蚀了地方的财政自治,引起了地方的不满。几年时间里,中央政府苏格兰办公室不再有耐心与苏格兰地方政府协会进行讨价还价,过去惯用的咨商形式不再受到重视,许多情况下只是例行公事。比如,1982—1983财年地税补助拨款协议纲要是在最后会议前夕以书面的国会答问形式宣布的,在没有事先通知的情况下突然将公民投票提议摆上桌面,苏格兰地方政府协会的代表应邀参加会议,更多是被告知最后决定,通常在会议前连相关的纸面文件都没有。苏格兰地方政府对此表示不满,苏格兰地方政府协会认为,"参照目前的中央集权化趋势,地方有必要作为地方民主的捍卫者表达看法,并让中央政府听到这些声音。"③

地方就业情况变化确实体现了保守党期待的效果。按照地方当局和其他公共机构公布的情况,截至1984年12月,英格兰地区地方机构职员人数比1979年6月减少了10.7万(6%)。苏格兰地区,1980年到1983年增加了6800个新企业,雇员少于200人的小企业提供了120万就业岗位,占到了苏格兰就业总数的60%。在1979年6月到1984年6月间,威尔士地区自雇人数增长了42%。④

---

① *Rate Capping & Abolition*: *Councils in Danger*, London: Labour Research Department, August 1984, p.4.

② *Rate Capping & Abolition*: *Councils in Danger*, London: Labour Research Department, August 1984, 引自 Glasgow Herald, 18.7.84.

③ *A Time to Listen-A Time to Speak Out*: *Central/Local Government Relationships*, Edinburgh: Convention of Scottish Local Authorities, 1982, pp.37-8.

④ *Politics TodayNo.* 9, *Six Years Word-A Summary of the Achievements of the Conservative Government since May* 1979, London: Conservative Research Department, 28th May 1985, pp. 213-23.(PUB 221/43)

中央政府在压缩地方公共开支的同时,逐步采取措施来履行 1979 年做出的减税承诺,但税收负担仍然比较重。按照 1985 年保守党研究部的一组宣传数据:所有的收入税都降低了,基本税税率从 33% 下降到 30%,最高薪酬收入税税率从 83% 下降到 60%,而投资收入税从最高的 98% 下降到了60%。与此同时,个人主要补贴增长了 20%,比通胀率要高。[①] 1984 年英格兰地区住宅地方税平均增长了 5.7%,是 1974 年以来最低的。政府在六年间采取多项措施鼓励小企业,并增加了财政和金融支持,通过各种方法给小企业的扶持每年超过 6 亿英镑。[②]

撒切尔政府一方面努力"止血",削减开支,紧缩货币,另一方面积极"造血",推动创新,加强激励。撒切尔夫人对经济领域的政绩感到自信,在1982 年的保守党年会上表示:"现在许多评论人士尽管态度各异,都认识到我们正在坚持自己的政策。……我们也服从于国际货币基金组织的要求,但不像上届工党政府那样是作为一个国家寻求帮助,而是作为一个国家来帮助其他国家。"[③]

撒切尔上台后,政府在短期内的首要目标是降低通胀,长期来看,充分就业和经济增长仍然是终极目标,但保守党政府相信,要实现长期目标只能首先降低通胀,因此,控制通胀成为经济政策的核心目标,充分就业、稳定物价和收支平衡暂时让位。而英国和日本都比美国经历过更高的通货膨胀率,高通胀率产生了"有利于采取严厉措施以降低通货膨胀率的政治条件"。[④]

---

① *Politics TodayNo.* 9, *Six Years Word-A Summary of the Achievements of the Conservative Government since May* 1979, London: Conservative Research Department, 28th May 1985, p.188. (PUB 221/43)

② *Politics TodayNo.* 9, *Six Years Word-A Summary of the Achievements of the Conservative Government since May* 1979, London: Conservative Research Department, 28th May 1985, p.193. (PUB 221/43)

③ *Margaret Thatcher Speeches to the Conservative Party Conference* 1975−88, London: Conservative Political Centre, April 1989(PUB 181/21).

④ 弗里德曼:《论通货膨胀》,中国社会科学出版社 1982 年版,第 45 页。

以问题为导向的改革取得了一定成效,但往往也会带来新问题。

第一,执政初期一系列改革加剧了地方不确定性。有分析认为,中央建立控制地方支出机制的初衷不只是限制支出,首先是为了更加理性地确定每个项目的支出额度,基于长期考虑来确定支出计划,可以减少各种风险;其次,这种控制机制可以帮助中央部门、医疗卫生系统、地方政府或者国有企业的预算管理者们更好地使用资源。① 但中央政府通过不同方式试图控制地方支出,不稳定性成为这一时期的典型特点。不仅是拨款额度,拨款分配和处罚影响也存在不确定性,地方政府既各显神通又疲于应付,助长了财政领域的混乱。

削减目标不断调整变化。1979 年公共支出白皮书将公共支出规模过大作为英国经济衰落的核心问题。1980 年,中央政府声称要在未来四年削减总支出,无论是同期与当期价格计算,还是占国内生产总值的比例都要有所下降。而到了 1984 年,又表示要将支出稳定在目前的水平上(实际可比)。随后又表示将使公共支出占国内生产总值的比重逐渐下降。1986 年财政部秋季声明中表示,要使公共支出占国内生产总值的比例保持稳定。②

拨款制度规定不断变化。1980 年法案中一揽子拨款的推行被视为一个机会,中央地方财政关系可以有一个稳定的基础,但实际上"不仅没有增加稳定,反而削弱了稳定性。"③1980 年 12 月,中央宣布拨款方案将基于拨款相关支出评估来定,不久又实行了新的支出目标制度。当没能达到预期的削减目标时,赫塞尔廷重新实行拨款相关支出评估。在三年时间里,中央政府实行了七种不同的拨款制度,并不时推迟宣布拨款方案和支出目标。审计委员会的报告中曾指出:"不必要的不确定性因素太多,导致地方当局不能提前做好规划,对于中央拨款补助缺乏预估,而支出目标和处罚制度又

---

① Anthony Harrison, *The Control of Public Expenditure* 1979–1989, Hermitage: Policy Journals, 1989, p.125.

② Colin Thain and Maurice Wright, *Public Spending Planning and Control*, 1976–88: *A Research Agenda and a Framework for Analysis*, London: Nuffield Foundation, 1987, p.10.

③ J.D.Stewart, *The Dilemma of Central-Local Relations*, University of Cambridge: Department of Land Economy, 1981, p.16.

年年变化,这给地方和中央政府都带来了问题。"①

中央政府的注意力发生了变化,起初焦点在于地方总体支出水平,而现在则关注每个地方的支出水平。传统的预算行为具有渐进主义的特点,但是"在环境变化比较快的情况下,渐进主义的预算程序和方法就会出现不适应。"②接连推出的改革措施加剧了地方的困境,谢菲尔德地区曾经抱怨道:"地方议会没法提前进行计划,因为中央政府的法律和规则经常变化。中央拨款的不断削减迫使地方增加地方税、房租和其他收费。维修、翻新和新建筑迫切需要钱,但只能推迟。"③

良好的公共治理有赖于政策的连续性和确定性,但中央政府却成为不稳定之源。"当不确定性难以避免的时候,可以由两个组织共同承担不确定性,一个组织的确定是另一个组织的不确定。"④中央所定制度的不确定性以及经常且不可预见的变化,削弱了地方政府按照自身计划有效运用其财政资源的能力,"地方会认为自己的财政地位更多依赖于中央不断变化的干预,而不是自己的行为,如此一来,地方财政职能就弱化了。"⑤

第二,改革措施呈现出明显的中央集权趋势。保守党政府要削减的服务支出,并不处于中央政府直接控制之下。"尽管中央政府决定了福利国家的形态,却是地方政府在提供服务方面扮演主要角色,地方政府雇用工作人员并具体执行财政支出,中央政府任何重构公共支出的行为都将导致与

① Audit Commission, *The Impact on Local Authorities' Economy*, *Efficiency and Effectiveness of the Block Grant Distribution System*, London: HMSO, 1984, p.1.

② Howard Elcock, Grant Jordan, Arthur Midwinter with George Boyne, *Budgeting in Local Government: Managing the Margins*, Essex: Longman Group, 1989, p.12.

③ Steve Bond, *Taking over the City: Threats to the Future of Services and Jobs in Sheffield*, Sheffield 88 Southview Cres., 1985, p.1.

④ Glen Bramley, "*Financial and Political Pressures and Uncertainty*", *Local Authority Budgeting under Stress*, Public Finance Foundation Discussion Paper No.12, March, 1986, p.5.

⑤ J.D.Stewart, *The Dilemma of Central-Local Relations*, University of Cambridge: Department of Land Economy, 1981, p.15.

地方层面的冲突。"①一些较为激进的工党控制下的地方议会,声称不仅要维护既有的地方政府服务,还决定出台新政策以应对经济社会问题,这是对保守党政府的直接挑战。

中央减少地方支出的最有效方法是改革地税补助拨款。历史上,中央采取的施压办法是削减中央拨款,或者降低拨款比例,或者减少拨款总额。问题在于,在支出项目没有减少的情况下,削减拨款将导致地方提高地方税。此外,地税补助拨款的全面削减将不单打击支出较高的地方,还打击支出较低的地方。

撒切尔政府曾经表示要给地方自由。1980 年 3 月 27 日,环境部大臣汤姆·金对下院表示:"我的部门不会告诉每个地方政府应该支出多少,哪里需要削减,或者哪里需要花钱……我在公共资金分配方面有一些意向,但有关地方税和地方支出项目方面,地方议员自己做出决定。"②1980 年议案曾宣称,该法案旨在赋予地方政府更多职责,并减少中央控制。环境大臣赫塞尔廷列举了很多具体例子,表示中央政府在减少直接控制,包括简化地方政府资本支出审验程序、宣布取消 300 多项中央对地方政府的具体控制等。③

但财政开支问题上,撒切尔的实际行动恰恰相反。1979 年的保守党宣言宣称要增加防务、法律和秩序相关开支,同时维持健康服务支出不变。要总体削减公共开支,地方政府和国有企业将首当其冲,"操刀"的只能是中央政府。她坚持认为中央权力必须优先,甚至认为可以解散地方执行机构来确保其服从,这种为了去集权化的集权化,为 1979 年后出现的各种政策动议提供了逻辑理由。④

---

①　Michael Parkinson(ed.),*Reshaping Local Government*,London:Policy Journals Ltd,1987,p.2.

②　Howard Elcock,Grant Jordan,Arthur Midwinter with George Boyne,*Budgeting in Local Government:Managing the Margins*,Essex:Longman Group,1989,p.2.

③　*Local Government Brief*(*No.*44),Local Government Organisation,November 1980.(PUB 145/3)

④　Paul Carmichael,*Central-Local Government Relations in the* 1980s-*Glasgow and Liverpool Compared*,Wiltshire:Antony Rowe Ltd,1995,p.9.

中央政府将地方政府视为自由市场经济的障碍。"中央政府谴责地方议会,来为自己政策的失败辩护,他们试图将罪过转嫁给地方,主城区的衰落是他们自身经济政策的直接后果,却试图将地方议会变成替罪羊。"在推动地方经济繁荣的过程中,保守党政府一方面采取私有化等手段释放市场力量,同时又绕过地方政府发挥中央作用。尽管有建议认为要赋予地方议会新的经济发展权力,但中央政府置之不理,相反,他们中意于那些听命于国务大臣的开发公司。①

中央进入了通过集权来推行地方财税改革的循环。有学者分析了中央"干预"与"控制"的区分,认为干预效果不理想将导致控制,"如果中央政府的干预带来的问题比解决的问题还多,那么将会寻求更多具体的控制,最后,将会从对地方政府的间接控制转变为直接控制,地方只剩下很小的独立性。因为中央政府没有实现早前设定的控制条件,驱使其进行更多干预。"②对此,莱菲尔德委员会曾经有过先见之明,它曾经提出,要在中央责任或者地方责任之间做出选择,如果没能认识到进行选择的需要,将会导致权力不断向中央转移,支出责任和地方税收问题将继续混乱。③

第三,地方税成为地方财政重要问题。尽管采取了不少改革举措,撒切尔政府仍未能遂其所愿。许多地方财务主管或者财务官员通过修改财政信息、创新会计手段和提高地方税,明里暗里地反对中央政府。这些斗争大多由反对派政治人物领导,地方官员和专业人士发挥专长,在技术层面上与中央政府进行较量,缓和了激进改革对地方服务的冲击。但地税补助拨款的削减年年进行,促使地方不得不提高地方税,或者降低服务水平。

当中央政府感觉失去了对地方总支出的控制时,地方税成为改革的新目标。撒切尔夫人曾经在 1974 年做出过取消住宅税的承诺,1981 年,

① Association of London Authorities, *The Attack on Local Government*, 1988, p.3.

② J.D.Stewart, *The Dilemma of Central-Local Relations*, University of Cambridge: Department of Land Economy, 1981, p.18.

③ *A Time to Listen-A Time to Speak Out: Central/Local Government Relationships*, Edinburgh: Convention of Scottish Local Authorities, 1982, p.38.

中央曾发布了住宅地方税替代方案绿皮书,提出了三种代替地方税的方案,包括地方收入税、地方销售税和人头税,同时改进既有的地方税制度。但直到 1983 年第一任期结束后,这个承诺仍未能履行,住宅税一直没有变动。

地方税自主权成为中央控制地方支出的难题。国会要求地方提供服务,并赋予其征收地方税相关权利。中央可以在拨款问题上发挥影响,地方可以在法律范围内提高地方税,地方非常看重这种权利和自由,"如果他们愿意,还可以花费的比中央当局所期望的更多。"①中央未能控制地方支出导致了中央地方关系危机,一方面,英国的地方财政体制从来就不是能够进行有效控制的机制,但宏观经济使得中央控制相比以往更加重要;另一方面,过去的财政架构下中央控制比较适当,但随着经济情况变化,这种控制出现了问题。②

无论如何,中央的决心是毋庸置疑的。1983 年保守党宣言骄傲地列举了撒切尔第一任期的政绩,并提出了未来要实现的五个愿景:打造一个物价稳定、持续繁荣和就业良好的经济;建设有责任的社会;维护议会民主和加强法治;改善城乡生活质量;捍卫英国的自由。宣言声称:将通过立法来限制支出较高地方的地方税,如果必要还会对所有地方的地方税上涨加以限制。表示地方政府有义务在确定地方税前与地方工商业代表进行咨商,将停止对空置的工业不动产征收地方税。保守党还宣称要将大都市议会和大伦敦议会的职能交给自治市和区,将其警察、消防、教育等职能交给联合理事会。③

撒切尔夫人第一任期的改革只是开始。在其改革日程表中,最紧迫的事情是确保金融稳定,中期金融战略已经提出降低货币供应增速、削减公共部门借款,其他三项改革任务包括减少管控并放活经济、国有企业私有化和

①　Tony Travers, *The Politics of Local Government Finance*, London: Allen & Unwin, 1986, p.80.

②　Ken Young, *National Interests and Local Government*, London: Heinemann, 1983, pp.11-2.

③　*The Conservative Manifesto* 1983, London: Conservative Research Department, May 1983.(PUB 157/1)

工会改革。① 随着撒切尔的再次当选,改革进入了深水区,中央地方财税领域的博弈也进入了新的阶段,财政部领导了地税封顶辩论,撒切尔最后被说服同意在 1983 年宣言中提出封顶政策,并在 1984 年实施。有人认为,1984年《地方税法案》"是最后一招,是中央政府孤注一掷的控制地方支出的权宜之计,这显然将对英国政府的能力造成长期的伤害"。②

附案例:利物浦预算危机

利物浦是有着辉煌历史的航运中心城市,"19 世纪的利物浦所拥有的百万富翁比英国任何城市都多。"③20 世纪大萧条以及二战之后,随着世界经济格局的变化和英国经济结构的调整,利物浦港口经济逐渐衰落。20 世纪 60 年代,中央政府曾试图振兴该市经济,但以失败告终。20 世纪 60 年代后期,战后重建繁荣势头不再,集装箱革命加速了港口衰落。20 世纪 70年代的经济衰退使脆弱的利物浦再受打击,在撒切尔掀起改革风浪之前,默西塞德就已处于危机之中,"撒切尔时期,利物浦完成了衰落过程,地方经济只剩下旧时的躯壳。"④

利物浦经济社会困境是导致危机的根源。利物浦的主要问题包括人口结构变化,经济下降,基础设施陈旧。由于本地经济不景气,许多年轻人和家庭外出寻求就业,加上向新城朗科恩和沃林顿移民,1961 年到 1981 年间共有 20 万人离开该市。中青年人口的离开致使利物浦成为依靠福利生存

① Alan Walters, *Britain's Economic Renaissance : Margaret Thatcher's Reforms* 1979–1984, Oxford University Press, 1986, pp.4–5.

② R.Jackman, "*The Rates Bill : A Measure of Desperation*", *The Political Quarterly*, 55, April-June 1984, pp.169–70.

③ Michael Parkinson, *Liverpool on the Brink : One City's Struggle Against Government Cuts*, London : Policy Journals Ltd, 1985, p.1.

④ Jim Dye (ed.), 150 *Years in Struggle : the Liverpool Labour Movement* 1848–1998, Liverpool Trades Union Council, 1998, p.55.

的老年之城,同时,经济衰退进一步侵蚀了地方税基础,地方市政服务机构解决住房问题的能力更加弱化,中心城区日渐衰落。

利物浦经济社会依靠公共开支和大量中央拨款维持。1976年的时候,30.7%的劳动力由公共部门雇佣,城市市政服务机构提供了所有工作岗位中的10.4%,成为利物浦的最大雇主。[1] 位于利物浦北部边界地区的塞弗顿自治市制造业岗位大量流失,主要依靠公共部门提供就业,十六个最大雇主中,有十个是公共部门。该地区老龄化严重,特别是布特尔与绍斯波特地区,前者所有家庭中12.6%是纯粹的养老金领取者,后者比例则高达19.4%。[2]

利物浦就业结构和失业问题严重。1971年至1981年,利物浦失去了共计87113个岗位,其中44649个岗位是1978年到1981年间失去的。从1971年到1981年,整个国家失去了2%的就业机会,而利物浦失去了25%。从1979年以来,利物浦的140家企业单位损失了40000个岗位(不包括自然退休减员);利物浦制造业岗位失去了三分之一;作为利物浦的最大产业,餐饮和烟草行业损失了一半就业岗位。1979年有28%的失业人员超过一年没有工作,而1984年这一数字达到了50%。1981年普查显示,16岁至24岁年轻人接近一半失业。[3]

利物浦独特的政治格局为预算危机的发生提供了条件。利物浦是英伦三岛大城市中,唯一一个受到北爱尔兰宗教与政治影响较大的地方。经过长期复杂的政治演变,工党、保守党和自由党等三派势力在战后主导了利物浦的地方政治。

首先是自由党。自由党的兴起是20世纪70年代利物浦政治领域最显著的特征,该党对地方事务满怀热情,并积极行动介入,所承诺的政策也较

---

[1]　Barrie Houlihan, *Housing Policy and Central-Local Government Relations*, Aldershot: Avebury, 1988, p.148.

[2]　Barrie Houlihan, *Housing Policy and Central-Local Government Relations*, Aldershot: Avebury, 1988, p.171.

[3]　*Campaigning for Jobs and Services*(Part 2), Liverpool-a Socialist Council, 1984.

为灵活务实,尽管这些政策承诺后来以失败告终,但在当时颇得民心,加上工党没能够阻止1972年《住房金融法案》导致的租金上涨,自由党在1973年的利物浦选举中获胜。但执政并不容易,20世纪70年代,中央政府的财政削减和地方议会的税收低增长,影响了地区的建设和发展,自由党既想保证服务,又想控制住地方税,政策矛盾摇摆。1975年,利物浦自由党将地方税税率降低了1便士,事实上,这是整个国家唯一一个降低地方税的地方,自由党的办法是省去了老年人住宅的火灾预警。① 与此同时,保守党在20世纪70年代末期广受欢迎,地方工党也充满活力,自由党的政治版图受到了挤压。到了1984年,自由党在利物浦议会的席位大量减少,丢掉了20席。

其次是保守党。从1945年到1971年,保守党始终是利物浦的重要力量。1967年至1972年期间保守党能够主政,很大程度上是因为选民对工党政府不满。1973年至1982年形势较为混乱,保守党为特雷弗·琼斯领导的自由党主政提供了协助。1981年在利物浦中心城区陶克斯提斯发生骚乱,警察第一次在英国本土使用了瓦斯。中央派赫塞尔廷作为默西塞德新负责人前去解决问题,利物浦经受了各种城市试验,包括彼得·肖尔的中心城市伙伴计划,杰弗里·豪的企业园区以及默西塞德开发公司,这是赫塞尔廷建立的两个旨在促进大城市经济繁荣的城市开发组织之一。但政策似乎并不见效,利物浦的保守党支持率从1979年的35.8%下降到1983年的29.3%,又进而下降到1987年的17.4%。②

再来看工党的情况。工党在利物浦的执政时间为1955—1961年、1963—1967年、1972—1973年,并于1983年第四次执政。第一个工党执政期为1955—1961年,此时其他城市工党都已经执政多年,利物浦工党这一任期并不成功,当时的领导人年龄偏大,未能有效解决面临的问题。在工党第一次主政期间,利物浦工会与工党制定了名为《工党的利物浦计划》的方

---

① *Local Government Brief* (*No.*4) , Local Government Organisation & Conservative Central Office, 12/4/1976. (PUB 145/3)

② Paul Carmichael, *Central-Local Government Relations in the* 1980s*-Glasgow and Liverpool Compared*, Wiltshire: Antony Rowe Ltd, 1995, p.135.

案,承诺进行改革,但该计划很少落实,左翼及工党内部的冲突加剧了该计划的失败。①

在1967—1982年间,工党只在地方议会中赢得过两次多数,部分原因在于该党没能够灵活应对住房问题,此外自由党"社区政治"的成功也压制了工党支持率。这一时期,左派围绕公房租金和住房金融法案发起的运动导致了议会中工党集团的分裂,1971年,工党在利物浦击败了反对租金上涨激进运动,并在1972年选举中赢得温和多数。不幸的是,他们很快又投票执行该法案。工党领导层只能在保守党和自由党的支持下作出决定,工党自己却严重分裂了。1973年,工党失去了对议会的控制,转而由自由党掌权,直到1983年才再获议会多数。

工党能够在1983年和1984年重获新生,关键在于分支机构的壮大,以及选民对自由党期望的破灭。在自由党和保守党时期,议会工党小组和地区工党支持建立和发展联合工人代表委员会,代表了议会雇员的90%,为其1983年5月选举胜利后的发展提供了重要基础。② 工党议会成功地从环境部获取了更多资金,1984年又赢得七个席位,这样就达到了51%多数。该党选举策略的一个重要部分是住房计划,特别是提议17个优先地区重点关注公租房产,作为城市复兴战略的一部分。③

左翼和激进派成为利物浦政坛的重要力量。有关激进派在20世纪80年代工党地方议会重要性的讨论有很多,主要是说20世纪70年代工党在利物浦的组织机构比较薄弱,激进派很容易操控占据组织架构,这忽略了一个事实,就是工党组织这一时期在其他地方也很薄弱,但只有在利物浦,激进派变得如此明显。需要注意的是,1983年工党议会的对抗态度不仅是受激进派的影响,在地方产业衰落,并经历1981年骚乱创伤之后,对中央政府

---

① Jim Dye(ed.),150 *Years in Struggle:the Liverpool Labour Movement* 1848-1998,Liverpool:Liverpool Trades Union Council,1998,p.58.

② *Campaigning for Jobs and Services(Part 10)*,Liverpool-a Socialist Council,1984.

③ Barrie Houlihan,*Housing Policy and Central-Local Government Relations*,Aldershot:Avebury,1988,p.149.

削减地方服务的做法,"利物浦城市里有一种普遍的愤怒。"①

在复杂的政治格局下,制定预算变得非常困难。1973 年至 1983 年,没有一个党能在利物浦实现压倒性控制,只能由自由党联合保守党执政。他们要鼓励人口和工业留在该城,宣称要控制住城市支出,降低地方税上涨幅度。工党指责两党上涨公房租金,超过了中央政府指导线,工党还指责自由党预算方案,认为利物浦的地方税贡献较少。这种情况下,已经很难弄清楚预算制定究竟是政治斗争的目的还是工具,延滞拖沓成为程序特征。

20 世纪 70 年代利物浦自由党和保守党联合议会实行较低税率政策,而新的地方税限制正是基于此前的数据设定的,这限制了利物浦增税增收的空间,同时,经济不景气导致社会救助需求增加,恶化了利物浦地方支出危机。激进势力顺势推波助澜,与工党构成同一战线,这意味着一场政治危机将不可避免。

撒切尔改革是利物浦危机爆发的诱因。拨款制度变化特别是拨款削减对利物浦产生了影响,利物浦成为全国地方税税率最高的地方之一。1975年,工党政府强调,需要加强对人口衰减地区的地税补助拨款支持,从而既避免大幅涨税又能维持现有服务。但撒切尔政府一上台便开始削减拨款,1979 年,利物浦地方收入中将近 61% 来自地税补助拨款,到 1983 年则下降到 36.7%,1980 年以来住房补贴削减了 6300 万英镑。② 在撒切尔第一任期,利物浦净财政支出中,拨款所占比例从 62% 下降到 44%,地方税比例则从 37% 上涨到 55%,四年时间,地方税所占比例便超过了一半。利物浦还损失了 1.7 亿英镑的地税补助拨款和 9600 万英镑的住房投资项目配额,并因削减住房补贴导致公房租金上涨超过一倍。③

新的拨款制度对利物浦造成了严重影响。中央政府实行了拨款相关支

① Jim Dye(ed.) ,150 *Years in Struggle*:*the Liverpool Labour Movement* 1848-1998,Liverpool:Liverpool Trades Union Council,1998,p.63.

② *Campaigning for Jobs and Services*(*Part* 4) ,Liverpool-a Socialist Council,1984.

③ Paul Carmichael,*Central-Local Government Relations in the* 1980s-*Glasgow and Liverpool Compared*,Wiltshire:Antony Rowe Ltd,1995,p.163.

出评估制度,该制度旨在评估提供统一标准服务所需的支出,利物浦人口快速减少,支出需要评估一直在下降,影响了利物浦所获拨款数额。在过去的25年里,利物浦的学校人数下降了35%,而全国则增加了18%。① 由于人口减少和应税价值较低,意味着要通过提高地方税来弥补拨款的减少,这无疑将引起中央政府的不满。利物浦被年度支出目标和处罚制度绑架了,支出目标数额参考过去的支出作为基础,由于从20世纪70年代后期以来,利物浦自由党和保守党联合政府一直推行限制支出和控制地方税的政策,结果,相比曼彻斯特或者谢菲尔德,利物浦的支出和财政目标基准线相对较低。

对此,利物浦工党政府深感不公平。利物浦市议会财政委员会主席托尼·拜恩表示:"我请利物浦人民记住,当中央的大臣说过度开支的时候,意思是他们故意将目标设定的比实际服务成本要低,我知道利物浦人民不会被保守党政府的宣传所蒙蔽。"② 但中央政府的政策和态度并无改变。1984—1985财年实行新的目标和处罚安排,利物浦议会的目标被设定为2.16亿英镑,甚至低于早前的自由党政府。任何超过目标的支出都会受到处罚,每超支1英镑,最多可以处罚2.15英镑。③

利物浦只能依赖于地方税上涨来弥补财政缺口。从1979年到1983年,利物浦地方税已经上涨了100%,地方税税率涨幅两倍于通胀率,但地方税增幅的70%需要用来弥补拨款损失,利物浦主要官员为此据理力争,但对中央政府大臣影响很小。④ 穷人收入中支付地方税的比例不断增加,地方税成为财富再分配的途径,不是富人补助穷人,而是穷人补贴富人。相比其他地区,利物浦的公房租金是除了伦敦之外最高的,从1979年以来上涨了120%,平均公房租金为每周17.55英镑,而利兹为11英镑,曼彻斯特为11.85英镑,纽卡斯尔为12.56英镑,布拉德福德为10.06英镑,伯明翰为13.91英镑。⑤

① Arthur F.Midwinter, *The Politics of Local Spending*, Edinburgh:Mainstream,1984,p.55.

② *Campaigning for Jobs and Services*(*Part* 6),Liverpool-a Socialist Council,1984.

③ *Campaigning for Jobs and Services*(*Part* 4),Liverpool-a Socialist Council,1984.

④ Paul Carmichael, *Central-Local Government Relations in the 1980s−Glasgow and Liverpool Compared*,Wiltshire:Antony Rowe Ltd,1995,p.164.

⑤ *Campaigning for Jobs and Services*(*Part* 4),Liverpool-a Socialist Council,1984.

与其他大都市相比较,利物浦的预算、支出与目标之间的差额矛盾比较明显。利物浦面临两难境地,市议会只能通过解雇 5000 名雇员来平衡财政,这样将确保地方税负下降,宣布最初的预算方案的同时还能重获失去的拨款。实际上,这就是目标和罚金体制的问题,这将意味着全国纳税人补贴利物浦纳税人,但“社会账”不在中央的计算范围内,它坚持要平衡预算。[1]

利物浦还面临严重的住房危机,困难状况令赫塞尔廷也感到难以置信。等待市议会批准的住房申请名单上有 22000 位居民,20000 处公房迫切需要处理。利物浦市议会要求中央政府拨款 1. 15 亿英镑来满足 1984—1985 财年的住房需求,中央政府拨付了 3850 万英镑,比上一财年还少了 8%。除了伯明翰增长 11. 5%外,每个主要城市的住房投资项目都削减了,利物浦住房投资拨付资金从 1980 年的 4700 万英镑,下降到 1984—1985 财年的 2800 万英镑。[2]

利物浦的诉求都指向了撒切尔政府的新政策。利物浦议会要求中央政府提供更多帮助,因为中央的拨款新政导致利物浦拨款额不断减少;中央为利物浦设定的支出目标涉嫌歧视,因为同等可比的曼彻斯特支出目标就高了 3000 万英镑;中央对利物浦超支处罚过重;不应该对利物浦为无家可归者提供临时住宅、为学校儿童提供运动服的支出进行处罚;利物浦住房投资项目大幅缩减,政府应该给予额外拨款补助;伙伴项目为利物浦主城区提供帮助,但政府城市项目提供的资助不平衡不均等,应该为利物浦提供更多资助来满足实际需要;利物浦的许多高层住房迫切需要维护,中央应停止削减住房项目补贴。[3]

中央政府非常清楚利物浦的困境,但拒绝让步。在资源不足的城市里管理财政是个艰巨的任务,保守党中央批评利物浦当局,相比其他城市,利物浦浪费严重且治理不力,但利物浦地方官员和议员们并不理会,仍然继续提供大量服务,公共部门雇佣大量人员,一些蓝领工人习惯了丰厚的薪酬,

①   Paul Carmichael, *Central-Local Government Relations in the 1980s—Glasgow and Liverpool Compared*, Wiltshire: Antony Rowe Ltd, 1995, p.172.

②   *Campaigning for Jobs and Services*(*Part* 2), Liverpool-a Socialist Council, 1984.

③   *Campaigning for Jobs and Services*(*Part* 6), Liverpool-a Socialist Council, 1984.

服务却没什么实际效果。《经济学人》杂志批评,利物浦过度的公共开支导致了住房危机。环境大臣帕特里克·詹金则告诫地方,超过实际需要雇佣大量人员不是地方政府的职责,要求把就业问题留给中央,由中央将其纳入全国经济战略统筹考虑。①

　　地方采取了会计手段来应对中央的改革。城市的真实运营成本被会计手法掩盖了,地方政府使用资本账户收入来补充收入账户开支,这种方法看起来暂时没什么危险。1979年首先进行住房修缮支出的资本化,自由党领导人特雷弗·琼斯对此非常满意。然而,通过长期借贷来解决短期财政是不负责任的,对于未来的地方议会而言,需要对大量支出再资本化来释放资本账户,这样的再资本化将再度强化资金不足问题,需要大幅提高租金或地方税来弥补。②

　　自由党也曾尝试使支出增长低于其他地方,1982年取消补充收税权力后,地方议会不能通过额外征税来修改预算,自由党提出了一个替代性的预算案,比工党少支出4000万英镑,但遭到保守党反对,因为"这将使保守党和工党的计划一样违反法律"③。

　　1983年5月,工党在利物浦地方选举中获胜,结束了自由党和保守党的联合执政,这是工党十年来第一次赢得多数。不过,利物浦工党面临的形势并不乐观。1979年,利物浦收入中一半来自中央的地税补助拨款,到1983年下降到了36.7%。中央政府的拨款削减政策以及分配政策使利物浦深受其害,自由党以及联合政府期间削减支出和服务,也损害了利物浦。工党中的激进派主导了利物浦议会,面对公共支出的持续削减,党派冲突不可避免。

　　工党接手的预算是自由党和保守党制定的,这份预算没能估算出市政服务的真正成本。两个财政问题变得紧迫了,一是1983—1984财年的

① Paul Carmichael, *Central-Local Government Relations in the 1980s—Glasgow and Liverpool Compared*, Wiltshire: Antony Rowe Ltd, 1995, p.142, 150.

② Paul Carmichael, *Central-Local Government Relations in the 1980s—Glasgow and Liverpool Compared*, Wiltshire: Antony Rowe Ltd, 1995, pp.162-3.

③ Michael Parkinson, *Liverpool on the Brink: One City's Struggle Against Government Cuts*, London: Policy Journals Ltd, 1985, p.56.

预算只有 2.18 亿英镑收入,有 1700 万的缺口;二是中央政府基于上一年自由党和保守党联合政府预算设定了 1984 — 1985 财年的目标,只有 2.16 亿英镑。就算地方保守党同意 2.45 亿英镑来维持既有服务,但处罚制度意味着地方税要上涨,每 1 英镑的支出就要导致地方税纳税人负担 2.19 英镑,一旦支出超过目标 4%,最低 2.45 亿英镑的预算需要将地方税税率调高一倍。①

工党选举宣言中强调要维持并改进服务、维持并创造岗位,并且拒绝通过上涨房租和提高地方税来弥补拨款削减。预算制定过程中,组织间权力关系浮上水面,特别是在财政压力之下,地方政府内部的权力关系"不再那么容易躲在日常的宪法规则后面","预算制定不仅是地方政府官员和部门的事情,包括地方议员和政党都将扮演主要角色,其政治性的一面作用被放大。②

在工党主导下,利物浦议会开始了一场旨在争取财政资源的斗争。1983 年 11 月 19 日,利物浦举行了一场名为"默西塞德危急"的游行示威,标志着利物浦对抗中央运动的开始。包括国会议员托尼·本和谢菲尔德议会领袖戴维·布伦基特在内,超过两万人参加了示威,还有利物浦地方议员到场发表演说。如果本次示威失败,那么中央政府将更加强硬,整个运动的结局就可能改写。幸运的是,利物浦工党取得了示威的成功。

为了发动民意获取理解支持,利物浦议会可谓兴师动众。市议会建立了各种小组来负责组织协调和媒体宣传等,宣传和公共关系工作也深入千家万户,他们登门入户送去当地报纸以及各种宣传册,让市民直接了解运动进程。默西塞德工会和劳工运动委员会发挥了重要作用,各种志愿者组织和社区团体积极参与,这些团体也依赖于市议会的资金、信息和服务,中央

---

① *Rate Capping & Abolition: Councils in Danger*, London: Labour Research Department, August 1984, p.6.

② Alan Clarke and Allan Cochrane, "*Making It All Add up: Budgeting under Fiscal Stress*", *Local Authority Budgeting under Stress*, Public Finance Foundation Discussion Paper No.12, March 1986, pp.39-40.

政府削减支出将威胁到这些团体。①

　　工党威胁要制定赤字预算。1984 年 2 月,利物浦工党领袖、城市议会领导人约翰·汉密尔顿给环境大臣詹金写信表达看法,但詹金不为所动。1984 年 2 月 23 日,詹金会见了利物浦工党人士,表示没有更多资金提供给利物浦,工党威胁要制定一个赤字预算。但 1984 年 3 月初,六个工党议员"背叛"并宣称将否决赤字方案,利物浦工党面临的形势严峻起来,他们要么提高地方税,要么大幅削减支出,议员们最后决定不设定地方税税率,寻求中央政府更多帮助。

　　预算危机引起了地区审计员莱斯利·斯坦福的注意。1984 年 3 月 19 日,他写信给每个议员,告诉他们拒绝设定合法地方税和引起预算危机的后果,"立法非常明确:地方议会需要确定一个足以满足预计支出的年度税率,税率一旦确定就不能再行增加。"②但是,除了埃迪·罗德里克领导下的六名工党议员此前宣布将不会支持非法预算外,未能改变其他工党议员们的决定。③

　　此时,利物浦危机的前景似乎并不乐观。在最开始的几个月里,媒体的报道标题往往比较中性,比如"利物浦正在破产"之类,著名的《利物浦通讯》三月初封面标题是《地方税的斗争》,文章中说,"如果利物浦破碎,中央政府不会施以援手。"④1984 年 3 月 19 日,格拉纳达电视台的"世界在行动"栏目做了一次题为"一个城市说不"的节目,将利物浦预算危机问题详细呈现给观众,标志着媒体态度的变化。《星期天泰晤士报》认为,"利物浦之所以进行对抗,是因为面临着严重的财政问题……甚至托利党集团领导人克里斯·哈洛斯也承认,为满足中央政府目标进行的削减是非常严酷的。"⑤

①　*Campaigning for Jobs and Services*(*Part 7*),Liverpool-a Socialist Council,1984.

②　Paul Carmichael,*Central-Local Government Relations in the 1980s−Glasgow and Liverpool Compared*,Wiltshire:Antony Rowe Ltd,1995,p.175,引自 District Auditor,19/3/1984,p.2.

③　Derek Hatton,*Inside Left*,Bloomsbury Publishing,1988,pp.80−1.

④　"*The Fight for Rates*",*The Liverpool Echo*,7th March,1984.

⑤　*The Sunday Times*,25th March,1984.

利物浦议会迟迟没有确定预算。1984年3月29日是市议会预算日，5万人在市政厅外集会,利物浦地方工厂或停工或派出代表来支持示威,工党和工会的全国各地分支机构,包括利兹、谢菲尔德、默西塞德郡等也支持参与。约翰·汉密尔顿在会议上表达了质疑和不满:"如果我们维持服务,避免削减岗位,同时没有通过增加税收来满足这些开支,我们会被告知这是违法的。而中央政府1979年以来武断地拿走1.2亿英镑的拨款,这样的行为却是合法公正的。"①到1984年4月份,预算会议仍然未能打破僵局,会议推迟到5月份地方选举之后。如果利物浦议会通过赤字预算的话,利物浦政府将被中央接管,公共服务也将受到严重削减。

工党动员民众支持,多次游行集会显示支持者众多。工党支持率连续上升,1982年为35.2%,1983年为41.5%,1984年则达到51.1%。1984年5月3日,选民投票支持工党议会,工党议员增加了7席,达到58席,自由党28席,保守党13席,1983年选举中的承诺得到重申。利物浦大学的一项调查显示,80%的利物浦市议会雇工参加投票,其中75%支持工党。② 工党赢得优势多数,即便不算六个"背叛"的本党议员,也足以让工党通过赤字预算。利物浦议会拟定5月15日举行会议,但5月9日,环境大臣詹金宣布,他将在6月7日到访利物浦,视察当地住房情况,并可能与利物浦领导人举行会谈。③ 这样一来,利物浦议会决定继续拖延预算和设定地方税,视会谈结果再做决定,直到中央政府提供资助。

利物浦的预算危机引起了广泛关注,包括《纽约时报》等多国媒体进行了报道。一家瑞典报纸说:"一位大臣建议人们应该仿效父辈在三十年代的办法那样,骑上自行车到处找工作,这个官员成为了利物浦的政治笑话。人们说:给我们买自行车的钱,然后我们想想怎么办!"④利物浦议会副领袖

---

① *Campaigning for Jobs and Services* (*Part 4*) ,Liverpool-a Socialist Council,1984.

② *Campaigning for Jobs and Services* (*Part 8*) ,Liverpool-a Socialist Council,1984.

③ " *Jenkin to Talk with Liverpool Leaders* " ,The Times ,10 May 1984.

④ *Campaigning for Jobs and Services* (1984)引自" *The Stockholme Tidningen* " ,13th May,1984.

德里克·哈顿明确表示将捍卫公共支出和工作岗位,他在5月18日英国广播公司"广角镜"节目中表示:"作为默西塞德地区最大的雇主,我们不准备接受中央政府的削减要求……让若干人失业或者失去若干岗位不会让我们的状况好转。"①

在利物浦与中央政府的斗争沟通过程中,利物浦议会领导人与环境部大臣詹金及其他官员进行了五次会谈,直到第四次会谈还没有达成政治一致的迹象。不过,利物浦地方媒体似乎察觉到了中央让步的可能。5月初,利物浦地方刊物上一篇题为"挽救我们的城市"的文章写道:在北部城市广泛存在的主城区贫困问题,在利物浦更加普遍,不能就此谴责地方议会。环境大臣詹金"也许会发现有可能为特定项目提供特别拨款,从而减轻地方税负担,或者将特定支出从地税封顶处罚中排除,从而使地方议会既能够完全实施支出计划,又不会损失地税补助拨款。"②

1984年6月7日,詹金按计划如期到访利物浦。詹金到访前一天,有报道说撒切尔夫人告诉詹金不要为利物浦开特例。和4月份明显带着敌意的访问不同,他参观了利物浦,并表示:"我亲眼看到了一些糟糕的状况,需要作为紧迫的事情来处理……直到今天,我从来没有看过这种条件的住房。"③詹金会见了利物浦领导人,但会谈没能取得什么成果,利物浦领导人继续坚持要设定一个赤字预算,詹金则同意在7月9日再次举行会谈。④ 6月11日,环境部财政专家承认,他们不能平衡利物浦的预算,要支撑目前的开支,地方税要增长171%,他们建议增幅为37%至71%。⑤

利物浦危机仍未解决,中央政府面临四面楚歌的危险。约翰·汉密尔顿曾在1984年的地方专刊开篇致辞中表示:"利物浦今年要单独斗争,来维护岗位和服务,以及利物浦的地方税纳税人。我们的斗争将更加成功,我们

①　*Campaigning for Jobs and Services*(1984)引自*"Panorama"*,BBC,18ᵗʰ May,1984.

②　*"Save Our City"*,*The Liverpool Echo*,8ᵗʰ May,1984.

③　*Campaigning for Jobs and Services*(*Part 2*),Liverpool-a Socialist Council,1984.

④　*"Liverpool Budget Setback"*,*The Times*,14 June 1984.

⑤　*Campaigning for Jobs and Services*,Liverpool-a Socialist Council,1984.

会与类似处境的其他地方形成联合……希望其他地方工党受到鼓舞并挺身而出，与迄今所知的地方民主面临的最严重威胁做斗争。"①

　　撒切尔政府面临的局势看起来不太乐观。利物浦继续对中央政府施压，1984 年 6 月 23 日，市议会在利物浦组织了全国反击大会，吸引了来自社区团体、工会、工党分支机构、工党团体代表和国会议员参加，显示了全国对利物浦的支持。此时，煤矿工人罢工让英国陷入混乱，保守党政府不想在和煤矿工人罢工争斗的同时，陷入和地方政府的鏖战。由于中央政府要推出更具杀伤力的地税封顶政策，一些工党控制的地方开始筹划采取联合行动，与撒切尔政府抗争。1984 年 5 月，在利物浦预算危机尚处焦灼状态的时候，伦敦刘易斯舍姆的左翼领导人也效仿利物浦，采取赤字预算的方法来与中央抗争。②

　　中央政府最终让步打破僵持，利物浦在预算危机中获胜。1984 年 7 月 9 日，詹金与利物浦领导人再次会面，中央政府最后妥协，承诺额外提供总计超过 2000 万英镑的资助，包括增加对城市项目的资助，增加补贴用于公房维修等。利物浦议会将中央的让步视为胜利。在中央让步之后，利物浦议会也作出了让步，于 7 月 11 日调低了此前计划的预算增幅，同意地方税只上涨 17%。③

　　1984 年 7 月 10 日，谢菲尔德市议会领袖兼全国地方政府运动联盟主席戴维·布伦基特在评论利物浦斗争的胜利时表示："利物浦的工党集团证明，坚持和决心是值得的……在承认中央为利物浦设定的目标支出线荒谬不切实际的同时，国务大臣也揭示了流于形式疏于实效的制度不是基于实际需要和逻辑，而是基于政治偏见和恶意。"④城市议会副领袖德里克·哈顿表示："削减和退让将违背我们的选举承诺，我们不是为了执行中央政

---

① "*Foreword by John Hamilton*", in *Campaigning for Jobs and Services*, Liverpool-a Socialist Council, 1984.

② "*Pressure on Lewisham to Bring in Illegal Budget*", *The Times*, 31 May 1984.

③ *Rate Capping & Abolition: Councils in Danger*, London: Labour Research Department, August 1984, p.6.

④ *Campaigning for Jobs and Services*(*Part 9*), Liverpool-a Socialist Council, 1984.

策而被选上台的。""在利物浦,我们证明中央政府是可以被击退的。如果利物浦可以独自迫使中央政府的地方政策发生'U'型转变,那么我们想象一下,如果整个工党地方当局这样做将会发生什么。"①

　　对于利物浦的胜利,也有各种评论。《泰晤士报》认为,在利物浦,激进成了正当的。"德里克·哈顿迫使中央让步,他和同事采取了分裂的行动。奖品是中央取消了起初为利物浦设定的支出目标,此前,中央政府告诉其他400个地方政府,取消目标是不可能的……如今为了收买激进派,却这么做了。"②利物浦与中央政府之间的冲突并未就此告终,随着中央政府地税封顶政策的实施,利物浦继续在对抗中央政府中扮演重要角色。

　　首先,利物浦工党左翼和工会在危机中发挥了重要作用。工党取得利物浦预算危机的胜利,与其积极行动和有力的组织是分不开的。利物浦工党议员先后举行两轮公众大会,吸引了数千人参加,工党地方议员与民众直接面对面沟通。为了促使全国工党支持利物浦地方工党,利物浦工党议员在全国参加了数百次会议,大约15名议员穿梭于工党控制地区以及工党在野的地区,并在二月的诺丁汉和七月的谢菲尔德举行的两次工党地方政府大会上寻求支持。③

　　利物浦工会组织发挥了重要作用。在与中央政府的斗争中,代表利物浦劳工的18个工会组织处于运动的前线。默西塞德工会和劳工运动委员会最初是为了反对中央削减支出和反工会立法而成立的,在推动更多类型和数量的机构加入运动中扮演了重要角色。委员会的成员包括利物浦市议会、地区工党、工会、默西塞德郡议会、默西塞德社区和失业中心、利物浦市议会工人代表联合委员会、默西塞德地区工党国会议员、运输与普通工人工会官员。

　　其次,工党在危机中的表现显示其未能实现思想和组织转型。在对待

①　"Foreword by Derek Hatton", in Campaigning for Jobs and Services, Liverpool-a Socialist Council, 1984.

②　"Dangegeld in Liverpool", The Times, July 11ᵗʰ 1984.

③　Campaigning for Jobs and Services(Part 7), Liverpool-a Socialist Council, 1984.

削减支出的问题上,利物浦工党与保守党中央政府有不同的理解。曾在利物浦工会理事会工作的帕姆·索宾森在题为"为工会工作"的文章中写道:"多年以来,我见证了矿工、49 名受处罚利物浦地方议员以及利物浦码头工人们坚定不移的决心,所有这些社会主义斗争都是为了捍卫工作、工资和生存条件。"①工党全国执委会支持利物浦的立场,呼吁各个地方继续协商,尽可能实现最大限度的联合。同时认识到不同地方的不同情况,呼吁地方议员们认识到公众支持理解的重要性,目标是让中央政府撤回对于地方民主和服务的攻击,没有哪个地方议会希望独自来对抗中央政策。②

然而,事实上工党已经无法达成这个目标。尽管工党全国执委会支持工党地方团体对抗撒切尔政府,但却无法在法律上占据优势,更多只是一种政治姿态和回应,而非实质的支持。当地方政府的行为具有违法倾向或者已经违法的时候,工党高层便与地方工党保持距离。在利物浦危机的同时,一些地方围绕地税封顶发起反对中央的运动,但工党高层对这种违法行为并不支持。工党无法团结一致,加上地方工党的激进行为,不但未能为工党赢得大多数选民支持,反而影响了工党在选民眼中的形象。

最后,利物浦取得了预算危机的胜利,却未能逃过地税封顶的打击。在中央政府目标与处罚机制下,利物浦第一个发现自己预算困境,并在地方议会工党的主导下采取坚决行动,迫使中央政府让步,1984 年 7 月 25 日中央政府发布了地税封顶名单,18 个地方里有 16 个是工党控制区,利物浦并没有被列入名单,这本身的确是利物浦的一个胜利。但这种胜利是暂时的,中央政府仍然掌握着主动权,撒切尔政府的改革决心也不可动摇。利物浦的工党议员从 1984 年预算危机中获取了错误的信息,在之后的反对地税封顶运动中错判形势,以为可以拖延至六月底确定地方预算,并与其他受到封顶处罚的地方一道反对中央政府。

经过 1984 年预算危机,中央政府要决定性地解决利物浦问题。中央大

---

① Jim Dye(ed.) ,150 *Years in Struggle:the Liverpool Labour Movement* 1848–1998,Liverpool:Liverpool Trades Union Council,1998,p.67.

② *Statement of Labour Party National Executive Committee*,July 25th,1984.

臣认为利物浦过于放纵浪费,环境部对利物浦的支出需求评估结果为,利物浦拨款相关支出评估在除伦敦之外的英格兰地区高居第四位。而地方议会认为这个评估仍然难以满足支出需要,利物浦1985—1986财年支出目标宣布为2.22亿英镑,结果其支出超过拨款相关支出评估的20%,超过中央设定目标的4%,审计委员会对其高成本和低标准的服务提出了批评。①

　　虽然面对更多反抗,但中央政府这次不再让步。逃过第一次地税封顶处罚后,利物浦还是没能逃脱1985年的地税封顶,包括议会领袖汉密尔顿在内的多名议员最终受到处罚。此后,利物浦的工党也不断变化,左翼工党逐渐失去了影响力,激进派的影响慢慢被消除。

---

① 　Paul Carmichael,*Central-Local Government Relations in the* 1980*s-Glasgow and Liverpool Compared*,Wiltshire:Antony Rowe Ltd,1995,p.169.

第五章　地税封顶政策及其影响

　　权力一旦开始扩张，就很难自行停止。正如撒切尔夫人在1984年新年贺词中宣称：1983年对保守党来说是历史性的一年。随着撒切尔夫人的再次当选，地方财税改革也进入了新的阶段。保守党在大选宣言中提出了封顶政策，并在新一任期里着手实施，这是向地方财政的传统自治领地发起的冲击。此外，中央取消了超支严重的大伦敦市议会和六个大都市郡议会。总体来看，地税封顶效果比较明显，其中工党主政地区多受打击。

　　改革说着容易做起来难，触动利益往往会更难。地税封顶标志着地方财税改革进入以地方税为中心的新阶段，这是改革启动以来地方政府遭遇的最大冲击，改变了长期以来的中央地方关系模式。一些地方政府开始联合发起对抗行动，面对反对势力的风起云涌，撒切尔夫人坚决不肯退让，反封顶联盟最终分崩离析，部分地方和议员受到处罚。但地税封顶显然不是终点，保守党已将目标宣示在先，在各方莫衷一是之际，一个颠覆性方案悄悄浮出水面。

第一节　地税封顶政策的出台

　　保守党一直承诺要控制公共支出、削减公共部门借款，并实施减税，如果地方支出不能有效控制的话，这些政策目标就难以实现。1982年马岛战争的胜利成为所谓"福克兰群岛因素"，成功挽救了撒切尔政府的国内形象和支持率，这为撒切尔政府继续推行改革提供了前提条件。在发布1983年地方税白皮书的同时,保守党政府声称,地方政府开支持续超出国家支付能力。撒切尔夫人在 1984 年新年贺词中宣称:1983 年对保守党来说是历史性的一年,英国人民再次拒绝了国家社会主义,选择支持保守党的理想。①

保守党上台以来不断通过立法来限制支出。从 1980 年到 1983 年,实行了一揽子拨款制度和相关支出评估制度、取消补充性地方税、设立支出目标、减少地税补助拨款、提出改革地方税制度动议、处罚超支地方等多项措施。但是,经过一番博弈,地方支出仍然没有达到中央的目标。在 1983—1984 财年中,总预算支出超过千万英镑、超过拨款相关支出分配额度的地方政府总共有 97 个,包括大伦敦地区、数个市镇以及非大都市行政区。②

1982 年 6 月,中央政府成立了一个内阁委员会来研究地方财政问题,该委员会首次提出由中央政府限制地方税的理念。由于这有悖于宪法和政治传统,受到了赫塞尔廷等人的反对。1983 年 1 月,该委员会向撒切尔夫人报告内阁反对限制地方税,撒切尔夫人于是指派汤姆·金担任环境大臣来负责此事。③ 按照汤姆·金的要求,环境部地方政府和财政事务负责人特里·海泽负责研究有关政策,最终提出了有选择地和普遍地限制地方税的方案,并在 5 月 12 日的内阁会议上获得通过。而距此前三天,撒切尔才宣布要举行大选。

1983 年保守党宣言指责一些工党主政地区地方税过高,严重损害了商业地方税和住宅地方税纳税人利益,宣称将限制支出过高地区的地方税增长,并表示:"如果必要的话,我们准备对所有地方的地方税上涨采取限制措施。"④宣言还承诺要取消大伦敦市议会和都市郡议会,按照撒切尔夫人

① Margaret Thatcher,"*Year of Hope and Liberty*", in *Conservative Newsline*, January 1984.(PUB 125/1)

② *Authorities with Expenditure above GRE Allocation in 1983-84*, HC Deb 02 February 1984 vol 53 cc353-5W.

③ David Butler, Andrew Adonis and Tony Travers, *Failure in British Government:the Politics of the Poll Tax*, Oxford University, 1994, pp.37-8.

④ *The Conservative Manifesto* 1983, London:Conservative Research Department, May 1983.(PUB 157/1)

的说法,这个"让大多数人都感到吃惊"的提议也并非临时起意,而是一年前就由内阁相关委员会进行了彻底研究,为防走漏消息,直到大选前才由撒切尔夫人提交给内阁。①

限制地方税政策的出台是多种因素作用的结果,除了控制地方支出,也是出于选举的需要。一方面,大选在即,地方政府支出仍明显超出中央计划目标,于是出现了地方税封顶以及取消大都市郡和大伦敦市议会的动议。② 另一方面,中央政府没有兑现在野期间许下的取消住宅地方税的承诺,又没有现实可行的方案来取代地方税制度。因此,到了最后时刻,"只经过很少的咨商,便在 1983 年宣言中塞进了地税封顶的政策主张。"③

有观点认为,地税封顶是为了对地方支出持续施压,同时打击工党。实行这项政策看起来确实可以一举两得,环境大臣詹金在竞选文章中写道:"保守党与工党的成绩对比非常明显,1981 年郡选举以来,地方税增长最多的都是工党控制地区。"④此时工党控制了很多地区,包括许多城市地区,工党左派立志要改善城市地区服务水平,并要和右派做坚决斗争,这对中央政策是个不小的挑战。

1983 年大选过后,保守党在议会优势地位进一步巩固。仅仅控制拨款还不足以实现政策目标,中央需要控制地方政府财政,"看来要朝着地方财政自治最典型的象征——地方税采取行动了。"⑤赢得大选的保守党在白皮书中进一步明确了限制地方税的计划,并提出,除了考虑地方政府支出数

---

① 撒切尔:《唐宁街岁月》,国际文化出版公司 2009 年版,第 260 页。

② John W.Raine,"*Rate-Capping and Abolition-The Continuing Story of Central Government Extending Control Over Local Government*",in John W.Raine(ed.),*The Fight for Local Government*,University of Birmingham:Institute of Local Government Studies,December 1983,p.4.

③ Steve Bond,*Taking over the City:Threats to the Future of Services and Jobs in Sheffield*,Sheffield 88 Southview Cres.,1985,p.21.

④ Patrick Jenkin,"*Now the Battle for the Counties*",in *Conservative Newsline*,March 1985.(PUB 125/1)

⑤ Stewart Ranson,G.W.Jones and Kieron Walsh,*Between Centre and Locality:the Politics of Public Policy*,London:Allen & Unwin,1985,p.52.

额,还将参考比较其他地方。① 地区议会协会的保守党主席在谈到中央提议进行地方税封顶问题时说:"这些计划反映出,国家干预地方事务的范围是空前的,在迈入 1984 年之际,有一种'老大哥'的味道。"②

中央政府终于祭起了地税封顶这一重磅武器,如果再不限制地方税,中央的政策意图就要落空了。实行地税封顶政策后,"中央政府就能对那些支出较低的地方更加慷慨,为大多数支出较低地方设定的 1985—1986 财年支出目标要比它们 1984—1985 财年预算高出 4.5%。"③詹金在接受采访时表示:地方税的主要问题是许多地区纳税人负担较重,特别是一些支出较高的地方,中央不得不为这些纳税人提供保护,现在正通过立法来控制其支出,要对支出较高地方的地方税加以限制。④

议会通过地方税法案的过程并不平静。保守党内部对地税封顶问题一直存在争议,在其动议阶段,就遭到了内阁部分成员的反对。1983 年底地方税议案公布时,新任环境部大臣詹金表示,如果议案未获通过,他将辞职。1984 年 1 月 17 日的议会辩论中,前首相希思带头表示反对,首次表决共有 24 名保守党议员投票反对,另有 11 名弃权。⑤ 2 月 29 日,下院在进行议案二读的时候,包括前首相希思在内的 13 名保守党议员投下反对票,另外还有包括前外交大臣在内的 20 名保守党议员弃权。⑥ 该议案自然也引起了上议院一些议员以及地方政府的反对,保守党控制的朴次茅斯议会成为最激烈的反对者。但这些都未能阻止该法案的通过实施,1984 年 6 月 26 日,《地方税法案》获得女王批准。

---

①　"*Rates: Proposals for Rate Limitation and Reform of the Rating System*", Department of the Environment and Welsh Office, Cmnd 9008, August 1983, para.3.6, p.15.

②　Steve Bond, *Taking over the City: Threats to the Future of Services and Jobs in Sheffield*, Sheffield 88 Southview Cres., 1985, p.1.

③　*Politics Today No.3, Local Government Issues*, London: Conservative Research Department, 18ᵗʰ February 1985, p.41.(PUB 221/43)

④　Bob Lacey, "*Protecting the Ratepayer*", in *Conservative Newsline*, January 1984.(PUB 125/1)

⑤　Julian Haviland, "*Heath Leads Tory Rebellion over Rate Capping*", *The Times*, 18 January 1984.

⑥　"*Rate Capping Bill Mmust be Law by Summer*", *The Times*, 1 March 1984.

1984年《地方税法案》赋予了中央政府前所未有的权力。在继续实行并收紧目标与惩罚制度的同时,1984年《地方税法案》赋予中央政府对地方税税率的最后控制权,该法案也因此被冠以"地税封顶法案"的别称。法案给中央地方政府关系带来了一个基础性变化,地方议会自行决定地方税的时代某种程度上被宣告终结。根据该法案,国务大臣有权选定那些支出较高的地方,并在下一财年对其地方税施加限制,这实际就是对地方支出的封顶权。同时,环境大臣还保留了对所有地方的地方税施加限制的权力。詹金表示:"该法案通过限制地方税,第一次使我有权直接影响严重超支者的支出水平。"①

法案还给地方议会规定了一项责任,要求地方议会就税率和支出问题与非住宅税地方税纳税人进行咨商。围绕该法案内容,在国会、中央政府、法院、地方议会与政府、主要政党团体乃至民众之间产生了不少争议冲突。地税封顶政策遭到了广泛反对,但也受到不少人支持。有的支持者认为,少数地方超支过多会危害国家经济管理并损害地方经济,因此有必要采取进一步措施。

新的立法以修订案的形式将苏格兰地区涵盖在内。在英格兰,地税封顶被批准在接下来的财政年度实施,苏格兰则需要在当年施行该政策。该法案授权苏格兰国务大臣,如果发现地方税可能上涨,可以提前设定最高数额。在限定时间里,如果没有在划定的最高限制线以内设定地方税税率,那么最高限制线将成为法定地方税税率。如果地方自动降低地方税,拨款将会被恢复。但这样做的效果不明显,中央遂取消了地方的自主选择权。

中央没有宣布苏格兰哪些地方被选定进行地税封顶,但这些应该受到封顶处罚的地方在1984—1985财年中,将会被削减9000万英镑的地税补助拨款。如果哪个地方拨款遭到削减,却拒绝削减支出,那么它将在1985—1986财年面临赤字,并需要在1985年将地方税提高7.5%以支付开

---

① "*Crisis Due to 'Missing Millions*'", *New Lambethan*, Lambeth Public Relations, March 1985, p.3.

销。但是地税封顶将有效阻断这一通道,地方只能削减支出。新的法律还授权中央政府,可以限定地方公房支出总额。对所有地方普遍实行地方税限制的条款,在法案通过之后一直没有动用。在实行社区费制度之后,地方税限制制度就被废除了。

1984年《地方政府法案》被称为"铺路法案",它迈出了取消大伦敦市议会和六个大都市郡议会的第一步。1984年12月4日,包含有取消大伦敦市议会和大都市郡议会内容的地方政府法案以135票多数二读通过。法案于1985年7月获得女王批准,从1986年4月开始取消这些大都市郡议会。地方政府事务大臣肯尼思·贝克在文章中写道:工党并没有把伦敦和大都市郡议会当作为公众提供服务的地方政府,而是作为推行左翼教条和实现政治野心的平台,我们的目的是使地方政府更加本地化,使其责任更加直接,从而防止被左翼滥用。① 大伦敦市议会和两个大都市郡议会都在第一年的地税封顶名单上,这也是它们最后一年在英国政治生活中发挥作用。

伦敦等大都市管理体制出现变化具有一定的国际背景。大都市化是个全球现象,大都市如何管理和服务也曾是个全球性问题,各国的大都市也都结合自身历史和实际形成了大都市政府体制。伦敦的大都市体制是经过长期发展形成的,和其他几个大都市并不一样。伦敦模式被看作是世界大都市管理体制的典型,其管理服务一体化和协调合作程度是最高的。英国1974年改革重组了六个大都市地区,之后,伦敦、曼彻斯特、墨尔本、旧金山和东京的大都市体制都出现了变化。20世纪70年代晚期,旧金山的大都市体制相当虚弱,东京的架构重组也开始停滞,20世纪80年代早期墨尔本最重要大都市机构的重要性下降,80年代中期,伦敦和曼彻斯特等大都市政府更是遭到了拆解。②

大伦敦市议会和几个大都市郡议会被取消,一个重要原因是因为它们阻碍了保守党的财政经济战略。当年顺应城市化趋势设立的大都市郡和大

---

① Kenneth Baker,"*Working for London is Abolition of the GLC*", in *Conservative Newsline*,January 1985.(PUB 125/1)

② I.M.Barlow,*Metropolitan Government*,London:Routledge,1991.

伦敦市议会,如今已经成为工党控制区,并成为中央推行紧缩计划的重要障碍。1983—1984 财年,一些地方由于超支遭到了拨款撤回处罚,导致其没有拨款,比如大伦敦市议会,而英格兰地区超过一半的超支者属于大伦敦市议会和内伦敦教育局,这意味着他们摆脱了地税补助拨款以及目标惩罚制度的束缚。① 正如地方政府事务大臣贝克所言,保守党取消大都市郡议会还暗藏政治目的,旨在取消工党控制的大都市地区,拆散工党反对保守党的重要基地。其中,最引人注目的冲突发生在保守党政府和大伦敦市议会之间,在利文斯通的领导下,大伦敦市议会日益成为反对中央的平台高地。因此,大伦敦市议会才是保守党的首要目标,取消其他几个大都市只是对付大伦敦市议会的辅助措施。②

取消大都市郡设置缺乏民意基础,也并未达到中央所宣称的目的。有调查显示,取消大都市郡议会之前,这些地方的居民大多数不赞成取消大都市的方案,其中三分之一表示强烈反对。一段时间之后,不赞成的人数比例相比 1985 年下降超过 20%,但这仍然是一个不受欢迎的政策,即便保守党支持者中也有四分之一不赞成,支持该政策的刚刚超过半数。通过对六个大都市地区地方税变化的比较可以看出,1986—1987 财年的地方税相比1985—1986 财年增幅基本都超过了 10%,最高的西约克郡增幅达 23.9%,除了泰恩—威尔郡和西米德兰兹郡,其他四个地方 1986—1987 财年增幅都比 1985—1986 财年增幅要高。地方税纳税人发现,新的制度成本更高了。③

限制地方税以及取消大伦敦市议会和大都市郡议会,成为地方财政改革启动以来地方政府遭遇的最大冲击,遭到了许多人的反对。反对意见认为,无论是地税封顶还是取消大都市郡,都解决不了问题,还进一步威胁到

① Steve Bond, *Taking Over the City: Threats to the Future of Services and Jobs in Sheffield*, Sheffield 88 Southview Cres., 1985, p.21.

② I.M.Barlow, *Metropolitan Government*, London: Routledge, 1991, p.289.

③ Steve Leach, *After Abolition: the Operation of the Post-1986 Metropolitan Government System in England*, University of Birmingham: Institute of Local Government Studies, 1991, p.211, 244.

了地方政府的稳定,强化了业已存在的中央集权。但是又必须承认,作为实行议会主权制的单一制国家,中央政府的确有权力改革调整地方政府结构。打击工党地方势力的同时,保守党对其控制下的地方议会充满信心。詹金在地方政府事务专刊序言中宣称:保守党地方议会有最好的效率和地方税低增长纪录,在创新、优化管理和私人竞标方面领先。①

　　根据1984年《地方税法案》,撒切尔政府开始实行地税封顶政策。国务大臣有权"根据整体经济形势"判定哪些地方开支过度,在不同年份以及不同类别的地区,判定标准可以有所变化。按标准选定开支过高的地方后,可以设定受处罚地区支出上限、并设定其最高地方税税率,这有着一套复杂的程序和操作步骤。②

　　地税封顶的第一步是由国务大臣确定需要对哪些地方进行地税封顶。环境部大臣要向下院提交报告以确定标准,第一份限制地方税报告设定的标准是总支出超过拨款相关支出评估值,或者超过1000万英镑及以上,同时根据整体经济形势和条件来判定超支。1985—1986财年和1986—1987财年中,国务大臣都采用了同样标准:总支出超过拨款相关支出评估值至少20%,且总支出超过中央所设定支出目标至少4%。其中,在第二轮处罚时,对那些已经受过第一次处罚的地方采取了特别标准:总预算支出超过拨款相关支出评估值20%,且超过中央所设定支出目标1%以上或超过1981—1982财年支出额30%以上。

　　地税封顶的第二步是为受处的每个地方设定下个财年的最高支出水平线。受到封顶的地方的最高支出线由国务大臣决定,在不同的年份,对不同类别层次的地区,国务大臣依据的原则可以有所不同。尽管地方的拨款相关支出和地方支出目标也是由中央政府来定的,但支出水平线的设定与

---

① *Politics Today No.*3,*Local Government Issues*, London:Conservative Research Department,18th February 1985.(PUB 221/43)

② 根据 Rates Act 1984,Malcolm Grant,*Rate Capping and the Law*,London:Association of Metropolitan Authorities,February 1986 和 *Rate Capping & Abolition*:*Councils in Danger*,London:Labour Research Department,August 1984,pp.8–18.

两者完全不同。支出水平线计算过程比较复杂,但它不是一个法定的强制性的支出上限。设定最高支出限制的目的在于限制地方税收入,而不是限制所有的支出,地方也可以有其他方面的收入支撑相关开支,地方政府的财政资源可以支撑高于中央上限的开支。设定上限是希望第一轮受到封顶处罚的地方能够接近支出水平限制线。①

每个由中央设定支出上限的地方,包括那些大都市区取消之后的联合机构,都有权向国务大臣申请重新确定最高支出线。国务大臣有权重申此前设定的数额,或者再次设定新的支出水平线,新设定的支出水平线数额可能更高,也可能更低,但无论哪种情况,地方都不能就此再次进行申诉。但是,如果新的支出水平线允许地方比起初支出更多,国务大臣可以对地方议会的支出或者财政管理提出"他认为合适的要求",关键还在于大臣可以得到法院命令,迫使地方议会遵守相关要求。②

在保守党政府看来,这已经为受到封顶处罚的地方提供了与中央政府协商的机会,并不是只能按照中央政府的意旨和测算来执行,因为中央政府可能并没有足够的地方情况信息。不过,在1984年公布的第一轮受到处罚的18个地方政府中,并没有地方申请变更和协商。

地税封顶的第三步是确定下一财年的地方税。设定了支出水平线后,还要设定地方税税率,将支出限制转换成最高地方税税率有两个步骤。首先,国务大臣宣布提议的最高限额,通常是在达成地税补助拨款方案的12月中旬。国务大臣有义务通知地方政府其所提议的最高限额,这个阶段可以进行再协商。地方政府有较短的时间来研究,可以直接接受大臣提议,也可以就有关数额与大臣谈判,以求达成另外的结果。

如果达成一致,协议最高限额便成为地方税税率的上限。如果国务大臣提议的限额没有被接受,也没有再与地方协商达成一致,国务大臣可以通过强制命令,以法定文件发布指令的形式来设定最高限,不过这需要下院批

---

① Malcolm Grant, *Rate Capping and the Law*, London: Association of Metropolitan Authorities, February 1986, pp.39-44.

② 根据 Rates Act 1984, S.3(1),(2),(4)-(7).

准。一旦指令发出,法案给国务大臣的授权就结束了。如果到次年3月1日仍没有确定上限,国务大臣有权设定一个替代性的中期最高值,这个中期最高值是临时的,可以随后再调整,不需要国会批准,但需要尽快设定合理的年度最高上限。实际操作过程中,在最后设定限额前,大臣要和地方进行很多沟通,直到最后谈判达成结果。①

在政策执行过程中,1985——1986财年,格林尼治没有申请重新确定最高地方税税率,他们认为自己正式报告了专项资金使用情况,但环境部大臣未能调整最高地方税税率,格林尼治于是申请进行司法复审。在格林尼治诉环境部大臣一案中,上诉法院赞成地区法院拒绝撤销为格林尼治设定的最高税率,法院认为,由于格林尼治预算回到环境部时没能提供任何关于使用专项资金的信息,并拒绝申请重新确定税率,因此,地方随后埋怨大臣拒绝调整地方税上限没有道理。

1986——1987财年,尽管许多地方在第二轮已经申请,伦敦自治市伊斯灵顿还是拒绝申请重新确定税率,该市向环境部提交了关于专项资金使用情况的详细信息,认为前一年实际支出水平明显被低估,该市议会领导人也面见大臣解释了其处境。但当大臣重新评估了支出限制后,还是拒绝调整伊斯灵顿的最高税率,于是该市申请司法复审。但法院拒绝了该市的意见,尽管大臣应该考虑伊斯灵顿的陈述,但作为法定解释来说,大臣不能顾及这种解释而怀疑支出水平的正确性,只能通过正式申请来重新确定最高税率。伊斯灵顿的案例表明,法院拒绝地方运用司法复审为重新商议地税封顶问题建立新的替代程序。②

与中央政府及国务大臣的权力相比,地方政府的选择权受到了限制。地方税法案对地方设定预算的程序也作出了规定,法案第三部分要求地方议会要在每年确定预算前,与工商业界代表进行商议,"如果地方议会不这

---

① 根据 Rates Act 1984, s.4, 5 与 Malcolm Grant, *RateCappingandtheLaw*, London: Association of Metropolitan Authorities, February 1986, p.61.

② Martin Loughlin, *Legality and Locality: the Role of Law in Central-Local Government Relations*, Oxford: Clarendon Press, 1996, pp.304-5.

么做的话,商人们可能会将其送上法庭。"①接下来,还需要将预算方案上报环境部,并经过环境部的批准。

保守党的改革继续乘风破浪往前推进。1985年保守党地方大会宣布要对一些地方政府采取三项措施:为地方议会确定地方税税率设定期限;不再利用地方税进行政党宣传;要求地方议会出售所持有的数千英亩土地。②财政大臣劳森表示:通胀已经较低,并正在下降,收支平衡处于健康水平,投资旺盛,经济强劲快速增长。他表示中央政府将继续推行相关政策,努力实现"更自由、更灵活和更具进取心的经济"。③

第二节　地税封顶与地方反抗

从1984年出台地税封顶政策,到1989年推出社区费制度,地税封顶政策实施了四个财年。1985—1986财年共有18个地方受到地税封顶处罚,1986—1987财年受到限制的有12个地方,1987—1988财年登上处罚名单的地方达到了20个,1988—1989财年则有17个地方上榜。取消大都市体制后的三个财年里,有19个新设立的负责消防、警察和交通的联合理事会(这些机构是取消大伦敦市议会和大都市郡之后设立的,非直接选举产生)以及内伦敦教育局受到地税封顶。

按照1984年法案规定,国务大臣有权判定哪些地方开支过度,但如果一个地方的支出没有超过拨款相关支出,或者说开支没有超过1000万英镑,就不会进入封顶名单。这就排除了大多数规模很小的非大都市区,而大都市地区、伦敦地区或者较大的非大都市地区很少排除在外。这样的标准

---

① *Rate Capping & Abolition*; *Councils in Danger*, London: Labour Research Department, August 1984, p.12.

② "*Three Moves to Curb Rate Chaos*", in *Conservative Newsline*, November 1985. (PUB 125/1)

③ *Politics Today No.18*, *Conservative Conference* 1985, London: Conservative Research Department, 4ᵗʰ November 1985, p.345. (PUB 221/43)

具有明确的指向性,工党执政地区将受到最大影响。在工党看来,保守党政府的这一做法"政治基础很清楚",根据 1984—1985 财年情况估计,工党控制的 105 个地方中,只有 19 个能免遭封顶处罚。而保守党、自由党、社会民主党、独立团体等控制下的 351 个地方议会中,有 308 个在豁免之列。①

针对政策是否公正等类似问题的讨论并不鲜见。早在 1978 年,据理查德·杰克曼和玛丽·赛勒斯基于对所有 34 个大都市区的分析显示,与保守党控制地区的纳税人相比,工党控制地区的纳税人纳税额更高,上一年度,泰恩河畔纽卡斯尔平均每户纳税超过 115 英镑,而利兹地区则低于 60 英镑。报告认为,工党地方议员越多的地方,平均地方税纳税额也越高,他们所秉持的意识形态更推崇公共支出,并由此设定更高的地方税税率。② 保守党则努力降低地方税税率,比如保守党主政卢顿地区三年以来,一直削减地方税,地方税税率从 19 便士降到 17.7 便士,1978—1979 财年降低到 16.5 便士,到 1979—1980 财年进一步降低到 9.3 便士,降幅达到 44%。③

事实表明,地方议会的政治控制影响了地方税税率。从大多数情况看,增长最多和账单最厚的都是工党控制的议会,增长最少的都是保守党控制的议会。④ 1980—1981 财年至 1984—1985 财年,支出增长最多的 20 个地方政府和机构增幅都在三分之一以上,最高的大伦敦市议会增幅高达 116.4%,其中只有白金汉郡属保守党控制,其他都是由工党控制。而增长最少的 20 个地方增幅都在 20% 以下,其中只有南泰恩赛德、索尔福德、罗瑟勒姆、曼彻斯特、达拉谟、巴恩斯利、唐卡斯特、盖茨黑德等 7 个地方是工党控制区。⑤

① *Rate Capping & Abolition*:*Councils in Danger*,London:Labour Research Department,August 1984,p.9.

② John Grigsby, *Rate Bills Higher "Under Councils Ruled by Labour"*, *Local Government Correspondent*,Daily Telegraph,10 January 1978.

③ *Local Government Brief*(*No.29*),Local Government Organisation,April 1979.(PUB 145/3)

④ *Local Government Brief*(*No.39*),Local Government Organisation,April 1980.(PUB 145/3)

⑤ John Gibson with Tony Travers,*Block Grant:A Study in Central-Local Relations*,London,1986, p.20,Table17,引自 Peter Smith,University of York 的累计汇总。

　　这种情况在此后几年一直未能缓解。地方政府事务大臣肯尼思·贝克撰文指出:从 1984—1985 财年到 1985—1986 财年,工党控制地区地方税上涨 7.9%,其他地区上涨了 6.2%,保守党控制地区涨幅只有 5.8%,1985—1986 财年地方税税率平均来看,工党控制地区为 178 便士,其他地区为 156便士,保守党控制地区为 148 便士,保守党控制地区的地方税纳税人可以从中受益。从 1981—1982 财年以来,保守党控制的郡议会地方税平均上涨31%,而工党控制地区为 62%,这意味着保守党执政地区效率更高、浪费更少、税率更低。①

　　从实际结果看,工党控制区成为新政策的主要打击对象。1984 年 6月,中央政府公布了首轮受到地税封顶处罚的名单,共有 18 个地方名列其中。1984 年 7 月 24 日,环境部大臣詹金向下院正式提交报告,选定这 18 个地方在 1985—1986 财年进行地税封顶。这些地方包括:巴兹尔登、布伦特、卡姆登、大伦敦市议会、格林尼治、哈克尼、哈林盖、内伦敦教育局、伊斯灵顿、朗伯斯、莱斯特、刘易舍姆、默西塞德、朴次茅斯、谢菲尔德、萨瑟克、南约克郡、泰晤士登。其中大多数属于伦敦地区,只有两个地方议会不是工党控制,分别是保守党控制的朴次茅斯和曾经长期由工党主导的布伦特。

　　首批 18 个地方之所以受到封顶处罚,是由于 1984—1985 财年的预算支出超出拨款相关支出 20%以上,并超出中央设定的目标 4%以上。这 18 个地方中,有 15 个地方的下一财年支出数额(当期价格)不能超过 1984—1985 财年预算值。而大伦敦市议会与内伦敦教育局,以及格林尼治受到的处罚则严厉很多,设定的支出水平按当期价格要比 1984—1985 财年低 1.5%。②按照程序,国务大臣提出最高支出线之后,地方可以申请重新设定,但首轮受罚的地方却没有进行申请。

　　对于首轮受到封顶的地方政府来说,税率最高限额的再协商阶段时间

① Kenneth Baker,"*Rate Rises Held by Conservative County Councils*",in *Conservative Newsline*,April 1985.(PUB 125/1)

② *Rate Capping & Abolition:Councils in Danger*,London:Labour Research Department,August 1984,p.10.

过于紧张。1984 年 12 月 11 日，国务大臣宣布了提议最高限额，然后只给地方 3 个工作周，也就是要在 1985 年 1 月 15 日前反馈。大伦敦市议会诉至高等法院的一个理由就是这个时间太短，根本不足以考虑清楚是否应该接受，也不可能与工商业地方税纳税人进行充分沟通。实际上，1 月 15 日这个最后期限很灵活。2 月 18 日收到哈林盖的相关信息后，大臣最后改变了对该地区设定的最高额，此时，有关文本已经送到了议会，要做出改变就只能撤回并重新提交。在这几周时间里，除了接受提议最高额的朴次茅斯，大臣与其他受罚地方政府的关系变得很紧张。①

环境部大臣詹金表示："被选定封顶的十八个地方涵盖了英格兰五分之一的地方税纳税人……这些地区的地方税增幅将因此有所降低，这将有利于其自身，有利于就业前景，也有利于国家经济……这也有利于那些饱受少数超支地区之苦的负责任的地区。"②詹金还表示，名单上的地方不仅会受到一年的封顶处罚，它们的地方税要一直受到控制，直至其支出回落到应有水平。通过控制这些超支的地方，可以为支出较低的地方设定更公平的支出目标。

政策的不公平引起了争议，因为用以判断地方实际需求的数据是过时的，所以处罚决定缺乏有效基础。同样是支出较高，一些工党控制地区受到了处罚，而非工党控制区却未受处罚。朗伯斯对此表示不满："当国会讨论新的地税封顶法律的时候，他们说这是因为需要约束那些超支的地方，但如今一些最大的超支者没有遭到封顶（按政府的数据），这个国家里最穷的五个自治市却要受到处罚。"③上榜的地方只能选择在来年捍卫其地方税决定权，"地方政府财政是复杂的，也确实需要改革，但地税封顶使得事情变得

① Malcolm Grant, *Rate Capping and the Law*, London: Association of Metropolitan Authorities, February 1986, pp.59-60.

② John Gibson with Tony Travers, *Block Grant: A Study in Central-Local Relations*, London: Policy Journals for the Public Finance Foundation, 1986, p.32.

③ "*One of the Few Beneficiaries of Rate-Capping*", *New Lambethan*, Lambeth Public Relations, March 1985, p.6.

更糟。"①

1985年4月,伦敦布伦特市领导人鲍勃·莱西在保守党刊物上撰文介绍了应对地税封顶的情况。作为当地保守党领导人,他带领该党应对重重压力甚至人身攻击,在当地议会选举中取得不错成绩,接着采取包括冻结人员任用、用统一的临时开支基金取代各部门的多种临时开支、运用会计手段等措施,节约和合理使用资金,从而在不影响公共服务的情况下保护地方税纳税人利益。3月7日,鲍勃·莱西及其团队赢得了不改变地税税率的投票,税率符合地税封顶法定限制,就业岗位和服务业得以维持,3月14日,议会仅用四分钟就通过了该方案,这在受到封顶的伦敦自治市中是第一家。②

从首轮封顶地方1981—1985年间所获一揽子拨款数额可以看出,这些地方整体上拨款都有所减少,不过大部分地方拨款削减幅度不大,比如哈克尼拨款最高年份和最低年份分别是4270万英镑和4090万英镑,南约克郡和默西塞德的最高年份都超过了7000万英镑,1984—1985财年都降到了四年来最低,刚刚超过6200万英镑。削减幅度和数额较大的地方包括萨瑟克和朗伯斯等,其中朗伯斯从1981—1982财年的5120万英镑,减少到了1984—1985财年的3240万英镑。拨款最多的谢菲尔德从1981—1982财年的8990万英镑下降到了1983—1984财年的8280万英镑,1984—1985财年又回升到了8430万英镑。而非大都市区的巴兹尔登、莱斯特、朴次茅斯和泰晤士登拨款较少,所获拨款都一直未能超过1000万英镑。③

从首轮受到封顶的地方提议最高税率和确定最高税率来看,伦敦自治市哈克尼、刘易舍姆和非大都市区莱斯特等地确定税率相比提议最高税率有较大幅度增长,比如增幅最高的哈克尼的税率从提议的114便士提高到了147便士,其他地方两项数额对比变化不大。从确定最高地方税税率与

① *New Lambethan*, Lambeth Public Relations, February 1985, p.3.

② Bob Lacey, "*Protecting The Ratepayer*", in *Conservative Newsline*, April 1985.（PUB 125/1）

③ *Written Answer*, Hansard, HC Deb Vol 67, cols 129-130, November 12, 1984.

1984—1985 财年地方税税率比较来看,有 6 个地方的地方税税率上涨,伦敦自治市哈克尼在 1984—1985 财年 119.3 便士基础上增长了 22.2%,大都市郡默西塞德和非大都市区巴兹尔登增幅也较为明显。其他大部分地方税税率下降,其中伦敦自治市格林尼治下降超过 19%,萨瑟克下降幅度将近 25%。①

1986—1987 财年第二次封顶处罚名单包括三类地区:部分首轮被处罚过的地区,包括巴兹尔登、卡姆登、格林尼治、哈克尼、哈林盖、伊斯灵顿、朗伯斯、刘易舍姆、萨瑟克和泰晤士登;此次新受处罚的地区,包括利物浦和纽卡斯尔;取消大伦敦市议会和六个大都市郡议会之后的新机构,比如内伦敦教育局。在两次受到封顶处罚的地方中,除了个别地方外,预算支出数额超过设定目标的比例普遍有所下降。②

中央政府最大的动作发生在 1987—1988 财年,共有将近 40 个地方或机构被处以地税封顶,受罚地方数量大增与取消大伦敦市议会后产生大量联合机构有关。这些地方多由工党控制,或者是此前由工党控制的联合理事会所在地区,唯一的例外是自由党控制的陶尔哈姆莱茨。具体处罚名单包括:除利物浦之外的 1986—1987 财年所有受罚地方以及布伦特、布莱顿、米德尔斯堡、纽汉、盖茨黑德、北泰恩塞德、谢菲尔德、陶尔哈姆莱茨。

保守党认为,1985—1986 财年地税封顶取得了成功,一些工党控制区的地方税涨幅降低。首批 18 个被封顶的地方中,有 12 个在 1985—1986 财年降低了地方税,迫使遭封顶的地方议会削减了支出,并使工党内部产生了敌对情绪。③ 地税封顶政策实施伊始,一些评论人士预测遭封顶的地方议会数量将稳步增加,结果将不得不普遍进行地税限制,但这并未发生,

---

① Malcolm Grant, *Rate Capping and the Law*, London: Association of Metropolitan Authorities, February 1986, p.59, Table 13; "*Rate Cap Brings Cuts in Place of Rises*", *The Times*, February 27, 1985.

② Malcolm Grant, *Rate Capping and the Law*, London: Association of Metropolitan Authorities, February 1986, p.34.

③ *Local Government Brief*(*No.*16), Conservative Research Department, July 1985.(PUB 145/4)

1986—1987 财年受到封顶的地方议会数量比上一财年要少。[1]

也有人对地税封顶政策的预期效果进行质疑。有分析认为,地税封顶在第一年最多能够节约 2 亿英镑,第二年增至 4.5 亿英镑。这只是公共支出的 0.15%。实际上,比如限制谢菲尔德的地方税,能够给纳税人节约的钱很有限,若地方税税率降低 1 便士,住宅税纳税人每周只能节约 2.5 便士,一年也不过 1.36 英镑,商业房产税纳税人每周节约 97 便士,而工业房产纳税人每周节约 1.41 英镑,一年也才 73.46 英镑。[2]

地税封顶效果比较明显,特别是那些习惯超支的地方。1981 年实行目标和惩罚制度时,内阁大臣曾表示,等超支问题得到控制就废止目标制度。实行封顶政策之前,1984—1985 财年英格兰地区地方政府超支达到 8.5 亿英镑,四分之三的超支来自于被地税封顶的地方议会,到了 1985—1986 财年,英格兰地区所有地方议会计划超支总额降到 2.8 亿英镑。到了 1986—1987 财年,由于超支数额降低,已经可以废除目标制度了。保守党研究部认为:"超支问题目前得以控制,这要感谢地税封顶政策。"[3]

取消目标制度标志着中央与地方政府关系新的开始,地方财税改革进入了以地方税为中心的新阶段。就像詹金 1985 年 4 月在里斯克拉达所说:为了让地方支出与我们的计划更加一致,我们煞费苦心地设立了新的机制,开始是间接地,现在是通过地税封顶直接地控制地方,结果新制度在降低地方支出增速的同时,复杂性也提高了,与许多地方政府的矛盾冲突也不断上升。[4]

尽管中央政府声称地税封顶只用来对付少数地方,但其权力扩张仍然引起了关注。有学者敏锐地指出:以往经验告诉我们,权力一旦授出,总是被无保留地并越界使用,因此一开始就要反对,否则所授权力就会扩

① *Local Government Brief*(*No.*16), Conservative Research Department, July 1985.(PUB 145/4)

② Steve Bond, *Taking Over the City*:*Threats to the Future of Services and Jobs in Sheffield*, Sheffield 88 Southview Cres., 1985, p.16.

③ *Local Government Brief*(*No.*16), Conservative Research Department, July 1985.(PUB 145/4)

④ *Local Government Brief*(*No.*16), Conservative Research Department, July 1985.(PUB 145/4)

张膨胀。① 面对地税封顶,地方的选择非常有限。地方议会可以选择不设定地方税,拖欠贷款,也可以选择按规定设定地方税,或者设定一个不合中央要求的地方税。至于结果,就是反对中央政策的议员辞职,甚至反对中央政策的党派放弃执政地位,当然,地方还可以选择发起诉讼,只是这样可能导致更为苛刻的限制。

1985 年是地税封顶的第一年,共有十六起针对中央政府的法律行动,其中与地税封顶直接相关的包括:莱斯特城市议会质疑国会批准限制地方税报告的程序,格林尼治市议会以及大伦敦市议会和内伦敦教育局挑战中央设定最高支出线和决定地方税税率上限的合法性,谢菲尔德城市议会也对有关限制政策发起过挑战。② 但中央政府具有充分的法律优势,这些诉讼无法阻止中央政策的实施。

地税封顶连同地税补助拨款等各种政策和立法,对地方影响巨大。比如,谢菲尔德需要 800 万英镑来维修和改善大中小学校舍,但中央政府只允许借款 350 万英镑,其政府拨款同时受到削减,还面临地税封顶与私有化的威胁。③ 地方议会以前还可以增加地方税来维持工作岗位和服务,如今这条路被切断堵塞,只能按中央政府的要求削减开支,否则就要触犯法律。

地方议会是选举产生的,未必想按中央要求削减岗位以及服务,但这得看需要多少资金。利物浦在 1984 年预算危机中拒绝设定地方税税率,拒绝制定平衡预算,甚至迫使中央政府考虑派出专员接掌地方议会,并削减其服务,最后以中央让步告终。但是,如果很多受到封顶的地方都如法炮制,中央政府将在更大范围内面对利物浦式的难题。

1984 年处罚名单公布之后,提高地方税来弥补拨款损失的选项失效。

---

① John Stewart,"*The Challenge to Our Institutions of Government*", in John W. Raine(ed.), *The Fight for Local Government*, University of Birmingham: Institute of Local Government Studies, December 1983, p.41.

② Malcolm Grant, *Rate Capping and the Law*, London: Association of Metropolitan Authorities, February 1986, p.7.

③ Steve Bond, *Taking over the City: Threats to the Future of Services and Jobs in Sheffield*, Sheffield 88 Southview Cres., 1985, p.3.

第一轮封顶的地区中,除了布伦特和朴次茅斯外,都是工党控制区。其中,格林尼治、哈克尼、南约克郡、莱斯特等八个地方工党议员比例接近或超过70%,即便布伦特议会工党议员比例也达到了47%。① 工党在国会面临保守党多数,无法采取对抗行动。但在地方层面,工党控制的地方议会却可以向中央政府发起挑战。遭到地税封顶的工党地方议会联合布伦特,在一些受到严重惩罚但没有地税封顶的地方(特别是利物浦)支持下,发起了反对地税封顶的运动,尽管它们知道拖延甚至拒绝设定地方税税率是不合法的。

有些受到地税封顶的地方拒绝向大臣申请调整其支出水平线。对此,环境大臣詹金表示:"国会给了地方这个机会,如果地方没能够利用这种机会,并切实削减支出,那么后果将由他们自己和所服务的社区承担。我期待他们利用这个机会,因为我们的目的并不是要求地方政府完全按中央提出的比例进行削减。"②但这些地方认为,发动公众反对撒切尔政府和政策的时机成熟了,只有集体行动才能迫使中央政府让步。

地方政府在中央公布名单之前就开始酝酿对抗行动。1983年6月大选之后,超过70个地方政府和所有主要公共部门工会联合起来,形成了名为地方政府信息联合会的组织,该组织成为协调反对地税封顶活动的焦点。利物浦在预算危机中的收获鼓舞了其他一些地方,这在当时被广泛看作是对中央政府的一个重要政治胜利,但实际上利物浦的胜利被夸大了。更有甚者,在利物浦危机尚未见分晓的时候,刘易舍姆地方议会的左翼领导人就要效仿利物浦,实行赤字预算,与中央对抗。③ 朗伯斯的领导人则表示:"我们将会继续斗争以争取更多财政资源,但我们不能独自去战斗。"④

当利文斯通忙于应对取消大都市问题时,其副手大伦敦市议会财政委员会主席约翰·麦克唐纳定期与自治市的工党领导人会晤,他们计划对地

---

① Hugh Clayton, *"Jenkin Warns Liverpool that Haggling over Rates is Ended"*, *The Times*, March 8, 1985.

② *Rates Act* 1984 (Designations), HC Deb 24 October 1984 vol 65 cc680-1.

③ David Walker, *"Pressure on Lewisham to Bring in Illegal Budget"*, *The Times*, 31 May 1984.

④ *"The Election and Lambeth"*, *New Lambeth*, Summer 1983, p.2.

税封顶做出反应。① 在 6 月份伦敦工党控制地区的一次会议上，一些地方决定联合起来，拒绝设定地方税税率。尤其是朗伯斯等地方议会的领导人，以及大伦敦市议会财政委员会主席约翰·麦克唐纳，他们的态度颇为坚决。6 月 22 日，他们发布了行动声明。其实地税封顶的后果被夸大了，至少短期内，许多遭到封顶的地方政府在法定税率内是不会破产的，通过一些办法，工作岗位和公共服务是可以维持的。

联合反对中央的地方看起来占尽天时地利。1984 年开始，在全国范围内，煤矿工人进行了一年多的声势浩大的罢工，给保守党政府造成了很大压力，不过最终以工会和煤矿工人罢工失败告终，此次罢工成为撒切尔政府与工会关系的一个标志性事件。② 在城市地区，地方议会的激进左派准备借此机会，联合开辟对抗撒切尔政府的第二战线。酝酿中的对抗行动得到了煤矿工人大罢工的策应，看起来注定要将保守党拖入深深的危机。反地税封顶运动的参与者认为，"他们和煤矿工人一样，是在捍卫生活标准和社区的未来"。③

利文斯通对联合对抗行动表示了谨慎担忧。当特德·奈特宣布一致同意伊斯灵顿市玛格丽特·霍奇的提议，也就是所有受到地税封顶的地方将拒绝设定预算，从而迫使政府下台，并开辟第二战线来支持矿工罢工时，利文斯通对此"感到震惊"，要让大伦敦市议会的大多数人拒绝设定预算根本不可能，并警告如果大伦敦市议会一开始就倒下并不好。但是，八个由工党领导的自治市已经同意霍奇的策略，当工党的地方政府大会在谢菲尔德举行时，对抗行动计划变得无法停止，尽管有一些地方议员私下对此表示怀疑。④

1984 年 7 月，在谢菲尔德举行的地方政府大会上形成了"不服从"地税

① Ken Livingstone, *You Can't Say That : Memoirs*, London : Faber, 2011, p.249

② Richard Vinen, *Thatcher's Britain : the Politics and Social Upheaval of the Thatcher Era*, London : Simon & Schuster, 2009, pp.154-77.

③ David Blunkett and Keith Jackson, *Democracy in Crisis : the Town Halls Respond*, London : Hogarth Press, 1987, p.167.

④ Ken Livingstone, *You Can't Say That : Memoirs*, London : Faber, 2011, pp.249-50.

封顶的行动计划,有些地方拖延设定地方税,并拒绝单独与国务大臣商处此事,包括拒绝向大臣申请调整支出水平线,直接挑战中央政府。"不服从策略"意味着要么拒绝按要求设定地方税税率,要么采取赤字预算,也就是故意制定一个入不敷出的预算。工党势力谋划行动的同时,自由党地方政府事务发言人西蒙·休斯也传递出了支持对抗行动的信息。①

反地税封顶运动在全国和地方两个层面进行。全国层面上实现了前所未有的协调合作,1984年下半年,遭到封顶的地方和支持他们的地方领导人定期会面。在公众看来,一个统一的运动联盟已经形成,并采取了一系列很成功的行动。地方层面上,主要目的是联合地方议会、发动职员和社区三个方面,这项工作并非一帆风顺,地方议会的违法行为面临一个危险,中央政府可能解雇500名选举产生的涉事地方议员。②

很多工党控制的地方都参加了对抗行动。地方希望获得工党领导层的支持,但是工党高层对地方的反抗行动态度模糊,1984年10月初,在布莱克浦举行的工党代表大会上,金诺克并未对此表示反对。工党执委会发布声明,一方面支持地方联合对抗中央地税封顶的行动,另一方面表示不支持非法行为。③ 1984年12月,受到威胁的地方当局决定采取不设定税率的方法,而不是赤字预算策略,这样可以避免立即触犯法律。

与此同时,罢工和反封顶运动的参与者低估了撒切尔夫人。面对反对势力的风起云涌,撒切尔夫人决心不再退让,她在庆祝当选保守党领袖十周年的电视讲话中表示:她已经着眼于要担任十年首相,实现这个目标就必须赢得第三个任期。④ 她在半年后谈到煤矿工人罢工时表示,人人都有采取行动的自由,但要符合法律和秩序。她表示,政府不能将手伸到个人的口袋里,那些呼吁额外公共开支的人可能不知道其他人要均摊多少收入税,下一

① Hugh Clayton,"*Rate-Fixing Delay Planned*",*The Times*,9 July 1984.

② *Photos from Lambeth's Struggle Against Rate-capping*,Lambeth Fighting Fund,1986,p.4.

③ *Report of the Annual Conference of the Labour Party*,1984,pp.295-7.

④ "*Now for the Next 10 Years Says Prime Minister*", in *Conservative Newsline*,February 1985.(PUB 125/1)

年保守党政府将继续控制公共支出和借款,从而减轻通胀、高利率、国家税收和地方税给雇主带来的负担。①

　　各地表面上团结一心,实际上分裂迹象不断显现。各地的斗争目标不是很确定和一致,有的期待中央政府能在实施地方税法案时有所让步,有的则希望迫使中央政府撤回法案,并将中央财政拨款恢复到此前的水平。还有一个问题尽管没有公开说明,其实怀疑也在不断增加,就是工党领导人在工党群体中发动支持投票的能力。对于行动合法性的担心、额外费用损失的威胁以及个体破产的风险都影响着地方议员,并开始对运动的走向产生影响。中央政府对地方议会的活动信息等比较了解,1985 年 2 月,中央提高了对六个地方的地方税限制,包括内伦敦教育局、哈克尼、伊斯灵顿、莱斯特、刘易舍姆和哈林盖。

　　1985 年 3 月 6 日,有超过 7 万人在伦敦举行大规模游行示威,抗议地方税封顶。为了能最广泛统一力量,地方当局决定改变原定的不设定税率的策略,3 月 7 日同意采取集体抗命行动拖延设定地方税税率。但情况有所不同了,依照法律,默西塞德、南约克郡、大伦敦市议会和内伦敦教育局要在 3 月上旬确定地方税,这些地方面临着压力。最后,南约克郡和默西塞德郡在 3 月 10 日设定了税率。在利文斯通与其副手约翰·麦克唐纳进行了公开的激烈争吵后,内伦敦教育局和大伦敦市议会都设定了地方税,反抗运动的两个主角连第一道栏都没跨过。地方政府事务大臣肯尼思·贝克表示:看到工党在煤矿工人罢工和限制地方税过程中的糟糕表现,我们确信将赢得他们的席位。②

　　行动的力量在于联合,如今却由于参与者目标各异而分裂了。虽然总共有 15 个地方拖延设定地方税税率,但此前的统一联盟如今面临着分崩离析。在大伦敦市议会退出联合运动之后,朗伯斯地方议会的前副领袖格雷

---

① "*Create More Jobs in 1985 – Mrs. Thatcher's New Year Message*", in *Conservative Newsline*, January 1985. (PUB 125/1)

② Kenneth Baker, "*Rate Rises Held by Conservative County Councils*", in *Conservative Newsline*, April 1985. (PUB 125/1)

厄姆·诺伍德表示:"利文斯通带领大伦敦市议会退出斗争,是对左翼的严重一击,这为其他地方退出斗争趋平了道路。"①结果的确出现了两个阵营,和工会站在一边的地方继续对抗中央,而那些将反抗运动作为谈判施压手段的地方,准备退出行动以免触犯法律。

地方联合反对地税封顶运动走向瓦解。3月上旬,大伦敦市议会、内伦敦教育局、默西塞德、南约克郡、巴兹尔登和朴次茅斯等地按规定设定了地方税;在接下来的三个月,哈林盖、刘易舍姆和哈克尼、谢菲尔德以及卡姆登、格林尼治等六个地方议会屈从于各种压力,设定了地方税;到了6月上旬,除伦敦朗伯斯和利物浦外,所有地方都依法确定了税率,到了7月份,这两个地方最后也确定了税率。② 这些地方中,拖延一个月以上的有哈克尼、伊斯灵顿和朗伯斯,其中朗伯斯成为最后一个确定税率的地方。至此,喧嚣一时的联合对抗行动彻底破裂瓦解。

曾经在预算危机中迫使中央让步的利物浦,在反对地税封顶运动中不再幸运。1984年预算危机之后,中央派来了提姆·麦克马洪担任新的地区审计员,他宣布地方议会必须在5月底确定一个税率,但利物浦议员们错误地相信他们可以拖延至6月20日。地区审计员于是依法对49名议员提出处罚,其中彼得·劳埃德和比尔·拉弗蒂在运动开始前去世,实际上有47人受到处罚。

1986年,工党议员向高等法院申诉失败。议员们将案子带到了上诉法院,然而再次遭遇失败,上诉到上议院,仍然被驳回,代表中央政府的审计员占得上风。利物浦的多位议员被剥夺资格,作为利物浦城市议会领导人兼利物浦工会理事会财务主管,约翰·汉密尔顿也因为地税封顶事件受到处罚。随后利物浦议会财政主管托尼·拜恩取代汉密尔顿成为议会领袖。朗伯斯的31名工党议员也受到了严厉处罚,地方联合反对中央地税封顶运动终告失败。

国会的工党领导人没能对运动提供有效的领导,无论是化解中央政府

---

① *Photos from Lambeth's Struggle Against Rate Capping*, Lambeth Fighting Fund, 1986, p.4.

② *The Battle for Lambeth*, Lambeth Fighting Fund, 1986.

的攻势,还是维持内部的团结一致,工党高层都没能做好。工党领导人不想与对抗行动绑在一起,他们担心会触犯法律,这就留下那些经验并不丰富的地方领导人单打独斗,同时,对撒切尔主义的挑战缺乏广泛的支持,地方政府领导人之间又缺乏坦诚。许多地方对能够实现的目标存在误判,联合反抗某种程度上是左翼的期望,多数工党地方议员不愿以身试法,甚至断送自己的政治生涯,也不愿损害地方政府的形象和声誉。

中央政府的法律与政治优势非常明显。各个地方在拖延过程中,始终要面对一种压力:拒绝在给定期限内设定地方税税率,将会导致中央诉诸法院并实施法律制裁。1984年12月,地方当局不设定地方税的策略发生变化,由拒绝设定改为决定推迟设定,便是为了避免即刻引火烧身。最后,多数地方还是屈从了法律以及中央政府,十八路诸侯讨伐中央,结果很快变成了朗伯斯孤军奋战。有朗伯斯的地方议员对此颇有微词:"朗伯斯本地的斗争是个胜利,但其他地方没能坚定立场,不仅使撒切尔逃脱惩罚,反而让我们成为托利党法庭上的被告。"①

中央政府手中的牌往往比较多,除了在宪法法律层面上占绝对优势,中央政府为地方支付了很多拨款,它还可以扩大这种财政上的优势。中央政府会有意见分歧,但地方政府类型多样,政治倾向和预期目标各异,往往更难统一意见和行动,在博弈中往往处于不利地位,而中央政府则是"设定规则甚至进行裁判的人"。②

不过,运动表达了地方政府反对削减和控制的强烈意愿。运动带来的政治压力迫使政治家和官员们找到新办法,增强了财政手段的灵活性,"如果它们在1984—1985财年温顺地放弃,它们将按照中央政府的意愿来调整地方公共支出"。③ 经过1984—1985财年的公开斗争之后,中央与地方之间有关地方支出的博弈很大程度上开始在复杂的技术、行政和立法层面展

①　*Photos from Lambeth's Struggle Against Ratecapping*,Lambeth Fighting Fund,1986,p.3.

②　K.Newton and T.J.Karran,*The Politics of Local Expenditure*,London:Macmillan,1985,p.129.

③　David Blunkett and Keith Jackson,*Democracy in Crisis:the Town Halls Respond*,London:Hogarth,1987,p.189.

开,并且斗争更加激烈。1984—1987 年间,经常性支出继续平稳增长,许多工党控制区以及一些地方继续维持甚至扩大地方服务,公然反对保守党政府。

面对地方议会的反弹,中央政府在连续发力的同时,也做出了一些妥协让步。首先是放松了一些与地税封顶有关的法规,1986—1987 财年,一些受影响的地方可以就支出水平问题进行上诉,结果,这些地方的支出水平增加了 2.2% 到 7.7%;其次,从 1986—1987 财年开始,中央政府将目标和处罚制度从一揽子拨款机制基础上剥离;最后,1986—1987 财年的拨款方案相对比较慷慨,中央政府可以缓和取消大都市郡以及地税封顶带来的影响。[1]

推行地税封顶和更多运用一揽子拨款制度只是改革第一步。詹金在 1984 年保守党年会上宣布,地方政府财政有三个目标:增强地方议会对选民的责任,提高地方投票与承担服务成本之间关联度;使地方税收更加公平;使中央政府补助地方支出的机制更加简化。[2] 拨款制度改革和地税封顶显然不能完全实现这些目标,保守党势必将采取更进一步的行动。

第三节　地税封顶政策的影响

撒切尔夫人上台后,中央地方财税关系发生了重要变化。20 世纪 50、60 年代的主要特点是地方职能扩张和中央拨款增加,到了 20 世纪 70 年代后期则是中央与地方之间的平等博弈协商。从 1979 年开始,保守党政府开始不断触动地方自治权,尤其是进入 20 世纪 80 年代,中央日益加紧对地方的管控督导,不断越过地方传统权力边界。保守党政府将削减地方支出作为经济战略的重要途径,中央要寻求新的权力,不断丰富和强化干预控制地

---

①　Tony Travers, *The Politics of Local Government Finance*, London: Allen&Unwin, 1986, pp. 184-6.

②　*Local Government Brief*(*No.*16), Conservative Research Department,July 1985.(PUB 145/4)

方财政的手段,限制地方税是中央迈出的标志性步骤。

地方税封顶严重侵蚀了地方财税自治权,改变了长期以来中央地方的宪法和政治关系。从 1601 年《济贫法》实施后的近四百年里,地方当局有权确定自己税收和支出水平就成为一项基本原则,地方税体系"完全独立于中央政府,毫无疑问地属于地方,此前绝无为中央利益而接管或操控地方税收的先例"。[1] 保守党政府也没有试图遮掩,大选宣言中既已昭告,改革势在必行。自地方税产生几个世纪以来,这是首次由国会授权中央政府限制地方政府的地方税收入的权力。[2]

地税封顶是一种方向性的转变,和一揽子拨款不同。以前,中央政府只是为全国设定一个最低服务标准,而具体的支出预算及执行还是地方自己决定。国务大臣汤姆·金曾经公开表示:"一旦公共资金分给了地方,就由地方来决定如何花钱,至于选择什么服务以及地方税税率如何,都是地方自己的事情。"[3]而现在,中央政府不但管到了服务项目,还管到了具体的预算,甚至对地方收入来源进行控制,原来属于地方政府和地方选民的"家务事",如今变成了在中央严格圈定范围内来决定的事情。财政大臣劳森宣称,撒切尔在 11 年任期里推行了 50 部国会立法来削减或者控制地方开支,利文斯通认为其中"最坏的是允许地税封顶"。[4]

尽管对于地税封顶降低地方支出的效果还有争议,但可以确定的是,地方政府财政自治地位下降了。在中央拨款收紧的情况下,地方政府正是依靠地方税来维持较高支出,地方选民为了维持公共服务才愿意接受地方税上涨,并将责任归咎于中央政府,地方政府则自恃有选民支持与中央对抗。如今,中央政府已经进入地方政府阵地了,考验的则是选民的态度和力量。

白厅在权力平衡中地位上升,地方选民的分量实际上遭到了削弱。卡

① N.P.Hepworth, *The Finance of Local Government*, London: Allen & Unwin, 1972, p.83.

② Tony Travers, "*Current Spending*", in Michael Parkinson (ed.), *Reshaping Local Government*, London: Policy Journals Ltd, 1987, p.19.

③ Steve Bond, *Taking over the City: Threats to the Future of Services and Jobs in Sheffield*, Sheffield 88 Southview Cres., 1985, p.21, 引自 House of Commons, 8.7.1980.

④ Ken Livingstone, *You Can't Say That: Memoirs*, London: Faber, 2011, p.249.

拉汉时期就开始收紧地方政府支出,但地方事务决定权还是握在地方选民手中,他们通过定期选举投票,来选择议员代表和政策取向。如果地方税过高,地方选民自己可以投票改变。中央政府限制地方税,等于剥夺地方决定本地支出的权力,如果选民所在地方受到封顶,那就是白厅在决定当地的开支,而选民不能投票罢免白厅高级官员。① 不过,也有人不认同地税封顶是对地方民主的攻击。保守党大臣詹金认为,所有地方政府的权力都来自国会法案,地方无权在国会授权范围以外行事,大多数地方觉得他们拥有自由,但这种自由要在国家政策的边界之内,少数地方特别是左翼主导地区没有认识到这一点,现在要做的就是通过立法来晓之以理。②

值得关注的还有中央与地方关系的"司法化"③。长期来看,新的立法以及法律手段的运用带来的影响比地方财政的重塑要深远。在那些严格按照成文宪法行事的国家,地方政府的权利职责不会被更高层级的政府侵犯、取代或分割,而英国 1979 年之后的一系列立法打破了这一传统,尽管有来自反对党以及保守党后座议员的反对,但各种立法带来的冲击却一波强过一波,从形式上塑造了一个更加集权的国家。特别在地税封顶实施过程中,法院也被卷入了中央地方冲突之中。总体而言,地方议会挑战中央政府的行动都失败了,法院也支持中央向地方发出指令或进行惩罚,即便少数地方能在个别回合中扳回得分,中央政府也会通过改变法律来使自己立于不败之地。

地税封顶等一系列措施损害了地方财政自主权,但不能据此认为中央政府的目的在于控制地方政府。从传统角度来说,在英国以及许多其他西方国家,一定程度的自治是分配国家权力所必需的,只有保留地方自治和民主,才可能拥有兼具开放性和回应性的政府。撒切尔夫人及保守党高层也深知,高度集权的国家会缺乏经济效率。但从其行动轨迹来看,似乎倾向于

---

① *New Lambethan*, Lambeth Public Relations, February 1985, p.3.

② Bob Lacey, "*Protecting the Ratepayer*", in *Conservative Newsline*, January 1984. (PUB 125/1)

③ 参见 Martin Loughlin, *Legality and Locality : the Role of Law in Central-Local Government Relations*, Oxford : Clarendon, 1996.

离开这个路径,更乐于督导地方而非与其咨商,这引起了中央与地方的冲突,也带来了许多误解。

保守党一再宣称要保障民主和自由,"保守党在过去对地方民主很尊重,比工党还要尊重,保守党政府的白皮书和声明都反映了这一点。"①1971年苏格兰地方政府改革白皮书开篇就表示:地方政府构成了国家民主的重要部分,一个现代的有效的地方政府体系对于实现中央政府的自由和职能目标非常关键。1971年《地方财政的未来形态》报告中也曾指出:中央政府希望给地方政府更多自由,但它们不能撂下管理国家经济的责任,也不能逃避实现全国最低服务标准的义务,中央政府的问题是如何摆脱这种两难境地。②

多位保守党议员都表达了类似理念。1974年,保守党议员迈克尔·斯派塞在给撒切尔夫人的信中表示:第一项原则便是倾向于一个稳固兴盛的地方政府体系来贯彻保守党准则,从而平衡白厅权力的侵入。③ 保守党科教艺术事务发言人在1977年的演讲中表示:"工党政府一直在追求干涉而非引导、是在威胁而非鼓励,大棒而非胡萝卜的特点已经持续了三年。"而保守党则相反,将让"地方政府自己决定如何花钱,自己决定如何运行学校,在职能范围内自做决定自行其是。"④保守党地方事务发言人表示,中央政府要对中央部门、国有公司或者地方政府的公共支出采取控制,但"我们力图实现权力从中央向地方的转移,这也是保守党分权哲学的一部分。"⑤直到1980年《地方政府法案》仍然宣称,该法案旨在赋予地方当局更多职

---

① Howard Elcock, Grant Jordan, Arthur Midwinter with George Boyne, *Budgeting in Local Government: Managing the Margins*, Essex: Longman Group, 1989, p.1.

② *The Future Shape of Local Government Finance* (Presented to Parliament, July 1971), Cmnd 4741, London: HMSO, p.6.

③ Michael Spicer MP, *The Letter to the Rt Hon Mrs Margaret Thatcher MP*, 4th July 1974. (THCR1/12/4)

④ *Extract from a Speech at the Annual Conference of the Conservative National Advisory Committee on Education at the Royal Overseas League by Norman St John-Stevas MP*, News Service, London: Conservative Central Office, 18th June 1977. (THCR5/12/166)

⑤ *The Conservative Approach to Local Government, Speak to a Meeting of Conservative Councillors by Keith Speed MP*, News Service, London: Conservative Central Office, 13 September 1977, pp.6-7.

责,并减少中央控制。

保守党的意识形态和理论宝库里具有权威主义的因素,但重申自由原则也是保守党的新思想要素之一。不过,要想将地方政府和整个国家从过去的模式轨道中扳回,就不得不采取专断强硬的方式,比如釜底抽薪式的地税封顶政策。住房与建设部大臣伊恩·高在1984年保守党大会上表示:我们的目标是创建全国性的财产所有权民主制,撒切尔夫人对英国政治的最大贡献之一就是用坚定信念取代妥协,以原则取代权宜。①

撒切尔夫人第二任期里,对国家的态度显示出了复杂性,在意识形态方面也出现了矛盾。中央政府打破几百年的传统,推行地税封顶政策,确实侵蚀了地方财税自主权,虽然其目的可能并非如此。撒切尔夫人宣称受到了哈耶克对现代国家日益膨胀的批评的影响,但也有证据显示她并非哈耶克式的自由主义者,她并未急于推动国家作用最小化,因为她具有埃德蒙·伯克式的对权威和秩序的认同,对家庭道德存在偏好,并将其视作资本主义社会的基石,地税封顶就显示其维护权威和秩序的一面。②

撒切尔夫人在1986年伯恩茅斯举行的保守党年会上表示:"我们的政府已将国家边界后撤,并将继续后撤更多。我们的政策在全世界都很流行,从法国到菲律宾,从牙买加到日本,从马来西亚到墨西哥,从斯里兰卡到新加坡,都在进行私有化,甚至在中国也出现了一个特殊的东方版本。"③不过,尽管中央大力压减地方支出,各种形式的次国家治理在增加,地方政府仍然是地方的主要治理机构。1990年,地方政府仍然占到政府总支出的四分之一,雇佣了两百万人,经历了私有化市场化之后,地方服务范围仍然相当可观。

在既有中央集权又有地方自治的国家,中央推动地方削减支出并不难

---

① "*Our Aim-to Create Nationwide Property Owning Democracy*", in *Conservative Newsline*, November 1984.(PUB 125/1)

② Brendan Evans, *Thatcherism and British Politics*, 1975-1999, Stroud: Sutton, 1999, p.81.

③ *Margaret Thatcher Speeches to the Conservative Party Conference* 1975-88, London: Conservative Political Centre, April 1989.(PUB 181/21)

理解。但削减到什么程度,通过什么方式进行削减,却容易产生不同看法。对于保护经济战略和保护地方税纳税人来说,中央政府的行动是必要的,"支出超过目标损害了整体平衡,中央政府,也只有中央政府,必须决定支出、借款和税收……"①面对地方的反弹,保守党刊物评论认为:极端左翼的地方议会蓄意对抗中央政府,浪费公共资金,对议会制度是一个直接威胁。国会有责任统一管理国家和经济,因此才实行了地税封顶,目标非常简单,就是控制支出、保护地方税纳税人。②

地税封顶是推行货币主义和自由市场的需要。中央政府施行地税封顶政策有一个假设:地方超支破坏了全国经济政策,地方税上涨影响了经济效率,最终不利于地方和整个国家的发展。"中央政府决定削减公共支出不仅是因为整体经济衰退,还因为保守党政府坚定的意识形态承诺,就是要降低国家的作用,控制货币供应量的增长。"③挤出假设和公共部门天然低效的观念强调,如果财政支出超出一定水平限度,将会有害于全国经济,更不用说有害于地方自由经济了。在中央政府看来,基于地方税的支出和其他地方支出并无二致,理应接受中央控制,甚至因其自主空间较大,更要严加约束。

保守党将低税收视为恢复经济活力的不二法门,从上台前就宣称要实行减税。1984 年 3 月出版的《下一个十年:迈向 20 世纪 90 年代的公共支出和税收》绿皮书表示,如果到 1993—1994 财年公共支出都能得以控制的话,税收总额占国家产出的比例将从 1978—1979 财年的 34% 下降到31%。④ 财政大臣秋季演讲明确表示,基于当前情况,在下一财年预算中有进一步减税的空间。1985 年 1 月,劳森表示:低税收将刺激人们工作和投

①　*Leon Brittan MP in a Speech to the Society of Local Authority Chief Executives*,1982.

②　Bob Lacey, "*Protecting the Ratepayer*", in *Conservative Newsline*,January 1984.(PUB 125/1)

③　Malcolm Grant:*Rate Capping and the Law*, London:Association of Metropolitan Authorities, February 1986,p.2.

④　*Politics Today No.*2,*Economic Review*,London:Conservative Research Department,4th February 1985.(PUB 221/43)

资,会创造更多岗位,最成功的两个经济体日本和美国都是低税收国家。[1]
环境部大臣詹金认为,"居高不下并不断上涨的地方税会造成破坏性影响,
成本上升、竞争力削弱……工作岗位流失。"[2]英国工业联合会向议员们解
释说,地方税成为商业领域最重的税负,由于少部分地方支出太高,严重损
害了商业发展。[3]

对于地方税收影响经济的观点,也有不同意见。剑桥大学土地经济系
研究认为,地方税对于私人部门就业分布的影响很小。在制造业、零售业以
及仓储物流行业,除了伦敦市中心的部分商业岗位,并没有证据显示地方税
与就业岗位流动有必然关系。即便是降低地方税,许多业主也只会少量提
高租金,对就业没有太多影响。工业地方税的影响被夸大了,其相比照明、
通讯以及供热等也算不上大额支出。地方税对于制造业就业没有明显影
响,地方税税率也不是影响产业分布的重要因素。[4] 工商业地方税增长更
加迅速,因此招致很多商业团体抗议,但相对国家税而言,非住宅地方税占
生产总成本比例很小,仅占工业商业成本的 1 至 5 个百分点。[5] 工业的问
题不是缺乏资金,各种公司近年来在海外投资达数十亿英镑,保守党政府
1979 年解除兑换控制以来,英国私人海外投资上升了 40%,每年超过 110
亿英镑。[6]

地方支出实际上与地方经济紧密相关。地方政府机构及其雇员往往是
一些地方最大的消费者,在谢菲尔德,地方政府及相关支出支撑了该地区以

---

[1] "*The Next Ten Years: Public Expenditure and Taxation into the 1990s*", Cmnd 9189, London: HMSO, March 1984; *Politics Today No.2, Economic Review*, Conservative Research Department, 4th February 1985, pp.31-2.(PUB 221/43)

[2] Patrick Jenkin, *DSheffield Star*, 26 March 1984.

[3] *CBI Parliamentary Brief*, 6 January, 1983.

[4] P.Crawford et al., *The Effect of Business Rates on The Location of Employment*, University of Cambridge: Department of Land Economy, January 1985.

[5] C.Foster, R.Jackman and M.Perlman, *Local Government Finance in a Unitary State*, London: Allen & Unwin, 1980, p.316.

[6] Steve Bond, *Taking over the City: Threats to the Future of Services and Jobs in Sheffield*, Sheffield 88 Southview Cres., 1985, p.17.

外的七千多个岗位。在 1982—1983 财年,地方政府从 3000 个私人公司那里购买了价值 8000 万英镑的商品和服务,其中 2400 万英镑付给了谢菲尔德本地公司。谢菲尔德政府与一些公司的合同涵盖建筑、汽车、图书、食品、计算机、能源等多个类别领域。[1] 至少在短期内,很难说压缩开支和限制税收有助于经济发展。与此同时,"地方税封顶可能会使大臣和环境部处于与多个地方政府一对一谈判的境地,这将会带来很高的政治成本。"[2]

有学者分析了中央政府的地方财政政策与目标之间的矛盾,认为二者实际上难以兼顾。中央政府的目标包括:①控制地方政府总支出;②控制支出较高地区的支出;③限制地税上涨。最初主要通过拨款制度来实现这几个目标,而拨款制度本身的目标又包括:④在不同地区之间实现均等平衡。中央关注的问题还包括:⑤使倾向保守党的地区更为有利;⑥促进效率和提升经济;⑦减少公共部门借贷请求。从目标关系分析,控制地方总支出与减少公共部门借贷请求将导致拨款减少,而这又将导致地方税上涨,目标①、目标⑦和目标③冲突;利用目标和处罚制度来实现目标①又会影响目标④的实现,并影响目标①和目标⑥的实现。中央政府宣称要削减拨款提升地方责任,但通过地税封顶来实现目标②,导致地方自主性的丧失。[3]

从数据上看,地税封顶机制实施以来,中央力度越大,地方平均支出就越高。地方当局抱怨中央政府干预太多,但同时,地方支出并未像中央希望的那样下降。1988 年,保守党研究部抱怨道:地方当局净支出总计超过 410 亿英镑,占国内生产总值的 10%,占到公共支出的四分之一。[4] 这包括几个

① Steve Bond, *Taking over the City：Threats to the Future of Services and Jobs in Sheffield*, Sheffield 88 Southview Cres., 1985, p.16.
② R.A.W.Rhodes and Vincent Wright, *Tensions in the Territorial Politics of Western Europe*, London：Frank Cass, 1987, p.251.
③ Glen Bramley,"*Financial and Political Pressures and Uncertainty*", *Local Authority Budgeting under Stress*, Public Finance Foundation Discussion Paper No.12, March, 1986, pp.10–11.
④ Howard Elcock, Grant Jordan, Arthur Midwinter with George Boyne：*Budgeting in Local Government：Managing the Margins*, Essex：Longman Group, 1989, p.4.

原因,首先是 20 世纪 80 年代后期,中央政府关于地方支出的计划没有早前那么严格,由于经济增长,1986 年之后中央的控制有所放松。其次,由于实行封顶,支出较低的地方也要瞄准需求评估来提高支出,而支出高的地方没有兴趣降低支出。再次,封顶越严格,政府就要确保目标设置不能不合理,这样无形之中就导致目标有所调高。①

对地税封顶政策的批评来自各个派别。许多学者和高级官员认为,地税封顶不民主、不公平、缺乏有效基础,"对于地方超支的判定是武断的,因为'超支'的定义是中央政府做出的,并且他们每十二个月就改变其定义。"②中央政府也不确定地税封顶制度能够走多远,事实上这也不是撒切尔政府的终极目标。在地税封顶刚刚提出的时候,就有学者预言,地税封顶并非最终手段,"集权主义悄悄地推进,每迈出一步,都让下一步看上去更有可能。三年前,没有人想到会实行地方税封顶,因为该政策在那时候根本没有机会通过。"③

地税封顶的确不是终极手段,保守党早有预言。早在地税封顶之前几年,环境大臣赫塞尔廷曾在英国工业联合会年会上表示:我的目标是创设这样一种地方政府财政体系,能够更有效率地在谨慎节俭和肆意挥霍之间做出辨别,能够在更加公平的基础上分配地方税纳税人的税负,我们已经采取措施使地方财政趋于合理,并降低地方支出。赫塞尔廷个人认为,只有当基础经济条件允许的情况下,才能推行地方税改革。④ 取消大都市郡和地税封顶代表着极端的步骤,看起来中央控制地方的故事就要完成,"不过可以

① G.W.Jones(ed.), *Local Government : the Management Agenda*, Hemel Hempstead : ICSA Publishing,1993,pp.42−3.

② John Gibson,"*Local Government ' Overspending'-Who Is Responsible?*",in John W.Raine(ed.), *The Fight for Local Government*, University of Birmingham : Institute of Local Government Studies,December 1983,p.6.

③ John W.Raine,"*Rate-Capping and Abolition-The Continuing Story of Central Government Extending Control Over Local Government*",in John W.Raine(ed.),*The Fight for Local Government*, University of Birmingham : Institute of Local Government Studies,December 1983,p.5.

④ *Local Government Brief*(*No.*45), Local Government Organisation,January 1981.(PUB 145/3)

确定的是,过去的记录难以证明这个过程即将终结。"①

附案例：朗伯斯反地税封顶运动

在保守党政府实施地税封顶政策过程中,遇到了朗伯斯自治市的激烈反对。朗伯斯联合其他受到处罚的地方,试图迫使中央政府改变政策和处罚决定,但联合阵线很快瓦解,朗伯斯一番孤军奋战之后,以失败告终。朗伯斯在反对地税封顶运动中的表现,有着深刻的历史和现实背景。朗伯斯的问题由来已久,长期以来该地区发展缓慢落后,导致福利依赖不断增强,并孕育了激进倾向,在削减拨款和收紧地方财税权力的改革中,朗伯斯受到严重影响,当地政界和选民的怒火难免被点燃。

朗伯斯地处泰晤士河南岸,当伦敦和威斯敏斯特市向东、西、北边扩张的时候,朗伯斯一直发展缓慢。19世纪后期开始兴起的建设热潮,奠定了现代朗伯斯的基础。② 1908年,新的市政厅建成之时,威尔士亲王夫妇亲自出席开幕活动。不过,直到步入20世纪之时,朗伯斯还是个破落的地方。朗伯斯自治市面临着北边和南边、富裕与贫穷、工业与半乡村的矛盾。作家兼历史学者沃尔特·贝赞特曾对朗伯斯地区的贫穷脏乱进行了描述。③ 两次世界大战之间,朗伯斯发生了很多改变,但二战中财产损毁和人员伤亡严重。战后初期,北朗伯斯工党的埃尔西·博尔茨成为朗伯斯第一个女市长,就朗伯斯的贫困和外界的偏见向媒体大倒苦水。

朗伯斯战后主要公共支出项目是公共住房,1951年,朗伯斯地方政府

---

① John W.Raine,"*Rate-Capping and Abolition-The Continuing Story of Central Government Extending Control Over Local Government*",in John W.Raine(ed.),*The Fight for Local Government*,University of Birmingham:Institute of Local Government Studies,December 1983,p.5.

② Sue Mckenzie,*The Twentieth Century Lambeth*,Gloucestershire:Sutton,1999,p.6.

③ Walter Besant,*London*,*South of the Thames*,London:Adam & Charles Black,1912.

建设的新房数量在伦敦排第四位。① 战后的变化还包括移民和中产阶级涌入,大量西印度群岛和非洲移民安置在布里克斯顿,族群和文化更加多元,种族社会问题也由此加剧。1965 年,朗伯斯自治市形成,斯特里汉姆和克拉彭从旺兹沃思划到了朗伯斯。1972 年,环境部委托启动了对朗伯斯地区的研究,发现这个此前不受青睐的地区中产阶级化了,大量中产阶级专业人士涌入导致住房价格攀升,一些家庭被迫向更南的地区迁移。

朗伯斯的种族问题和暴力等社会治安问题比较严重。朗伯斯与世界金融中心伦敦金融城仅有一河之隔,但长期以来,许多人却生活在极端恶劣的条件下。朗伯斯有许多黑人社区以及西印度社区,聚集了许多来自英联邦的移民,黑人比例也比伦敦整体要高,战后第一批搭乘"帝国疾风号"到达英国的人中,没有住处的就安置在朗伯斯的克拉彭地区。1947 年朗伯斯地区的布里克斯顿发生了英国本土的法西斯主义分子与反法西斯主义群体之间的冲突。20 世纪 50 年代南伦敦报上的小广告显示,黑人要想租到房子都有困难,甚至有舞厅要求黑人男子自带女伴才能参加舞会。②

朗伯斯在 20 世纪 80 年代更加引人关注,朗伯斯年轻人特别是黑人失业率很高,街头犯罪不断上升。1981 年 4 月 10 日,警察盘查一名年轻男子时发生枪击,并导致了著名的布里克斯顿骚乱。由斯卡曼勋爵负责的调查委员会认为,骚乱的原因在于贫困和歧视。但此后几年,朗伯斯地区面临的住房、失业、贫穷和衰败等问题并未得到明显改进,有些方面还更加恶化了。③ 骚乱使得该地区吸引了更多媒体的目光,媒体工作者紧盯此地四处挖掘新闻。这一次,由于左翼的工党地方议会反对地方税封顶,朗伯斯很快成为传媒焦点,"朗伯斯沦为笑柄,成为疯狂滑稽左派的代名词。"④

朗伯斯地区贫困与社会问题突出,当地居民的被剥夺感极为强烈。

---

① Sue Mckenzie, *The Twentieth Century Lambeth*, Gloucestershire: Sutton, 1999, p.7.

② Sue Mckenzie, *The Twentieth Century Lambeth*, Gloucestershire: Sutton, 1999, p.79.

③ *The Case for Lambeth: Personal Views* (a Special Edition of *New Lambethan*), Lambeth Public Relations, October 1985.

④ Sue Mckenzie, *The Twentieth Century Lambeth*, Gloucestershire: Sutton, 1999, p.7.

1986 年调查显示,朗伯斯家庭年收入低于 10400 英镑的比例为 53%,还不
及大伦敦地区 1985 年男性平均年收入。[1] 低收入导致领取政府额外津贴
的人大量增加,1977 年有 24000 名申请者,除了 1977 年到 1979 年间约下降
了 4000 人外,此后一直上升,到 1986 年达到了 43700 名申请者。[2] 地方刊
物登出了许多个例来证明贫困,"许多领取养老金的人生活艰难,68 岁的埃
尔西受到了朗伯斯资金建议小组的帮助,但她每周只有 18 英镑用来
生活。"[3]

　　朗伯斯社会问题极为严重,所有伦敦自治市中,朗伯斯地区有精神健康
问题的人数最多,由于年龄或残疾原因等待福利住房的人数最多。在朗伯
斯生活的人口中,59% 的人没有私人汽车,而全国平均比例为 40%。朗伯斯
单亲家庭全国最多,达到了 9637 个,占家庭总数的 32%,环境部将朗伯斯列
为全国第四的塌陷区。[4] 人口结构问题加剧了朗伯斯的经济社会危机,
1981 年普查显示,朗伯斯人口在 1971 年至 1981 年间下降了 20%。[5] 朗伯
斯老龄化严重,1980 年,朗伯斯地区 65 岁以上人口占总人口比例为
13.4%[6]。其中,年龄 75 岁及以上的人数占到了老年人口的五分之二。[7]

　　朗伯斯当地失业率高,就业结构失衡。当地失业率从 1979 年的约 6%
一路攀升至 1985 年的约 22%,每四个男性工人中就有一个没有工作,每六
个女性工人中就有一个没有工作。[8] 1980 年 7 月,23% 的失业者一年没有

[1]　*Lambeth Skill Shortages Survey* 1986, London Borough of Lambeth, Directorate of Town Planning and Economic Development, 1986, p.10.

[2]　*The Battle for Lambeth*, Lambeth Fighting Fund, 1986, p.6, Figure 4.

[3]　*The Case for Lambeth: Personal Views* (a Special Edition of *New Lambethan*), Lambeth Public Relations, October 1985.

[4]　*The Battle for Lambeth*, Lambeth Fighting Fund, 1986, p.7.

[5]　*Lambeth Skill Shortages Survey* 1986, London Borough of Lambeth, Directorate of Town Planning and Economic Development, 1986, p.6.

[6]　Martin Minogue(edited for the National Consumer Council), *The Consumer's Guide to Local Government*, London: Macmillan, 1980, pp.9–10, Table 3.

[7]　Lambeth Council, *Care of the Elderly in Lambeth Residents of Old People's Homes*, Lambeth Research & Planning, 1981, p.1.

[8]　*The Battle for Lambeth*, Lambeth Fighting Fund, 1986, p.6.

工作,而到了 1986 年 4 月,这一比例上升到 45%。与失业同时存在的问题是招工困难,劳动力缺乏训练导致各种技术岗位招工困难,与此同时,非技术岗位招工也比较困难。据朗伯斯地区 1986 年底进行的技术工人短缺情况调查显示,非技术体力劳动岗位招人困难,特别是制造业和建筑行业企业,原因在于申请者少,工资太低。①

此外,年轻人失业严重,四年时间里,16 岁至 18 岁年轻人失业人数翻了三倍。仅 1983 年 9 月,朗伯斯就有 1550 名 16 岁至 18 岁的年轻人在就业办公室登记失业。② 朗伯斯大约 25 万居民中,有四万多年龄在 15 岁至 24 岁之间的年轻人,其中超过三分之一失业。他们需要地方政府的帮助来找工作、接受培训和享受休闲娱乐。一份朗伯斯地方刊物的首页刊登报道:一个名叫莱纳德·威尔逊的 21 岁年轻人,已经完成了有关培训课程,需要寻找工作。与该消息刊登在同一页上的则是朗伯斯选出新市长和新的国会议员的报道。③

朗伯斯经济结构最明显变化是制造业部门衰落,服务领域和公共部门繁荣。1971 年到 1985 年,总就业下降了 10%。失去了 15280 个(63%)制造业岗位,失去了 7890 个(64%)建筑业岗位,保险、金融和商业服务增加了 7500 个岗位,中央和地方政府增加了 9350 个岗位,其中地方政府就业人数增长了 63%。④ 1985 年,几乎一半的朗伯斯地区就业人口是在公共部门,包括中央与地方政府,教育交通等公共服务部门,另外,相当比例的私人部门就业依赖于公共部门的消费和合同,这意味着朗伯斯的经济一定程度上会受到中央政府公共支出政策的影响。

在朗伯斯民众看来,许多问题是中央和地方政府政策的直接结果,政策不连贯,缺乏长远规划。比如,取代此前鼓励企业搬出主城区的政策,朗伯

---

① *Lambeth Skill Shortages Survey* 1986, London Borough of Lambeth, Directorate of Town Planning and Economic Development, 1986, p.2,9.

② *New Lambethan*, Lambeth Public Relations, December 1983/January 1984, p.8.

③ *New Lambeth*, Lambeth Public Relations, Summer 1983, p.1.

④ *Lambeth Skill Shortages Survey* 1986, London Borough of Lambeth, Directorate of Town Planning and Economic Development, 1986, pp.11-4, Table 4.

斯现在委派了就业促进官员来促进该地区工业发展。中央政府政策反映的不是地方人民的需要,而是国家和国际金融的需要。中央政府的过度控制成为朗伯斯发展的重大障碍,"内阁部门有权批准贷款,有权通过地税补助拨款管理来批准或否决地方议会的项目。债务和利率吸食了大量的地方税收入,这意味着地方议会政策受到偿还住房债务和中央政府拨款控制的影响很大。"①

朗伯斯的政治格局为冲突发生提供了重要条件。20 世纪 70、80 年代是地方与中央的抗议冲突时期。从 1934 年开始的绝大多数时间里,朗伯斯议会由工党控制,1968 年保守党赢得多数对既有体制造成了一次冲击,但1971 年工党重新选举上台。同时,地方工党也在变化,老一代离世,年轻人和更多激进人士补充进来,比如肯·利文斯通和特德·奈特。1978 年,左派控制了地方议会,朗伯斯和其他主城区比如哈克尼和伊斯灵顿一样,开始转向变革。黑人活动人士、民权运动人士、女权主义者、同性恋、寡居群体等纷纷活跃起来。②

朗伯斯的问题很早就引起了关注。1979 年,上万名朗伯斯居民联名抗议当地调高地方税税率。保守党对此发出警告:朗伯斯不久前被工党温和派控制,现在则掌握在极端分子手中,今天发生在该市的事情明天就可能发生在你身边,一旦极端主义者掌握了权力,将毫无原则地滥用。③ 区审计员对朗伯斯的支出政策所遭到的广泛反对表示关注,朗伯斯的保守党相信,只要奈特不改弦更张,审计员迟早会对一些议员做出处罚。④赫塞尔廷注意到了朗伯斯的问题,并对极左派领导人奈特进行了敲打,他表示:"如果是由于政治原因增加支出,那么毫无疑问我将加以关注,审计员已经对该地区议会提出了批评,我不会对当地发生的事情视而不见。"⑤

①　*What We Say About*, a Communist Party Perspective for the People of Lambeth, Lambeth Communist Party, 1978, p.2.

②　Sue Mckenzie, *The Twentieth Century Lambeth*, Gloucestershire: Sutton, 1999, p.106.

③　*Local Government Brief*(No.29), Local Government Organisation, April 1979.(PUB 145/3)

④　*Local Government Brief*(No.36), Local Government Organisation, January 1980.(PUB 145/3)

⑤　*Local Government Brief*(No.38), Local Government Organisation, March 1980.(PUB 145/3)

作为这个国家最为贫困的地区之一,从 1979 年至 1985 年,朗伯斯从中央政府获得的拨款连年减少,如今又要实行地税封顶。政策一出,便成为朗伯斯当地的头等议题,地方刊物《新朗伯斯人》在 1985 年 3 月、4 月以及 6—7 月的封面都是地税封顶议题。最后,地方民众不再沉默,议员、工会、社区团体等都参加了这场斗争。

削减拨款与地税封顶加剧地方困境。朗伯斯的贫困、失业、老龄化及住房等各种问题导致社会公共服务需求巨大,但恰在此时,保守党政府推行削减地方支出政策,朗伯斯损失严重。从 1979 年开始,朗伯斯失去了高达 1.13 亿英镑的中央拨款,中央政府对于标准服务水平的需求评估也不断降低。1979—1980 财年,拨款占到了地方支出的 61%,而到了 1985—1986 财年,拨款占朗伯斯的总支出的比例低于 30%。① 朗伯斯所获中央拨款从 1981—1982 财年的 5120 万英镑,下降到 1984—1985 财年的 3240 万英镑,是首批遭到地税封顶的地方中下降幅度最大的地区之一。②

斯卡曼报告描述了失业、贫穷和劣质住房导致的社会衰败。但问题的核心是服务支出中,究竟多少钱要由中央拨款提供,多少钱由地方税承担。朗伯斯被指控超支,其中三分之一的支出都流到了社会服务领域。在朗伯斯,六分之一的人领取养老金,近四成的人领取政府发放的额外津贴,六成的家庭领取住房津贴。很难想象,这些贫穷主城区的人们生活标准本来已经很低,如今还要面临财政紧缩。③ 资金紧张迫使地方议员们四处筹集资金,当地媒体报道称,有关委员会正在寻求从欧洲社会基金获取资金用于地方项目。1982 年,该基金将给英国 2.57 亿英镑,25 岁以下失业妇女、残疾人、移民工人等群体可能从中获益。④

由于朗伯斯超支,中央削减拨款,过去六年中央政府划拨资金实际减少

---

① *The Battle for Lambeth*, Lambeth Fighting Fund, 1986, p.3.

② *Written Answer*, Hansard.HC Deb Vol 67, cols 129–130, November 12, 1984.

③ "*Pensioners on the March*", *New Lambethan*, Lambeth Public Relations, December 1983/January 1984, p.15.

④ "*Trying to Get Something Back from the Common Market*", *New Lambeth*, October/November 1983, p.5.

超过 1 亿英镑,朗伯斯对此非常不满,而中央政府认为白厅知道怎么做对朗伯斯最好。① 中央拨款削减导致地方税上涨,根据 1980 年《地方政府规划和土地法案》,中央政府可以通过撤回地税补助拨款来惩罚超支地区,审计委员会在 1984 年晚些时候报告说,这样的制度促使地方税增加了 120 亿英镑。对于朗伯斯而言,这意味着每多支出 1 英镑,就花掉朗伯斯人民 2 英镑,因为还要弥补中央撤回拨款的损失。中央对朗伯斯的地方税封顶意味着要削减 130 万英镑的支出。②

地税封顶将迫使朗伯斯削减公共服务支出。1985 年初的《新朗伯斯人》杂志登出消息:中央政府要通过东南泰晤士地区卫生机构削减 1100 万英镑。这意味着要关闭圣托马斯等三个地方医院,两个邮局已经关闭,还有三个邮局也将面临关闭危险。《新朗伯斯人》杂志通过图片和文字,描述了地税封顶可能带来的威胁,包括要关闭为 24000 名老年人、脏乱岗位工人以及家里没有盥洗室的居民服务的洗衣店。朗伯斯议会健康与消费者服务委员会主席琼·沃利告诉该杂志:"我希望所有朗伯斯居民都能有一个清洁安全的环境,但我也知道他们不太可能付得起钱,也承受不了损害健康的代价……地税封顶必将损害朗伯斯居民的健康。"③按照朗伯斯当局的说法:"地税封顶政策是近些年地方服务遇到的最大威胁。"④

中央政策将加剧朗伯斯住房问题严重性。如果要列出像朗伯斯这样的主城区居民们面临的所有问题,那么住房质量问题可能位居榜首。然而,一旦中央政府决定省钱,住房项目往往成为第一个目标。不仅是公房受到打击,私人房主也需要拨款来改善房屋条件。在朗伯斯,有超过一万套私人住房不适宜居住,另有 2500 所房屋没有内部卫浴设施,超过 11500 套住房需要修护,由于拨款削减和地税封顶,意味着许多项目不得不中止。朗伯

---

① *The Case for Lambeth*: *Personal Views* (a Special Edition of *New Lambethan*), Lambeth Public Relations, October 1985.

② *The Battle for Lambeth*, Lambeth Fighting Fund, 1986, p.3, p.5.

③ *New Lambethan*, Lambeth Public Relations, February 1985, pp.6, 10-1.

④ "*Growing Up in Lambeth*", *New Lambethan*, Lambeth Public Relations, March 1985, p.4.

斯议会住房委员会主席黑兹尔·史密斯表示：朗伯斯议会过去一些年投入了很多资源来为居民提供宜居住房，而中央削减政策则导致了住房危机，如今，朗伯斯没法为越来越多的需要帮助的人提供帮助，而地税封顶还将加剧这种困难局面。①

针对地税封顶政策，朗伯斯议会领导人特德·奈特表示："社区有权了解中央政府的计划带给我们的影响，我们也有义务告诉民众现实情况。地税封顶意味着非常暗淡的现实，这也是为什么我们要站在朗伯斯利益的角度反对该政策。"②他还要求中央返还拨款以降低地方税，"地方事务需要由地方选举产生的地方议会来决定……如果中央真的关心地方税水平，就要把削减的拨款返还给我们，只有这样，地方税才能大幅降低，我们的服务才能得以维持。"③

朗伯斯对于中央政府的"进攻"早有预见。朗伯斯地方刊物就有关1983年大选发表评论：一个新的托利党政府对于朗伯斯的纳税人来说是个坏消息，保守党决定要对伦敦一些地方实行货币主义政策，朗伯斯议会高居撒切尔计划攻击的地方名单的前列。"白厅官僚们将告诉我们能够花多少，这对于朗伯斯来说，意味着要削减我们用于维持地方服务的资金。"④

地税封顶压力之下，朗伯斯被告知，1985年支出不能超过11620万英镑。但要维持既有的服务，预算需要13410万英镑。超过1700万英镑的差额要么通过中央拨款，要么通过大幅削减服务和岗位来弥补。1985年3月7日的朗伯斯议会会议进行了电视直播，数千民众聚集在街上，通过视频转播聆听了辩论。议会领导人特德·奈特成功地将工党当局的着眼点从呼吁中央拨款，转到想办法满足地方需要。他在会后表示："现在受地税封顶影

---

① "One of the Few Beneficiaries of Rate-Capping", New Lambethan, Lambeth Public Relations, March 1985, pp.10-1.

② "Rate Capping and Lambeth", New Lambethan, Lambeth Public Relations, December 1984/January 1985, p.5.

③ "Residents Asked on 'No Cuts' Policy", New Lambethan, Lambeth Public Relations, March 1985, p.3.

④ "The Election and Lambeth", New Lambeth, Summer 1983, p.2.

响,我们要大幅削减服务,遣散两千多名工作人员,这很明显不符合自治市的利益……如果中央按照我们的要求返还数百万拨款,我们可以降低地方税……但我们将不会按照中央要求进行削减,我们会继续坚持要求中央返还我们应得的拨款。"①

反对中央新政的声势看似浩大,实际上蕴含着危机。随着时间推移,朗伯斯议会中的 34 名工党议员不再完全一致,个别议员开始支持设定地方税。经过了两个月的"不设定税率,不接受削减"的政策之后,朗伯斯议会在 1985 年 3 月 15 日召开会议,这是工党当局第一次没有达成全体一致,工党内部出现裂痕,但个别意见暂时无法在议会形成多数。

朗伯斯工党议员知道卷入这场斗争,将面临法庭和地区审计员处罚的巨大压力。但是,朗伯斯工党坚持,只有当中央政府为朗伯斯提供一个公平方案,他们才有理由设定地方税税率。特德·奈特表示:议会有义务按选民的意愿执行政策,实行削减政策是对这种义务的否定,地税封顶毫无理由,唯一有意义的是中央政府要认识到朗伯斯需求,归还从朗伯斯以及各地"偷走"的拨款。②

在这场运动中,朗伯斯地方议会的工党议员扮演了中心角色,连续在 3 月、4 月、5 月和 6 月的地方议会会议上拒绝设定地方税。尽管工党议员内部出现裂痕,但坚持对抗的议员仍然占有多数,此后的几个月里一直未能通过设定地方税的决定。工党作为对抗行动的中心,也受到了民众的支持,"我们选举的地方议员需要我们的支持,来反对白厅以及金融城的控制。同样,要一起对那些控制我们地方事务的机构和人员不断施压。"③

随着其他地方陆续妥协"伏法",朗伯斯承受的压力越来越大。尽管部分激进的工党议员连续在几次议会会议上拒绝退让,但他们也懂得中央政

---

① "*We Will not Make the Cuts*", *New Lambethan*, Lambeth Public Relations, April 1985.

② "*Rates: What Now?*", *New Lambethan*, Lambeth Public Relations, June/July 1985.

③ *What We Say About, a Communist Party Perspective for the People of Lambeth*, London: Lambeth Communist Party, 1978, p.2.

府所具有的政治和法律优势。到了6月晚些时候,中央作出让步,同意向朗伯斯额外拨付550万英镑住房补贴,加上大伦敦市议会提供的600万英镑贷款,部分弥补了地方收入与地税封顶支出之间的差额。1985年7月3日,一片喧嚣吵嚷中,右翼的工党议员在保守党议员的支持下,以一票优势推动通过了合法的地方税方案,朗伯斯成为地税封顶名单中最后设定地方税的地方。①

对抗中央政策,对于朗伯斯的工人和居民是有好处的,但是议员们却要承担责任。根据1982年《地方政府财政法案》的规定,如果有人蓄意采取不当行为导致损失,该责任人要承担所有损失。② 议员们也深知这一法律后果,在朗伯斯拒绝设定地方税时,地区审计员布莱恩·斯金纳曾及时地给议员们写信通告,但并未获得积极回应。③ 1985年9月,地区审计员向每个议员确认:他们将要共同承担总额超过12万英镑的罚金,以弥补拖延设定地方税所造成的损失,此外,要对他们施以剥夺公职资格五年的处罚。朗伯斯地方议会认为,拖延设定是因为没有能力来弥补支出计划与可用资金之间的差额,在国务大臣对地方议会的要求作出反馈、改变地税补助拨款安排和增加地方议会1985—1986财年拨款之前,是不可能设定地方税的。

在对朗伯斯的账目进行特别审计后,区审计员拒绝了这些解释。他的理由是,朗伯斯议会在1984年9月之前就开始发动政治运动对抗地方税法案和中央政府,这才是拖延设定地方税税率的真正原因。他也采纳了有关观点,认为朗伯斯没有设定地方税税率是因为它希望通过拒绝这样做,来获取这场斗争的政治杠杆。基于这些分析,区审计员判定,地方议会故意采取不当行为,因此,要就有关损失接受经济处罚。④ 审计委员会年度报告中评论:"一些贫困地区的议员和高级管理人员在过去这段时间太专注于地方

① Lesley Johnson,"*Uproar*!",*South London Press*,5 July 1985.

② *The Local Government Finance Act* 1982,s.20.

③ "*District Auditor Warns Rebels*",*South London Press*,14 May 1985.

④ Malcolm Grant,*RateCappingandtheLaw*,London:Association of Metropolitan Authorities,February 1986,p.71.

税问题中的政治性了,地方的管理不可避免地受到了影响,例如伦敦主城区有些地方到五月份还没有确定地方税税率……"①

议员们无法接受这样的处罚,于是诉至高等法院。经过几个月的准备,1986 年 1 月 14 日,高等法院开始受理有关起诉。朗伯斯的议员现在被送上了法庭,利物浦也有 49 名议员被控"蓄意违法"。开庭前一天晚上,许多朗伯斯的工人在法庭外面等了一整夜,利物浦的地方议员哈顿和马尔赫恩也前来支持朗伯斯的议员。地方议员们认为自治市并没有因为他们的行为而遭受损失,并且还有所收获。但是,三位法官格莱德维尔、罗素和考尔菲尔德并没有认可这种辩解。

在法庭上,地方议员们反对中央政府削减政策的行为被判定是"蓄意作出不当行为"。1986 年 3 月 5 日,三位法官裁定,31 名受到地区审计员处罚的朗伯斯地方议员违法,其违法行为与其作为借口的朗伯斯贫困问题并不相关。格莱德维尔法官表示:"许多应诉人提到朗伯斯人民深受贫困与被剥夺之苦……尽管我们深表同情,但不会影响我们的决定。"②高等法院的判决并不是没有先例。在 1985 年 4 月有关哈克尼的案件中,法官毫不犹豫的判定其违法,法官评论道:"地方议会将不设定地方税作为武器,或者说试图以此为杠杆从中央政府那里撬动更多资金,否则地方议会应该已经设定了地方税税率。"③

1986 年 4 月 2 日,考虑到维持工党在朗伯斯议会中的多数优势,有关议员决定放弃上诉。31 名朗伯斯地方议员被处以总计 10.6 万英镑罚金,外加 10 万英镑地区审计员的法律费用,并被剥夺公职资格五年。包括议会领导人特德·奈特在内的 31 名工党议员离开了办公室,权力移交给了没有受到处罚的工党议员兼市长金斯利·史密斯,一直到 5 月选举。随后的选

---

① Audit Commission, *Annual Report for* 1984-85, London:HMSO,1985,para.15.

② *The Battle for Lambeth*,Lambeth Fighting Fund,1986,p.5.

③ Malcolm Grant, *Rate Capping and the Law*, London:Association of Metropolitan Authorities, February 1986,p.68,引自 *R.v.Hackney London Borough Council*,*exparte Fleming*,*Woolf J.*, April 16,1985;unreported.

举中,工党取得压倒性胜利。

在受到处罚的 31 名朗伯斯地方议会议员中,只有个别是全职议员,有些是失业者,也有在职人员,既有律师,也有接线员,既有下届国会议员工党候选人,也有生活困难的普通议员。有三分之一的议员年龄不到 35 岁,作为福利国家中成长起来的一代,他们要为生来习惯的福利抗争。① 巨额的罚金成为这些议员的沉重负担,工党秘书长拉里·惠蒂号召大家向这些议员伸出援手,他公开呼吁:"这 31 名议员没有从这场斗争中为自己谋什么利益,我们不能眼看着他们遭到惩罚而破产。"②

朗伯斯斗争基金会也积极募捐,最初是为了 31 名议员募集法律费用,后来开始为募集罚金努力。特德·奈特在为相关宣传册所写序言中表示:"我号召你们支持我们,不仅是避免我们个人的破产,并且要在政治上支持。在社会主义斗争中,我们不仅要等待工党下次执政,还必须不断向现在的保守党政府发起挑战。"③五年之后,地区审计员根据新核定的损失情况,向这些议员追加罚金,但没能实行。

从财政收益来看,反抗运动取得了成功。面对各种压力,在 6 月末还没有设定地方税的时候,保守党政府给了自治市 550 万英镑的额外住房补贴,加上大伦敦市议会给的贷款,地方收入与封顶支出之间的鸿沟部分得以弥合。1985—1986 财年,朗伯斯没有大幅削减支出,没有一个劳工被解雇。

在朗伯斯看来,他们是在捍卫地方服务和权益。1982 年,工党在朗伯斯选举上台,竞选政策就是不削减,"我们建设家园,创造岗位,实行包括均等机会和社区发展的积极政策。我们处在地方资助不断削减的背景之下,撒切尔要熄灭所有反对她的活动。"④1984 年,针对地方政府的攻击达到了极点,朗伯斯和其他 17 个地方被处以"地税封顶",这项政策最后将对朗伯

---

① Lambeth Fighting Fund, *The Battle for Lambeth*, 1986, pp.12-8.

② *The Battle for Lambeth*, Lambeth Fighting Fund, 1986.

③ "*Personal Introduction by Ted Knight*", in *The Battle for Lambeth*, Lambeth Fighting Fund, 1986.

④ "*Personal Introduction by Ted Knight*", in *The Battle for Lambeth*, Lambeth Fighting Fund, 1986.

斯造成 1300 万英镑的削减。

　　部分工党议员的抗争行动存在政治原因。朗伯斯进行抗争也不仅是为了捍卫地方税和地方财政自治的传统,朗伯斯的经济社会困境是客观存在的,中央政府削减拨款以及地税封顶确实加剧了地方困难,但工党左派主导的抗争也带有明显的政治因素。在保守党政府大力控制地方支出的背景下,朗伯斯主政的工党议会却背其道而行之,采取了扩大地方服务的措施。在面临地税封顶处罚时,当地刊物首页头条位置刊登消息:朗伯斯议会决定扩大对退休年龄以下的残疾人的票价减免,包括耳聋以及视力困难人士。①这些行为受到了部分民众的支持同情,"朗伯斯的议员当然没有罪,除非照顾老弱病残、无业无家者以及社区也是犯罪,恰恰是这些人因托利党政府政策而受到伤害。"②

　　朗伯斯的案例表明,地方政府很大程度上无法突破既有的宪法和政治框架。中央政府掌握着主动权和优势,许多地方政府事务如今通过法庭来解决。针对朗伯斯议员们的诉讼,是继针对大伦敦市议会和内伦敦教育局之后的又一次法律行动。抗争行动展示了捍卫地方自治传统和现实利益的态度和力量,但仍然无法撼动撒切尔政府的改革决心。在此后几年,朗伯斯继续受到地税封顶处罚,而撒切尔政府则在与地方左翼力量和全国矿工们的鏖战中得胜后,继续酝酿着更加激烈的改革斗争。

---

① *New Lambethan*, Lambeth Public Relations, December 1985/January 1986, p.1.
② *Photos from Lambeth's Struggle against Rate-capping* (Foreword, Tony benn), Lambeth Fighting Fund, 1986, p.2.

第六章　从地方税到社区费

任何重大改革举措,既要经济上可行,也要政治上可行。英国地方税历史悠久,对地方财税意义甚大。但随着时间推移和形势变化,地方税制度弊端凸显,不同纳税群体之间税负不均,地方支出与选民责任缺乏关联。地方税改革成为重要议题,也出现了不少相关方案,但各方面始终未能达成共识。撒切尔夫人宣称必须彻底取消住宅地方税,改革地方税制度,一直没有实质性进展。1985 年苏格兰地方税税基重估成为改革的催化剂,经过一番探讨争论,地方税改革方案逐渐成型。

为人民作出的选择,最终还是由人民决定。根据新的改革方案,住宅地方税被社区费取代,工商地方税被国家统一商业房产税取代,社区费成为撒切尔夫人改革的"旗舰"。社区费相关改革堪称一场地方财税革命,给英国社会带来了巨大震动。但收税的艺术在于"既能把鹅毛拔下来,又能让鹅不叫唤",撒切尔夫人显然没能做到这一点。社区费改革操之过急,税制有失公平,遂引起朝野反对,并加深了保守党内裂痕。最终,撒切尔夫人黯然结束执政,社区费匆匆退出了历史。

第一节　地方税制度存在的问题

地方税是唯一地方税种,历经长时间的发展演化。作为地方政府最重要的自主性财政收入来源,地方税对地方政府和整个国家意义重大。从形式上看,最初的地方税像是财产税和地方收入税的混合体,主要是募集收入用于济贫工作。随着地方公共服务和地方政府的发展,部分费用也摊由济贫地方税承担。早期还有一种地方税是统一区税,主要用于公共卫生支出。二战后的地方税是于 1925 年开始实施的,自治市、城市和乡村区成为地方税征税主体。①

西欧和北美的许多地方政府都征收房产税,但是与英国的情况不同,其他国家地方政府不止房产税一个地方税种,还有比如地方收入税、销售税、利润税、转让税、公司税等。随着经济社会的发展和地方支出结构的变化,地方税制度的问题也逐渐累积显现,引起了政界学界以及公众的关注。特别是二战之后,住房、教育、个人社会服务等方面的支出不断增长,对地方税收收入的需求明显增加。作为已实行多年的地方政府基础税种,面对迅速膨胀的支出需求,地方税有些独木难支。

随着收支吃紧和改革推进,地方税制度的不平衡和矛盾也开始显现,其主要表现在三个方面。首先是国家税纳税人与地方税纳税人之间的矛盾。地方支出由不同层级的纳税人分摊,长期以来就是容易引发争议的问题。地方支出的一部分来自地方税收入,大量支出依赖中央拨款,摊给其他纳税人的支出越多,地方税纳税人的负担就越小。特别是战后地方支出和中央拨款的快速增长,地方税纳税人与国家税纳税人之间的矛盾开始浮现。

战后,中央拨款占地方支出比例越来越高,国家纳税人税负越来越重。从 1964 年到 1974 年的十年时间里,从倍数比例来看,归中央政府所有的收入税相对于归地方所有的住宅地方税的倍数比例由 5.3 倍上升到了 7.1倍,从数额对比能更直观地看出差异,住宅地方税总额从 4.73 亿英镑增长到了 13.23 亿英镑,而收入税从 25.22 亿英镑增长到了 94.38 亿英镑。② 这些国家税收入的相当部分都通过拨款转给了地方政府,1966 年 2 月地方政府财政问题白皮书明确表示:"解决问题的最好办法不是立即用其他税收

---

① *Financing Local Government in England and Wales* 1960–1970 (Brief for C. P. C. Discussion Groups) , London: Connservative Political Centre , December 1962.

② C. D. Foster, *Central Government's Response to the Layfield Report* (Policy Series. 1) , London: Centre for Environmental Studies , 1977 , p.49.

来替代地方税……而是不断增加拨款,提高地方支出中拨款所占比例。"[1]
其中有些地方用拨款来抵消地方税上涨压力,经过 20 世纪 60 年代不断减
免后,地方税增速甚至低于经济增速。詹姆斯·卡拉汉在 1970 年 10 月的
文章中指出,从 1967 年开始,住宅地方税增长速度要低于国民生产总值增
速,如果两者增速匹配,那么从 1966—1967 财年到 1969—1970 财年将能多
收 1.34 亿英镑的住宅地方税。[2]

其次是工商地方税纳税人与住宅地方税纳税人的不平衡。地方税的课
税对象既包括住宅,也包括经营性地产,由于战后工业地产重新评级,再加
上诸如 1966 年艾伦报告带来的住宅地方税减免等各种优惠,个人收入中用
于缴纳住宅地方税的比例相对稳定,地方税的很大部分税负转嫁到工商业
部门。从 1975—1976 财年住宅地方税、工商地方税和其他非住宅地方税预
期收入来看,英格兰和威尔士地区三项税收分别为 15.15 亿英镑、19 亿英
镑、4.3 亿英镑,其中威尔士地区三项收入分别是 0.5 亿英镑、0.85 亿英镑、
0.2 亿英镑,苏格兰地区三项收入分别是 1.79 亿英镑、1.5 亿英镑、0.73 亿
英镑。从中可以看出,商业和工业地方税占到地方税总收入的大部分。由
于政府对地方税制度进行调整,特别是对低收入家庭进行减免,非住宅地方
税高于住宅地方税增速,从 1966 年到 1974 年,地方税总额增长了 120%,其
中住宅地方税只增长了 80%,而非住宅地方税增长了 150%。[3]

这种情况一直持续到保守党执政时期。从 1984—1985 财年至 1985—
1986 财年英格兰地区中央地税补助拨款数额来看,英格兰地区所得拨款总
额下降的情况下,住宅地方税减免拨款却有小幅增加,同时,地方税承担的
支出数额和占地方支出比例上升,这一减一增的背后是不同类别地方税纳
税人的税负变化,住宅地方税纳税人相对受益,而其他纳税人特别是商业地

---

[1] *Local Government Finance England and Wales*, Cmnd 2923, London: HMSO, February 1966, para.14.

[2] "*Domestic Rates are far too Low*", in *Local Government Chronicle*, October 10, 1970.

[3] Jacques Lagroye and Vincent Wright, *Local Government in Britain and France: Problems and Prospects*, London: Allen & Unwin, 1979, p.169.

方税纳税人负担加重。① 曾担任大伦敦市议会领导人的肯·利文斯通曾声称:"地方税体制是重新分配财富的最好方法,工人运动有过亲身实践。"② 对此,保守党表示要纠正这种不公平。

还有人认为,地方税制度不公平之处在于,许多人享受了良好的公共福利,却并未承担足够的责任,少数相对富裕的阶层承担了大笔赋税,却没有足够数量的选票来制约地方政府。这就是保守党不断强调的,地方支出与公民个人责任之间的关联弱化,地方民主受到了损害。英国的住宅业主人数大概占到了选民总数的一半,其中,英格兰、威尔士、苏格兰全额缴纳住宅地方税的住宅业主占业主人数的三分之二左右,三个地区完全不缴纳住宅地方税的住宅业主分别占 16%、18%、17%,缴纳部分住宅地方税的住宅业主比例分别为 18%、15%、21%。苏格兰地区有 390 万选民和 190 万业主,以缴纳地方税的人数比例计算,该地区只有 30% 的选民全额缴纳住宅地方税。③

1984 年 11 月,时任地方政府事务大臣肯尼思·贝克在《泰晤士报》上撰文称:平均来说,非住宅地方税纳税人负担了全国一半以上的地方税,这些份额都没有对应的选票,而许多手握选票的人得到减免甚至完全不用缴税,他们所承担的地方净支出占不到四分之一。④ 也就是说,很多非住宅地方税纳税人要承担高昂的地方服务支出,而这些支出大多花在了住宅地方税纳税人身上。地方税总收入中,非住宅地方税所占比例超过一半,英格兰为 54%,威尔士为 56%,苏格兰为 62%,地方政府要不断增加服务支出,来满足住宅地方税纳税人。⑤

---

① Steve Bond, *Taking over the City: Threats to the Future of Services and Jobs in Sheffield*, Sheffield 88 Southview Cres., 1985, p.35.

② Martin Boddy and Colin Fudge, *Local Socialism? Labour Councils and New Left Alternatives*, London: Macmillan, 1984, p.265.

③ Stephen J. Bailey and Ronan Paddison, *The Reform of Local Government Finance in Britain*, London: Routledge, 1988, p.79.

④ "*Wrecking? It's Really a Rescue*", *The Times*, 14 November, 1984.

⑤ *Paying for Local Government*, Cmnd 9714, London: HMSO, January 1986, p.6.

最后是不同地区之间的失衡与矛盾。所有的税都不受欢迎,但地方税尤其不受欢迎。民主改革赋予了更多公民投票权,其中有些新选民并不是地方税纳税人。这些不纳税的选民倾向支持那些能提供更多福利的候选人,成本却不由他们承担。因为要提供均等化的公共服务和社会福利,富裕地区要缴纳更多的税来补给相对贫困落后的地区。服务不断改进,支出不断增加,地方税也越来越高。随着货币贬值,每次税基重估都会导致税负更高,不同地区税负可能出现此消彼长,1956 年和 1963 年两次税基重估都招致了纳税人的抗议。

作为地方税制度的重要平行制度,地税补助拨款最重要的是需求因素和资源因素。不同地方的财政需求与财政资源有很大差异,比如英格兰德比郡的格罗索普地区主要纳税房产是一些 19 世纪的老旧住房,财产价值比较低,地方税税率每提高 1 便士可以增加 1847 英镑收入。而伦敦的肯辛顿和切尔西地区,税率每提高 1 便士可以增加 101700 英镑收入。① 就像价值 2 先令 4 便士的一盎司烟草中包含了 1 先令 9 便士的税收一样,住房使用总成本中,地方税数额可能比实际租金还要高。② 资源因素可以起到平衡作用,使多数地方能够达到同样的人均应税价值水平,这样地方税资源较少的地方在提供服务方面不会出现劣势,这等于用富裕地区和群体缴纳的税收来补助困难地区和群体。

英国的地方税收结构与美国很不一样,英国受到中央政府指导比较多,税收比较高,公众对地方服务标准期待高却付出较少。以伦敦地区为例,大伦敦市议会不像其他城市那样可以直接向居民征收地方税,而是要通过所属自治市和伦敦城来征收,然后再汇总到大伦敦市议会。中央政府基于一定标准,并考虑需求因素和资源因素,向地方政府拨款。比如给内伦敦自治市的地税补助拨款要再分配给自治市,贫困地区所得拨款多一些,富裕地区拨款要少一些,这样均衡下来,各地的地方税水平相差不多。比如,萨瑟克

① John Pitcairn Mackintosh, *The Devolution of Power: Local Democracy, Regionalism and Nationalism*, London: Chatto & Windus, 1968, p.29.

② K.B.Smellie, *A History of Local Government*, London: Allen & Unwin Ltd., 1949, p.65.

所得拨款换算成地方税,大概是富裕的威斯敏斯特市所得拨款的十四倍。[1]

伦敦地区重组之后,大伦敦市议会实行了新的内部均衡机制,税收和拨款在伦敦自治市之间发生转移。以1968—1969财年为例,富裕地区肯辛顿和切尔西需求核算地方税税率为3先令2便士,本地承担的大伦敦市议会和大都市警察等需求核算地方税税率为8先令1便士,两项需求相加核算地方税税率为11先令3便士,中央政府地税补助拨款可以抵减的地方税税率核算为2先令5便士,按照伦敦地税平衡机制,两地地方税税率会增加1先令5便士,最后核算出的地方税税率为10先令3便士。与此相对比,贫穷地区哈克尼需求核算地方税税率为10先令2便士,本地承担的大伦敦市议会和大都市警察等需求核算地方税税率为8先令2便士,两项需求相加核算地方税税率为18先令4便士,中央地税补助拨款可以抵减的地方税税率核算为4先令7便士,按照伦敦地税平衡机制,该市地方税税率会降低1先令6便士,最后核算出的地方税税率为12先令3便士。也就是说,肯辛顿和切尔西收取的10先令3便士地方税里,只有3先令2便士属于自用,还不到三分之一,剩余部分都转移给了其他地方。而哈克尼收取的12先令3便士地方税中,有10先令2便士用于自身开支,占到了六分之五。大伦敦市议会和大都市警察所需开支大多由中央政府和内伦敦自治市承担。[2]

除了在税负承担等方面的矛盾失衡外,地方税不公平还在于纳税能力和纳税负担并无必然联系。收入税的特点是,收入越高者纳税越多。而地方税的问题是,低收入者所缴纳地方税占其收入比例更高,1965年艾伦委员会的报告显示了这一点,政府于是采取措施减轻低收入者负担,通过减免并扩大范围,地方税主要由那些收入较高的人群负担。如果住宅业主家庭成员多且地方税额相对高,即便其收入高于全国平均线也能被减免所覆盖。

---

[1]　Donald L.Foley, *Governing the London Region: Reorganization and Planning in the 1960's*, University Of California Press, 1972, pp.137-40.

[2]　Donald L.Foley, *Governing the London Region: Reorganization and Planning in the 1960's*, University Of California Press, 1972, pp.137-40.

　　未能定期进行地方税税基重估成为重要问题。正常情况下,地方税每五年进行一次税值重估,以保证应税价值实时调整。但由于多种原因,有时候并不能每五年进行一次重估,甚至经常延期乃至取消。比如英格兰和威尔士在1973年进行过一次重估,距离上次已经过去了十年,苏格兰从1971年到1985年每七年才进行一次重估。这使得纳税价值远落后于实际价值,地方政府只能通过调高地方税税率来增加收入。贫困地区的财政尤其遭受损失,特别是在通胀率较高的年代,作为国家税收的收入税会水涨船高,使中央财政受益,而作为地方税收的房产税不能及时带来财政收益。[1] 曼彻斯特大学的学者在20世纪80年代初期通过分析德比地区地方税后提出:目前的地方税制度需要维持,但迫切需要进行一次地方税税基重估,因为同一城市的不同区域,同样价格的住房,应税价值却非常悬殊。[2]

　　通常情况下,如果住宅按照当前价格重新估值,评估价将迅速提高。从理论上来说,中央政府如果及时重新估值,保证地方收入能够实时增长,地方政府也会不断调整地方税税率。如果应税价值增长过快,实际上又不需要那么多收入,那么税率还会调低,不会导致居民负担增加。但实际情况要复杂得多,如果应税价值大幅增加,可能会鼓励地方提高支出,地方税税率很难像预期的那样降低。住宅地方税占居民可支配收入的比重,1952—1953财年为1.9%,到了1960—1961财年则为2.0%,1970—1971财年为2.4%。[3] 重新估值也会导致不同房产价格相对变化,这样一来,不同地方税纳税人之间的负担相对也会变化。为了尽量降低对住宅纳税人的影响,1956年估值一览表是在1939年假定租金的基础上做出的,其他房产则按照当期价值估值,工厂支付的地方税是估算价值的四分之一,只有商店和办公楼是按照完全的当期价值缴纳地方税的。

---

[1]　Ann Robinson and Cedric Sandford, *Tax Policy-Making in the United Kingdom:A Study of Rationality, Ideology and Politics*, London:Heinemann Educational, 1983, p.6.

[2]　C M Wyatt,"*The Effects of Rating Reform in Britain:A Case Study of Derby*", *Environment and Planning:Government and Policy*, 1983, Volume 1 Number 1, pp.57-71.

[3]　C.Foster, R.Jackman and M.Perlman, *Local Government Finance in a Unitary State*, London:Allen & Unwin, 1980, p.138.

房产估值和地方税成本收益的核算变得复杂。许多报纸、广播和电视节目都在讨论地方税问题,实际上广泛存在误解和偏见。对地方议会而言,按照既有的模型公式来计算地方税税率非常简便,但有调查显示,绝大多数成年人都不理解地方税一般计算规则或者税单具体内容。[①] 各种公式模型的复杂性使得地方议员、官员或选民甚至很难弄清楚一个基本问题:如果产生某项支出,我将承担多少成本?比如,一位地方议员主张在一片空地上建设一批新住房,他知道将会扩建城镇污物处理网络和道路,却无法回答这会给地方税带来什么影响。住房及道路建设可以带来特定补贴,一旦项目建成,就会改变城镇的地方税应税价值,影响到拨款的资源因素。同时,法定支出将会增加,这会影响需求因素。无论是该地方议员还是中央住房部门和地方政府,都只能给出一个估测答案。[②]

与其他税种相比,纳税人对地方税上涨更加敏感。尽管地方税主要用于地方公共服务,选民对税率上涨有一定容忍度,但大幅度经常性的增税必然不受欢迎。地方税具有显见性,不像其他税收那样多少有些隐蔽性,人们对地方税的上涨往往更加敏感。在征收收入税以及消费税的时候,纳税人除了缴税,至少还获得了收入或进行了消费,而在缴纳以房产为课税对象的地方税时,纳税人似乎并未获得什么额外收益。[③] 税率调高往往引起纳税人不满,特别是 1974 年地方税税率上升,当年便成立了一个名为地方税纳税人行动小组全国协会的组织,6 个月后其成员就达到了 15000 人。[④] 到了 1978 年,该协会宣称有相关组织 450 个,成员达到 50 万。[⑤] 他们的行动也是成立莱菲尔德委员会的原因之一。

---

① Layfield Committee, *Committee of Inquiry into Local Government Finance*, Cmnd 6453, London: HMSO, 1976, pp.365-6.

② John Pitcairn Mackintosh, *The Devolution of Power: Local Democracy, Regionalism and Nationalism*, London: Chatto & Windus, 1968, p.32.

③ K.Newton and T.J.Karran, *The Politics of Local Expenditure*, London: Macmillan, 1985, p.102.

④ Wyn Grant, *Independent Local Politics in England and Wales*, Farnborough: Saxon House, 1977, p.87.

⑤ Peter Shipley, *Directory of Pressure Groups and Representative Associations*, Epping: Bowker, 1979, p.4.

更为关键的是,地方税问题与党派政治密切相关,保守党看起来比左翼更关心地方税纳税人的痛苦。地方税纳税人协会全国联合会建立于1921年,该协会的成立是对工党地方选举胜利的回应,明显受到了保守党的支持,工党对于地方支出总额关心较少,而是将其作为财富公平分配的一种方式。① 地方税税基重估也会对两大政党产生不同影响,对于保守党来说,重新估值将导致灾难,保守党票仓集中在英格兰的南部和东部地区,重估税值将导致这一地区纳税人税负加重。对于北部和西部地区的纳税人来说,即便是减轻地税负担也未必能给保守党带来更多支持,选举利益与改革或者重估税值发生矛盾。② 也就是说,倾向增加支出的工党往往不会因为地方税上涨而在选举中受损,倾向于紧缩支出的保守党也不一定会因为替纳税人省钱而更受选民欢迎。

地方税与支出决策责任的关联问题也引起了注意。通常认为,国家税收水平应该超越个体的影响,但地方税纳税人在地方税税率问题上应该是有发言权的,他们选举的代表应该约束支出。在早些时候,纳税人会对支出决策产生影响,一些公共设施项目会被当作浪费而受到批评。有些雄心勃勃的市镇领导人——比如南安普顿的西德尼·金伯爵士,要启动项目来推动地方发展,却因此失去地方选民的支持。③ 随着中央拨款比例提高,地方支出责任逐渐弱化。财政部在向1966年地方政府皇家委员会提交的材料中表示:需要确保地方政府有足够财税来源用以维持大部分服务成本,这样他们会有足够动力进行负责任的支出决策,确保经济和币值稳定,如果中央拨款占其收入比例过高则无法确保这些目标。④

---

① Bryan Keith-Lucas and Peter G.Richards, *A History of Local Government in the Twentieth Century*, London:Allen & Unwin, 1978, p.149.

② Paul Carmichael, *Central-Local Government Relations in the 1980s—Glasgow and Liverpool Compared*, Wiltshire:Antony Rowe Ltd, 1995, p.103.

③ Sidney Kimber, *Thirty-Eight Years of Public Life in Southampton*, London:Privately published, 1949.

④ A H Marshall, *New Revenues for Local Government* (*Fabian Research Series* 295), London:Fabian Society, June 1971, p.3.

　　保守党认为,地方税制度弱化了选民责任,这成为保守党改革地方税的逻辑基础。20世纪70年代有关研究显示:从人均支出每高出10英镑所对应的地方税涨幅看,1974—1975财年为3.6便士,1975—1976财年为3.3便士,1976—1977财年减少为2.9便士,1977—1978财年增幅进一步减到1.9便士。如果这种趋势继续下去,地方税纳税人对地方税税率波动敏感性越来越低。① 詹金认为这是不公平的,在纳税人与选民之间有一大鸿沟,地方政府每支出5英镑,只有1英镑来自住宅地方税纳税人,一些大城市只有五分之一的选民是缴纳住宅地方税的业主,面对这种情况,根本谈不上地方责任。② 1987年保守党宣言同样指出:"地方税制度与支付能力没有关系,许多工党地方议会的支持者并不缴纳地方税,在这种情况下,一些人没有纳税却有代表权。"③

　　不过,对地方税、中央拨款与支出责任之间关系也有不同理解。威尔逊政府曾于1969年成立基尔勃兰顿委员会来研究英国宪政体制,该委员会于1973年10月底发布报告认为,大量的中央拨款并没影响地方议会的财政职能,实际上还增强了地方政府的财政敏感性,因为地方政府只需要征收很低比例的地方税用于服务支出,这样一来,任何额外的支出都将显著提高地方税税率。④ 不过,这仅仅是理论逻辑,实际情况远没有这么乐观,20世纪60年代中央拨款快速增加削弱了这个逻辑,地方愿意按照中央意愿花钱,中央将会给他们更多的钱,从而减少由于地方税税率上涨带来的问题。

　　地方税与保守党的经济思想也有冲突。在1980年的时候,全国税收大概为700亿英镑,其中收入税360亿英镑,消费类税收330亿英镑,地方税

①　Richard Jackman and Mary Sellars,"*Why Rate Poundages Differ：the Case of Metropolitan Districts*",*Centre for Environmental Studies Review* 2,1977,p.26.

②　"*Finance Review into Local Councils*"(*Minister's Statement to Conference*),in *Conservative Newsline*,November 1984.(PUB 125/1)

③　*Conservative Party Manifesto：We the People*,London：Conservative & Unionist Central Office,1987.(PUB 157/2)

④　*Report of Royal Commission on the Constitution*,Cmnd 5460,London：HMSO,1973,Para.661.

100亿英镑。地方税只占了15%,却人人都感觉比例很高。保守党要削减税收和支出,实际上却增加了增值税。1978—1979财年到1979—1980财年,地方税上涨了17%,而增值税上涨了69%。1981年,地方税占个人可支配收入的2.4%,而增值税占到了8.0%。① 地方支出快速增长,地方税不能相应过度上涨,这就加重了国家其他纳税人负担,并不符合保守党通过减税来鼓励工商业发展的思路。

中央政府强调削减公共支出,更多地反映了自己的政治理念,而不是需求管理的需要,而控制地方税同样源自意识形态。经常性支出带来两个政治问题,一方面是促使工党出现新左翼,他们要求捍卫公共支出,更加激进一些;另一方面,保守党政府的支持者成为对地方税上涨议论最多的群体,工商业者抱怨地方税负担增加,自住业主和公房租户都要缴纳地方税,但后者可以从地方税中获取补贴,而前者通过贷款减税从国家税收中获取补贴。② 保守党1987年宣言表示,将继续系统地降低货币供应增速及其导致的通胀,将继续对公共支出和借贷实行严格的控制,因为较低的国家开支可以减轻家庭和工商业的税负。③

保守党高层不断彰显改革地方税制度的决心。保守党在1974年大选期间承诺要取消住宅地方税制度,呼吁要在更广泛基础上征税,税收要考虑个人纳税能力,地方政府要继续拥有独立财政来源。1978年2月,桑尼克罗夫特给撒切尔夫人的报告中再次申明取消住宅地方税的原因:该制度基础不公平,不能反映纳税能力,1600万地方选民缴纳地方税,而另有1900万选民不缴纳,多数人不懂地税应税价值制度,应税价值重估经常滞后过时,地方税不够支撑地方服务等。④ 这些观点被写进了撒切尔的演讲中:"多年以来,整个住宅地方税制度缺乏公平,我们的目标是用一个

---

① CSO:*Financial Statistics*, London:HMSO,1981,pp.26-9.

② Arthur F.Midwinter,*The Politics of Local Spending*,Edinburgh:Mainstream,1984,p.18.

③ *Conservative Party Manifesto*:*We the People*,London:Conservative & Unionist Central Office,1987.(PUB 157/2)

④ Lord Thorneycroft,*Letter to Mrs.Thatcher about Local Government Conference* 1978,Westminster:Conservative and Unionist Central Office,1ˢᵗ February 1978.(THCR 5/12/166)

更加坚实的地方税收制度来取代住宅地方税制度。"①

地方税与保守党的利益、立场和目标格格不入。保守党认为,地方政府是地方民众为看护社区利益选举出来的,要按民众付得起的价格维持和改进基本服务,但有些左翼工党地方议员动摇了国家,特别是左翼势力控制的多个城市,很多人受益于地方服务,但很少甚至没有关注议员选举和政策制定,过重的负担由少数人承担。工党、自由党和社会民主党控制的地方议会大幅提高地方税,企业很少受到保护,工商业和就业受到损害,保守党要推出保护地方税纳税人利益的政策,在国会却受到了工党、自由党和社会民主党的掣肘。② 总之,在保守党眼中,地方税制度缺乏公平且专断随意,只要保守党执政,地方税改革乃至被废止只是时机问题。

第二节　地方税改革方案的形成

长期以来,地方财税改革是政客们的热门话题之一。地方税改革的必要性受到广泛承认,问题在于什么时候以何种形式推进什么样的改革。政界学界也出现了不少方案提议甚至实践探索,但由于种种原因,各方面并未能就改革方案达成共识,中央也缺乏根本解决问题的充分条件和强烈意愿。

英国在战后曾进行过一系列税收改革。推行新税种首先要确定目标,这反映了政党的思想和立场,比如公司税、资本所得税、资本转让税、财产税,都是工党为缓减收入和财富不平等问题而实行的税种,主要是出于意识形态需要和维持工会的支持。保守党的税收政策同样受到意识形态影响,对公司税的改革坚持体现出对工商企业的偏爱,保守党希望通过利润分配

---

① *Suggested Outline for Mrs. Thatcher's Speech to Local Government Conference-February 4th 1978.* (THCR 5/12/166)

② *The Conservative Manifesto* 1987, London: Conservative Central Office, May 1987.

使资本所有者受益,而工党希望将利润用于扩大生产从而使工人受益。[1]即便是选择性雇佣税和税收抵扣,尽管并不像其他税种那样主要基于意识形态需要,一定程度上也反映了政党思想倾向,选择性雇佣税反映了工党重视生产性工业、不鼓励服务业的经济观念,税款抵扣则反映了保守党对自立自助的重视。[2]

关于地方税的改革并不鲜见,但并未有实质性进展。1895 年成立的地方税制问题皇家委员会对此有过探讨,1912 年建立的部门委员会也在探寻替代方案。此后,内维尔·张伯伦曾对征税方法做了一些修改,使地方税制度变得更有效率,但并未对该制度大动手术。为了促进农业、工商业发展以及改善居民生活保障,政府采取了各种各样的减免政策,有时候相关减免政策还受到非议,被认为有向各种利益集团输送利益之嫌。在 1914 年部门委员会提出报告之后的四十年里,关于替代地方税制度的讨论很少。1956年,皇家公共管理学院出版了名为《地方收入新来源》的研究报告,分析了瑞典等国家的地方税收,并提出了地方收入税等方案,遂又引起了各界对地方税改革的兴趣。[3]

这一时期,地方财税改革的压力并不是很大,很多改革主要涉及拨款运作以及地方服务范围问题。但是,随着战后地方服务迅速发展,地方财税体制所面临的改革需求日益增加。基思·约瑟夫主张减轻住宅地方税负担,在保守党下台前,他被委派参加艾伦委员会来研究地方税的影响,并提出可能的替代方案。对不缴纳地方税的家庭成员征收人头税看起来粗鲁倒退且难以执行,因此被否决;对燃气电力消费征税也是倒退,并会对工业造成打击;对汽车征税将牵涉财政部收入损失和复杂的地区政策。这样就只剩下

---

[1] Martin Daunton, "*Equality and Incentive: Fiscal Politics from Gladstone to Brown*". *History & Policy*(Policy Papers), May 2002.

[2] Ann Robinson and Cedric Sandford, *Tax Policy-Making in the United Kingdom: A Study of Rationality, Ideology and Politics*, London: Heinemann Educational, 1983, p.220.

[3] Royal Institute of Public Administration, *New Sources of Local Revenue*, London: Allen & Unwin, 1956.

三个方案:地方销售税、收入税或者工资税,但这些方案也都存在问题。委员会在给工党政府的报告中没有提出任何即可施行的方案,换句话说,地方税作为地方唯一税种需要继续保留,任何改革都要聚焦于中央拨款分配办法。①

改革未能继续深入,艾伦报告催生了新的减免和补贴政策。1966 年 2 月,工党政府发布的地方财政问题白皮书明确表示,地方税制度需要改革而不是被取代,减免和补贴不是解决问题的长远之道,但目前地方单位太小,不适合地方税以外的税种,任何基础性改革要等地方政府重组之后。② 曾任住房和地方政府事务大臣的理查德·克罗斯曼在日记中明确表示:1966 年的这些改革方案只是为了应付当年的大选,是对长期性的地方税问题做出的短期性政治回应。③

在各种讨论甚至争议声中,地方税制度保持了相对稳定。总体上看,在 20 世纪 70 年代地方政府重组改革之前,地方税制度并未遇到严重挑战,一方面在于紧迫性不足,另一方面在于没有更好的替代方案。无论是 1901 年的皇家委员会,还是 1914 年的部门委员会,大致结论都是地方税应该继续作为地方税制的基础,因为地方税基于不动产,税基不太容易流失,此外,地方税还具有征收成本相对较低,税率比较方便调整等优点。1966 年艾伦报告通过增加中央"输血"来缓解问题,雷德克里弗—莫德领导下的地方政府问题皇家委员会干脆将地方财政问题留给了未来,在关于地方政府新架构的提议中,并未充分关注地方财政能力。

20 世纪 70 年代,关于地方财税问题的讨论逐渐集中在两个方向上:一个是修订地税补助拨款公式,考虑特定地方需要;另一个是寻求地方财政收入的替代方式。④ 有的认为,在不远的将来,地方税制度将会进行更新和标

---

① Martin Daunton, *Just Taxes: the Politics of Taxation in Britain*, 1914 – 1979, Cambridge University Press, 2002, pp.351-2.

② *Local Government Finance England and Wales*, Cmnd 2923, London: HMSO, February 1966.

③ Richard Crossman, *The Diaries of a Cabinet Minister*, London: Cape/Hamish Hamilton, 1975, Vol.1, pp.251-303.

④ David Eversley, *Reform of Local Government Finance: The Limitations of a Local Income Tax*, London: Centre for Environmental Studies, March 1975, p.9.

准化,可以继续为地方政府履行职能发挥有限但有效的作用,地方不仅可以将支出摊给个体户主,还可以从工商业方面收取税收,这意味着"目前的评估和收入体系可以继续使用"。① 总之,地方税制度形成和运行已经很长时间,地方税成本低,又易于征收,公众也早已习惯,继续保留原有制度相对容易,贸然采取改革要冒风险。

20 世纪 70 年代地方政府重组曾经提供了改革地方财税的契机。地方政府结构与财政问题是绑在一起的,改革应该密切配合进行,但财政问题未能列入皇家委员会的参考方案,中央政府 1971 年 2 月发布的英格兰地方政府重组方案对地方财税问题未有触及。② 1971 年 7 月,中央多个部门联合完成的《地方财政的未来形态》报告指出,如果地方政府支出按当前趋势继续发展,能填补鸿沟的途径可能有三种:要么提高地方税,也就是地方税增长要快于居民收入;要么逐渐提高中央拨款在地方收入中的占比;要么寻找新的地方税种。除此之外还有一种方法,就是将地方政府的一些服务责任转移给中央政府,并提高特定服务费用收入,但这与中央要分权给地方的目标相冲突,可供增加服务费用的空间也非常有限。③

地方税计税基础问题也成为改革的着眼点。《地方财政的未来形态》报告提到了将房产资本价值作为纳税基础的可能性。莱菲尔德报告也有所涉及,莱菲尔德委员会并没有说地方税制度要保持不变,地方税应税价值以自由市场租金水平为基础,但多年以来政府政策干预导致自由市场已不复存在,委员会认为未来住宅地方税应税价值应基于房产资本价值,对于非住宅地方税,委员会建议可以继续将租金价值作为税值基础。④ 工党政府在

---

① David Eversley, *Reform of Local Government Finance : The Limitations of a Local Income Tax*, London : Centre for Environmental Studies, March 1975, p.27.

② A H Marshall, *New Revenues for Local Government* (*Fabian Research Series* 295), London : Fabian Society, June 1971, p.1.

③ *The Future Shape of Local Government Finance* (Presented to Parliament, July 1971), London : HMSO, Cmnd 4741, p.3, 12.

④ Jacques Lagroye and Vincent Wright, *Local Government in Britain and France : Problems and Prospects*, London : Allen & Unwin, 1979, pp.179–80.

回应莱菲尔德报告时,拒绝了关于用直接税取代住宅地方税的想法,认为目前的制度应该保留,但可以做些改变,比如地方税基于资本价值而非租赁价值。但保守党影子内阁地方政府事务发言人基思·斯皮德表示,资本价值相比租赁价值容易发生变化,这将导致申诉数量大幅增加,造成制度不稳定,还会不可避免地增加估值人员。①

关于开辟地方收入新来源的讨论从 19 世纪末就已经开始,而迫切性则前所未有。整体来说,几乎所有的税收都是为了募集收入,经济增长不能自动提高收入来满足公共支出,要么通过提高既有税种税率,要么通过征收新税,或者通过借款等其他方式。② 20 世纪60、70 年代,工党和保守党政治家都在思考实行更广泛的销售税或者对财产与工资课税的问题,但达成共识的机会错失了,官员们没能设计出技术可行且中立平衡的方案,他们只是知道既有制度的经济影响,政治家们难以获得相关建议,政府机制不能形成一致并协调合作,政治家们转而从官方范围之外找寻理念方案。③

整个国家没有综合性改革方案,各种研究报告和讨论方案却不少,意见集中在是否赋予地方新的财政税收来源,或者以什么税种作为地方新的收入来源。开辟新税的目的不是要将地方税排挤掉,而是减轻地方税的负担,用地方税收来补充国家税收。需要注意的是,所有关于新税收方案的重要研究都要考虑同样一个前提,就是中央政府要负责整体经济管理,财政部与地方政府的方法方案自然会有所不同,财政部以宏观综合视角来看待国家事务,而地方政府则专注于具体事务。④

关于地方税的替选方案和改革建议有很多。市政司库和会计师协会的

----

① Brian Costello, *Local Rates…A Viable Alternative*, c.1976 (PUB 117/40).

② Ann Robinson and Cedric Sandford, *Tax Policy-Making in the United Kingdom: A Study of Rationality, Ideology and Politics*, London: Heinemann Educational, 1983, p.4.

③ Martin Daunton, *Just Taxes: the Politics of Taxation in Britain*, 1914 – 1979, Cambridge University Press, 2002, p.367.

④ A H Marshall, *New Revenues for Local Government* (*Fabian Research Series* 295), London: Fabian Society, June 1971, pp.25-7.

专业人员仅在 20 世纪 60 年代末就提出了数项研究报告,包括 1968 年 8 月提出的销售税和地方收入税建议,1968 年 12 月提出的地方费建议,1969 年 1 月提出的机动车税建议等。费边社的报告提出了改进型土地价值税和地方政府福彩等,但土地价值税不好计征,在提交给 1969 年地方政府国际联盟会议的 33 个国家报告中,只有西班牙和意大利提及该税种,福彩收入的使用存在一些限制,不便用于公路基础设施以及初等教育等方面。[①] 还有一些与地方财税改革有关的建议,比如,实行比例代表制来讨论地方税和服务问题;将地方选举日期从 5 月挪到 10 月初,使地方议员和政治家能在获知拨款方案后制定预算和地方税政策。[②]

20 世纪 80 年代初,自由党组建了地方政府财政问题工作小组,旨在提出切实可行的地方财政改革方案。自由党的改革提议主要有三个目标:一是重新使地方政府独立于中央政府,二是确保地方政府有独立收入来履行职能,三是通过拓宽地方税收影响面,促使地方议会对选民更加负责。该小组就英国地方政府财政改革提出了一些看法,列举了一些改革建议,包括简化中央拨款;实行地方收入税;以全国性的土地价值税来取代地方的非住宅地方税;对工业和商业部门使用地方服务实行收费;为教区和社区议会提供新的独立收入来源。[③]

其他国家也有很多可资借鉴的地方税种,最常见的包括地方收入税、地方房产税和地方商品税。经合组织成员国中,有 14 个国家实行地方收入税,平均占地方税收收入的 55%;有 18 个国家实行房产税,平均占到地方税收的 40%;有 18 个国家实行地方商品税,只占到地方税收的 4%。[④] 比如美

---

① A H Marshall, *New Revenues for Local Government* (*Fabian Research Series* 295), London: Fabian Society, June 1971, pp.20-1.

② Clive Martlew and Stephen Jailey, *Local Taxation and Accountability*: *An Assessment of the* 1986 *Green Paper* "*Paying for Local Government*" *and Its Effects in Scotland* Public Finance Foundation Discussion Paper No.10, 1989, pp.32-5.

③ 参见 L. Grimond, P. Truscott, B. Keith-Lucas and R. J. Bennett, "*Local government Finance in Britain*: *A Liberal Party View of Possible Rreforms*", *Environment and Planning*: *Government and Policy*, 1983, Volume 1 Number 3, pp.357-70.

④ Stephen J. Bailey, *Local Government Economics*: *Principles and Practice*, London: Macmillan, 1999, pp.176-7.

国有 29 个州实行地方销售税,13 个州实行地方收入税,其他非中央集权国家很少如此在意地方支出,地方支出并未被看作是联邦政府宏观经济政策要关注的问题。① 也就是说,地方税收要么与地方财产有关,要么与地方收入有关,要么与商业活动有关,任何新税种都有瑕疵,难免导致部分人利益受损,部分人从中受益。正如此前英格兰地方政府皇家委员会的观点,所有地方税种都有自己的劣势,无论是现有税种还是新税种,作为地方政府收入都会招致议论。②

对地方政府最有吸引力的方案是地方收入税。收入税是产出性税收,可以随着地方收入增长而增长,与纳税能力相结合,此前不缴地方税的人也要缴纳,并且地方收入税在其他许多国家都有经验可借鉴。作为国家税,英国的收入税历史也很悠久。英国在拿破仑战争时期首次征收了收入税,1842 年作为皮尔经济改革的部分内容再次实施,并成为永久性质的税种。一直到 20 世纪初期,英国缴纳收入税的人口不足百万,面对二战的巨大消耗,英国调高了收入税税率并降低了纳税门槛,使纳税人超过 1200 万人,大多数工薪阶层都成为纳税人。③

1981 年 12 月,保守党政府发布了住宅地方税替代方案绿皮书,提出要用新方案替代住宅地方税。绿皮书阐释了为什么住宅地方税不够公平和不受欢迎,比如住宅地方税与一个家庭挣钱人数无关,不同地区不同价值房产的居民纳税并不平等。这些批评的本质是认为住宅地方税不是收入税,任何调整住宅地方税的努力都会产生一种效果,就是使调整后的地方税变得接近于收入税。如果基于此就要替代住宅地方税的话,那么只有一个替代方案,就是地方收入税。④

但英国的收入税也存在不少问题。在整个税收体系中,收入税往往居

① Arthur F.Midwinter,*The Politics of Local Spending*,Edinburgh:Mainstream,1984,p.93.
② *Report of the Royal Commission on Local Government in England*,Cmnd 4040,HMSO,1968,para.536.
③ J.A.Kay and M.A.King,*The British Tax System*,Oxford University Press,1986,pp.20-1.
④ J.A.Kay and M.A.King,*The British Tax System*,Oxford University Press,1986,p.149.

于核心地位,通常实行累进税率,收入越高税负越重,既具有收入再分配功能,也会对工作积极性产生抑制作用,因此需要在效率和公平之间充分权衡。理想的收入税模式是收入极低群体和收入极高群体的边际税率较低,中等收入群体税率相对较高,但这种"低—高—低"模式恰好与英国通行的"高—低—高"收入税模式形成反逆。[1]

收入税和资本税在 20 世纪 60 年代持续增长,并在工党执政的 1970 年达到顶峰,随后保守党政府降低了收入税。收入税增长主要是因为通货膨胀,收入税税率长时间没有调整,结果产生了"财政拖累",也没有调整免征额和税阶来抵消通胀影响,实际上税率因此被提高了。[2] 对于英国收入税的批评很多,比如效能不足,不同税率和政策影响了纳税人的选择;纳税人储蓄或投资选择不同,或者背景情况不同,收入税会造成各种不公平;收入税制度管理比较复杂,且避税空间较多。[3]

从实行地方收入税的国家来看,有的结果也并不理想,甚至不一定优于英国地方税。比如,丹麦地方政府支出主要靠地方收入税,其税基和国家收入税一样,其他收入还包括国家拨款、服务收费、地区间再分配等,还有些地方可以获得公司税。经济增长时,丹麦地方支出也随之大幅增长,当 20 世纪 70 年代经济衰退时,丹麦失业率飙升,收入税税基受到严重影响,地方公共服务需求和支出却更大了,政府只能提高税率或削减支出,但此时税率已经处于接近 20% 的高位,增税并不容易,中央政府也无力支持地方财政。20 世纪 70 年代末,丹麦中央政府开始预算改革,要求地方议会限制支出增速,削减地方公共服务需求乃至拨款,从而降低了地方支出和税率增速。[4]

① Cedric Sandford, Chris Pond and Robert Walker (eds.), *Taxation and Social Policy*, London: Heinemann Educational, 1980, pp.159−60.

② Ann Robinson and Cedric Sandford, *Tax Policy-Making in the United Kingdom: A Study of Rationality, Ideology and Politics*, London: Heinemann Educational, 1983, p.6.

③ Cedric Sandford, Chris Pond and Robert Walker (eds.), *Taxation and Social Policy*, London: Heinemann Educational, 1980, pp.164−5.

④ Carl Johan Skovsgaard and Jorgan Sondergaard, "*Danish Local Government: Recent Trends in Economy and Administration*", in Michael Goldsmith and Søren Villadsen(eds.), *Urban Political Theory and the Management of Fiscal Stress*, Aldershot: Gower, 1986, pp.100−1.

　　英国实行地方收入税确有不少困难，征收成本是困难之一。1986—1987 财年，英国地方税收入总额约为 155.44 亿英镑，税务局估值的官方成本为 0.651 亿英镑，英格兰和威尔士地方税征收成本约为 1.526 亿英镑，苏格兰地区征收成本为 0.109 亿英镑，北爱尔兰地区总体征收管理成本为 0.072 亿英镑，以上共计约为 2.36 亿英镑，占地方税总收入的 1.52%。此外，地方税执行成本约 0.58 亿英镑，大概占地方税收入的 0.4%，地方税的执行成本是比较低的，也是唯一管理成本数倍于执行成本的税种。[1]

　　与地方税相比，英国的收入税成本明显偏高。1986—1987 财年，英国收入税以及资本所得税和国民保险费的管理与执行成本约占比 4.9%，三项税收收入为 651.26 亿英镑（其中收入税收入 384.99 亿英镑），三项税收管理成本为 9.97 亿英镑（其中收入税管理成本 8.83 亿英镑），三项税收执行成本合计 22.12 亿英镑。同一时期，1986 年加拿大的收入税管理运行成本占到该税种收入的大约 7.1%。[2]

　　地方收入税也未必能解决英国面临的问题。莱菲尔德委员会建议地方政府要提高地方财政资源的比例，最好通过地方收入税，但剑桥的专家们认为：目前的制度没有严重错误，从实际情况来看，确保按统一标准提供关键领域服务的制度运行很好，地方也实现了基本程度的自治。[3] 还有人认为，实行地方收入税可以使地方摆脱对中央拨款的依赖，但地方拥有更多收入来源后，情况恐怕并不一定乐观，因为"过不了多久，左翼就会提出一些地方尽责不足、支出不足、征税不足，将会像过去那样要求中央出面，而右翼也会抱怨支出太多、征税太多，认为中央应该对此设限封顶。"[4]

---

[1]　Cedric Sandford, Michael Godwin and Peter Hardwick, *Administrative and Compliance Costs of Taxation*, Bath: Fiscal, 1989, pp.184-8.

[2]　Cedric Sandford, Michael Godwin and Peter Hardwick, *Administrative and Compliance Costs of Taxation*, Bath: Fiscal, 1989, pp.108-10.

[3]　Francis Cripps and Wynne Godley, *Local Government Finance and Its Reform: A Critique of the Layfield Committee's Report*, University of Cambridge: Department of Applied Economics, 1976, p.13.

[4]　David Walker, *Municipal Empire: the Town Halls and Their Beneficiaries*, Hounslow: Maurice Temple Smith, 1983, pp.7-8.

在保守党看来,由于地方议会的独特地位,他们既能征收地方税,也可以获取中央拨款,这样他们可以不负责任地进行开支,最后还可以归咎于财政部吝啬小气,从而逃脱地方选民的选票惩罚。劳森逐渐相信,财政部要么完全控制地方支出,要么要求地方服务支出都从地方税收中列支。中央与地方关于地方财税的博弈贯穿整个撒切尔时期,人头税成为"最后一次和最具灾难性的永久解决这个困局的尝试"。①

如前面章节所述,20 世纪 70 年代中期,地方税制度再次触犯部分民众的利益。1973 年英国进行地方税重估,此时正值通胀率高位运行,导致名义上的不动产征税估值大幅提高,再加上世界经济萧条、地方政府重组影响,地方税明显上涨。人们感觉地方税不公平,有的地区地方税涨幅达40%—50%甚至更高,为了减轻纳税人负担,地方在与中央磋商时所要的拨款越来越多。

此时,撒切尔夫人逐步走上前台,她和一些党内同僚明确呼吁取消住宅地方税。1974 年 8 月,还只是影子内阁大臣的撒切尔夫人提出:地方政府支出增长比经济增速要快,尽管 60%的地方支出是由来自国家纳税人的拨款支持,但住宅地方税纳税人负担也增长迅速,可以预见的是地方税会继续大幅增长,这种情况下,保守党将迈出行动步伐。② 撒切尔夫人还打了比方,住房像食物一样属于生活基本需求,所有中央政府都避免向食物征税,但唯独英国地方政府向住房课税,谁改善住房条件反而会使税负加重,"现在到了终结这种反常现象的时候"。③

随着形势变化,住宅地方税制度是否值得维持成为问题。保守党开始研究具体改革步骤和方案,在 1974 年为撒切尔夫人起草的住房政策和地方税改革文件中列出了步骤:首先是将一些支出转由中央政府承担;其次是取

① Nigel Lawson, *The View from No.11*, London: Transworld, 1992, p.104.

② *The Conservative Party's New Policy Proposals on Housing and Rates*, prepared by Margaret Thatcher MP and Her Policy Groups, London: Conservative Central Office, 28th August 1974. (THCR 1/12/6)

③ *Extract from a Speech Given by MT Relating to Local Government Rates*, *News Service*, London: Conservative Central Office, 25th September 1974. (THCR 1/17/39)

消住宅地方税制度,代之以基础更广并与人们纳税能力相关的税收,地方政府必须继续拥有独立财政来源;最后是给予商店业主和小商人特殊考虑对待。① 如果保守党在10月的大选中获胜,将在十二个月内提出具体的地方税改革政策,其中包括取消住宅地方税的内容,但保守党最终未能在大选中战胜工党。

保守党对取消地方税的难度有着充分估计。诺特议员与专家就地方税以及地方财政问题进行了交流,他认为,由于难以招募足够的职员来计征地方收入税,管理架构也没法改变,地方收入税并不可行,地方销售税也会需要大量新机构,征收一个全新的税种而非替代税种,会面临政治上的困难。1974年6月,诺特议员在给撒切尔夫人的信中提出:鉴于还没准备从住宅地方税转向收入税,可以将一些服务项目支出转由国家承担,比如教师薪水等。信中还明确表示:"我不相信我们能够在五年内推行地方税的替代税种。"②不过,保守党两个月后还是明确提出:"考虑到目前的形势,住宅地方税制度必须取消,我们希望并期待能在五年内实现。"③

保守党不断重申主张,围绕地方税本身的探讨也未停止,但迟迟未能找到替代方案。保守党地方政府事务发言人基思·斯皮德在1977年9月的一次演讲中指出:即便工党成功控制地方支出,地方税制度仍然是不公平的,他重申了取消住宅地方税的承诺,还讨论了替代方案。④ 1978年,时任影子内阁环境大臣赫塞尔廷撰文探讨地方税问题,他分析的第一个方案是"人头税",他认为,人头税是按统一税率数额征收,因此不能反映纳税人能

---

① *Policy for Housing and Reform of the Rating System*, Summary prepared for the Rt. Hon. Margaret Thatcher MP, 23ʳᵈ September, 1974. (THCR 1/17/35)

② John Nott MP, *The Letter to the Rt Hon Mrs Margaret Thatcher MP*, 4ᵗʰ June 1974. (THCR 1/12/4)

③ *News Services*, London: Conservative Central Office, 28ᵗʰ August 1974(416/74), pp.3-4. (THCR 1/12/6)

④ *Guide to a Speech in Gloucester on 'The Conservative Approach to Local Government'*, *Speak to a Meeting of Conservative Councillors by Keith Speed MP*, *News Service*, London: Conservative Central Office, 13 September 1977.

力,同时也很难管理和征收,尤其是在人口流动较突出的地方,征收20亿英镑人头税相当于每个成年人平均缴纳70英镑,这是否等于取消了地方税制度值得怀疑。① 赫塞尔廷还讨论了地方收入税以及增加地方服务收费等。此外,其他如机动车费或者汽油税、增值税以及地方销售税,都因各种原因未能进入议程。

地方税替代方案难以落定,降低收入税成为优先选项。1978年2月,在撒切尔夫人即将出席地方政府年会前夕,桑尼克罗夫特给撒切尔夫人写信强调了地方税制度的问题,他认为"取消地方税的承诺将暗示会增加额外的中央税收,这将使你发动的税制改革出现一个尴尬的开始。"②他所附的研究部门报告提出,最近三年收入税从104亿英镑增长到了180亿英镑,下届保守党政府的首要任务是平衡经济和重建经济激励,这就要求降低收入税,这意味着需要更长时间来取代住宅地方税。在为撒切尔夫人准备的此次会议讲稿中也提出:削减收入税是下一届保守党政府的优先选项。③赫塞尔廷同意将削减收入税放在更优先位置,并提出,应该在削减直接税的目标实现后,通过增加拨款来逐步降低住宅地方税,但不能承诺在下届国会任期内就完全取消住宅地方税。④

保守党1979年大选宣言充分体现了党内要员们的这些主张,重申改革目标,但要暂时延后。1979年6月,政府取消了将于1982年实行的地方税税基重估,但同时指出近期不会取消地方税制度。1980年底,赫塞尔廷在布莱顿表示:上届工党政府时期,公共支出增长和个人收入税上涨失控,我们不得不暂时搁置地方税改革的长期目标,优先考虑税收改革和支

① Michael Heseltine, *Rates*, London: Conservative Research Department, 21 June 1978, in *Rates*, 1978. (CRD 4/8/11)

② Lord Thorneycroft, *Letter to Mrs. Thatcher about Local Government Conference* 1978, Westminster: Conservative and Unionist Central Office, 1ˢᵗ February 1978. (THCR 5/12/166)

③ *Suggested Outline for Mrs. Thatcher's Speech to Local Government Conference-February* 4ᵗʰ 1978. (THCR 5/12/166)

④ Michael Heseltine, *Rates*, London: Conservative Research Department, 21 June 1978, in *Rates*, 1978. (CRD 4/8/11)

出削减。① 赫塞尔廷承认:"关于用什么来取代地方税我们还没有主意,但减税势在必行,内阁希望地方政府支出削减3%,经过一番条件反射性的抗议后,地方政府协会领导人同意了。"②

1981年,政府在控制地方支出方面面临困难,关于地方税上涨导致企业难以为继的抱怨越来越多,这给保守党带来了压力,也唤起了撒切尔的兴趣。1981年12月16日,作为对地方政府财政问题批评的回应,保守党政府发布了一份名为住宅地方税替代方案的绿皮书,绿皮书中分析了五种较为现实的替代方案:一是改良的住宅地方税制度,核心内容是收入税抵扣住宅地方税;二是地方销售税,包括增值税征收管理模式和地方政府直接征收管理模式;三是地方收入税;四是人头税,但执行成本至少相当于住宅地方税;五是组合新税种,单独用销售税或人头税完全取代住宅地方税都不合适,这样成本要翻番。③ 也就是说,没有一种新的地方收入可以完全替代住宅地方税,内阁经过辩论,最终决定继续保留地方税制度。正如自由党地方财政研究小组的看法,在有关住宅地方税的替选方案问题上,保守党撤回了此前承诺,反而更加倾向于加强既有的拨款制度和地方税制度。④

地方税改革一事最后归于平静,但"沉睡并不是死亡"。⑤ 1981年绿皮书和1971年绿皮书以及早前莱菲尔德委员会的意见看似没有区别,实际有一个非常重要的变化,1981年考虑的替代方案中包括了人头税,这在1971年和1976年的报告中都未曾讨论过。1981年绿皮书几乎将人头税放在和

---

① *Local Government Brief*（*No.* 44）, Local Government Organisation, November 1980.（PUB 145/3）

② Michael Heseltine, *Life in the Jungle*: *My Autobiography*, London: Hodder & Stoughton, 2000, p.201.

③ *Local Government Brief*（*No.*54）, Conservative Central Office, January 1982.（PUB 145/4）

④ L.Grimond, P.Truscott, B.Keith-Lucas and R.J.Bennett, "*Local government Finance in Britain*: *A Liberal Party View of Possible Reforms*", *Environment and Planning*: *Government and Policy*, 1983, Volume 1 Number 3, p.357.

⑤ Nigel Lawson, *The View from No.*11, London: Transworld, 1992, pp.568−9.

地方收入税、地方销售税、房产税同等地位进行了评估,但并不清楚其为何突然成为与地方收入税、销售税和房产税并列的选项。① 1981 年政府地方税问题白皮书拒绝了多数替选方案,包括任何关于人头税的想法,这也并不奇怪,因为它被认为有倒退性质且难以管理,20 世纪 80 年代早期,各政党、政府和议会机构都一再拒绝人头税方案,但"人头税理念却在保守党智库中不断萌发"。②

在地方税改革方案难产之际,也出现了一些极具操作性的思路,有的与后来的社区费等改革模式颇为相似。曾负责大伦敦市议会和内伦敦教育局财政事务的罗兰·弗里曼提议:住宅地方税可以作为区或者自治市的税种,与地方服务支出相关,但不再是与中央拨款相关的普遍性地方税种,可以根据地方总支出设定一个固定比例,然后确定全国统一的税率来征收非住宅地方税,收入先汇聚入库,再分配给不同地方。罗兰·弗里曼还指出,除非对非住宅地方税作出特殊安排,否则保守党取消住宅地方税的政策将会置工商业者于不利,如果地方议会有权确定非住宅地方税,同时又不再让手握选票的选民缴纳住宅地方税,就等于给地方当局发放了一个印钞执照。③

关于增强地方政府支出责任的观念不断强化。地方政府事务大臣汤姆·金在区审计员协会年会上表示:地方政府要让地方税纳税人知道钱是怎么花的,公众有权知道为什么同样的服务要比临近地区更贵。他同时宣称:中央要向地方政府施压,同时也要减少对市镇郡县的控制,但自由的代价是要对地方税纳税人和公众更加负责任,地方的最大压力来自公众,公众的理念态度越强,压力就越有效。④ 1981 年,下院议员比尔·谢尔顿在有关朗伯斯地方税问题的一篇撰文中指出:并非所有人都对地方税具有政治

①　David Butler, Andrew Adonis and Tony Travers, *Failure in British Government: the Politics of the Poll Tax*, Oxford University Press, 1994, pp.29-30.

②　Martin Daunton, *Just Taxes: the Politics of Taxation in Britain*, 1914 – 1979, Cambridge University Press, 2002, p.356.

③　Roland Freeman, *The Rates Riddle*, London: the Bow Group, Feb.1978. (PUB 120/44)

④　*Local Government Brief* (No. 35), Local Government Organisation, November 1979. (PUB 145/3)

敏感性,必须取消不公平的地方税,要代之以基础更加广泛、所有选民都要承担的地方税种,这样一来,像朗伯斯这样的地方议会就会在选举中遭到报应。①

要取代已经持续近四百年的地方税并非轻而易举,但转机已经出现。在 20 世纪 80 年代早期,人头税在一些新右派圈子里渐热起来,但此时人头税还没有成为可行的政策选项。② 1980 年早些时候,保守党政治中心出版了一个小册子,讨论将人头税作为地方税的可能替代选项。③ 1980 年,经济事务研究所出版的书中提出了三个建议:将非住宅地方税转变成国家税,这样就可以成为国家制定宏观经济、产业和区域政策的有效工具,并且可以与国民保险制度和增值税建立起联系,但作为地方税种却不由地方选民承担是不合适的;住宅地方税作为地方税种,可以转变成基于资本价值而非租金价值的财产税,该地方税种由地方选民承担;实行地方收入税,由地方政府决定税率,由地方选民承担。④

同一时期,伦敦经济学院三位自由市场派学者发布了对地方政府经济问题的分析,其中包括专门章节来讨论人头税,虽然提出了许多批评意见,但他们认为人头税是一个选项,他们还提到了"特别费"的说法。⑤ 这与后来"社区费"的名字颇有相似之处,不过并没有证据表明以上三位学者的著作与 1981 年绿皮书中人头税内容有关。需要注意的是,尽管社区费名字叫作"费",但并不符合通常所说的费用一词的含义,"费"更多地是市场概念,是获取货物或者服务的对价,如果不需要,可以不必消费和付钱,但社区费

---

① *Local Government Brief*(*No.*46), Local Government Organisation,February 1981.(PUB 145/3)

② Hugh Atkinson and Stuart Wilks-Heeg,*Local Government from Thatcher to Blair*:*The Politics of Creative Autonomy*, Cambridge:Polity Press,2000,p.100.

③ David Butler,Andrew Adonis and Tony Travers,*Failure in British Government*:*the Politics of the Poll Tax*,Oxford University Press,1994,p.30.

④ David Neden King,*Town Hall Power or Whitehall Pawn*? London:Institute of Economic Affairs, 1980,p.138.

⑤ C.Foster,R.Jackman and M.Perlman,*Local Government Finance in a Unitary State*,London: Allen & Unwin,1980,p.220.

却不能逃避,不能因为不使用某些服务,就可以少缴纳一点费用。①

地方税制度看似难以撼动,实际上其存续越来越成为问题。当 1981 年绿皮书草案从首相府返回到环境部赫塞尔廷手中时,在关于地方支出增加的一段文字旁边,撒切尔留下了一个笔迹潦草的评注:我不能再容忍失败。② 但 1981 年之后几年并无根本性变化,中央推行了一系列眼花缭乱的改革举措,地方政府和工党势力不断反弹,超支问题也并未有效根治,有人将这一时期中央政府的政策描述为"渐进主义的乱砍乱杀"。③

但渐进也是前进,撒切尔政府迈出了步伐。继取消地方征收补充性地方税的权力后,又实施了地税封顶政策。地方税越来越成为靶心,只待替代方案成熟出笼。前环境大臣汤姆·金在 1983 年的大选材料中表示:"地方税制度当然有许多问题,但实行新税种也是不负责任的,地方税制度便于管理、易于征收、难以逃避且收益确定。"④尽管找到一个税源充足、容易征收、比较公平、又能促进地方责任的税种实属不易,但保守党要员们可谓矢志不渝。1983 年大选后接替赫塞尔廷的詹金再次开始尝试评估地方财税,并在 1984 年保守党大会上宣布了此事。到了 1985 年苏格兰地方税税基重估,地方税改革一事再次出现转机。

在备选方案中,保守党青睐的选项也应时而变。1974 年,保守党宣称要取消住宅地方税,彼时地方收入税被看作是最有可能取代住宅地方税的方案;到了 1979 年,保守党承诺要削减直接税,此时考虑授权地方征收收入税,但政府正在削减国家收入税;到了 1981 年绿皮书发布后,撒切尔更加倾向于用地方销售税来取代住宅地方税,但英国各地区销售税率不同,将导致

① "*What Will Happen if I don't Pay the Poll Tax?*"-Legal Questions and Answers on the Community Charge, London: Poll Tax Legal Group, p.7.

② David Butler, Andrew Adonis and Tony Travers, *Failure in British Government: the Politics of the Poll Tax*, Oxford University Press, 1994, p.35.

③ John Gibson with Tony Travers, *Block Grant: A Study in Central-Local Relations*, London: Policy Journals for the Public Finance Foundation, 1986, p.32.

④ *A Political Cyanide Pill* (*A Conservative Briefing on the Poll Tax*), The Labour Party, (Labour Party Library 收录于 1990).

很多跨区交易和消费，会扰乱商品交易秩序，还有人认为地方销售税有悖于欧共体规则。① 1981 年绿皮书提出的几个替代方案虽纷纷被否，但几年后却发生了变化，曾被看好的方案如今难入法眼，从未被看好的人头税却逆势而生。经过一番比较淘汰，人头税在 1984 年底具有了成为地方税种的可能性，从 1984 年 12 月到 1985 年 3 月，人头税从地方税的补充选项变成了可能的替代选项。②

1985 年 5 月，保守党刊物发表文章历数了地方税诸多脱离实际和时代的缺点，认为改革确实说着容易做起来难，但地方税需要的不是改革，而是彻底取消，文章呼吁"富有变革精神的政府能大胆地重新构想财政支持地方服务问题"。③ 此后有文章对此进行了回应，认为地方税制度灵活，易于评估且难以逃避，企业却可以隐藏利润，个人收入可以避税，回应文章还提出：纳税与投票并无必然关系，比如企业虽不参加投票，但同样要纳税。④

争论双方此时可能并不清楚，剧情即将发生历史性变化。1985 年苏格兰地区地方税税基重估，加上其他因素的影响，地方税制度再也难以为继。在争论进行的同时，内阁小圈子的工作也正热火朝天，一个颠覆性的新方案逐渐清晰起来，正悄悄向公众走来。

第三节　社区费制度的出台实施

为了应对公共支出问题和寻找新的收入来源，中央政府通过了许多法

---

① John David Stewart and Gerry Stoker(eds.) , *The Future of Local Government*, Basingstoke: Macmillan Education, 1989, p.11.

② David Butler, Andrew Adonis and Tony Travers, *Failure in British Government: the Politics of the Poll Tax*, Oxford University Press, 1994, pp.55-6.

③ Doreen Miller, "*We Must Get Rid of the Rates*!", in *Conservative Newsline*, May 1985. (PUB 125/1)

④ Andrew White, "*Stop Tinkering with Rates*", in *Conservative Newsline*, October 1985. (PUB 125/1)

律来改革地方财政,这些改革多是针对拨款制度、地方税征税权和资本控制,自 1974 年保守党宣言提出取消住宅地方税以来,改革之路显得曲折漫长,但终于等到机会实现夙愿。在十几年时间里,保守党的地方税改革政策动议多次变化,人头税从一个不被认可的想法终于成长为现实方案。①

撒切尔夫人早就宣示要取消住宅地方税,但在改革地方税问题上,撒切尔政府显示出激进目标与保守行动的结合。撒切尔夫人自己观念也比较混杂,尽管她父亲长期涉入格兰瑟姆地方政治,但她自己在职业生涯中一直避免纠缠于此,她在 1974 年就提出要在住宅地方税问题上做点事情,但直到 1983 年春天还没看到大的举动。② 其第一任期里主要是取消地方议会征收补充性地方税的权力,第二任期里的最大动作是地税封顶,在实际执行中,有选择地限制部分地方的地方税,而不是普遍限制地方税。

随着执政地位巩固和改革不断深入,撒切尔夫人的新方案开始出笼。保守党政府认为,地方选举投票与纳税之间的关系不合理,投票人无需担心支出成本会落到自己头上,住宅地方税显失公平。这有两个办法可以解决,第一种就是将公民权与住宅地方税绑定,第二种就是将缴纳地方人头税作为投票权的依据。这两种办法都被认为有反民主性质,也有悖于历史进步。保守党选择了第二种方案,所有成年居民都要缴纳人头税,以此取代住宅地方税。③

按照撒切尔夫人的指示,1984 年 10 月,一些专家和官员组成了专项工作组,利用六个月时间来厘清地方政府财政问题。考虑到传统的内阁机制难以做出根本性改革方案,为给予工作组足够空间并考虑保密需要,该小组由威廉·沃尔德格雷夫直接向撒切尔夫人汇报,而不必绕经国务大臣詹金

---

① *Trimming and Turning: An Analysis of the Changing Nature of Conservative Poll Tax Policy*, London: The Labour Party.

② David Walker, *Municipal Empire: the Town Halls and Their Beneficiaries*, Hounslow: Maurice Temple Smith, 1983, pp.121-2.

③ Stephen J.Bailey and Ronan Paddison, *The Reform of Local Government Finance in Britain*, London: Routledge, 1988, p.3.

或者贝克等高官。① 沃尔德格雷夫邀请维克多·罗斯柴尔德来准备一份关于地方税制原则的文件，罗斯柴尔德曾在希思时期担任中央政策评估专员，以自己没有政治成见为荣，这被沃尔德格雷夫看作是一个"优势"，罗斯柴尔德最后拿出的方案认为人头税是最佳选择，这成为一个"致命的邀请"。② 到了 1985 年 1 月，有三项政策逐渐清晰：首先是非住宅地方税应该变成国家税，由中央设定税率，收入分给地方；其次，每个财年开始前要确定拨款，使地方支出决定产生的边际影响都由地方纳税人承担；最后要建立统一的地方政府和更加透明的拨款制度，强化地方责任。③

　　1985 年苏格兰地区进行了地方税税基重估，这常常被视为人头税改革的"催化剂"。④ 一般应该每五年进行一次税基重估，但是 1978 年和 1983 年的重估都被取消了，1985 年，苏格兰的税基重估拖延两年之后进行，重估导致住宅地方税大幅上涨，中央政府只能提供短期财政支持来平抑影响。这导致保守党在苏格兰地区选举中受到严重影响，而传统工党控制区大多都能从中受益，这引起了部分选民的不满和保守党人的忧虑，如果英格兰和威尔士地区也进行税基重估，那么可能会面临相同的危险。此时，地税封顶正遭遇工党地方议会的挑战，撒切尔夫人面临两线作战的局面，一边要对付持续罢工的煤矿工人，一边要对付大城市的工党大佬，改革看起来迫在眉睫，可选方案就是社区费或者叫人头税。⑤

　　1985 年 2 月中旬，苏格兰保守党主席吉姆·古德向撒切尔夫人介绍了税基重估之后的混乱情景，因为重估导致住宅地方税纳税人税负上升，大家开始呼吁结束地方税制度。1985 年 3 月底，在地方财政问题研究小组准备

① Christopher D.Foster, *British Government in Crisis*, Oxford: Hart Publishing, 2005, pp.102-3.

② Nigel Lawson, *The View from No.11*, London: Transworld, 1992, p.570.

③ David Butler, Andrew Adonis and Tony Travers, *Failure in British Government: the Politics of the Poll Tax*, Oxford University Press, 1994, pp.50-8.

④ Arthur Midwinter and Claire Monaghan, *From Rates to the Poll Tax: Local Government Finance in the Thatcher Era*, Edinburgh University Press, 1993, p.66.

⑤ Martin Daunton, *Just Taxes: the Politics of Taxation in Britain*, 1914 - 1979, Cambridge University Press, 2002, p.356.

向首相汇报时,刚刚从苏格兰比尔登访问回来的威利·怀特劳与撒切尔谈到了地方税问题,这对撒切尔产生了重要影响。《金融时报》的彼得·里德尔是唯一认识到这一点的人,他曾经在 1985 年 3 月 25 日报道中提到,威利·怀特劳关于苏格兰地方税问题的报告触动了同僚,里德尔认为,威利·怀特劳的介入在促使撒切尔夫人迅速做出决策方面发挥了关键性影响。①

作为一项重要且影响深远的决策,人头税政策的形成时间很短。劳森认为,试图将这样一个声名狼藉的税种作为政府改革旗舰项目,是撒切尔夫人的重大误判,但这一过程非常复杂,许多针对撒切尔夫人的指责并不公平,认为她的内阁同僚们是仓促接受了这一方案也并不准确。② 参与这项决策的绝不只是撒切尔夫人及其少数同僚,是整个内阁通过了人头税的主意,几乎一半的内阁成员都参加了 1985 年 3 月 31 日的会议,包括威利·怀特劳,帕特里克·詹金,乔治·杨格,威尔士大臣尼古拉斯·爱德华兹,北爱尔兰大臣道格拉斯·赫德,内政大臣利昂·布里坦,财政部秘书长彼得·里斯等。肯尼思·贝克和威廉·沃尔德格雷夫在会上说明了工作组的研究发现。③ 沃尔德格雷夫在会上解释了人头税方案,并提出这样可以逐步走向单一层级的地方政府,撒切尔拒绝了单一层级地方政府的主意,可能是因为这样会耽误她已成竹在胸的时间表。④

英国朝野酝酿多年的重大改革就此诞生了。财政大臣奈杰尔·劳森为缺席此次会议感到后悔,当时他被邀请参加星期天举行的会议,但他不愿放弃休息,且认为这只是讨论而不会进行决策,于是"愚蠢地"决定自己不去参会,而是指派秘书长彼得·里斯到会,并叮嘱了反对立场和缘由。⑤ 除了劳森,还有两方面的人士缺席了这次重要会议,一个是地方政府,如果说工

---

① David Butler,Andrew Adonis and Tony Travers,*Failure in British Government:the Politics of the Poll Tax*,Oxford University Press,1994,pp.68-9.

② Nigel Lawson,*The View from No.11*,London:Transworld,1992,p.561.

③ David Butler,Andrew Adonis and Tony Travers,*Failure in British Government:the Politics of the Poll Tax*,Oxford University Press,1994,p.70.

④ Nigel Lawson,*The View from No.11*,London:Transworld,1992,p.571.

⑤ Nigel Lawson,*The View from No.11*,London:Transworld,1992,pp.570-1.

党控制的地方协会缺席还能理解的话,那么保守党控制地区的领导人缺席则匪夷所思,另一个缺席的是亚当·斯密研究所或者其他右翼压力集团,事实上,亚当·斯密研究所随后发表文章支持人头税。与会者认为,迅速减轻保守党支持者的地方税负担,同时不增加收入税,这是头等重要的事情,人头税看起来就是这样一个理想的工具。① 1985 年 4 月,亚当·斯密研究所的道格拉斯·梅森发表了《修正地方税制度》一文,梅森因长期研究并力推人头税被视为"人头税之父"。②

　　方案讨论阶段,保守党内的反对者亦不在少数。当财政大臣奈杰尔·劳森得知会议内容后,表示可以接受非住宅地方税的国家化,但反对实行人头税。劳森邀请沃尔德格雷夫到唐宁街 11 号进行私人会面,但未能说服沃尔德格雷夫,劳森又直接向撒切尔表达看法,但其意见遭到了撒切尔的否定。③ 5 月份,劳森向撒切尔提出告诫,认为人头税将导致"令人惊骇的"后果,会成为"政治灾难",单一税率会导致富人受益和穷人受损,结果不得不进行减免,这样人头税就变成了变相的收入税,他还认为地方政府将突然增加支出和提高税收,并将其归罪于新税制。④

　　内政大臣利昂·布里坦也对此惴惴不安,他曾于 1985 年 4 月早些时候致信专项工作组,对人头税可能带来的后果进行警告提示。即便环境部内部也有不同意见,特别顾问安德鲁·泰力曾于 5 月中旬向詹金和贝克表达意见,认为人头税会对选举造成严重影响,特别是对于保守党赢得选举非常重要的中低阶层和熟练工人群体。⑤

　　1985 年 5 月 20 日的内阁会议讨论了人头税改革方案,撒切尔不理会

①　David Butler, Andrew Adonis and Tony Travers, *Failure in British Government : the Politics of the Poll Tax*, Oxford University Press, 1994, pp.71-2.

②　Alex Singleton, *The Guardian*, 16 December 2004.

③　Nigel Lawson, *The View from No.11*, London : Transworld, 1992, p.572.

④　Jim Pickard and Barney Thompson, *Archives* 1985 & 1986 : *Nigel Lawson Warned of Poll Tax Catastrophe*, Ft-Politics & Policy, December 30, 2014.

⑤　David Butler, Andrew Adonis and Tony Travers, *Failure in British Government : the Politics of the Poll Tax*, Oxford University Press, 1994, pp.76-9.

布里坦和劳森的反对,人头税方案获得压倒性支持,撒切尔希望9月份能够有一个确定的方案。1985年秋天,绿皮书草案在白厅不断循环流转,新的人头税的正式名称也一再变化,从"居民费"变成了"社区费",这一命名的意义很重要,表明这是一种地方社区服务费,听上去似乎不是一种税。圣诞节前夕,绿皮书在内阁下属委员会获得通过。

1986年1月9日,全体内阁首次讨论人头税方案,由于此前七个月里内阁委员会已经审查过,每个阶段都能获得压倒性支持,内阁批准只是履行手续,绿皮书在十五分钟内就获得通过,但是此次通过的方案远没有三年后真正实行的方案那么激进。① 曾担任工作组成员的奥利弗·莱特文曾建议首相,让支持改革方案的大臣在内阁讨论时先声夺人,营造出积极有利的气氛,他还提出,苏格兰大臣乔治·杨格希望社区费在苏格兰先行先试。②

颇具戏剧性的情景伴随了人头税的制定出台过程,使人头税笼罩着不祥之兆。1984年10月保守党大会宣布要研究地方政府财政问题的当晚,在撒切尔夫人下榻的宾馆发生了炸弹袭击;1985年3月环境部正式盖印批准人头税方案时,恰逢一声惊雷响彻威斯敏斯特;1986年1月最后方案敲定的时候伴随着赫塞尔廷的离席而去。1986年1月28日,关于人头税改革的绿皮书静悄悄地登场了,恰逢当天美国"挑战者"号航天飞机发射并爆炸,突发新闻占据了当晚的新闻节目和次日报刊头条,撒切尔夫人的"挑战者号"并未引起什么热议。③

不过,各大媒体还是对绿皮书表达了态度,总体上,舆论支持意见并不明显。只有《每日电讯报》在1986年1月29日对绿皮书方案表示欢迎,认为"这是解决地方支出控制和确保地方责任的最聪明的方法";由于人头税看上去可能不受欢迎,《卫报》对绿皮书的态度比较谨慎,并认为地方收入

① David Butler, Andrew Adonis and Tony Travers, *Failure in British Government: the Politics of the Poll Tax*, Oxford University Press, 1994, pp.80-7.

② Jim Pickard and Barney Thompson, *Archives 1985 & 1986: Nigel Lawson Warned of Poll Tax Catastrophe*, Ft-Politics & Policy, December 30, 2014.

③ David Butler, Andrew Adonis and Tony Travers, *Failure in British Government: the Politics of the Poll Tax*, Oxford University Press, 1994, p.88.

税是个更好的方案;《金融时报》对中央致力于增强地方政府责任表示赞赏,但认为重新分配住宅地方税负担会带来公众不满,影响对保守党的支持;《泰晤士报》批评绿皮书方案,认为该方案只能说服相信中央政府的人,翌日又发表了关于地方收入税的文章。①

对于绿皮书中地方财税改革的效果,确实估计过高了。按照绿皮书提出的"社区费"方案,标准化的社区费受到中央政府的控制,所有18岁以上成年人都要缴纳,当然,会对贫困人群等进行减免。在不少人看来,这将促使地方纳税人要求当地政府削减支出。如果中央政府认为一个地方的社区费过高,还可以进行封顶。绿皮书认为,社区费将会比地方税更好理解和接受。

1986年绿皮书的社区费方案有不少问题。第一,绿皮书声称社区费将标志着地方政府财政体制的重要转变,就是要为地方服务付费,而社区费要比房产税更能在付费和获取服务之间建立关联。实际上,缴纳社区费的人可能是使用地方政府服务最少的人,大部分服务支出项目的受益者是青年儿童和老年人。第二,支付社区费多少与享受好处多少的比例并不相称。社区费假设同样规模的家庭要缴纳一样的社区费,因为他们享受了同样的服务。实际证据表明,中产阶级居民要比其他人更能从地方服务中受益。第三,社区费方案希望能增加选民对地方支出的责任感,这也是简单假设,比如地方选举中,年轻人到场投票的比例是很低的。第四,社区费还将对不同地区以及个人之间的地方税收负担分配产生很大影响。第五,社区费方案很难执行。②

绿皮书改革动议还有另一个潜在矛盾,就是重新强化了中央政府的地位。1986年《绿皮书》要比过去十年时间里出现的文件都更有分量,其观点鲜明路径清晰,不像1976年《莱菲尔德报告》那样模棱两可,两个文件都关

① David Deacon and Peter Golding, *Taxation and Representation:the Media,Political Communication and the Poll Tax*,London:J.Libbey,1994,p.115.

② Stephen J.Bailey and Ronan Paddison,*The Reform of Local Government Finance in Britain*,London:Routledge,1988,pp.85-7.

注如何界定地方政府角色,然后确定合适的财政制度,但绿皮书给人的印象是找到了解决弊病的良方,就是将"有效的地方责任"作为"成功的地方政府的基石"。但是,绿皮书的新方案将设定非住宅地方税的权力交给了中央政府,而不是留给地方。在苏格兰地区,住宅地方税只占地方税所承担支出的13%,如果国家统一设定非住宅地方税税率,意味着苏格兰地方税收入中超过八成受中央政府控制,这明显不符合中央政府所声称的要加强地方政府责任的目标。①

这与此前中央政府财政改革的问题一样,政府体系内未能对财政体制进行理性细致的讨论。内阁并未真正仔细考量过此项事务,至关重要的是,环境部对地方政府采取了敌视的态度,该部门以往支持地方政府反对财政部的控制,到了20世纪80年代,环境部自己冲在前面,并热衷于定政策出方案。中央的官员们没能提出像样的建议,也没有借鉴其他国家的经验,同时也没有与地方财政官员进行咨询商讨。一些方案在讨论阶段保密,议会机制也未能发挥作用,工党则焦虑于与激进的地方议会划清界限,不愿因人头税问题制造争端。尽管人头税问题很多,但都被忽略了,政治家的想法很大胆,但不经过富有经验的文官们把关,结果可能令人沮丧,甚至文官们都对既有体制失去耐心,支持迅速进行改革。②

社区费方案一经推出,就开始不断加码。就政治活动的决策选择问题,往往有很多局限。首先,尽管现代手段很多,但人们智慧有限,很难完全预测经济社会事件和影响;其次,受时间和成本限制,很难对各选项进行周密彻底的评估;此外,人们总是倾向于容易的问题,并且倾向于维持好同事关系,在这样的情况下,政治机制很难完全理性。③ 1985年9月,肯尼思·贝

① Clive Martlew and Stephen Jailey, *Local Taxation and Accountability*: *An Assessment of the* 1986 *Green Paper* "*Paying for Local Government*" *and Its Effects in Scotland*, Public Finance Foundation Discussion Paper No.10,1989,p.2,10.

② Martin Daunton, *Just Taxes*: *the Politics of Taxation in Britain*, 1914 – 1979, Cambridge University Press, 2002, pp.358-9.

③ Ann Robinson and Cedric Sandford, *Tax Policy-Making in the United Kingdom*: *A Study of Rationality*, *Ideology and Politics*, London: Heinemann Educational, 1983, p.19.

克接替帕特里克·詹金出任环境大臣,随后又于 1986 年 5 月由尼古拉斯·里德利接任。1986 年后面几个月,在里德利的鼓动下,社区费方案出现了明显变化,首先是地方税到社区费的"双轨制"过渡期由十年减少到四年,里德利实际上主张三年,财政部代表约翰·梅杰主张五年,最后折中为四年。① 此外,经过讨价还价,决定对学生征收 20% 的社区费。

也就是说,绿皮书发布几个月后,社区费方案的多项内容重新设计了。尽管贝克多番表达了不同意见,但撒切尔未能听得进去。1986 年 10 月,在伯恩茅斯保守党大会上,里德利宣布人头税改革位居议程首位。② 两党都会在秋季召开年度大会,与工党领袖可以对自己反对的大会决议不闻不问相比,保守党领袖有时容易受到大会强烈表达的意见影响。经过大会讨论和影响,政府相信应该改变最初的渐进分步实施计划,立即推行新的人头税政策。仓促出台继而又仓促推行新税并非好事,讨论税收的修改时,最好规定决策和行动之间要有很长的时滞,人们便有可能"正确地运用理智,心平气和地讨论效率最高的方案",因为"时间是把阶级间和集团间的决策转化为合理决策的因素"。③

国家非住宅房产税和收入补助拨款对于地方政府来说同样也很重要,因为分配给地方的收入将影响到社区费水平。国家非住宅房产税和收入补助拨款分配将在财年开始前确定,在下一年分配方案出台前不会进行更改。这将导致拨款和非住宅地方税固定化,与 1990 年之前的制度形成对比,以前拨款分配情况会因支出情况而变化,经常在财年之中和之后发生变动。但国家非住宅房产税和收入补助拨款都预先确定,任何支出变化都将由社区费承担。总体上看,地方政府从社区费、国家非住宅房产税和收入补助拨款中获取的收入将分别占到 25%、25% 和 50%。④ 中央政府可以在收入补

---

① 撒切尔:《唐宁街岁月》,国际文化出版公司 2009 年版,第 595 页。

② David Butler, Andrew Adonis and Tony Travers, *Failure in British Government: the Politics of the Poll Tax*, Oxford University Press, 1994, p.100.

③ 布坎南:《民主财政论》,商务印书馆 2015 年版,第 348—349 页。

④ John David Stewart and Gerry Stoker(eds.), *The Future of Local Government*, Basingstoke: Macmillan Education, 1989, pp.14-5.

助拨款制度下,通过改变需求评估来降低各地区损益程度。

转眼间到了 1987 年大选,保守党此时信心满满。保守党自豪地宣称,撒切尔政府执政八年,产出增长和制造业生产率以前名列法、意、西德、美等国家之后,如今蹿升到这些国家之前,此外,人们收入增加、税负降低、住房拥有率提高、交通得到改善。[①] 最终保守党赢得第三任期,大选结果令多数观察人士感到惊讶,不是因为保守党的胜利,而是因为胜利的程度,保守党比所有其他党派多出 102 席,比工党多出 147 席。原因主要在于长期的社会变化,包括传统工人阶级队伍的衰减,拥有住房人数的增多,人口从北向南迁徙,这都使保守党占得了选举优势。[②]

社区费改革方案被纳入了保守党 1987 年大选宣言。宣言强调所有成就的取得在于拥有一个强有力的政府,下届保守党政府将在过去八年的成就基础上继续推进改革,宣言包括了社区费改革的内容,"地方选民必须决定他们想要什么水平的服务,以及他们准备付出的成本和代价。"[③]与此相对照的是,地方支出下降并未达到中央政府的期望。1988 年,保守党研究部抱怨道:地方政府净支出总计超过 410 亿英镑,占国内生产总值的 10%,占到公共支出的四分之一;仅英格兰,地方政府雇员就达到 250 万人。扣除物价因素,总工资支出从 1980 年开始增长达 20%,地方支出从 1979 年开始增长达 18%。市政服务支出是主要问题,1987—1988 财年英格兰地区总额达到 160 亿英镑。[④]

彻底改革势在必行,支持者们踌躇满志。许多新右派智库,如亚当·斯密研究所为人头税政策"提供了意识形态上的粉饰,强化了其政治迷惑力。"环境大臣贝克和他的继任者里德利认为更大的"地方责任"充满吸引

---

① *Our First Eight Years:the Achievements of the Conservative Government since May* 1979,London:Conservative Central Office,May 1987.

② David Denver, *Elections and Voting Behaviour in Britain*, Hertfordshire:Philip Allan, 1989, p.140.

③ *Conservative Menifesto for Wales* 1987,Published by the Conservative Central Office for Wales.

④ Howard Elcock,Grant Jordan,Arthur Midwinter with George Boyne,*Budgeting in Local Government:Managing the Margins*,Essex:Longman Group,1989,p.4,引自 Nash,1988,p.51.

力,不用持续扩大中央干预,地方选民就会迫使当地政府乖乖就范。许多保守党议员也同样乐观,认为这一制度设计将把选民的不满发泄到超支的地方政府头上,这就是中央政府想要的答案。此外,保守党还会成为改革的受益者,因为新制度把聚光灯打到了地方支出上,保守党的地方议员们秉持责任管理理念,将会从中受益。①

此时保守党在议会拥有超过百席的多数,政治优势为推行改革提供了条件,但还是有不少保守党人士表示了反对。按照工党的统计,在人头税立法过程中,有66名保守党议员投票反对或者弃权,其中19名保守党议员至少三次投票反对人头税立法。这包括了12位前政府大臣,其中有4位前内阁大臣和4位前环境大臣。投反对票次数最多的是贝肯纳姆地区议员菲利普·古德哈特,赫塞尔廷也投了一次反对票。②

撒切尔夫人赢得第三个任期后,感觉没有什么难以战胜,她和里德利自信地认为,历史终将证明他们是正确的,长远来看,改革会受到欢迎,可以给地方支出"套上锁扣"。③取消地方税的靴子在高高抬起十几年之后,终于要落地了。由于地税税基重估,导致苏格兰地区的中产阶层保守党人受到损失,撒切尔夫人认为人头税是个很好的方法,可以平息苏格兰保守党人的不满,于是提早一年在苏格兰先期推行。④

不过,这个靴子能否站稳却是个未知数。"在人头税制下,可能存在某种有效的决策规则,但该规则只能由一个无所不知的人来确定。"然而,现实世界并不存在这样的"无所不知的人"。⑤和其他所有发达国家不一样,英国即便实行人头税,也仍然只有一种地方税,不像住宅地方税被广泛接受,人们几乎从未听说过人头税,人头税也未曾作为单一地方税种,因此,有

---

① Gerry Stoker, *The Politics of Local Government*, Basingstoke:Macmillan Education, 1991, pp. 183-4.

② *On the Record:A List of Conservative MPs Who Have Voted against Poll Tax Legislation*, London: The Labour Party, 收录于 May 1990.

③ Gerry Stoker, *The Politics of Local Government*, Basingstoke:Macmillan Education, 1991, p.185.

④ Brendan Evans, *Thatcherism and British Politics*, 1975-1999, Stroud:Sutton, 1999, p.115.

⑤ 布坎南:《民主财政论》,商务印书馆2015年版,第338页。

学者曾断言:"可以拭目以待,看这个办法到底是个长期的方案,还是场简单短命的注定失败的改革。"①

酝酿多年的地方税改革和人头税方案终于成为现实。1988 年《地方政府财政法案》正式取消了住宅地方税,鉴于强烈反对,在 1987 年选举前就通过了关于在苏格兰取消地方税的立法。依据法案取消了住宅地方税,代之以社区费,并建立了一个针对工商业房产的国家非住宅房产税制度和一个新的中央政府地税补助拨款制度,这项改革给地方政府带来了数十年来最大的震动,成为一场实实在在的地方财税制度革命。正如撒切尔夫人所言:一个政府宣布任何有支付能力的人都应该缴纳一定税收作为保障,以便为纳税人提供服务并使其从中受益,这在历史上还是第一次。②

从 1985 年 7 月开始,中央政府就统一商业房产税改革问题与英国工业联合会进行过讨论。绿皮书发布时,英国工业联合会给出了支持统一商业房产税的五项条件,包括重估税基、改革分五年实施、对工商业地方税进行 10% 的减免、税率增幅不应高于通胀率、每五年进行一次税基重估。除降低工商业地方税的要求外,中央政府绿皮书都同意了。工业联合会也作出回应,接受了统一商业房产税的基本原则,但提出了一些新条件,包括税率比目前平均水平降低 25%,税率应该全国一样,实施统一商业房产税之前应该进行税基重估,分阶段实施过程中每年税额增长不能超过 10% 等。中央政府再次接受这些提议,但不同意降低税负。联合会还提出可以实行按户征收社区费或者按市场价格征收地方服务费用,但这缺乏现实可行性,可能导致地区和个人之间新的不公平,遭到了环境大臣的明确拒绝。③

1987 年 11 月 17 日,环境大臣宣布了实行社区费的过渡性安排。由于住宅地方税存在较大范围的减免,而社区费几乎人人都要缴纳,此前获得减

---

① Stephen J.Bailey and Ronan Paddison, *The Reform of Local Government Finance in Britain*, London:Routledge,1988,p.3.

② 撒切尔:《唐宁街岁月》,国际文化出版公司 2009 年版,第 603 页。

③ *Local Government Brief*(*No.40*), Conservative Research Department, November 1987.(PUB 145/4)

免的人负担将有所加重,考虑到这种情况,中央决定在部分地方分阶段实行社区费,标准是人均支出超过拨款相关需求评估水平 130 英镑。事实上,这意味着整个内伦敦加上个别自治市都要分阶段实施,而英格兰其他地区都要在 1990—1991 财年取消住宅地方税。这些分阶段实施的地方,第一年收取 100 英镑社区费,其他部分通过继续收取住宅地方税补充,直到 1994—1995 财年彻底用社区费取代住宅地方税,政府将在四年时间里实行"安全保障网"制度。①

1987 年 12 月 4 日,地方政府财政议案公布,该议案主要包括三项内容:一是用社区费取代住宅地方税;二是用国家非住宅房产税取代原来的非住宅地方税,所有的非住宅房产将使用单一通用税率,将比照 1989—1990 财年原有制度下的税收总额确定 1990—1991 财年新制度下的税率,税基价值将于 1990 年进行重估,税率将随着零售价格指数波动增长,或者财政大臣可以决定降低税率,税收总额将基于当地成年人口数量进行分配;三是收入补助拨款取代原来的地税补助拨款,新的拨款制度将分为两个部分,一部分将考虑不同地区的支出需求,从而实现不同地方均等。② 与新的拨款制度相配合的是标准支出评估,进行该评估需要提供一个所有地方通用的服务标准,该标准由中央政府根据经济状况和其他情况来确定。③

环境大臣里德利在关于该议案的演讲中表示:声誉不彰且缺乏可信性的住宅地方税制度今天开始走向终结,我们的改革方案将第一次把地方权力交到个人手中,地方议会决策将与每位选民建立起直接的财务关联,地方议会要更多地回应民众期待,要更加负责地对待选民。④ 社区费制度从 1990 年 4 月 1 日开始实施,所有年满 18 岁的成年人都要缴纳,一些群体明

---

① *Local Government Brief* (*No.* 40), Conservative Research Department, November 1987. (PUB 145/4)

② John David Stewart and Gerry Stoker(eds.) , *The Future of Local Government* , Basingstoke: Macmillan Education, 1989, p.14.

③ Gerry Stoker, *The Politics of Local Government* , Basingstoke: Macmillan Education, 1991, p.181.

④ *Local Government Brief* (*No.* 43), Conservative Research Department, December 1987. (PUB 145/4)

确获得减免,如无家可归、长期住院的病人、囚犯等予以免交,穷人和学生不需要全额缴纳,低收入者可以得到80%的税收返还。注册和支付该项税收是义务性的,否则将面临罚金,第一阶段是50英镑,后面则是200英镑。不过,不缴纳社区费并非犯罪行为,而是相当于对地方政府的欠款,地方政府将发出缴税通知,如果未能按期缴纳,地方政府将交由法院发出缴税命令。①

中央政府认为,新制度的合理性在于它更加公平,并确保更多的纳税人能获得与纳税额匹配的民主权利,同时也可以加强对地方财政的控制。撒切尔夫人认为,3800万纳税选民将会用选票来支持中央控制地方政府支出。按照保守党宣言的说法:社区费是一个固定的地方服务费用,但每个人都要在感受社会服务好处的同时关注其成本,人们会因此更加关注其地方议会的政策,使纳税人的钱花得更值。② 但保守党的宣传受到了挑战,由于按照新的制度设计,纳税义务与收入和支付能力无关,普遍认为社区费制度显失公平。

保守党刊物以问答形式就社区费改革相关问题作出解释,在谈及新税制下的赢家和输家时,保守党认为,超过一半的家庭将会获益,而受损家庭有一半每周损失不超过1英镑,获益者主要是单口之家,受损者主要是成年人口较多的大家庭。关于社区费不顾及个人支付能力是否有失公平,保守党认为:地方税也不能反映人们的支付能力,英格兰地区40%的税值高于平均值的住房是由低于平均收入的家庭居住,目前有超过一半的成年人不用缴纳地方税,还要对低收入者进行减免,这也不公平,社区费改革将使许多最穷的人从中受益,包括绝大多数单亲家庭和孤寡退休老人。③

中央还对商业地方税实行了基础性改进,推行了全国性的统一商业房产税,在全国范围内按照中央政府确定的统一税率计征,使商业地方税从一

---

① *"What Will Happen if I don't Pay the Poll Tax?"-Legal Questions and Answers on the Community Charge*, London: Poll Tax Legal Group, pp.24–5.

② *Conservative Menifesto for Wales* 1987, Published by the Conservative Central Office for Wales.

③ *Local Government Brief* (*No.*42), Conservative Research Department, December 1987. (PUB 145/4)

个地方税种变成了国家税种,不过该税种仍由地方政府征收,然后按程序上交中央政府,由中央政府依据各地成年人口数按比例再分配,对于地方政府来说,这种分配和原来的中央拨款方式没什么区别。[1] 但统一商业房产税对中心城区和拥有较多非住宅地方税收入的地区影响较大,这进一步加大了不同地区之间税收收支差距。

改革之后,中央将继续提供拨款,拨款依据是标准支出评估,这是拨款相关评估的简化形式。标准支出评估由"需求拨款"和"标准拨款"组成,该制度的意义在于地方支出安排要符合中央的指导。社区费改革加上对非住宅地方税的国家化,导致地方财政收入中来自中央转移支付收入占比提高至80%—85%,这样不仅增强了中央控制,还导致地方税税率非常敏感,也就是说地方预算略有变化,地方税税率就会发生很大变化。不仅地方支出变化会导致地方税税率波动,每年拨款分配模式的技术调整也会引起变化。[2]

在实行社区费、国家非住宅房产税和收入补助拨款制度的同时,中央政府还改革了资本控制制度和住房收益账户,新的资本控制制度授权中央政府可以对所有交易进行信贷审批,住房收益账户改革则禁止地方拿地方税收来补贴租金。[3] 地方借贷审批将考虑每个地方的资本性收入,如果收入水平较高,获得的审批额度会很少甚至没有,地方还需要拿出一定比例的收入来清理积累的债务。在 1990 年 4 月实行该制度前,许多地方立即花掉资本收入,用于各种建设维修项目,1989—1990 财年成为资本支出的宽松年。[4] 1989 年《地方政府和住房法案》还授权中央政府管理地方的服务收费,也就是中央政府可以要求地方对特定服务收

① Attiat F.Ott, *Public Sector Budgets:A Comparative Study*, Aldershot:Elgar,1993,p.209.
② Martin Loughlin, *Legality and Locality:the Role of Law in Central-Local Government Relations*, Oxford:Clarendon Press,1996,p.94.
③ John David Stewart and Gerry Stoker(eds.), *The Future of Local Government*, Basingstoke:Macmillan Education,1989,pp.24-5.
④ Gerry Stoker, *The Politics of Local Government*, Basingstoke: Macmillan Education, 1991, pp.181-2.

费,或者对一些费用设定上下限,或者授权地方确定是否对特定服务收费。①

实行新的地方财税制度,不但受益于原有拨款和地方税制度的中低收入阶层要遭受损失,还将削弱地方政府的财政基础。奈杰尔·劳森在谈到撒切尔政府时表示:如果政策不能带来好处,就很难让人们信服,但若不能坚持原则站稳立场,就不能实现国家的持续转型。② 劳森的话确实没错,问题在于,在一个实行选票民主的国家里,政治决策是"间接地由个体公民作出的",领袖和议员须选择能够让多数选民满意的财税方案,"如果他能做到这一点,他就可以保住职位,如果他做不到这一点,他就将被一个更能反映公民态度和选择的人所代替。"③

第四节　社区费改革的失败

税收对于国家的重要性不言而喻。按照马克思的说法,"赋税是喂养政府的奶娘"。在英国,税收一直影影绰绰地浮现于政治事务中。英国历史上多次重大事件均与征税有关,曾因征税问题导致斯图亚特王朝与议会的决裂,进而引发资产阶级革命,开征印花税和茶税还引发了美国独立战争等。与此同时,税收、国债、预算等财政制度变迁也为英国的崛起提供了重要保障。④ 现代社会,征税是政府职责,纳税是公民义务,如果承认税收的必要性,就"不应怀疑它作为一种制度的合法性"。然而,问题在于:"如何

---

① John David Stewart and Gerry Stoker(eds.),*The Future of Local Government*,Basingstoke:Macmillan Education,1989,p.26.
② Nigel Lawson,*The New Britain:the Tide of Ideas from Attlee to Thatcher*,London:Center for Policy Studies,1988.(PUB 110/2)
③ 布坎南:《民主财政论》,商务印书馆2015年版,第207页。
④ 参见宋丙涛:《英国崛起之谜:财政制度变迁与现代经济发展》,社会科学文献出版社2015年版。

征税？征多少税？何时征税？"①

英国历史上曾经三次推行人头税,包括 1222 年与十字军东征有关的人头税、1377 年和 1380 年与英法百年战争有关的人头税,三次征税都算不上成功,甚至引起了政治波动。② 其中,1380 年人头税曾使许多农民不堪重负,1381 年农民起义遂成为英国财税史的典型案例。撒切尔夫人的人头税是第四次,或许因为时隔太过久远,她显然并未汲取历史教训。正如有评论所言:如果不在充分分析当前制度机制的基础上进行改革,如果出于意识形态原因而忽略经验丰富的专业人士的建议,如果依赖并不可靠的经济和政治假设,那么政策混乱、惨败和失灵就将不可避免。③

在现代国家里,人头税极为少见,该税种在发达国家几乎绝迹,在其他发展中国家也相继被取消。美国多个州在 20 世纪 20 年代就取消了人头税(南方一些州用来故意剥夺黑人的选举权),加拿大在 1970 年取消了人头税(只占地方税收的 4%),日本人头税收入只占地方税收的 0.1%。④ 日本和坦桑尼亚实行人头税,不过他们与英国的政治经济社会环境有很大不同。在英国殖民地时期,人头税在非洲东部很常见,通常作为中央税收来源。在英国,人头税是准备作为地方唯一的税种,而其他国家很少这样做,大多都是将其作为补充性财政收入。比如在澳大利亚的南澳和新南威尔士地区,实行人头税也只是作为房产税的一个补充。此外,英国推行人头税并没有进行收入分级,公然实行这种开历史倒车的税制,对于一个西方国家来说极不寻常。⑤

这种冒险决策反映了撒切尔政府风格的变化。执政初期,撒切尔尚能

---

① 斯克拉顿:《保守主义的含义》,中央编译出版社 2005 年版,第 87 页。

② 施诚:《中世纪英国财政史研究》,商务印书馆 2010 年版,第 190—195 页。

③ Arthur Midwinter and Claire Monaghan, *From Rates to the Poll Tax: Local Government Finance in the Thatcher Era*, Edinburgh University Press, 1993, p.138.

④ Stephen J. Bailey, *Local Government Economics: Principles and Practice*, London: Macmillan, 1999, pp.176-7.

⑤ Stephen J.Bailey and Ronan Paddison, *The Reform of Local Government Finance in Britain*, London: Routledge, 1988, pp.192-5.

允许内阁进行辩论,但逐渐发展演变成撒切尔之所欲即国家之所需,几乎对任何反对意见都置之不理。希思政府时期成立了中央政策评估小组,作为旨在向内阁及部门提供政策评估和咨询帮助的"智库",但撒切尔夫人不需要"帮助",遂于1983年大选后将该机构撤销。① 随着保守党第三次赢得大选,党内弥漫着必胜主义气氛,与此同时,工党长期羸弱难以凝聚力量,加上一些外部因素,比如一些外国访英代表团考虑借鉴英国私有化政策,东欧阵营国家日趋疲弱乃至最终发生动荡剧变等,这些共同催生了保守党的乐观自信。此外,保守党在1983年大选中赢得了巨大优势,但第二任期的成就乏善可陈,有时被认为是错失机会的几年,于是在1987年之后"有一种要迎头赶上的感觉"。②

对于执政成绩和未来施政,保守党可谓踌躇满志。1987年保守党宣言宣称:今日英国已是第七年实现经济稳定增长,我们从谷底一跃成为增速最高的欧洲大国,通胀降到二十年来最低,罢工次数下降到五十年来最低,今日英国不再需要如当初那样向国际货币基金组织举债,海外资产仅次于日本,人们的生活质量高于任何历史时期。③ 然而,再辉煌的经济成就也不能确保任何改革都能成功,就像财政大臣奈杰尔·劳森所言:经济失败极可能导致一个政府失去执政地位,但仅有经济成功不能确保维持执政地位。④

随着撒切尔和保守党逐渐走向自负,地方财税改革也步入了迷途。撒切尔夫人常常自有主意,形成政策就要执行,不像其他首相那样通常先建立共识,或者等着说服同僚,或者等着危机出现,她也确实很幸运,包括赢得马岛战争、击败矿工罢工等,但她的这种风格失败风险也较高。⑤ 她甚至不顾

---

① Tessa Blackstone and William Plowden, *Inside the Think Tank: Advising the Cabinet* 1971–1983, London: Heinemann, 1988.

② Brendan Evans, *Thatcherism and British Politics*, 1975–1999, Stroud: Sutton, 1999, p.102, 74.

③ *The Next Moves Forward*, *The Conservative Manifesto* 1987, London: Conservative Central Office, May 1987.

④ Nigel Lawson, *The New Britain: the Tide of Ideas from Attlee to Thatcher*, London: Center for Policy Studies, 1988. (PUB 110/2)

⑤ Peter Madgwick, *British Government: the Central Executive Territory*, London: Philip Allan, 1991, pp.197–8.

党内政治明星卫生和社会保障大臣约翰·摩尔的疑虑,也不顾及政府内部及许多专业人士的反对,要对国民健康保险制度进行彻底改革。保守党内活跃分子鼓动撒切尔夫人采取进一步行动,在政策改革上迈出更快的步伐,这都脱离了实际情况。最初的社区费方案是双轨制的,地方税将分阶段逐步退出。但党内活跃分子以为社区费制度会很受欢迎,促使领导人决定毕其功于一役,偏离了双轨制渐进式路径,事实证明这是个错误的决定。①

　　迎合民众往往会损害原则,但没有公众支持,新政策也难以落地生根。有时这会成为悖论,信念笃定的撒切尔夫人恰恰遇到了困境。社区费的危险之处在于:政治家与广大选民的认识隔着一道鸿沟,只有鸿沟之间架起桥梁,更为公平、简便和负责任的新制度才不会招致诸多毁谤攻击。② 然而,鸿沟不但未能弥合,还有扩大分裂之势,对于这场全方位系统性改革,公众津津乐道的却只是"人头税",这个用词本身就很难让人产生好感。媒体也倾向于使用"人头税"这样的标签用语,从 1986 年到 1991 年,《卫报》《泰晤士报》和《星期天泰晤士报》主要关于人头税的 3165 条报道中,只有不到1.5% 的报道在标题中使用"社区费"名称,关于人头税的全国性报道中,只有29% 使用了"社区费"的名称,地方媒体报道中只有 33% 使用了该名称。③

　　许多人似乎已经觉察到了潜在的危险。弩集团主席奈杰尔·沃特森在给撒切尔夫人的公开信中表示:《泰晤士报》将你描述为自丘吉尔以来最有权势和影响力的首相,丘吉尔入主唐宁街,是因为他被看作对付纳粹的最合适人选,你两次赢得大选,是因为你被看作对付通胀和工会的最佳人选。丘吉尔成功了,但在 1945 年大选付出了代价,我不认为你会遭遇丘吉尔那样的宿命,但这种危险确须加以注意。④ 诺丁汉议员约翰·佩克认为,撒切尔

---

① Brendan Evans, *Thatcherism and British Politics*, 1975–1999, Stroud: Sutton, 1999, p.102.

② Oliver Knox, *Of Dukes and Dustmen: Cautionary Rhymes on the Community Charge*, London: Centre for Policy Studies, 1989. (PUB 110/18)

③ David Deacon and Peter Golding, *Taxation and Representation: the Media, Political Communication and the Poll Tax*, London: J.Libbey, 1994, p.111.

④ *The State of the Party … Up Where We Belong*, London: Bow Group, Autumn 1986. (PUB 195/15)

夫人和保守党"实际上正在实行一个高危策略,这艘旗舰处于危险水域。"①撒切尔在 1987 年大选中暂时逃过了"宿命",保守党在 1987 年大选中所赢得席次优势虽然不及 1983 年大选,但也成为 1945 年以来第三大胜利,然而,她终究还是没能蹚过"危险水域"。

早在提出实施社区费时,左翼就提出了严厉批评。工党的文件中更是历数新政策的"罪状":人头税不公平、加重许多人的税负、削弱公共服务、威胁市民自由、侵蚀地方民主,甚至还影响家庭团结,因为 18 岁以上成年人都要缴税,而刚刚成年的年轻人通常要有父母的资助支持,这无益于家庭关系和睦。② 还有人对人头税注册中的隐私问题表示关切,纳税人除了要注册相关基本信息,有些情况下还需要提供更多私人情况,比如是否精神障碍、是否长期躺在病房、是否从事志愿工作等。③

苏格兰首先开征社区费,结果遭到了大范围反对。1989 年 4 月,苏格兰的住宅地方税被社区费取代。甫一开始就产生了管理问题,纳税人要单独就社区费进行注册,这其中有一个概念混淆,许多人认为选民登记和社区费登记是相关联的,一些不想缴纳社区费的人就不进行任何一种登记。苏格兰多个地方政府在执行过程中迁延拖沓,反对党则发起反对新税制运动,一些地方和国会议员及团体支持不纳税运动。税单已经发出去将近十个月了,仍有成千上万的人拒绝缴税,许多人准备在英格兰和威尔士地区实施人头税后,与该地区的纳税人一起战斗。一些救助机构和议会财政部门工作人员发出威胁,如果命令他们直接从议会雇员的工资中扣缴人头税,他们就要罢工。④

由于中央政府态度鲜明,并且威胁要对违法者处以罚金,苏格兰地方议

---

① Councillor John Peck, *Poll Tax: How It will Hit You*(1381-1988)? London: A Communist Party Publication, November 1987, p.1.

② *Local Services, Local Choices, Local Taxes: Labour's Approach to Poll Tax, the National Business Tax and the Reform of Local Government Finance*, London: The Labour Party, pp.1-3.

③ *Privacy and the Poll Tax*, London: National Council for Civil Liberties.

④ *Beating the Poll Tax*, Anarchist Communist Editions(ACF), March 1990, p.2.

会针对不纳税运动采取了强制性措施,在注册问题上的对抗行动效果相对有限,到了1990年1月,英格兰和威尔士有超过90%的人注册,接近苏格兰前一年同期水平。但随着社区费在全国范围铺开,越来越多的人参与抗争,一些已经缴税的人也重新加入了不纳税运动。社区费税款缴纳受到严重影响,从1989年到1993年,这些反对活动导致地方许多应缴税款逾期滞缴,数额大约占到30%。①

事实证明,"为人民作出的选择也是由人民作出的",如果人民不答应不接受,那么为人民作出的选择也终将被人民抛弃。② 莱斯特市议会的一份宣传册不仅告诉读者新税制基本信息和如何申请减免,还告诉读者市议会反对这个不公平和无效率的税种,并列举数据证明多数人的负担将会加重。③ 根据伯明翰工党议会的估计,该市至少有12万人拒绝纳税。而苏格兰的洛锡安工党议会则预计,将有至少10万拒不纳税者被诉至法庭。④ 本来指望在苏格兰实行社区费来提高支持率,结果成为保守党在地方选举中进一步失利的重要原因,原来占有72席中的21席,此后进一步减少到10席。⑤

许多人头税反对者开始采取有组织行动。英国社会出现了很多反对组织,2000名代表于1989年11月成立了全英反人头税联盟,代表550个反人头税机构和547个工会组织、工党以及社区组织,联盟章程还提出要与工会和劳工运动机构建立联系。⑥ 有的商业团体也表示不赞同地方税改革,甚至也在组织反对行动,税基重估和国家非住宅房产税的实施加重了小工商业者的税负,特别是英格兰南部地区,许多小商业者认为保守党政府背叛了

① George Monies, *Local Government in Scotland*, Edinburgh：W.Green, 1996, p.79.
② 布坎南：《民主财政论》,商务印书馆2015年版,第204页。
③ Gerry Stoker, *The Politics of Local Government*, Basingstoke：Macmillan Education, 1991, p.186.
④ *Beating the Poll Tax*, Anarchist Communist Editions（ACF）, March 1990, p.8.
⑤ Councillor John Peck, *Poll Tax：How It will Hit You*（1381-1988）? London：A Communist Party Publication, November 1987, p.4.
⑥ All Britain Anti-Poll Tax Federation：*2nd Annual Conference 25 November 1990 Apollo Theatre-Manchester：Conference Agenda*, 1990.

他们,巴斯等地的商店主甚至要组织不纳税运动。① 公众反抗人头税和一些地方出现的暴力行为,让人想起了 18 世纪 60 年代美国殖民地对印花税法案的反应。②

在英国的一些地方,人头税引发了示威乃至骚乱。1990 年 3 月,各地的抗议不断高涨,从南安普顿、雷丁、布里斯托、谢菲尔德到伦敦等地,都发生了抗议活动,大多数抗议和平进行,但也有暴力出现,导致一些人被捕。最严重的是 1990 年 3 月发生在伦敦的反人头税骚乱,在全英反人头税联盟的号召下,1990 年 3 月 31 日伦敦大游行吸引了数万人参加。临近傍晚时分,聚集在特拉法加广场以及白厅街的示威人群发生骚乱,最终导致 340人被捕,45 名警察受伤,成为英国 20 世纪最严重的骚乱,撒切尔夫人对此表示震惊,保守党政府和工党都谴责了暴力行为。该骚乱视频在电视上公布后,还引起了关于示威者无政府行为与警察行为合法性正当性的争论。③

反对新地方财税制度特别是社区费的理由很多,行政成本过高也是其中之一。要让 3800 万成年纳税人登记注册和缴税,比管理住宅地方税要困难得多,运行新制度也会增加成本。政府委托会计咨询机构普华永道来估算新制度实施成本,该机构估算的资本支出成本为 1.5 亿英镑,外加 1.2 亿英镑的经常性支出成本,包括建筑、计算机设备和新雇职员。从 1990 —1991 财年开始,运行新税制的额外成本每年超过 2 亿英镑,是住宅地方税制度的两倍。④

工党关于社区费问题的态度比较耐人寻味。1987 年大选,保守党将社区费作为重要政策推出,但工党并未鼓动各方面反对,而是避免极左翼出来搅局,于是对社区费问题谨慎处理,这使得新税种并未引发舆论狂潮,甚至

① Gerry Stoker, *The Politics of Local Government*, Basingstoke: Macmillan Education, 1991, p.190.

② Peter Riddell, *The Thatcher Era and its Legacy*, Oxford: Blackwell, 1991, p.221.

③ Danny Burns, *Poll Tax Rebellion*, Stirling: AK Press, 1992, p.116.

④ John David Stewart and Gerry Stoker(eds.), *The Future of Local Government*, Basingstoke: Macmillan Education, 1989, p.23.

保守党都对此表示困惑。① 撒切尔夫人改变了保守党的面貌,而反对派始终未能联合起来,直到 1988 年,工党有些人还在"沮丧地议论撒切尔夫人1991 年赢得大选的问题"。② 1988 年 1 月初,工党领导人金诺克在爱丁堡举行的会议上警告说,考虑举行大规模拒不纳税运动是无意义的行动。他号召工人阶级家庭面对人头税账单不要采取什么行动,而是等着工党赢得下次大选。此番态度遭到了蔑视,鉴于对人头税的愤怒日益增长,工党和苏格兰工会决定要采取更多行动。③ 1988 年 7 月,尽管工党全国执委会最后批准的政策声明支持地方收入税混合方案,但已经无济于事。

工党对声势浩大的反人头税运动态度不够坚定。当苏格兰的工党控制地区在忙着编制注册表的时候,工党和苏格兰工会一起举行游行,他们希望帮助人们避免普查,并推迟注册过程。整个情景看起来颇为幽默,当工党官僚们组织象征性行动反对人头税注册的时候,他们的同事却在市政厅准备执行人头税政策,并威胁要对那些不注册的人处以罚金,这种情形有些类似地税封顶运动中进退失据的地方工党议员,既想坚决抗争到底,又担心法律风险。全英反人头税联盟全国委员会初拟的第二次年会声明表示:工党已对联盟的行动表示感谢,并承诺在下一财年废除人头税。但修订后的声明删除了以上条款,仅表示要对地方工党议员施压,不要迫害不纳税者,并要求下届工党政府赦免所有不纳税者和受害者。④

随着各地反对人头税运动的升温,工党的担心也在增加。在此之前,来自后座议员和党内活跃分子的压力与日俱增,促使工党要采取更为积极的立场与行动,主要是促使工党组织全国罢工来反对人头税,工党亦准备加强对反人头税示威的支持,以此来表达反对态度。但是到了 1989 年 12 月,金

---

① David Butler, Andrew Adonis and Tony Travers, *Failure in British Government: the Politics of the Poll Tax*, Oxford University Press, 1994, pp.104−6.

② Guy Arnold, *Britain Since 1945: Choice, Conflict, and Change*, London: Blandford, 1989, p.203.

③ *Beating the Poll Tax*, Anarchist Communist Editions(ACF), March 1990, p.13.

④ All Britain Anti-Poll Tax Federation: *2nd Annual Conference 25 November* 1990 *Apollo Theatre-Manchester: Conference Agenda*, 1990.

诺克拒绝了其人头税问题发言人提出的在 1990 年 4 月 1 日举行全国范围内示威的计划。工党全国执委会拒绝了罢工提议,工党更加倾向于在发起宣传、国会活动和媒体露面方面努力。[1] 取得反人头税斗争胜利有赖于工党领导人和工会运动联合,"问题不在于工会和工党领导人要破坏人头税斗争,而是说他们的支持力度不够。"[2]

工党认为,中央政府认识到人头税的严重性,但他们出于原则等考虑拒绝作出任何基础性改变,任何新的税收都会引来反对,他们相信抗议将渐渐平息。工党也表示,首要任务是取消人头税,它与人们的公平感受相背离,它没有满足地方政府的需求,管理起来效率较低。工党提出了自己的主张:我们的目标是一种能够强化地方民主,重塑自由和选择,使地方需求和中央政府目标之间达成平衡,维持并发展基本公共服务的地方政府税收。[3]

人头税改革成为了保守党的麻烦,也给工党带来了一点希望。"工党并未有效反对人头税,不过人头税不需要工党,因为人头税本身就是自己最大的敌人。"[4]工党在 1989 年地方选举中获益颇多,1979 年,保守党和工党控制的地方分别为 262 个和 79 个,到了 1989 年,保守党和工党控制的地方分别为 169 个和 163 个。[5] 然而,工党迟迟未能赢得大选。

在保守党内部,人头税问题催生并加剧了裂痕。1987 年 6 月 29 日,前环境大臣赫塞尔廷在国会发言中表示:"我两次建议保守党内阁和影子内阁反对这种地方财政模式,至少两次他们都接受了我的建议。"前首相希思也反对人头税,他在 1987 年 7 月 17 日写给《泰晤士报》的文章中表示:"我和许多党内同事不相信现在的人头税方案是公平的,因此我们强烈反对。"

① David Deacon and Peter Golding, *Taxation and Representation:the Media*, *Political Communication and the Poll Tax*, London:J.Libbey,1994,p.74.

② *Beating the Poll Tax*, Anarchist Communist Editions(ACF),March 1990,p.21.

③ *Fair Rates:Labour's Alternative to the Poll Tax*(*Statement by the National Executive Committee Conference* 90),London:The Labour Party,July 1990,p.1.

④ David Butler, Andrew Adonis and Tony Travers, *Failure in British Government:the Politics of the Poll Tax*, Oxford University Press,1994,p.125.

⑤ James Chandler, *Local Government Today*, Manchester University Press,2001,p.186.

此后,希思又在 1990 年 2 月 17 日的西部早新闻中表示:"我一贯反对人头税,它非常不公平,征收起来成本很高。"①劳森反对人头税,他正在试图将许多人退出纳税名单,而人头税将让更多人进入纳税系统,他正试图简化税制,而人头税却使税制更加复杂,征收人头税还将耗费更多中央财力。② 还有一些阁僚不反对人头税,但也因人头税而滋生不满,比如 1989 年 7 月上任的环境大臣彭定康,私下里对人头税的政治后果和被委派这份麻烦差事非常不满。③

在议会刚开始讨论人头税立法的时候,撒切尔一度被告知该议案在后座议员中缺乏支持,但结果该法案毫无悬念地得以通过。据统计,在人头税立法最为关键的二读、三读和修正案投票中,有 39 名保守党议员投了一次或以上反对票,其中 8 名议员是前政府大臣或在任十年以上的后座议员。这与整个保守党议员人数相比,不足以动摇议案的通过。④ 法案虽然得以通过,但是支持撒切尔的本党国会议员力量迅速下降。1989 年,年近七旬的后座议员安东尼·迈耶因为不满撒切尔的欧洲政策,对撒切尔的领导地位发起挑战,尽管不出预料地遭到失败,但有 60 名议员没有支持撒切尔,这成为撒切尔面临的真正挑战。保守党内部关于欧洲问题、经济形势、人头税等问题充满分歧,再加上撒切尔夫人不愿考虑对人头税做任何调整,使得她的领袖地位开始变得脆弱。⑤

需要注意的是,进入 20 世纪 70 年代,无论是保守党希思政府时期,还是此后的工党政府时期,议员们背离本党主张而独立投票的行为开始增多,到了撒切尔时期,这已成为都能接受的国会生活特色。一旦这种魔力被释

① *A Political Cyanide Pill*(*A Conservative Briefing on the Poll Tax*),London:The Labour Party (Labour Party Library 收录于 1990).

② Richard Vinen,*Thatcher's Britain:the Politics and Social Upheaval of the Thatcher Era*,London: Simon & Schuster,2009,p.261.

③ Gerry Stoker,*The Politics of Local Government*,Basingstoke:Macmillan Education,1991,p.193.

④ David Butler,Andrew Adonis and Tony Travers,*Failure in British Government:the Politics of the Poll Tax*,Oxford University Press,1994,pp.233-7.

⑤ Lynton Robins,Hilary Blackmore and Robert Pyper,*Britain's Changing Party System*,Leicester University Press,1994,p.60.

放出来,就很难再收回到瓶中。许多保守党议员支持撒切尔主义政策,但他们的支持依情况而异,并不是无条件服从,国会里的保守党并不是撒切尔支持者政党,包括一些新晋议员和资深议员,并没有特定意识形态立场,他们的忠诚本质上是对所属政党的忠诚,如果政府政策看上去将给本党带来选举灾难,那么他们将会反对本党领袖。还有一些议员有特定立场,但不同于撒切尔支持者的新自由主义,他们也可能表达不同意见。①

资深议员迈克尔·梅茨的话表达了许多保守党人的担心,并一语成谶,他说:"一开始起航,泰坦尼克号就被形容为旗舰,没有人希望历史的片段在此重演。"②1989 年和 1990 年早些时候,各种民意调查显示人头税改革正在失去支持。1989 年 10 月反对人头税的人数上升到了选民的 63%,超过了 1988 年 2 月的 54%。到了 1990 年早些时候,选民中反对人头税的比例超过了 75%。③ 工党影子内阁教育大臣认为,保守党地方议会也没有完全认真执行新政策,1990 年 4 月,工党就地方教育预算等进行的调查显示,地方保守党也有通过削减、糊弄和欺骗来应付中央的人头税政策。④

政治决策是一个错综复杂的过程,但"不应掩盖基本的现实,如果个人对公共决策的参与和对其作出的反应被忽略或被假定不存在,那么就会产生重大的误解。"⑤人头税试验提供了一个很好的案例,就是基于抽象经济理念制定公共政策是危险的。按照社区费制度的理论解释,选民会在投票中对支出过高表达不满,地方当局会由此加以注意并进行调整。实际运行中,选民投票行为受到多种复杂因素影响。到了新制度实施的第二年,在1990 年选举中,没有哪个超支的地方在选举中受到惩罚,选举机制运行如

① Lynton Robins, Hilary Blackmore and Robert Pyper, *Britain's Changing Party System*, Leicester University Press, 1994, pp.61–3.

② *Beating the Poll Tax*, Anarchist Communist Editions(ACF), March 1990, p.8.

③ Gerry Stoker, *The Politics of Local Government*, Basingstoke: Macmillan Education, 1991, p.185.

④ Jack Straw MP, *The Poll Tax and Education: Conservative Cuts, Confusion and Con Tricks*(a Labour Party Survey), The Labour Party, April 1990.

⑤ 布坎南:《民主财政论》,商务印书馆 2015 年版,第 13 页。

初,反而是新税制的复杂性和高成本显现了出来。①

　　地方选民没有对过高支出进行惩罚,中央政府的惩罚却如期而至。1990 年 3 月 3 日,国务大臣根据刚刚实行的新制度,行使了 1988 年法案授予的权力,对 21 个地方议会进行社区费封顶,实际上 3 月 3 日只有 20 个地方封顶,因为朗伯斯没能在新的财年开始时达成预算,到 3 月 10 日才被确定封顶。有 19 个地方申请对大臣的决定进行司法复审,所有封顶的地方议会都由工党控制,政治上来说申请复审是不可避免的,这实际是在挑战社区费封顶,当然,这种挑战缺乏法律基础。② 因为处罚本来就是以政治为基础的,保守党政府准备对地方进行费率封顶,还要找到办法使保守党地方议会能够摆脱惩罚,结果许多工党控制地区遭到了封顶,而一些保守党控制地区如纽伯里和兰开斯特尽管超过原定指标,却逃过了封顶处罚。③

　　遭到费率封顶的一些地方要求给出更高的预算上限,他们认为中央政府的削减要求太严厉,标准支出评估太低,其中希灵登和威根决定挑战国务大臣的法定权力。法院的每个决定都不利于地方政府,法官认为他们无需评判支出削减政策和大臣的行为,他们的职责是评判大臣的行为是否合法恰当,法院认为大臣行为理性合法,程序并无不当。据此判定,国务大臣赢得了这场法律之战,并要求布伦特、威根和萨瑟克区三个地方削减预算。另一场法律之战发生在 1990 年晚些时候,朗伯斯赢得了判决。朗伯斯认为,法律授权国务大臣限制他们的预算,但没有具体授权大臣来决定已经修订过的人头税额,因为不纳税的人比预计的要多,地方只能调高税额,如果还在预算限额内,那么他们的做法就是合法的。④

　　人头税反证了一则格言:"旧税就是好的"。⑤ 保守党政府错估了形势,

①　Arthur F. Midwinter, *Local Government in Scotland: Reform or Decline?* London: Macmillan, 1995, p.33.

②　Martin Loughlin, *Legality and Locality: the Role of Law in Central-Local Government Relations*, Oxford: Clarendon Press, 1996, p.309.

③　Gerry Stoker, *The Politics of Local Government*, Basingstoke: Macmillan Education, 1991, p.188.

④　Gerry Stoker, *The Politics of Local Government*, Basingstoke: Macmillan Education, 1991, p.197.

⑤　布坎南:《民主财政论》,商务印书馆 2015 年版,第 78—79 页。

改革的推行不够平稳。一些地方即便不在封顶处罚名单上,也感到财政困难,利物浦议会 1990 年 7 月就面临超过 400 万英镑的赤字。审计委员会的调查也显示,很多地方仍有不少人拒缴人头税。如果一个新税刚一开征就比旧税还高,自然难以获得支持。按照保守党政府设定的目标,不仅工党控制地区的人头税平均要超出 36%,保守党控制地区平均也要超出 31%,在这种情况下,就很难再说高额税负是工党控制地区过高支出造成的,许多保守党地方议员也认为标准支出评估与实际不符,并开始抱怨新制度的其他问题。[1]

人头税成了一面"旗帜",包括保守党内和极左派中反对撒切尔的人都聚集在了这面旗帜下。[2] 撒切尔夫人看起来不准备让步,但保守党采取了一些措施来回应各种批评。1990 年 7 月,保守党政府宣布新措施,旨在减轻人头税的政治后果。一方面增加对地方政府的财政支持,另一方面减轻特定群体和个人的税负。1990 年秋季,保守党政府公布了 1991—1992 财年的封顶标准条件,给地方政府预留出时间来确保他们避免封顶。到了 1990 年晚些时候,人头税问题以及欧洲问题和经济问题引发的不满,已经不可避免地要爆发了,撒切尔夫人成为矛头所指。

撒切尔夫人的领导权在党内遭到了前所未有的挑战。11 月 1 日,内阁重臣杰弗里·豪辞职,他的辞职及其此后的一些言论动摇了党内团结,赫塞尔廷有了挑战撒切尔领导地位的机会。撒切尔夫人似乎对赢得党内选举过于自信,抑或说出现误判,选举时她继续在巴黎出席会议,并没有回到伦敦组织反击。第一轮党内投票,撒切尔 204 票,赫塞尔廷 152 票,另有 16 票弃权。虽然赫塞尔廷没能在首轮击败撒切尔夫人,但撒切尔在首轮选举中未能达到规定票数胜出,这一结果显示党内已经有相当一股势力不再与其一致。"公众也明显需要一个新首相,如果保守党不能提供,那么选民只能指望工党来轮替,面对如此情形,保守党议员们很清楚该作何选择。"[3]

① Gerry Stoker, *The Politics of Local Government*, Basingstoke: Macmillan Education, 1991, p.187.

② 撒切尔:《唐宁街岁月》,国际文化出版公司 2009 年版,第 586 页。

③ Nigel Lawson, *The View from No.11*, London: Transworld, 1992, p.1002.

撒切尔主义者能够在保守党内占据优势,依赖于并将继续依赖于选举的胜利,如果保守党失去执政地位,撒切尔及其拥趸将迅速沦落。保守党对失败的领导人"一向是蛮横无情的",最近的领导人中只有丘吉尔在大选失败后仍然保持了领导地位。① 面对党内同僚幕友的纷纷倒戈,撒切尔经过考量决定放弃第二轮投票,受她支持的梅杰在此后选举中胜出。1991年3月21日,人头税被宣布寿终正寝。人头税成为保守党政府的一场灾难,更是成为了撒切尔夫人的"天鹅之歌"。②

作为一项重要财税改革,不仅要在经济上可行,还要在政治上可行。人头税被看作是英国当代史上离奇糟糕的一幕,不仅导致战后最强势的首相下台,还削弱了整个财税系统,造成行政管理混乱。首先,中央政府用于征收人头税的成本较高;其次,地方额外聘来负责税收征管的职员高达15000人;再次,不缴税的比例和数量很大,实行人头税一年后,英格兰要征收的120亿英镑中,有10亿英镑未能征收,苏格兰不缴税比例第一年高达3%,第二年达到20%,一直到1995年末,拖欠未缴的人头税总计仍高达15亿英镑;最后,实行人头税以来,超过百万的名字从选民注册登记中消失。③

尽管政府采取了一系列补救措施试图挽回民意,但许多地方的选民们还是将怨气撒在了保守党政府身上,并报复了保守党的地方候选人。1990年地方选举中,保守党赢得31%选票,工党赢得42%选票,自由民主党赢得18%选票,这一结果是保守党五十年来最差表现,有一些重要地方失守,比如保守党的旗舰重镇布拉德福德,还是被工党趁势夺取。

不过,局面也没有像一些民意调查预期那样不堪。一些人头税较低的地方,如旺兹沃思和威斯敏斯特,保守党多数地位进一步加强。两个工党控

---

① Martin Holmes, *Thatcherism : Scope and Limits*, 1983−87, Basingstoke : Macmillan, 1989, p.106.

② Gerry Stoker, *The Politics of Local Government*, Basingstoke : Macmillan Education, 1991, pp. 179−80.

③ Hugh Atkinson and Stuart Wilks-Heeg, *Local Government from Thatcher to Blair : The Politics of Creative Autonomy*, Cambridge : Polity Press, 2000, p.104.

制的伦敦自治市伊灵和布伦特被认为支出很高且不负责任,保守党在选举中获胜。特拉福德的保守党因为人头税较低而进一步巩固优势。伦敦等地的一些选举结果显示,这场选举战也不像有些人预言的那样呈现压倒性结果,这意味着保守党领导地位和社区费制度是有救的,并非注定要一败涂地。选举结束一周后,赫塞尔廷在《泰晤士报》撰文,呼吁对人头税进行彻底改造,许多保守党内人士看起来倾向于更缓和的改革方案。①

社区费改革历经多年酝酿,一经实施便引起各界广泛反对,给撒切尔政府带来了危机,加重了党内和社会裂痕,梅杰不得不重新对此进行评估。几个月后,赫塞尔廷宣布将尽快用新的地方税制来取代社区费,最快可能会在1993年4月,社区费最终被市政税取代。著名经济史学家道顿教授认为,社区费是"二战后英国政府在财政体制改革方面最大的失败"。②

几年后,人头税问题被布莱尔借题发挥,用以论证上议院改革的必要性。他批评道:尽管撒切尔政府显然应为人头税负责,但若非世袭贵族的投票,人头税永远不可能变成法律。在1988年5月23日的关键性投票中,317名贵族投票赞成人头税,183名反对。实际上,终身贵族以125票对97票投票反对,但世袭贵族最终扭转了乾坤,他们以220票对54票赞成这一提案。实施、修正、最后又放弃人头税的整个过程耗资甚巨,这是财政史上代价最高的惨败。③

---

① Gerry Stoker, *The Politics of Local Government*, Basingstoke: Macmillan Education, 1991, pp. 191-2.

② Martin Daunton, *Just Taxes: the Politics of Taxation in Britain*, 1914-1979, Cambridge University Press, 2002, p.359.

③ 布莱尔:《新英国》,世界知识出版社 1998 年版,第 367—368 页。

第七章　地方财税新体制的形成

税收是必要的恶,也是必需的善。对于现代国家来说,科学合理的财税体制是维系运转、促进公平、增强绩效、实现良治的制度保障。战后英国地方财政问题源于多种因素,根本上反映了旧的财税制度与新的政经形势的矛盾。在推进地方财税改革中,撒切尔夫人目标明确、步步为营,虽然社区费改革夭折,但系列改革成效可见。中央与地方财政关系由"从下到上"转变为"从上到下",地方财税体制基本实现了再造。

从某种意义上来说,社区费并未失败,而是未能成功。社区费给地方税制改革留下了遗产,地方税制必须兼顾公众接受度、制度灵活性、税负公平性、地方责任性等。梅杰政府上台后,社区费无法为继,地方税难以恢复,新税制亟待成型。保守党政府保留了统一商业房产税,并用市政税取代了社区费。市政税制度包括家庭人口和房产价值两个因素,这被看作地方税与社区费的混合体,既有历史继承,又有时代发展。虽然市政税制度并不完美,但地方财税整体保持了稳定,英国新的地方财税体制基本成型。

第一节　撒切尔时期财税改革成效

地方财政问题反映了旧的财税制度与新的政经形势的矛盾。原有地方财税制度是经过长期演化形成的,核心是地方税和地方财政自治。战后,随着福利国家建设和地方政府现代化的推进,地方政府公共服务职能空前发展,中央拨款数额越来越多,所占地方支出比例越来越高,体制维持难度越来越大。旧制度与新形势之间的矛盾不断深化,不期而遇的经济危机成了改革的催化剂。

从世界范围来看,英国 20 世纪 70 年代后期到 90 年代早期进行的地方财税改革不是孤立的。两次世界大战之间,许多国家曾出现过税收改革浪潮,主要内容是推行新税种、提高税率和扩围收入税,主要目的在于募集税收收入。在 20 世纪 60、70 年代,法国的地方税制度主要进行了两方面改革:传统财政制度的现代化和新税种即地方城市税的实施。① 20 世纪 80 年代的税收改革是一波世界浪潮,几乎所有西欧国家都进行了税收改革,许多中东欧国家以及亚非国家也都进行了税收改革。相比之下,20 世纪 80 年代西方国家税收改革主要不是提高税收收入,而是改革税制或者让利给纳税人。②

20 世纪 80 年代这一波财税改革浪潮有多重原因。包括对既有税制的不满,既有税制无法实现经济社会目标,通货膨胀等经济环境变化,还包括劳工资本流动、经济全球化、国际组织推动等国际化因素的影响,经济哲学思潮变化也是推动改革的一个因素。③ 英国此番改革也是这一浪潮的组成部分,并未脱离基本逻辑,主要动因是公共支出失控,特别是地方支出不断膨胀,中央难以承受财政压力,经济饱受高通胀和低效率之苦。现实压力与日俱增,新的政经思潮涌动,遂成为这场旷日持久的改革的最大原动力。

事实上,地方财政问题不仅出现在英国,也同样出现在其他西方国家地区,包括纽约、罗马、斯德哥尔摩、法兰克福、马赛、东京、哥本哈根都曾遇到问题。比如,1983 年 6 月,比利时的列日市破产,并得到中央政府施救。不仅是英国这样遭遇经济衰退的国家,西德的一些城市也遇到了战后以来最严重的经济问题,甚至在挪威这样保持良好经济记录的国家,奥斯陆的财政

①　Jacques Lagroye and Vincent Wright, *Local Government in Britain and France: Problems and Prospects*, London: Allen & Unwin, 1979, pp.188-90.

②　Cedric Sandford, *Successful Tax Reform: Lessons from an Analysis of Tax Reform in Six Countries*, Bath: Fiscal, 1993, pp.9-16.

③　Cedric Sandford, *Successful Tax Reform: Lessons from an Analysis of Tax Reform in Six Countries*, Bath: Fiscal, 1993, pp.16-20.

主管也就财政危机发出了严厉警告。① 但是,各个国家政治体制和财政制度不同,所采取的措施各异,一些国家地方公共支出比例高于英国,但并未像英国一样进行激进改革。

英国的改革深植于世界转型的大背景,特别是撒切尔夫人的改革,因其特质鲜明而广受瞩目。撒切尔夫人似乎是带着良方来医治"英国病"的,这个药方非常简单:打破平均主义,强化个体责任,国家从众多领域收缩回撤,让市场发挥基础性决定性作用。但药方看似简单,选配起来却十分不易,整个国家与社会久病难医,要让其照方全服更加不易。撒切尔夫人一开始就明确了目标,那就是取消地方税和控制地方支出,但其改革之路并不平坦。保守党上台时,比较清楚总体上要往哪个方向走,但没有详细的路线图。②

虽然一开始没有详细路线图,但从政策轨迹来看,改革还是有章可循。撒切尔夫人第二任期里,争论开始从技术性的经济政策或者货币控制问题转向更广泛的哲学性事务,"强硬派"和"温和派"的争论也出现明显变化,到了 1987 年,强硬派至少是短期内认可了选举的需要,开始在如医疗卫生和教育领域增加公共支出,温和派也放弃了凯恩斯主义通货膨胀和需求管理方法。尽管强硬派和温和派围绕公共支出优先项目、减税和社会保障预算问题的冲突仍在继续,但综合的宏观经济战略清晰可见了。③ 撒切尔1987 年 6 月赢得第三个任期后,立即宣布了有关中心城区、地方财政、住房和教育改革新计划,包括开发公司引领地方经济复兴,以社区费取代地方税,公房承租人和学校将有权脱离地方控制,重塑地方政府的改革不断深化和加速。

在地方财税改革方面,撒切尔夫人可以说是步步为营,既掌握自己的路径和节奏,又要兼顾各方反应。也可以将其理解为应激性改革,每当大选来临,撒切尔夫人及其竞选团队便急切地提出新的改革措施,甚至不顾及制度

---

① L.J.Sharpe(ed.),*The Local Fiscal Crisis in Western Europe*,London:Sage,1981.

② Anthony Harrison,*The Control of Public Expenditure 1979－1989*,Hermitage:Policy Journals,1989,p.3.

③ Martin Holmes,*Thatcherism:Scope and Limits*,1983－87,Basingstoke:Macmillan,1989,p.91.

稳定性与连续性。在撒切尔夫人的第一任期,除了进行拨款制度改革和取消地方政府补充征税权力外,只是在 1983 年大选之际,才匆忙地将限制地方税作为未来施政选项。而第二任期除了进行地税封顶之外,虽然提出了社区费改革方案,但始终没有突破地方税基本制度,直到第三任期才推行了彻底的地方税改革。

撒切尔连续执政为持续推进改革提供了条件。相比工党更多使用规劝、征询、谈判、诱导等手段而言,撒切尔政府在前所未有的范围内运用了行政和法律手段,从限制支出到进行惩罚,从地税封顶到取消地方税,从建立审计委员会到强制信息公开和服务竞标,政策手段不断翻新,改革力度不断加码,屡屡引起地方的不满与反抗。连续执政使撒切尔政府既有时间也更有自信来推行新政,但社区费改革最终未能成功,撒切尔夫人也结束了执政生涯。回顾这一过程,似乎并没有哪一方是赢家。社区费制度成为保守党最具争议的改革,面对由此带来的政治灾难,梅杰也只能改弦更张。

撒切尔夫人推行地方财税改革不止着眼于地方和财税。比如针对地方政府的 12 部主要法案,包括取消大伦敦市议会和大都市郡的 1985 年《地方政府法案》,最重要的就是要限制地方开支,1988 年《地方政府法案》迫使地方议会把废品回收、街道清理、饮食、建筑清理、地面维修和汽车维修进行招标,并严禁地方政府妨碍竞争。此外,还有专项类立法,包括住房法案和教育类法案,以及有关交通、社会服务、规划、城市发展、环境保护和公共健康的立法。总体上来说就是迫使地方政府开放竞争,与私营部门合作,从一个先前的服务供应者的角色转变为市场协助者。

保守党政府宣称要降低纳税人税负,但从战后整体征税情况来看,只能认为保守党相对注重降低税负,特别是部分群体的税负。以不变价格计算,从 20 世纪 50 年代到 80 年代,税收总额在保守党第一个执政时期稳中微涨,而 1964—1970 年工党执政期间持续增长,增幅比较明显,到了希思时期先增后降,相对基本稳定。接下来的情况有些意外,工党威尔逊和卡拉汉时期税收总额稳中微增,到了撒切尔时期则持续明显增长,直到 1990 年才有所下降,也就是说,撒切尔时期比战后其他保守党政府征税明显要多。

但从征税占国民生产总值比例看,保守党执政时期与工党执政时期对比较为明显,战后保守党第一个执政时期比例基本稳定,1964—1970年工党执政期间比例连续提高,随后希思政府时期连续下降,工党威尔逊和卡拉汉时期相对稳定,撒切尔第一任期里比例连续提高,随后稳中有降。① 有分析认为,撒切尔声称减税,受益者多为富裕人群。对比撒切尔执政头几年的预算可以发现,绝大多数的国家税纳税人的总体税负呈现稳步上升趋势,承担较高税率的国家纳税人成为这个时期唯一的纳税负担和边际税率有实质性降低的群体。②

撒切尔的财税改革对公共支出的影响较为明显。20世纪70年代后半期,撒切尔夫人的影子内阁开始形成阶段性计划,公共部门改革计划包括三个核心要素,即削减政府开支、减少政府职能和雇员、改变政府的价值观,1979年保守党上台伊始便发布白皮书,申明了削减政府支出的目标。③ 撒切尔执政初期,公共支出和借款快速上升。作为世界上最老练精致的支出控制机构,财政部开始建立最详尽具体的控制机制。为了限制支出,财政部对那些无法直接控制的支出领域直接进行削减(比如大学),对那些无法直接进行削减的部门不断收紧控制(如警察机构)。④ 正如劳森所认为的那样:"削减预算赤字和公共部门开支在政治上缺乏可行性,但我们坚持了下来,尽管这是循序渐进的,未如预期般迅速,但公共财政在我任职时期实现了结余。"⑤

从不同政党执政时期来看,公共支出占国内生产总值比例在保守党执政时相对稳定,从1956年的38.5%增长到1964年的41.5%,工党时期蹿升

① Brian W. Hogwood, *Trends in British Public Policy-Do Governments Make Any Difference?* Buckingham:Open University Press,1992,pp.91-2.

② C.N.Morris and A.W.Dilnot,"*The Tax System and Distribution* 1979-82",in John Kay(ed.), *The* 1982 *Budget*,Oxford:Basil Blackwell,1982,pp.109-24.

③ Kieron Walsh,*Contracting for Change:Contracts in Health*,*Social Care*,*and Other Local Government Services*,Oxford University Press,1997,p.7.

④ Simon Jenkins,*Accountable to None:the Tory Nationalization of Britain*,London:Penguin,1996, pp.247-8.

⑤ Nigel Lawson,*Memoirs of a Tory Radical*,London:Biteback,2010,p.644.

到 1968 年的 48%,希思政府时期维持在 46%左右,接着执政的工党威尔逊时期达到 53.3%,卡拉汉时期有明显下降。撒切尔夫人执政前三年,这一比例重新回到 53.9%的高位,这显示撒切尔夫人第一任期并未成功抑制公共支出和经济衰退,此后经济恢复,这一比例降低到 1988 年的 44.9%。除去战争时期,这成为 20 世纪持续最长的下降。战后的数据对比显示,除了艾德礼时期,工党执政两个时期都大幅提高了公共支出占比,然后又削减降低。保守党前两个执政时期这一比例都没有明显增长,撒切尔时期则是先微增后大减。① 从扣除物价变动因素的数据来看,公共支出占国内生产总值比例有所下降,从 1985 年开始,支出一直保持下降趋势,到了 1990 年,支出占比降到了 27.8%。②

政府支出占国内生产总值比例有所下降,不同部门领域公共支出情况有所不同。1979 年开始,英国的公共支出领域出现了一个显著现象,最不听话的并非地方政府、国有企业和半官方机构等,支出增长最快的也不是地方公共服务领域,而是医疗卫生、法律和秩序、社会保障、农业和国防领域。③ 以 1990 年价格计算,从 20 世纪 50 年代到 80 年代,国防支出占公共支出总额比例基本保持稳定,只有撒切尔时期有所增长;社会保障支出占比则一直增长,并在撒切尔执政后期基本稳定;卫生健康支出占比基本保持持续上升;教育支出占比在卡拉汉时期扭转持续上升势头,在撒切尔时期稳中微升;住房支出占比在撒切尔时期明显下降;在法律秩序等方面支出占比持续上升,撒切尔时期增幅明显;工业和经济事务支出占比波动较为明显,撒切尔时期一度降到最低。④

从撒切尔政府三个任期的各种支出数据以及年均增长比例来看,撒切

① Brian W. Hogwood, *Trends in British Public Policy-Do Governments Make Any Difference?* Buckingham:Open University Press,1992,pp.42-3.

② Maurice Mullard, *The Politics of Public Expenditure*,London:Routledge,1993,p.24.

③ Simon Jenkins,*Accountable to None:the Tory Nationalization of Britain*,London:Penguin,1996, p.248.

④ Brian W. Hogwood, *Trends in British Public Policy-Do Governments Make Any Difference?* Buckingham:Open University Press,1992,pp.45-55.

尔政府第二个任期的各项支出增速大多低于第一个任期,在 16 个项目中有 12 项低于第一个任期,而第三个任期的各项支出中有 9 项低于第二个任期,这也反映出,撒切尔政府的公共支出控制政策取得了效果。按照相关统计估测,撒切尔时期地方支出总额年均增速仅为中央政府支出总额年均增速的一半,地方支出控制效果更为明显。此外,中央、地方与公共企业三个系统中,地方政府削减资本性支出最多,公共企业支出也有所下降,中央政府支出则有所增加。在撒切尔夫人后两个任期,地方政府支出占中央与地方政府支出总额的比例保持了稳定。①

地方的反弹和周旋一定程度上掣肘了保守党政府。地方政府支出中拨款占比总体呈现下降趋势,从 1981—1982 财年到 1989—1990 财年,尽管中央拨款数额不断增加,地方支出中拨款占比还是从 54.88% 持续下降到 42.88%。② 但从 1979—1980 财年到 1991—1992 财年,地方政府支出占公共支出的比例没有什么变化。由于同期经济增长,政府总体支出占国内生产总值的比例从 44% 下降到 1991—1992 财年的 41.5%,而地方政府支出占国内生产总值的比例从不到 10.5% 下降到 10%。其中扣除物价通胀因素,撒切尔政府执政十余年间,地方经常性支出增长了 15%,资本性支出相对稳定,地方雇员人数仅下降约 4%。③

中央与地方财政的基本原则模式发生变化。撒切尔政府的地方财政改革在于转变地方财政来源和支出的模式,通过制度变革来建立一种长效机制,确保地方支出不会失控。从中央鼓励地方拓展服务,地方服务不断膨胀,中央拨款不断增加,再到中央无力承担,并改变战略,要求地方削减服务和支出。从工党政府开始,特别是撒切尔政府时期,通过一系列立法和改革,中央与地方财政关系发生了"从下到上"到"从上到下"的变化,改变了

① *The* 1988 *Public Expenditure White Paper*: *Seminar Papers*, Public Finance Foundation Discussion Paper No.21, 1988, pp.28-9.

② Attiat F.Ott, *Public Sector Budgets*: *A Comparative Study*, Aldershot: Elgar, 1993, p.216,引自 Associaton of City Councils(various dates) ,*Revenue Support Grant*, *England*.

③ G.W.Jones(ed.) , *Local Government*: *the Management Agenda*, Hemel Hempstead: ICSA Publishing, 1993, pp.39-40.

英国财政的基本原则和模式。无论对于这场改革评价如何,可以确定的是,一场地方财政革命发生了,地方政府主导地方财政、中央政府被动埋单的时代宣告终结。

到了20世纪80年代后期,尽管支出情况与最初所定目标有差距,但回顾过去还是会有些志得意满,英国公共部门不再强大,支出跑赢税收的趋势也被逆转。一些地方开始围绕新的财政分配制度进行创新,比如学校财务方面,剑桥郡和其他一些地方设立学校预算,给予学校负责人按意愿确定支出的自由,中央政府随后向其他地方推广了这种做法。地方政府内部公共支出理念发生变化,旺兹沃思的保守党领导人在宣传册中列出了当地提效率降成本的方法,其他一些被称作"极左派"的地方,如哈林盖和伊斯灵顿的议会领导人也采取了同样的方法。《泰晤士报》还引用伊斯灵顿工党领导人玛格丽特·霍奇的说法,认为公共服务应该优先于工会利益,类似的立场变化也出现在工会内部。1986年审计委员会基于67个地方的研究报告也显示出这一趋势。①

英国在政治经济思想层面出现了根本性变化。20世纪70年代,无论在学术层面还是政府层面,货币主义都对凯恩斯主义大本营造成了重击。英国宏观经济政策从凯恩斯主义需求管理最终转向货币主义强调的公共部门支出管控和货币供应增速问题,这种变化随着保守党1979年赢得选举而加速。而整个20世纪80年代,保守党政府又经历了从坚定实行货币主义到糅合了凯恩斯主义的实用主义政策的转变。在欧共体选举中,撒切尔政府宣称,英国的国企私有化、减少商业管理、控制公共支出以及降低税负等政策,已经建立了一种新的国际理论。② 在全世界意识形态和政策转型时期,撒切尔主义一时风头正劲。当然也有人认为,撒切尔主义从来不是一种

---

① Anthony Harrison, *The Control of Public Expenditure* 1979－1989, Hermitage: Policy Journals, 1989, p.161.

② *Conservatives Leading Europe into the* 1990s, European Elections, May 1989.

意识形态,只是一系列并不一致的用以指导政策的原则。①

　　包括地方财税改革在内,英国20世纪80年代的改革是一场意识形态引领下的治理试验,既是意识形态指导了政策,也是政策塑造了意识形态。内阁重臣劳森对撒切尔的政绩赞赏有加:如今的英国,人们更加富有和自信,经济更加强大,政府有了底气,可以在东西方关系以及国际金融合作等方面发挥影响力。② 不过,保守党同僚的溢美之词并不能掩盖存在的问题,改革有助于延滞英国的相对衰落,却未能逆转这种趋势。撒切尔政府治绩显著,但也不能夸大,更不能忽视其负面影响,其中地方税制改革就遭到了抵制,并未能取得成功。

　　撒切尔的其他改革取得了一定成效,但也出现了矫枉过正。比如被称为"新公共管理运动"的行政改革,它以新自由主义为指导,引入了市场手段,重视绩效效率,虽然取得了一定成效,但也带来了社会问题。③ 英国是个中等规模的国家,一些关键指标都落后于其主要竞争者,尽管工会带来的政治问题可能解决了,但按照国际标准,其劳动力市场结构以及教育培训方面仍然相当薄弱。④ 通过经济财税等领域的系列改革,短期内给英国打了一剂强心针,长期看却加剧了贫富分化和经济金融化等问题,为英国经济社会持续健康发展埋下了新的隐患。

　　梅杰政府上台后"萧规曹随",撒切尔的政策理念基本得以延续。撒切尔政府时期经过不懈努力,长期以来困扰英国的通货膨胀问题得到了遏制,"先治涨后治滞"的长远经济目标基本上得以实现。⑤ 财政大臣梅杰在

---

① Simon Jenkins, *Accountable to None:the Tory Nationalization of Britain*, London:Penguin, 1996, p.1.

② Nigel Lawson, *The New Britain:the Tide of Ideas from Attlee to Thatcher*, London:Center for Policy Studies, 1988.(PUB 110/2)

③ 曾令发:《探寻政府合作之路——英国布莱尔政府改革研究(1997—2007)》,人民出版社2010年版,第31—63页。

④ Peter Riddell, *The Thatcher Era and its Legacy*, Oxford:Blackwell, 1991, p.206.

⑤ 杨豫、王皖强:《论撒切尔政府的反通货膨胀政策》,《南京大学学报》1996年第4期,第91—100页。

1989 年首次秋季预算陈述中强调,要继续此前的政策,继续降低公共支出占国民收入的比例,实现预算平衡。尽管预期财政盈余,但 1989 年 3 月的预算还是维持了从紧的财政政策,目的在于降低需求推动型通胀,预算中还提出要改善经济供给方面,要降低国民保险费。1990 年 3 月,梅杰的预算中再次强调,控制通胀是政府经济战略的中心,政府将继续维持高利率,他还计划继续维持从紧的财政政策。①

第二节　地方税制改革的经验遗产

地方财税改革搅动了英国的政治经济和社会,特别是社区费改革甚至引发了混乱,成为 20 世纪 80 年代英国地方财税改革的败笔。但不能据此一概否定地方税制改革的探索,尽管社区费改革以失败告终,但英国地方税制并未退回到过去,社区费关于加强责任和公平的理念还是赢得了部分认同,从这个意义上来说,社区费改革并未失败,而是未能成功。从后来的市政税制度来看,它继承了社区费改革的部分遗产。

关于地方税制改革的失败,原因和影响是多方面的。面对现实压力,背负过往承诺,撒切尔政府要重塑地方财税原则。保守党在野期间便支持一些地方批评地税补助拨款制度,一些郡认为,该制度的特点是奖励浪费却惩罚节俭。中央政府认为,地方税制度的积弊,加上中央拨款制度的复杂性,遮蔽了服务与成本之间的真正关系,因此改革势在必行。在历经近十年软硬兼施的改革后,撒切尔夫人终于在第三任期迈出了历史性步伐。

尽管住宅地税不受欢迎,但社区费更不受欢迎。社区费和地方税不一样,社区费征税对象是人,而地方税课税对象是房产。许多学者和评论人士一边倒地表示反对,因为它不利于收入分配,也有害于地方民主。并且征收管理成本要比住宅地税高,从注册到维持更新,社区费制度要复杂很

---

① Maurice Mullard, *The Politics of Public Expenditure*, London: Routledge, 1993, pp.203–4.

多,作为地方税课税对象,房产不可移动且看得见摸得着,而社区费的纳税个体是流动的,逃避缴税和拒不纳税成为严重问题。① 地方税种具有八个基本原则:同等条件平等纳税、能提高分配效率、具有透明性、地方能够自主、经济成本低、税源充足、收入稳定、税基稳固。实行社区费意味着宪法性格言"无代表不纳税"变成了"不纳税无代表",这似乎成了地方税种的第九个原则。②

总体来说,关于社区费的忧虑主要有三个方面。首先是不公平,尽管政府在选前承诺要对那些最穷的人进行补贴,但因为补贴是在全国基础上平均计算而得,许多地税较高地区的低收入家庭将因此受损;其次是不正义,收入再分配要着眼于公正,而社区费不考虑纳税能力的差异。个人收入税要按照累进原则征收,长期以来已成为所有党派共识,地方税以房产价值为依据,一定程度上反映了收入和财富占有情况,但社区费方案彻底抛弃了这一原则,居住在同一议会辖区的每个人,无论收入水平都要缴纳一样的税,许多家庭因此负担更重;最后是不民主,为缴纳社区费进行的登记注册可能与一些选举和服务的注册登记做对比审查,一些低收入者可能为了避免注册缴税,不再享受公共服务和参加选举。③

中央政府相信,如果服务成本与财政支出之间关系更加清楚,服务成本和税负公平分摊,选民将更加敏锐,会对地方支出水平与分配方案作出理性选择。社区费政策恰好能达到这样的效果,依赖地方公共服务的工薪阶层将面临选择,如果投票给承诺维持服务的当地议会,那么税收负担将增加,如果投票给那些实行较低税率的党派,那么所需服务将会有所缩减,这就是"责任"的含义,如果穷人想要服务,就要为之付出更多。不过,这还不是社区费的全部逻辑。保守党宣称要授予地方政府相当多的权力,但是又担心

① Cedric Sandford, *Economics of Public Finance*, Oxford: Pergamon Press, 1992, p.278.

② Stephen J. Bailey, *Local Government Economics: Principles and Practice*, London: Macmillan, 1999, pp.154-64.

③ Carey Oppenheim, "*Forward*", *A Tax on All the People: the Poll Tax*, London: Child Poverty Action Group, December 1987.

这样做带来的财政后果,而社区费可以迫使地方谨慎处理财政问题,刺激作为服务消费者的选民更多参与,比较不同地方的服务水平和成本。[1]

在反对者看来,社区费是保守党摧毁地方政治与财政权力的基石。通过实行国家统一商业房产税制度,中央政府攫走了地方议会设定商业地方税的权力。传统工党左翼提高地方税收的办法是,在提高住宅地方税之前,对工商业征收更高的地方税,如今保守党对工商业者更加友好,在全国范围内设定商业房产税比目前水平要低,这就意味着如果要维持既有的服务水平,住宅税将要增长许多。[2] 有学者在认真分析后发出了疑问:"所提议的改革能真正实现地方责任吗?因为在其他地方,地方责任的论调被认为是增强中央对地方控制的托词。"[3]

社区费的逻辑显然过于理想化。作为自由主义理论的代表,蒂伯特假说认为,有一个适当的社区规模,地方政府可以为之努力,适当规模意指有效分配公共服务,在确定居民数量范围内,可以以最低成本提供服务。这种效率将增进个体自由和选择,居民可以计算服务收益和成本。蒂伯特假说推动了社区费和在地方推行竞标,该政策反映了新右派对公共部门缺乏效率的批评。他们认为,社区费将在地方服务消费和成本之间建立直接关联,并在每个地方的支出水平和社区费税率之间建立直接联系,使选民可以比较不同地方的服务和税率。

理论假设和逻辑推演与现实相去甚远。比如,鲜有证据表明地方居民会计算服务收益和成本,或者会选择到能够负担得起的地方生活。大多数人在哪里生活是因为那里有就业机会,许多人缺乏跨地区挑选就业岗位的能力机会和意愿。由于存在社区归属感,居民可能不会用脚投票离开不喜

---

① Desmond King, "*From the Urban Left to the New Right: Normative Theory and Local Government*", in Gerry Stoker and John David Stewart(eds.), *Local Government in the 1990s*, Basingstoke: Macmillan, 1995, pp.228-48.

② *Beating the Poll Tax*, Anarchist Communist Editions(ACF), March 1990, p.16.

③ Clive Martlew and Stephen Jailey, *Local Taxation and Accountability: An Assessment of the 1986 Green Paper "Paying for Local Government" and Its Effects in Scotland*, Public Finance Foundation Discussion Paper No.10, 1989, p.2.

欢的纳税地区,更有可能是选择发声表达意愿。① 1990 年 5 月,实行社区费后首次选举结果表明,并没有证据显示地方超支与选票之间存在系统关联,选民投票行为受到社区费改革的影响很小。比如,洛锡安和法夫两个地方的社区费最高且超支最多,但两个地方的选民投票比例都有所下降。②

现代社会里,税收是必要的恶,从个人和公司手里征收汇聚,并用于公共目的,是实现社会整体意愿和增进共同利益的机制。税收的征缴分配是否公平合理非常重要,"政治的分野不在于应该征收多少税,而是在于应该如何取自一部分群体,并用于另一部分群体。"③在不同纳税人之间实现公平是税收的第一铁律,极端情况下,比如法国和美国革命等重大事件,原因之一都在于税收不公。对公平公正最鲜明的要求是在同样的环境中要以同样的方式对待平等的人,也就是"横向公平",如果在不相同的情况下区别对待不同的人则是"纵向公平"。④ 社区费显然难以兼顾两种公平,甚至说未能做到任何一种公平。

英国地方税税负分担基本原则是历史形成的,要进行颠覆性改变并不切合实际。类似于地方税的税收早在 13 世纪就出现了,1250 年,在罗姆尼湿地发生了有关维修海防设施以保护土地的争论。最后的解决方案是,丈量需修缮的墙堤长度,并根据需要保护的土地的比例将责任摊给土地所有人。⑤ 类似的情形还有教堂税,最早根据 1340 年国会立法,每个教区居民都要为教区教堂维修出资,依据则是其在教区的土地份额以及禽畜数量。随着案例的丰富和传统的积淀,富人承担更多责任与成本的原则理念也逐

① Desmond King,"*From the Urban Left to the New Right*:*Normative Theory and Local Government*",in Gerry Stoker and John David Stewart(eds.),*Local Government in the 1990s*,Basingstoke:Macmillan,1995,pp.228-48.

② Arthur Midwinter and Claire Monaghan,*From Rates to the Poll Tax*:*Local Government Finance in the Thatcher Era*,Edinburgh University Press,1993,pp.93-7.

③ Nicholas J.Brittain,*Achieving a More Caring and Efficient Society Through Fiscal Reform*,London:Bow Group,1994,p.1.

④ Simon James and Christopher Nobes,*The Economics of Taxation*,Oxford:Philip Allan,1983,p.83.

⑤ 参见 Edwin Cannan,*History of Local Rates in England*,London:King,1927.

渐确立。早期有济贫税和地区税两种地方税,1896 年到 1923 年间,两种地方税的征税比例是不一样的,归并之后,又不断对低收入者进行减免。总体上来说就是富人多承担,穷人少负担,可以"掠夺"企业,但不能"得罪"选民。

社区费政策的直接效果是财富再分配,并且是颠倒了方向。正如一些批评者所言,社区费是从穷人那里拿钱补贴给富人,是从劫富济贫变成了劫贫济富。按照马克思主义理论,生产三要素是土地、劳动力和资本,生产成果在地主、劳动者和资本所有者之间分配。地方税实际上是对土地地租课税,人头税是对劳动者收入课税,人头税将地方税收负担从土地地租、资本利息和企业家利润身上转向工人的口袋,这样的税收当然不受欢迎。[1] 甚至政府自己的绿皮书也做出估计,1400 万人将因社区费而境况更糟,100 万人维持原样,1200 万人因此受益,损失最严重的主要是低收入者。工党地方政府发言人杰克·斯特劳准备了一份材料,显示出英格兰和威尔士各个地方此前每户缴纳数额以及实行社区费后人均缴纳税额,结果大部分地区只是略有下降,但需要缴税的人口却成倍增加。[2]

相比住宅地方税,社区费税负分担原则出现倒退,违背了公共服务的原则目的。公共服务的目的在于"为集体的所有成员提供普遍利益,将这些利益中的个体化的份额分离出来是很困难的。"[3]对于普惠性开放性的公共服务,很难清晰界定哪个人享受了多少服务份额,服务耗费了多少成本。富人承担更多社会责任,也符合福利照顾的精神,而社区费看似平等,却极不公平。那些居住条件较好的富裕阶层,将和那些普通人甚至贫困群体按照同样标准缴税。比如,同样是两口之家,租住地段条件较差的家庭要和居住地段条件更好的家庭缴纳一样的税,住小平房的技术工人

---

[1] Fernando Scornik Gerstein, *The Future of Taxation: the Failure of the Poll Tax in the UK*, London: Blakesley, 1999, p.7.

[2] Councillor John Peck, *Poll Tax: How It will Hit You* (1381–1988)? London: A Communist Party Publication, November 1987, pp.19–22, 2.

[3] 布坎南:《民主财政论》,商务印书馆 2015 年版,第 19 页。

要和住郊野别墅的银行经理缴纳同样的税,银行经理面对住大豪宅的企业主或者住乡村豪宅的地方乡绅也会充满怨愤,因为他们也要缴纳同样的税。①

社区费改革对不同族群家庭的影响存在差异。社区费对中心城区居民尤其不利,他们失业率相对较高,收入相对低,家庭规模相对大,地方服务需求相对高,对中央拨款依赖性相对较强。政府显然没有预计改革对不同种族群体的影响,英国不同种族与民族的家庭成年人口数是不同的,白人家庭平均2人,西印度家庭平均2.3人,亚洲家庭平均2.7人,22%的亚洲人和17%的加勒比黑人所在家庭成年人口超过3位,相比之下,白人家庭只占6%,人口较多家庭的税负要更重,这客观上就导致不同种族民族群体税负不均等。② 不同收入水平群体受到影响也不尽相同,失业人员将获得部分减免,而工薪阶层的妇女损失较大,因为妇女低收入者比例较高,黑人和亚洲人受到影响也比较大,因为黑人和亚裔大多属于收入最低群体,并且很多人居住在主城区,社区费会比较高。③

社区费改革对不同家庭规模的影响也有不同。以1987—1988财年不同地区每户税负情况为例,折算为社区费之后,家庭人口数量不同,税负增减也会发生较大变化。按照单人来看,相比此前每户地方税税负,实行社区费制度后人均税负要有所降低,英格兰地区总体上从440英镑下降到224英镑,其中内伦敦地区总体下降最少。但两口之家的税负则要大幅增加,只有外伦敦地区和郡地区略有下降。而三口人以上的家庭,社区费负担将大幅攀升。特别是内伦敦地区,如果是四口之家,社区费税负要比地方税税负增加将近三倍。伦敦总体税负也增加了两倍,在地方税制度下,每户平均纳税额为546英镑,如果实行社区费,一个四口之家就要多缴纳846英镑,人

---

① Stephen J.Bailey and Ronan Paddison, *The Reform of Local Government Finance in Britain*, London: Routledge, 1988, p.103.

② Stephen J. Bailey, *Local Government Economics: Principles and Practice*, London: Macmillan, 1999, p.166.

③ *Beating the Poll Tax*, Anarchist Communist Editions(ACF), March 1990, p.27.

口越多缴税也越多。① 在德比郡,如果按照原有的住宅地方税制度,不同地方平均每户缴纳税额为 400—540 英镑,而按照社区费制度,平均每个成年人纳税额为 250—290 英镑,这样一来,有两个成年人的家庭所纳税额普遍在 500 英镑以上。②

新的税收制度还将导致地区间的税负波动。实行新的拨款和国家非住宅房产税制度后,地方之间的财政分配将出现变化,许多城市所获得收入要下降,乡村地区特别是英格兰北部所得拨款要减少。这也将影响各地的社区费收缴。根据环境部测算,按照新的财税制度,基于 1988—1989 财年支出情况,南白金汉郡、威斯敏斯特、奇尔特恩、埃尔姆布里奇和埃平森林五个地方成为获益最大地区,格林尼治、陶尔哈姆莱茨区、刘易舍姆、萨瑟克、哈克尼成为受损最大的五个地区。按照新的财税制度,南白金汉郡的地方纳税人人均纳税额将要比地方税制度时期少 203 英镑,而格林尼治的纳税人人均纳税额将比此前多 318 英镑。③

纳税与受益之间并不能建立绝对关联。收入再分配的原则是从高收入就业家庭向就业人口少和初始收入低的退休家庭转移,同时也有些再分配是从无孩家庭向有孩家庭转移,特别是能够从教育服务中受益的大龄儿童家庭。④ 政府宣称社区费比住宅地方税更加公平,能在受益和纳税之间建立更密切关联,就是要将社区费看作是一种付费,其意指所有成年人可以从地方服务中同等受益。实际上远非如此,地方支出中最大的比例用于教育,而教育支出的受益人主要是 5—18 岁的青少年,这些学生并不缴纳社区费。如果认为教育学生是让家长受益,那么就要弄清楚,学生家长也只是本地成

① Association of London Authorities, *The Attack on Local Government*, 1988, p.12, 引自 Parliamentary Answer by Rt Hon Nicholas Ridley on Monday 29 June 1987.

② *Poll Tax and You: A Simple Guide to Poll Tax in Derbyshire*, Matlock: Derbyshire County Council. p.3.

③ John David Stewart and Gerry Stoker(eds.), *The Future of Local Government*, Basingstoke: Macmillan Education, 1989, pp.16-7.

④ Cedric Sandford, Chris Pond and Robert Walker(eds.), *Taxation and Social Policy*, London: Heinemann Educational, 1980, p.27.

年人口的一部分。①

　　总体上,英国社区费带来的收入再分配效应比较明显。从个体角度看,高收入者和就业人员受益,低收入者和失业者受损;从家庭角度看,人口少、有住房的家庭受益,人口多、无住房的家庭受损;从地区角度看,应税价值高的地区、郊区和城市地区受益,而税值较低地区、中心城区和乡村地区受损;从地方政府角度看,伦敦和东南英格兰地区、经济增长地区受益,而英格兰北部地区和经济衰退地区受损;从纳税人角度看,非住宅地方税纳税人、国家纳税人、城市商业纳税人、偷逃税等不诚实守信者受益,而住宅地方税纳税人、地方纳税人、乡村商业纳税人、诚实守信的纳税人受损。②

　　当然,在理想状态下,社区费并非没有道理,只是政策必须植根于社会现实。比如,假定某经济体中收入分配公平完美,所有家庭实际收入毫无差别,在这种情况下,没有人会反对用人头税来为地方公共服务募集资金。但是,若收入分配并非令人满意,并且有人希望能借助税收制度对这种状况进行修补,那么就会产生问题。“如果社区成员相信能力赋税的原则对各个层级的政府都是最恰当不过的,那么,我们将会发现更多依赖于所得、财产或者房产税而非人头税。”③如果承认个体有差别,赋税也要有差别,那么住宅地方税制度远比社区费制度合理。住宅地方税制度对财产课税,能够比较精准地进行减免照顾,社区费对人头课税,如果也进行各种减免照顾,那实质上就又回到了“责任性”缺失的老路。

　　社区费要比政府预估数额高很多,税收成本实际也高出预期。许多议员认为人均税额不会超过200英镑,1987年政府公布数据也确认了这一点,而环境部估计的是278英镑,但从实际情况看,平均每人363英镑,一些家庭甚至高达1500英镑。偏差如此之大,部分原因来自中央和地方两方面,一方面地方增加支出13%,大概超过预计通胀率4%,另一方面中央政

①　Cedric Sandford, *Economics of Public Finance*, Oxford: Pergamon Press, 1992, p.277.

②　Stephen J. Bailey, *Local Government Economics: Principles and Practice*, London: Macmillan, 1999, p.165, Table 8.1.

③　华莱士·E.奥茨:《财政联邦主义》,译林出版社2012年版,第123页。

府设定的通胀目标较低,大幅降低了新税制的成本预期。[①] 这也预示着,社区费可能缺乏弹性,尤其是与通货膨胀相关的弹性,这正是地方税的缺点之一。

在保守党内就取消住宅地方税问题进行讨论时,撒切尔夫人以其不能反映纳税能力作为将其取消的重要理由之一。然而,当推行社区费的时候,反对者拿出了同样的理由,社区费实际上既不公平,又无法体现人们的纳税能力,这个说法显然更有说服力。尽管全日制学生和失业人员只需要付很小比例甚至免缴,但除了过去缴税较多的人可以减轻一点负担外,其他人负担都会上升。如果人口较多的家庭使用的住房比较小,他们会发现,自己的账单税负大幅上涨。

许多批评社区费改革的意见认为,改革进一步强化了业已存在的中央集权。曾担任莱菲尔德委员会成员的伦敦经济学院教授乔治·琼斯认为,从协调管理国民经济、实现职能效率、确保服务均等分配的需要来看,中央集权和强有力的中央政权是必要的。虽然理论上如此,实际上中央集权已经走得过远,影响了这些目的的实现,集权阻碍了生产率。中央政府没必要对地方政府经常性支出进行事无巨细地控制,或者替地方政府确定经常性支出总额。[②] 保守党则认为,中央推行社区费正是为了不再事无巨细地控制,而是希望将绳索交给地方选民,由地方选民来约束地方议会所作所为。

希望通过社区费制度来强化地方选民与地方议会的关系,特别是选举投票与财税收支的关系,一定程度上是希望加强地方民主。中央过多涉入地方税税率支出问题,并非保守党的初衷。1980年,担任地方政府事务大臣的汤姆·金曾表示:"我认为,如果我们要来决定地方议会的地方税税率,那将是对地方民主的严重威胁。"[③]但实行社区费制度,并不意味着地方

---

① Hugh Atkinson and Stuart Wilks-Heeg, *Local Government from Thatcher to Blair: The Politics of Creative Autonomy*, Cambridge: Polity Press, 2000, p.103.

② David Neden King, *Town Hall Power or Whitehall Pawn?* London: Institute of Economic Affairs, 1980, p.132.

③ *Photos from Lambeth's Struggle Against Rate-capping*, Lambeth Fighting Fund, 1986, p.3.

政府比以往拥有更多自由。保守党政府采取的是限制地方财政的办法,这样一来,地方议会就会陷入两难境地,如果不执行中央政策,那么就要被迫提高地方税税率,这样就会开罪地方居民,影响选举结果。①

　　但强力推行社区费,这种行为本身使地方民主遇到了危险。在制度设计上,社区费也有不当之处,以地方服务成本为名对个体等额收费,过度强调了地方政府在提供公共服务和实现经济福利方面的工具功能,地方自己决定支出事项的权利看起来日渐衰减,责任被简单等同于选民数量。通过对一些地区的分析,约翰·布卢姆菲尔德认为,没有证据能证明地方政府不负责任,毫无疑问,投票模式并不是地方政府行为指南,也没有证据显示中央政府设定的目标是符合实际的,拨款相关支出评估一直都受到地方谴责,对地方资本支出的限制一直比实际支出要高。②

　　社区费改革制度设计失当,改革操之过急,缺乏民意基础,并引发争议和民怨。当年出现地方收入税提议时,地方主义者认为,因为地方支出中的很大比例来自中央转移拨付,所以大家不会去投票,如果实行地方收入税,那么制度就会自行纠错,"这是个奇谈怪论,以为地方有更多手段来搜刮民众口袋,选民就会在选举时一致表达民意,这其实是一场大多数人都不会参与的对赌"。③ 社区费也是同样道理,简单地依靠将税收与选民个体挂钩,而地方大部分收入来自于中央转移拨付,并不一定能达到增强"责任性"的效果。

　　此外,统一商业房产税方案有不少问题。比如,评估不同房产的价值就存在困难,统一商业房产税还将导致不同地区之间负担的转移,英国南部、城市郊区和乡村地区的负担增加,中心城市和老工业区的负担得以减轻。统一商业房产税还影响了地方政府自主权。最大的问题还在于,统一商业房产税将削弱地方政府和地方工商业之间的联系,这与绿皮书提出的强化

① Peter G.Richards, *The Reformed Local Government System*, London: Allen & Unwin, 1980, p.84.
② John Bloomfield, *Local Authority Capital Spending: Controls & Consequences*, North East London Polytechnic & Essex County Council, January 1986, pp.39-40.
③ David Walker, *Municipal Empire: the Town Halls and Their Beneficiaries*, Hounslow: Maurice Temple Smith, 1983, p.7.

地方责任是相矛盾的。①

新税制失败还在于过度推崇地方税改革,似乎解决相关问题可以毕其功于一役。特别是社区费方案被描绘成妙方良药,以至于看上去只要进行地方税改革就可以确保地方政府回归正常。但即便是统一的社区费能够强化地方政府责任意识,那么如果选民投票支持更高的支出水平,又该如何处理呢? 仅靠支出或税收封顶,显然又走回到了老路上。理论上来说,可以对中央和地方政府的角色作用进行清晰的区分界定,但实际上,无论是目前既有的制度,还是所提议的方案,都不能真正实现这样一个区分。②

社区费带来的政治影响非常显著,保守党要花很多功夫来弥合与选民的裂痕。一定程度上,20 世纪 90 年代的地方财税制度是 1988 年财税改革的遗产,社区费破坏了地方税收制度的完整性,实际上也削弱了整个地方政府架构,要想重新恢复地方的税收能力面临不小的困难。同时中央拨款占地方收入比例很高,地方议会容易受到中央标准支出评估的影响。由于1992 年实行了普遍封顶制度,地方的有限自由也消失了,地方预算大多会在中央标准支出评估附近浮动。③

关于中央还是地方来决定地方税收问题,从 1984 年到 1989 年,支持地方议会决定地方税收的人数始终在 70% 左右,支持中央政府决定地方税收的人数始终在 20% 左右,但到了 1990 年,支持地方议会的比例降低到了56%,支持中央政府的比例上升到了 35%。也就是说,1984 年到 1989 年,在地方税收问题上倾向地方主义、支持地方自主确定地方税收的人数占比始终比支持中央的高出约 50%。但 1990 年实行短暂的人头税政策之后,支持地方议会的人数有所下降,始终未能超过 70%,支持中央政府的人数维

① Stephen J.Bailey and Ronan Paddison, *The Reform of Local Government Finance in Britain*, London: Routledge, 1988, pp.150-3.

② Clive Martlew and Stephen Jailey, *Local Taxation and Accountability: An Assessment of the* 1986 *Green Paper "Paying for Local Government" and Its Effects in Scotland*, Public Finance Foundation Discussion Paper No.10, 1989, p.32.

③ Martin Loughlin, *Legality and Locality: the Role of Law in Central-Local Government Relations*, Oxford: Clarendon Press, 1996, pp.97-8.

持在三分之一左右。从中可以看出,经过保守党政府长期的中央集权化以后,人们似乎变得更加适应中央集权主义了。①

经过地方税制的更替,回到过去既不可能,也无必要。正如撒切尔夫人所言,地方政府依赖地方税已经有几百年历史,如果地方政府提供的服务只限于道路等财产,那么征收财产税或许还有道理,但到了 20 世纪,地方政府的服务对象已经扩展到了个人,比如教育、个人社会服务等。与此同时,选举权也从早期的有产者扩大到所有成年人,责任感的缺乏导致地方不断超支。②对于这个问题,英国社会也有一定认识。事实上,社区费制度的确切中了地方财政体系中的积弊,但是以错误的方式推动了一场不完全错误的改革。

更准确地说,社区费制度并未彻底失败,而是没有获得成功。撒切尔夫人坚信:社区费被废除的时候,它的优点才刚刚开始显现,随着地方政府把更多服务外包并提高效率,假以时日,社区费制度的作用一定会显现出来。③ 然而,显然已经没有机会了。既然回到地方税时代既不合理也不可行,那么只能吸取经验和教训继续前进。鉴于地方税制改革存在的以上问题,要实行新的地方税制改革,必须处理好公众接受度、制度灵活度、税负公平性、地方责任性等问题,同时要兼顾税收征管成本、税制衔接等问题。既要尊重地方税制的历史特征,又要满足地方财税改革的时代要求。

第三节　市政税的实施及其影响

从 20 世纪 70 年代中期英国地方财政问题积重难返并引发危机,再历经工党特别是保守党政府的不断改革,直到 20 世纪 90 年代中期地方税制等初步稳定,英国地方财政改革持续了将近 20 年,并始终是英国经济政治

① Nirmala Rao, *Reviving Local Democracy: New Labour, New Politics*? Bristol: The Policy Press, 2000, pp.87-8.

② 撒切尔:《唐宁街岁月》,国际文化出版公司 2009 年版,第 589 页。

③ 撒切尔:《唐宁街岁月》,国际文化出版公司 2009 年版,第 609 页。

和社会生活的中心议题。公共服务的低效和对市场的挤压几乎是社会共识,因此,许多保守党人士甚至工党人士支持改革地方财税,调整地方职能,约束地方支出,强化地方责任。

但与此同时,撒切尔政府的一些改革也引起了强烈反对,甚至包括一些资深保守党成员,他们和工党一起反对撒切尔政府,社区费改革就是这样的失败案例。1990 年之前,地方税收主要是房地产税,也就是地方税,所有住宅和工商业房产都要纳税。到了 1990 年,所有成年人按照同样标准纳税,看起来极其简单的社区费却招致了大麻烦,最终只能代之以市政税。市政税因其与家庭人数有关,亦被称为"家庭税",这显然具有社区费的元素,因其与房产价值有关,亦被称作"住房财产税"等,这显然又具有住宅地方税的特点。

作为议会内阁制国家,政党在政策制定中发挥着重要作用。通过分析20 世纪 60、70 年代英国财税政策制定过程可以发现,作为保守党的反对派,工党最大的失败是承诺实行新税制,却并未考虑清楚其影响,保守党的失败在于承诺取消不受欢迎的税种,却没能很好地给出替代方案。[1] 撒切尔夫人罔顾民意贸然推行社区费,不仅没有达到政策目的,还差点断送保守党执政地位,自己也被同僚抛弃甚至反戈一击。但随着保守党领导人更替,其民意支持率也重新回暖,由此前落后工党数十个百分点,逆转为领先工党五个百分点。[2]

撒切尔的继任者必须重新考虑地方税制问题。相比多位前任,梅杰接任首相时要低调得多,他历任社会保障、财政、外交等多个重要部门职位,虽然大多任职极为短暂且鲜有出色建树,但这不妨碍他在撒切尔阵营分崩离析之际屡获重任,并在撒切尔支持下赢得党内选举,成为当时 20 世纪最年轻的首相(托尼·布莱尔之前)。从进入国会开始,梅杰就清楚地表明,中央政府需要减少对地方政府支出的支持。梅杰在 1987 年至 1989 年担任财政部秘

---

① Cedric Sandford, *Successful Tax Reform: Lessons from an Analysis of Tax Reform in Six Countries*, Bath: Fiscal, 1993, p.31.

② Nigel Lawson, *The View from No.11*, London: Transworld, 1992, p.1004.

书长,从1989年10月开始担任财政大臣,可以说是社区费政策的重要见证者和参与者,《泰晤士报》多次报道梅杰在社区费问题上扮演了重要的角色。

作为财政部主官之一,梅杰曾对社区费持支持态度。他在1988年7月1日的区议会协会年度会议上表示:一旦新制度得以实施,相信将会持久广泛的改善现状。他在1990年4月底曾表示:一旦新制度得到充分理解,由激进的新税制带来的各种问题将会一一解决,对于地方政府来说,新制度比旧的地方税制度更公平和易于接受。① 梅杰的态度自然受到工党的批判,工党认为,梅杰在社区费政策制定与实施过程中扮演了重要角色,对由此带来的问题负有责任,他对社区费运行机制并不了解,对具体如何处理社区费问题缺乏清晰理念。

社区费改革已经成为保守党的负资产,梅杰及其阁僚都表示要对该制度进行评估改进。1990年11月23日,梅杰在接受英国广播公司六点钟新闻节目采访时表示:已经对社区费政策进行了必要的评估。一周后,梅杰在国会表示:已经决定对社区费问题重新评估,看需要做哪些改进才能确保被全国接受。道格拉斯·赫德表示:我们需要使人头税更加公平和可以接受,人头税的原则被广泛接受,但具体运作方式却未获认可,要尽快找到改进人头税的途径。②

此时,梅杰还要面对来自党内的撒切尔支持者的压力,许多保守党选民已经认识到社区费改革走得太远了,但国会中许多右翼还是坚持支持社区费方案,包括诺曼·特比特、尼古拉斯·里德利和塞西尔·帕金森等党内重要人物,立足未稳的梅杰不得不谨慎对待。不过,在参加第二轮党魁竞选的三个候选人中,赫塞尔廷和道格拉斯·赫德早在社区费方案出炉阶段就不赞成,在第二轮党魁选举中,梅杰等人也都表示要重新评估社区费政策。也就是说,无论是梅杰还是其他两人当选,社区费政策都难逃夭折命运,问题

① *No Change, No Ideas: John Major and the Poll Tax*, London: Labour Party Local Government Section, December 1990, p.1.

② *A Dossier of Disarray & Dithering: The Conservative Party and the Poll Tax*, The Labour Party (收录于 19 March 1991, Labour Party Library).

是新领导层以什么方式和方案来化解困局。

赫塞尔廷作为撒切尔夫人的重臣兼对手,一向强烈反对人头税,并致力于找到替代方案,梅杰"颇为机敏地"委任他为环境部大臣,来负责处理社区费问题。赫塞尔廷采取了临时措施,向地方提供额外补助来消除社区费对1991—1992财年的影响,政府还于1991年1月宣布了新的社区费减免制度,将近一半的社区费纳税人将从中获益。赫塞尔廷决定邀请反对党参加关于取消社区费的讨论,但工党谢绝了邀请,自由民主党、威尔士民族党以及其他一些人士参加了讨论。①

赫塞尔廷最初考虑了几个替代方案,包括地方销售税、地方收入税和混合税等,许多保守党议员认为中央政府要通盘考虑,内阁也认为不仅要对社区费进行评估,也要对地方政府的结构和职能进行审视评估。② 环境部官员与地方政府进行了广泛讨论,并决定重新转向以房产为基础的税种,把全国住宅分为五个等级(随后变成八个),按估值划分类别,采用全国统一的拨款分配机制,这样一来,高价值住宅的居民要缴纳更多税款,赫塞尔廷还考虑对单人户进行打折。

考虑到大选临近,继续推行社区费并非长久之计,赫塞尔廷于1991年3月22日宣布取消社区费,并可能于1993年4月实行新的地方税种,新税种包括家庭成年人口和房产价值两个因素。在讨论阶段,梅杰认为,有必要明确中央将增加对地方支出的支持,这样才能确保市政税取得成功,赫塞尔廷和财政大臣诺曼·拉蒙特都不同意梅杰提议的数额,但梅杰的观点最后占了上风。③ 1991年4月,梅杰内阁接受了市政税的方案。

在提出实行社区费之后,仍有人支持地方收入税作为替代方案。事实上,单一税额的社区费几乎就是一种比较原始的定额收入税,与房产状况和

---

① Michael Heseltine, *Life in the Jungle: My Autobiography*, London: Hodder & Stoughton, 2000, p.389.

② Brendan Evans, *Thatcherism and British Politics*, 1975-1999, Stroud: Sutton, 1999, pp.154-6.

③ Michael Heseltine, *Life in the Jungle: My Autobiography*, London: Hodder & Stoughton, 2000, p.390.

财产多少无关,与收入也没什么关系。有学者认为,社区费看上去并不像是一个持久方案,社区费将只是实行地方收入税的一个跳板或垫脚石,相比社区费,地方税能够使地方拥有更多财政自主空间。① 但地方收入税明显不符合保守党的理念,中央政府反对地方收入税,绿皮书中也讲得很清楚。从理论上看,实行人头税可以提高经济效率,人头税是单一税额,在工作和休闲之间没有替代效应,可以更好地刺激人们工作,而收入税则存在替代效应,工作多收入多意味着纳税也多。②

1992 年 4 月的大选使地方财税制度纷扰暂时尘埃落定。按照工党大选宣言承诺,工党将用公平的地方税取代社区费,将商业地方税重归地方控制,减免最少 20% 的社区费;保守党则提出,要用市政税取代社区费;自由民主党的方案是用地方收入税取代社区费,并冻结当年的商业房产税,以土地价值替代估算的租金作为统一商业房产税的计税基础。③ 最后保守党赢得大选,梅杰政府终止了社区费制度,通过 1992 年《地方政府财政法案》确立了市政税制度,这标志着原来住宅地方税部分原则的回归。

市政税由地方政府确定税率和进行征收。市政税被看作是住宅地方税与社区费的混合体,既有原来地方税的原则特点,又包含了社区费的因素。市政税和之前的地方税本质上都是房产税,该税种以家庭住户为基础,每个家庭一个账单,要比社区费更易于管理和征收,纳税总额基于房产资本价值和成年居民人数等两个因素。该税种的房产因素非常重要,按照房产资本价值(不像原来地方税是基于租金价值)划分为八个等级,既是财产税,也是个人税,但不像社区费,该税种考虑个人境况,因此被看作是累进税,这又有点像收入税。市政税制度考虑了不同"人头"情况,纳税人通常是房产所有者或者承租人,并对低收入家庭进行减免,对单人户给予 25% 减免,对非

---

① Stephen J. Bailey and Ronan Paddison, *The Reform of Local Government Finance in Britain*, London: Routledge, 1988, pp.104-5.

② Stephen J. Bailey, *Local Government Economics: Principles and Practice*, London: Macmillan, 1999, p.163.

③ G. W. Jones (ed.), *Local Government: the Management Agenda*, Hemel Hempstead: ICSA Publishing, 1993, pp.1-4.

长期居所或无人居住的房产给予50%减免。此外,该税种也没有脱离政府1986年以来改革方案的基础,此前只有不到一半成年人口需要缴纳住宅地方税,市政税则是大部分成年人都要缴纳,符合保守党打造更加负责任的地方政府的目标。①

政府认为,合适的地方税种要考虑大多数成年人,要简单且易于征收,单人户要比多口之家少承担一些,税负要基于房产价值,在一定范围内有所变化。相关文件最后设定了五个关键原则:责任性,要使地方选民看到纳税额与地方支出的关联;公平性,任何税收都要让公众觉得公平;易于征收;税负均摊,大多数成年人都要纳税的原则被广泛接受;税负有所约束,既不能因不合理的地方支出导致税单过高,也不能不恰当地将税负摊给少数个人或家庭承担。② 苏格兰国务大臣伊恩·朗宣布苏格兰实施市政税时表示,市政税将比较容易管理,税负也可以广泛分摊,并且也能使地方议会对选民负责。

地方税收制度进行改革后,也要对拨款制度进行调整完善。中央所估测的地方服务支出需求,也就是标准支出评估(苏格兰地区称作拨款援助支出)主要取决于初级指标,通常是基于人口数量,政府会计算一些指标变量,比如居民人口总数,65岁以上独居老人人数,5岁至10岁学龄儿童人数等。从一个地方标准支出评估中可以确定两个数据,一个是基于标准支出的市政税收入,另一个是地方从中央所获得的国家非住宅房产税收入。有了基于标准支出评估的需求(SSA)、基于标准支出的市政税收入(CTSS)和地方所得国家非住宅房产税收入(NNDR)这三个数据,用需求减去两项收入,就可以计算出收入补助拨款(RSG)。③

任何超出服务支出评估值的开支都要落到地方纳税人头上,这个地方税时期已有的原则继续保留。根据地方税和社区费制度,是否对地方税税

---

① George Monies, *Local Government in Scotland*, Edinburgh: W.Green, 1996, pp.79–80.

② Arthur F. Midwinter, *Local Government in Scotland: Reform or Decline?* London: Macmillan, 1995, pp.34–5.

③ David Wilson and Chris Game, *Local Government in the United Kingdom*, Basingstoke: Palgrave Macmillan, 2002, p.193.

率进行封顶,要基于国务大臣对地方支出是否合理适度所作的判断。根据市政税制度,封顶针对的是超过服务支出需求的预算支出,所有地方都要限制支出增长,是否封顶要看当前预算及其与服务支出评估值的关系。苏格兰地方预算与支出需求估值的差额比较显示,尽管一些地方还是通过创新会计手段来达到合理预算要求,政府从1989—1990财年开始在限制支出方面取得成效。①

从20世纪80年代以来,中央的战略就是要实现对地方支出的控制,一直到严重偏离正轨的社区费,核心目的仍然是要建立长效机制,从地方政治和财税制度设计入手控制地方支出,结果是地方的空间越来越小,乃至被剥夺殆尽。新的市政税和拨款机制继承了地方税时期的一些制度,给地方留存的空间要比社区费制度大一些,但与社区费一同推行的国家非住宅房产税制度得以继续实施,权力平衡总体上还是倾向于中央政府。地税封顶制度允许地方自己设定预算,只有当地方支出超出中央认可范围的时候才会施以封顶,但现在地方的预算都要由中央来定,预算封顶取代了税收封顶。②

市政税也引起了讨论甚至不时受到批评。一是认为房产估值仓促有瑕疵,房产估值较高导致税负较高;二是认为市政税制度对于伦敦居民不利,因为伦敦房产价值高于其他地方,反对党和一些保守党后座议员支持按照地区进行分级的方案,但遭到了政府的拒绝;三是认为市政税是新的制度,但拨款机制还是原来的,如果支出水平超过政府支出估计,那么还要提高地方税税率才能应对支出需要;四是认为市政税仍然是中央主导,地方政府只能征收15%左右的收入,国家非住宅房产税仍然没有变化。③

和地方税一样,市政税税基重估也会引起争议。从实际运行来看,市政税并没有一个固定的税基评估周期,很多年一直沿用1991年的评估值,这

---

① Arthur F. Midwinter, *Local Government in Scotland*: *Reform or Decline*? London: Macmillan, 1995, p.38.

② Stephen J. Bailey, *Local Government Economics*: *Principles and Practice*, London: Macmillan, 1999, p.93.

③ Hugh Atkinson and Stuart Wilks-Heeg, *Local Government from Thatcher to Blair*: *The Politics of Creative Autonomy*, Cambridge: Polity Press, 2000, pp.104-5.

使得市政税公平性出现较大争议。比如,2003年威尔士地区进行了房屋重估,并于2005年使用新的评估结果,但由于此前威尔士地区经历了房地产业的高速增长,以至于多数住宅的价值增幅较大,纳税的档位也有上升,评估结果让很多人难以接受,并引起了改革市政税的呼声。

市政税给部分纳税人带来了经济压力。实行市政税以来,平均每个住房的纳税额不断增长,但社区生活质量并没有很大提升,民众收入也没有相应大幅增加,市政税带来的压力也越来越大。市政税也向租客征收,但租客群体经济状况可能一般,让租客和业主一样缴税,客观上加重了租客经济负担。市政税对低收入和困难群体有各种减免照顾,但这样的结果就是,相对富裕家庭要承担更多税负来填补税收减免产生的缺口,这似乎又回到了地方税的老路上。

就市政税本身来说,公平问题始终是焦点之一。相对于住宅地方税来说,市政税的最大缺点是只有达到特定标准才会累进,超过特定标准,该税种实际变种为统一税率。比如,英格兰所有价值32万英镑以上的房产都处于最高的H级,结果,以某学者位于伊斯灵顿的房子为例,目前按照货币价值计算,支付的市政税和他几十年前刚搬入时缴纳的住宅地方税几乎是一样的。[1] 一般情况下,市政税税基估值分级将给地方税制带来更大压力,因为房产价值变化会使许多家庭房产估值分级发生变化,这可能导致税收上涨,促使工党考虑地方政府财政改革。

市政税制度设计带来了负面的收入分配效应。英国市政税将住宅划分为八个等级(威尔士为九个等级),每个等级都有自己的标准和税率,高价值住房纳税额通常要高于低价值住房,但问题是高价值住房业主经济状况往往较好,仅需拿出少部分收入即可,而低价值住宅业主则需要拿出相对较高比例的收入交税。按照市政税,英国实行的是税率累退制度,比如H级的住房价值标准是A级住房的八倍以上,但以D级为基准税率档次,按照

---

[1] Ferdinand Mount, *The New Few: Or a Very British Oligarchy*, London: Simon & Schuster Ltd, 2012, pp.155-6.

税收乘数,H 级住房纳税额是 A 级住宅的三倍,也就是说,虽然高价值住宅纳税额更高,但税率其实是相对下降的,虽然不好评价这是否有失公平,但确实变相拉高了穷人的实际税率,拉大了贫富差距。一些人认为,应该进行更加细致的划分,增加市政税的等级梯次,降低低等级住房税率,提高高价值住房税率。

但整体上来说,市政税并未像社区费那样招致广泛批评,也没有遭遇推行社区费时那么大的困难,地方政府以及选民纳税人接受了该税种。衡量税收改革是否成功有三个主要标准:一是税改在多大程度上实现了改革者设定的目标,就像 20 世纪 80 年代美国、澳大利亚、英国、加拿大、新西兰等国家税改的主要动因是提高效率,也就是将税制带来的扭曲最小化,在经济领域有效地进行资源分配,进而刺激经济增长;二是税制改革的持续性稳定性,如果政策经常反复就没太大价值,不利于形成稳定预期和规划;三是税改结构多大程度上令人满意,比如有的国家税改明显加重了收入分配的不公平,这就绝非改革者所愿。[1] 从市政税的实施情况来看,改革整体上是成功的。从后续发展来看,虽然有缺点需要不断修补完善,但尚未出现系统性颠覆性问题。

新的财税改革催动了新的地方政府改革。1990 年 11 月撒切尔夫人下台打开了地方政府改革的闸门,积极角逐党魁的赫塞尔廷不仅要改革财税,还要求实行市长选举,并重组地方政府。在当年 12 月 5 日一场关于社区费的辩论中,刚被委以环境部大臣职位的赫塞尔廷除了表示要对社区费政策进行评估,还提出要考虑重组地方政府,但这一提议的必要性受到了一些人的怀疑。赫塞尔廷则很快表明,这一切不只是停留在纸面上。1991 年 3 月 21 日,赫塞尔廷宣布了人头税问题的评估结论,表示要建立地方政府委员会来评估地方政府问题,进而确定是否要用单层体系替代两个层级的地方政府体系。[2]

---

① Cedric Sandford, *Successful Tax Reform: Lessons from an Analysis of Tax Reform in Six Countries*, Bath: Fiscal, 1993, p.5.

② Michael Chisholm, *Structural Reform of British Local Government: Rhetoric and Reality*, Manchester University Press, 2000, p.26.

20 世纪 90 年代的地方政府重组改革经历了很长时间酝酿,经济社会变化和公共选择等思潮都带来了变革压力,包括区议会和主要城市都表达了立场观点与利益诉求,但产生的影响很小,直到人头税灾难发生,才提供了一个催化剂。[①] 20 世纪 70 年代的地方政府重组建立了两个层级的地方政府体系,但是随着 20 世纪 80 年代地方财政改革和政府职能调整,地方政府再次改革,并朝着建立单一层级地方政府体系的方向前进,一般认为这样可以精简官僚机构,有利于更加接近民众和更好履行职能。

英国地方财税改革解决了一些问题,但也带来了新的问题。保守党时期加强了地方财政领域的中央管理,打破了此前形成的制度传统,给地方财税健康运行带来了新问题。20 世纪 90 年代初的短短几年时间里,地方政府发现他们实施过三种地方税制,而拨款制度毫无疑问是世界上最复杂的拨款制度之一,分别在 1958 年、1966 年、1974 年、1981 年、1990 年和 2003 年进行过改革。资本控制制度也经过了许多变化,特别是住房财政机制。新工党上台后,继续在地方财税问题领域进行改革探索。

工党从保守党那里继承的财政体制情况是,超过四分之三的地方收入来自中央,市政税只占到了四分之一,这种机制的长期影响是中央不得不增加拨款和其他支持。因为地方严重依靠中央支持,地方政府增加 1% 的支出,地方税收就要上涨 4%,这种现象被称为"齿轮传动效应",地方议会深感压力。[②] 布莱尔政府对地方财政机制的各个方面进行了评估,包括全国性非住宅房产税、支出封顶和标准支出评估。一些咨询性文件列出了工党的方案计划,以及可能对地方财政体制进行改革的内容。

在对地方财政预算的干预控制方面,新工党政府一度有所松动。20 世纪 90 年代后期的调查显示,多数人仍然主张地方拥有更多自主权来决定地方税收和支出,苏格兰和威尔士超过 80% 的人支持地方决定本地税收,伦

---

① Michael Chisholm, *Structural Reform of British Local Government : Rhetoric and Reality*, Manchester University Press, 2000, p.31.

② Gerry Stoker and David J.Wilson(eds.), *British Local Government into the 21st Century*, Basingstoke : Palgrave Macmillan, 2004, p.153.

敦的这一比例刚刚超过 50%。许多人赞成增加国家税来支持服务开支,只有少数人赞同提高地方税收来加大地方服务支出。负责地方政府事务的工党政府副首相约翰·普雷斯科特一上台就宣布,要结束"粗鲁且普遍的封顶",梅杰政府为每个地方议会设定最高年度支出的政策终止了。①

事实上,工党政府并未去除封顶的权力,封顶的办法从 20 世纪 80 年代中期实施以来,先是 90 年代中期进行了扩大,此后一度不再施行,然后又于 2004—2005 财年重新开始实施,若证实地方支出确实超支,仍可进行封顶处罚。保留封顶手段的同时,工党政府实行了新机制,就是对那些市政税上涨超过 4.5% 的地方进行处罚,拿掉其市政税收入补助。穷人利益不会受到这种处罚的影响,处罚将导致其他市政税纳税人负担加重。这种机制复杂且不受地方政府欢迎,施行几年之后就取消了,但是采用这种机制和保留封顶权力反映出工党决心要控制地方税收的上涨。②

新工党执政最初几年,并未推行比较像样的地方财税改革举措。1997 年,布莱尔工党政府承诺要将地方政府现代化,通过立法,大部分地方政府现代化项目都开始实施,但地方财政方案仍然留在等待名单上。地方财政改革的拖延意味着财政问题与主要现代化项目是分离的,这个问题并不像其他问题那样迫切,没有地方财政改革,现代化项目一样可以实施,但未能进行地方财政改革制约了整个现代化项目成功的可能性。③ 由于一些地方认为财政体制存在问题,市政税及相关制度削弱了地方政府的职责,并引起一系列问题,工党政府在 2001 年《地方政府问题白皮书》中承诺要进行财政平衡评估。

2003—2004 财年,市政税占到了英格兰地方议会经常性收入的 26%,英格兰、威尔士和苏格兰的市政税总额占英国税收总额的比例不足 5%,按

---

① Gerry Stoker and David J.Wilson(eds.),*British Local Government into the 21st Century*,Basingstoke:Palgrave Macmillan,2004,p.153.

② Gerry Stoker and David J.Wilson(eds.),*British Local Government into the 21st Century*,Basingstoke:Palgrave Macmillan,2004,p.154.

③ John David Stewart,*Modernising British Local Government:An Assessment of Labour's Reform Programme*,Basingstoke:Palgrave Macmillan,2003,pp.243-4.

照国际标准,这个比例是非常低的。但公众和媒体非常关心地方税收,尽管只占英国所有税收收入的不足5%,但其透明性质使其备受关注,纳税人也容易直观感受,相比之下,国家税种具有非直接或者非显性的特点,这就给地方税种带来了压力。不过工党的改革更多是细枝末节,只有确定下来是否给予地方更多自主权,地方财税机制才可能发生显著变化。①

2003年市政税平均增幅较高,引起不少议论。中央委托议员尼克·雷恩斯福德领衔研究地方财政未来发展问题,总体目标是评估情况、考察改革选项、厘清各种利弊,目的不是考虑增加地方收入的途径,而是改变中央地方之间的财政来源平衡。财政平衡评估于2003年4月开始,并于2004年7月发布了报告,指出未来将需要继续进行更为基础性的评估。报告建议主要集中在两个方面,一方面认为市政税可预期且易于征收,应该得以保留,但要在低收入者税收优惠方面更加公平高效;另一方面提出了市政税改革的各种选项,包括实行某种形式的地方收入税,再次将商业房产税地方化,给予地方政府新的收入来源或者将中央一些收入项目地方化。有观点认为,这是莱菲尔德委员会以来,对地方财政问题进行的最为基础的回顾评估。②

总体上,关于是否增加新的地方税种,一直存在讨论和争议。一个困扰多年的问题是地方政府税种单一,中央可以征收收入税、增值税、公司税、国民保险以及各种税费,而地方只能依赖于一个高度显性的税种。也就是说,收入税或者增值税可以随着收入或者经济增长而变化,而市政税的税基可能多年不变,支出连年攀升迫使地方只能每年调高税率。这个问题实际上一直存在,但开征新的税种从未赢得过广泛支持。自由民主党长期以来建议用地方收入税取代市政税,而工党和保守党从未期望进行这样一个激进改革。增值税也一次次被推到前台以求作为地方收入来源,但也都没被采纳。③

---

① Gerry Stoker and David J.Wilson(eds.), *British Local Government into the 21st Century*, Basingstoke:Palgrave Macmillan,2004,pp.163-4.

② Janice Morphet, *Modern Local Government*, London:SAGE,2008,p.102.

③ Gerry Stoker and David J.Wilson(eds.), *British Local Government into the 21st Century*, Basingstoke:Palgrave Macmillan,2004,p.161.

　　到了 2009 年,自由民主党的尼克·克莱格与后任该党影子财长的文斯·凯布尔提出了豪宅税,试图通过对高价值房产征税来募集收入,该提议引起了广泛关注。按照 2013 年 7 月舆观公司有关民意调查显示,大多数人支持豪宅税,支持比例高达 65%,反对者只有 22%。甚至保守党选民也支持该项政策,支持者和反对者比例分别为 49% 和 41%。① 该税种最初拟定课税对象为价值 100 万英镑以上房产,后来起征门槛又调整为价值超过 200 万英镑的房产。不同公司估计的价格 200 万英镑房产数目有所差异,大都估计在 10 万处左右。普遍认为,超过 80% 的此类房产位于伦敦和英格兰东南部地区。工党表示,此项起征门槛可以根据通胀等因素进行调整,以确保不会因房产升值导致更多房产被纳入课税范围。

　　豪宅税设想得到了工党的大力支持。按照工党和自由民主党的预计,该税种大概可以征收 17 亿—20 亿英镑收入,按照工党领导人米利班德的说法,可以用此项收入支持国民健康保险制度。当然,豪宅税提议遭到了一些人的强烈反对,2014 年 10 月,自由民主党领导人克莱格对英国广播公司表示,他不再支持豪宅税计划,转而支持改进市政税制度。保守党自始就反对豪宅税提议,并对豪宅交易税采取了行动,为使税收更加公平,财政大臣奥斯本从 2014 年底开始调高豪宅房产的土地交易印花税,这是 2003 年该税种实施以来最大的改革,此举在某种程度上抵消了工党力推豪宅税产生的影响。② 针对豪宅税提议,保守党首相卡梅伦表示:对于一个鼓励创造财富、倡导节俭的国家来说,对于勤奋工作的民众来说,财产税不是一个明智之选。③ 随着保守党在 2015 年大选中胜出,豪宅税提议也淡出公众视野。

---

① https://yougov.co.uk/news/2013/07/08/wide-support-mansion-tax/.

② George Osborne, *Autumn Statement* 2014 (Cm 8961), HM Treasury, December 2014, pp.52-4.

③ Kevin Peachey, "*How Would a Mansion Tax Work?*" BBC News, 6 October 2014.

第八章　地方财税中的三个关系

衰落帝国的财政是一个有趣的话题。英国历史上一些重大事件都与财税密切相关,财税制度在促进英国崛起和国家治理方面发挥了重要作用。国家欣欣向荣之时,各种问题很难引起关注。到了 20 世纪 70 年代,英国经济社会陷入危机,各种思潮明流暗涌,财税问题成为各种矛盾的集中呈现。工党政府拉开了改革大幕,保守党政府成为改革主角,地方财税成为改革重头戏之一。在系列改革中,中央与地方的博弈,国家与市场的消长,政府与个体的平衡贯穿始终。

改革是朝野上下重建共识、各种关系再度平衡的过程。英国的地方财税改革因其持续较长、力度较大、争议较多广受瞩目,表面上看是收紧地方开支、改革地方财税、重构地方职能,实际上是国家与市场孰进孰退、中央与地方孰强孰弱、政府与个人权责孰重孰轻的问题。总体上看,英国地方财税改革是收缩国家之手,发挥市场作用,加强中央权威,削弱地方权能,强化个体责任。在包括财税在内的各项改革中,既存在各方分野的逐渐弥合,也伴随有差距对立的逐步扩大。

第一节　中央与地方的博弈

从历史发展来看,英国地方政府经过了长时间演进,随着政治、经济和社会等方面职能的发展而逐渐壮大,并在 19 世纪里基本发展成熟。在此基础上,逐渐形成了英国现代中央与地方政府架构。在相当长的时期内,地方与中央各尽其责相互配合,共同致力于国家治理,推动社会进步,中央地方关系也逐渐成为一个重要政治议题。除了财政税收关系,政治法律关系、组织职能关系等也是中央地方关系的重要内容,中央地方关系亦是理解英国地方财税改革的重要维度。

英国学界就地方政府价值作用进行了许多有益的讨论,形成了一些比较正统的理念,并被学界、官方和公众广泛接受。比如约翰·斯图亚特·密尔是英国地方政府的早期支持者,以他为代表的自由主义者认为,地方政府可以实现民主参与和效率。社会民主主义者、社会主义者也就地方政府问题进行了一些理论阐发。19世纪和20世纪早期的理论家们构建了地方政府理论的三个核心观念:地方政府可以提供政治参与机会;有助于确保有效地提供服务;可与过度集权的中央制衡对立。他们描摹的地方政府是拥有相对自治权力、提供各种服务的多功能机构,并拥有征税能力,通过选举代表监督官员工作。[①]

中央需要地方政府来提供服务以适应工业社会。工业革命导致主要城市人口聚集,地方政府成为最早最重要的公共服务提供者。尽管地方政府有权力和能力来聚拢财源解决公共问题,但还是要依赖中央的意旨,地方执行公共事务是由中央决定的。中央推行的多次地方政府改革通常不是加强地方民主,而是改进公共福利,这本身便埋下了地方政府被削弱的种子。英国的地方政府看上去要比其他国家地方政府力量更强、地盘更大、人口更多、支出更高,但由于作为国家服务的地方提供者的角色日益强化,结果越来越成为中央的代理分支,而不是合作伙伴,表现恰恰更加虚弱。也就是说,长期来看,地方政府的"政治合法性和权力都被中央以更有效地提供服务的名义给牺牲掉了"。[②]

地方政府逐渐壮大,既是客观需要,也是中央推动。但随着历史坐标发

---

① Desmond King and Gerry Stoker, *Rethinking Local Democracy*, Basingstoke: Macmillan in association with the ESRC Local Programme, 1996, pp.5-7.

② Alistair Cole and Peter John, *Local Governance in England and France*, London: Routledge, 2001, p.20.

生变迁,地方政府地位下降成为必然。20世纪30年代大萧条以来,中央政府的经济管理职能大大加强,这与地方政府的职能存在一定矛盾。中央主要目标是保证国家总体繁荣和公平,而地方在实现国家经济繁荣方面并未承担什么责任。地方政府主要职能是负责日常的公共服务,除了自己的税收,还可以依赖中央拨款,而中央政府只能依赖国家经济繁荣带来的税收,地方政府角色作用与经济社会发展产生了矛盾。尤其是面对20世纪70年代经济社会危机,中央和地方的目标路径发生错位,经济疲软和财政紧张倒逼中央对地方"动手"。

对于保守党来说,重塑中央地方财税关系是改变英国经济以及意识形态的一部分。撒切尔夫人急于大刀阔斧破除积弊,以至于看上去权力在不断集中。在多数人看来,为督控地方财政实现中央目标,集权化趋势越来越明显。有人认为,中央政府的预算制度设计主要是强化支出控制,而不是有效分配资源,中央着力控制导致地方政府活动颇受限制,保守党政府据此认为,地方政府是不负责任的官僚机构,不顾及市民的期望和考虑。① 官僚主义、缺乏回应和低效率被看作是地方政府的弊病,保守党内的撒切尔主义势力不断质疑地方政府。20世纪70年代末以来,保守党政府的一系列立法与改革导致中央权力不断扩大,而地方政府进入了一个"快速衰落且可能无法逆转的时期"。②

中央政府认为,大多数地方开支过高,搅乱了中央政府公共支出计划,妨碍其履行经济管理职责,地方公共服务负担过重,成为英国经济社会问题之一。于是,议会和中央政府一起对地方当局发力,环境部逐渐成为与地方斗争的前线。地方公共服务与支出是一个问题的两个方面,中央政府建立了名义独立实则受命于中央的审计委员会,评估审核地方政府的支出和服务绩效。但中央要控制地方支出面临一些困难,不仅在于控制地方所有收入来源比较困难,同时也是因为地方政府是公共服务的主要提供者,支撑了

---

①   Attiat F. Ott, *Public Sector Budgets: A Comparative Study*, Aldershot: Elgar, 1993, p.224.

②   John Sheldrake, *Municipal Socialism*, Aldershot: Avebury, 1989, p.62.

福利国家制度,中央认识到最有效的限制地方支出的办法是重新分配职责。①

　　总体上,除了直接控制地方支出和改革地方财税,中央加强对地方控制的政策还包括:取消大都市郡和大伦敦市议会;取消大伦敦市议会对伦敦交通的控制权;将公交服务私有化;削减拨款,处罚超支地方;严格控制直接劳动组织,并收紧合同条款;鼓励地方政府公共服务市场化;出售公房,限制苏格兰的公房租金补贴;设立企业园区、自由港口、开发公司,使这些地区脱离地方政府控制;加强人力服务委员会的工作,控制教育和社区工作;削减资本性支出。② 比如,撒切尔第三任期走得非常远,1988 年通过了包括地方政府法案在内的四个国会法案,要求地方将一些职能进行竞标,想将地方政府"变成赋能者,而非服务提供者"。③

　　实际上,中央财税权力强化并非撒切尔执政后方才出现。战后,经济国有化和社会福利化本身就导向了中央集权主义。中央权力不断扩大,地方作用被忽视,结果越来越成为"管理主义社会",权力集中在精英手中,他们通过管理大型商业企业、运作国有企业和公共行政体系来管理这个社会。④关于中央加强对地方控制的问题,某种程度上只是旧瓶换新装,地方税税率税额是根据地方需求与中央拨款等收入间缺口来确定的,地方的许多支出项目额度也是依据中央制定的标准,表面上看是地方决定地方税税率,实质上取决于中央政府,即便制定赤字预算,也要受到法律约束。中央财政援助比例的提高和地方服务标准化的深入推行,使地方议会决定地方税收越来越沦为形式。实行社区费或者市政税,造成大量地方支出要由中央以拨款形式提供,对地方财政自治造成相当程度的剥夺,其实只是以往模式的新

① Stephen J. Bailey, *Local Government Economics*: *Principles and Practice*, London: Macmillan, 1999, pp.107-8.

② Steve Bond, *Taking over the City*: *Threats to the Future of Services and Jobs in Sheffield*, Sheffield 88 Southview Cres., 1985, p.23.

③ Hugh Atkinson and Stuart Wilks-Heeg, *Local Government from Thatcher to Blair*: *The Politics of Creative Autonomy*, Cambridge: Polity Press, 2000, p.67.

④ William A.Robson, *Local Government in Crisis*, London: Allen & Unwin, 1966, p.150.

版本。

加强中央权力并不是此番财税改革的初衷,恰恰相反,收缩国家之手和削弱政府权力是改革目的之一。撒切尔政府的财税改革以及所推行的其他改革都在努力削弱政府、工会、国企的权力,增加选民、纳税人、承租人、父母和小学生的权利,就像鼓励私人部门发展一样,还权给市场和私人。与此同时,在职能方面为地方松绑减负,赋予地方政府更多自由。1980 年迈克尔·赫塞尔廷推行的立法,削减了三百多个不那么重要的对地方政府的控制,这表明要赋予地方更多自由,并要增加地方财政和行政支配权。[1] 但旨在削减政府权力的改革产生了一个悖论,改革削弱了地方权力,却加强了中央权力。

在新的历史阶段,随着地方财税、公共服务以及政府自身的改革,加上经济社会变化和新理论思潮的影响,传统的中央地方关系模式发生了巨大变化。特别是撒切尔政府时期,中央与地方关系出现了四种趋势:中央逐步削减对地方的财政支持;地方政府政治化,许多地方特别是城市中左派赢得选举,并在地方层面推行"社会主义";地方社区政治变化,从基于公共利益的地方代议民主转向重视个体纳税人权利的民主;地方政府管理理念变化,从强调服务数量到强调质量,由注重稳定和统一到注重革新和多样化。[2] 这四种变化趋势都与中央地方财税关系密切相关,在重塑中央地方关系方面发挥了重要影响,第一种变化给中央地方财税、政治、法律关系带来了巨大冲击,而后三种趋势变化既受力于地方财税改革,又反过来助推了地方财税改革。

财税关系是中央地方关系的核心内容之一,也是最为复杂的关系之一。至于权力平衡偏向中央还是地方,所依据的历史基础和判断视角不同,结论可能也不尽相同,需要注意其复杂性。从 1975 年到 1987 年,丹麦、加拿大、英国、法国、西德和美国六个国家中,除法国外,政府支出占国内生产总值的

---

① Michael Parkinson(ed.), *Reshaping Local Government*, London: Policy Journals Ltd, 1987, p.3.

② Danny Burns, Robin Hambleton and Paul Hoggett, *The Politics of Decentralisation: Revitalising Local Democracy*, London: Macmillan, 1994, pp.17–20.

比例和地方政府占政府支出的比重都有所降低。从地方收入来看,1975 年之前,中央拨款比例都有所增加,但从 1975 年到 1987 年,趋势有所改变,除了加拿大,地方收入中拨款占比都有所下降,而税收收入占比有所增加。整体上看,除了加拿大,这些国家的地方政府对中央拨款的依赖度都有所下降,从这个意义上说是去中央集权化。不过事实并非这么简单,丹麦、西德、英国和加拿大的中央财政和政策控制实际上都有所加强。但同样的趋势各国也有区别,比如同样是中央控制加强,丹麦原本地方职能就比较多,而西德从一开始职能中央化就比较明显。①

在中央与地方政治法律关系中,地方政府的地位作用相对明显下降。在政治层面,中央政府占据了主动地位。撒切尔的上台意味着英国开始了地方政府文化的转变,并从美国引入了一些新的政策理念,但与美国相比,新政策理念没有削弱对地方的控制,反而加强了中央集权。原因在于英美两个国家政治文化各异,美国坚持权力分离和联邦原则,而英国的集权化几乎是一种政治上的条件反射,在美国,自由主义用于保护地方政府,在英国则是将中央政府的法令强加于地方政府。② 地方政府通过一系列行动彰显了存在,1980 年以前地方政治意识形态色彩相对并不浓厚,到了 20 世纪 80 年代,作为对右派势力掌握中央权力的回应,有些城市地区的左派赢得地方选举,一些工党控制地区利用政治优势反对中央,但基本没有取得显著的成果。

中央政府在法律关系方面占尽天时地利。从 20 世纪 80 年代至 90 年代早期,法律在地方事务中发挥了更大的作用,地方政府和其他方面都更加重视法律问题,中央政府也更加愿意利用法律来推行自己的意愿,中央地方关系法治化色彩非常明显。③ 早在 1974 年 6 月,诺特议员写给撒切尔夫人

---

① Chris Pickvance and Edmond Preteceille, *State Restructuring and Local Power：A Comparative Perspective*, London：Pinter, 1991, pp.203–7.

② Andrew Massey, *Managing the Public Sector：A Comparative Analysis of the United Kingdom and the United States*, Aldershot：Edward Elgar, 1993, pp.162–89.

③ 参见 Martin Loughlin, *Legality and Locality：the Role of Law in Central-Local Government Relations*, Oxford：Clarendon Press, 1996.

的信中就提出:"控制地方经常性支出的唯一办法是获取新的立法权。"①立法出现明显变化,并成为撒切尔夫人的利器,甚至"当法院认为中央政府的行为不合法时,中央政府就回溯性地改变法律,反应非常简单粗暴。"②许多影响地方政府的新立法更加直接,不断授予大臣们更多权力来督促地方政府,许多立法及实施细则更加具体详尽,指向性更加明确,要求地方政府履行的职责非常精确。③

中央政府在改革中充分运用了法律优势。几乎所有的立法都直接或者间接地与地方财政有关,旨在重塑地方财税制度,重新划分中央地方领地。也有一些法案因为遭遇反对而并不顺利,但撒切尔夫人的政策主张基本都得以立法通过。此外,中央政府增加了对地方政府进行规范、干涉和指导的权力。总体上,地方政府传统权力不断缩减,中央政府的权力边界不断扩大,典型的比如彻底改革地方税,其他还包括建立企业园区,推行公共服务竞标,削弱地方政府对教育的控制等。许多法律具有义务性和强制性,地方自愿选择的权利也变成了强制性义务,比如出售地方政府营造的公房。

中央政府甚至史无前例地将法院变成了战场,法院总体上也支持中央政府指令或惩罚地方政府。在具体司法层面,中央拥有极大的法律优势,并通过一系列立法和判例强化了中央毋庸置疑的地位。在利物浦预算危机以及朗伯斯反对地税封顶运动中,法院都成为了最后的裁判,地方政府无一例外地都败诉了。首次遭遇地税封顶的多数地方拒不从命,但面对巨额罚款和剥夺公职的处罚,许多地方议员最终选择妥协,导致联合反抗运动分崩离析。一些地方对中央发起诉讼,但基本上都未能成功。

法律政治传统是中央推行改革的利器,但也有可能伤及自身,地方当局也并不全是束手就缚。有学者区分了五种实现控制的策略:推动更多立法;

---

① John Nott MP, *The Letter to the Rt Hon Mrs Margaret Thatcher MP*, 4th June 1974, p. 4. (THCR1/12/4)

② Association of London Authorities, *The Attack on Local Government*, 1988, p.3.

③ Martin Loughlin, *Legality and Locality: the Role of Law in Central-Local Government Relations*, Oxford: Clarendon Press, 1996, p.390.

尽可能减少磋商;定向目标资助;绕过地方政府;地方政府重组和改革。①
在地方财政改革中,这些策略都被撒切尔政府用过,并且较多运用督导与强制。这给保守党激起了一个联合对立面,并燃起了广大地方政府的政治热情。地方通过各种形式表示不满和反对,包括技术手段、法律手段以及政治手段等,甚至联合抗命、拖延执行,趁势火中取栗。比如利物浦将危机转嫁给了中央,中央只能以退让换妥协;伦敦朗伯斯地区虽然抗争失败,但也获得了额外拨款;而反人头税运动更是终结了人头税,并促使撒切尔夫人终结了执政生涯。

在组织职能关系领域,中央发起了一场革命。一项对高级公务员和前国务大臣的调查显示,在白厅和威斯敏斯特的总体观念里,地方政府是个服务提供者,而不像欧洲其他一些地方强调的是表达地方社区感受。但随着地方公共服务职能发展和公共支出的膨胀,需要对地方政府的职能进行重新思考,地方政府要对手握选票的消费者的关切进行回应。② 英国地方政府被视作中央的工具,地方议员和官员也乐此不疲,因为执行国家政策意味着更多预算、更多职位和更高声望,一旦扩张结束,紧接而来的削减政策会使其深受伤害,重新界定地方政府的地位角色更加痛苦为难。③

地方财税与地方服务职能紧密关联,伴随地方支出控制和财税改革,英国地方政府管理机制发生了变化。从职能特点来看,主要分为三个阶段。首先是20世纪50年代至70年代,地方政府被视作公共服务管理机构,这一时期地方服务发展迅速,出现了"以大为美"的地方政府管理理念,并出现地方区划调整重组。各种服务都有相应部门负责,并设定了一套统一程序。20世纪60年代晚期开始,公众对这种服务管理和供给方式日渐不满。20世纪80年代属于第二个阶段,市场因素更多,市场作用更大,出现了新的管理理念,旧的官僚主义模式让位于更加民主的模式,一些新的服务供应和

---

① Gerry Stoker, *The Politics of Local Government*, London: Macmillan, 1991, pp.153-7.

② Desmond King and Gerry Stoker, *Rethinking Local Democracy*, Basingstoke: Macmillan in association with the ESRC Local Programme, 1996, pp.8-9.

③ Ken Young and Nirmala Rao, *Local Government since 1945*, Oxford: Blackwell, 1997, p.305.

管理机制建立起来。这实际上就到了 20 世纪 90 年代第三个阶段,特点是服务内容多样化、服务主体多元化,为公众提供更多比较选择的机会,公众不再只被当作服务对象和受众,而是更多被作为消费者、客户和市民对待。[①]

保守党地方经济战略的核心是解放地方市场因素,而地方政府被看成是关键障碍,作为麻木愚钝的官僚结构,地方政府拖延项目计划、吓跑投资,通过高税收和反商业的态度将就业挤走。除了削减地方支出、增强对地方税收和支出控制、实行服务竞标,保守党政府还建立了新机构发展地方经济。一些机构不受地方管理,直接听命于中央,比如城市开发公司,拥有大量资金和较强影响。[②] 在保守党和新工党执政期间,地方政府许多职能进行转移或者重组,有的公共服务转由中央直接负责,或者中央加大干涉力度,或者将一些职能移交给公共机构、半官方机构或志愿部门,或由地方政府与其他公共或者私人机构合作完成,还有的领域则进行私有化,以此降低成本提高效率。[③]

为收缩国家之手,发挥市场作用,地方公共支出权力被缩减,地方公共职能被分散和弱化,地方政府的地位作用也随即下降。有学者对英国政治中的中央集权问题进行了分析,认为可能有四个体制性原因:中央施加控制导致地方政治水准下降,进而使地方政府更弱;地方财政来源单一使得地方没有空间和手段来缓和压力;英国法律实践中有一种不平衡,更偏向于中央政府;经济管理在英国政治中是个重要问题,往往压倒了对地方自由的考虑。[④] 以上四个体制性原因中,有两个都与经济财政问题密切相关,在控制地方支出和重振市场政策目标下,地方税改革是这一逻辑延伸的必

① Danny Burns, Robin Hambleton and Paul Hoggett, *The Politics of Decentralisation : Revitalising Local Democracy*, London: Macmillan, 1994, pp.21-7.

② Aram Eisenschitz and Jamie Gough, *The Politics of Local Economic Policy : the Problems and Possibilities of Local Initiative*, London: Macmillan, 1993, p.61.

③ Carl Emmerson, John Hall and Lindsay Brook, *Attitudes to Local Tax and Spending*, London: The Institute for Fiscal Studies, Feburary 1998, p.6.

④ Attiat F.Ott, *Public Sector Budgets : A Comparative Study*, Aldershot: Elgar, 1993, p.225.

然产物。

地方政府和政治力量显然没有做好迎接变革的准备。直到 20 世纪 70 年代后期,地方政府的发展看起来还是服务、就业和支出的持续膨胀,即便是地方失去的道路、卫生和供水等一些服务职能,很大程度上也是要适应特定技术发展和新的管理条件。此外,地方政府的职能范围迅速扩张,但关于地方机构怎样合理履行这些职能的严肃思考比较少,关于地方政府的架构、财政和内部管理有很多批评,但很少就其责任范围提出看法,很多报告简单地认为要继续提供服务,关注的是服务和支出应该以什么速度增长。因此,当撒切尔政府要改变这些状况时,地方政府根本就没有准备好应对这些新挑战。①

撒切尔夫人在野时期,便有一种改造英国地方政府的欲望。除了直接进行财政控制,中央政府还更多地直接干涉限制地方政府行使职能,甚至取消一些地方政府。同时,一些新的机构得以建立或者发展,在一些领域取代地方政府及其所属机构。取消大伦敦市议会后,超过 70 个独立的管理机构开始负责伦敦事务,每个地区都有一个名为联合委员会的组织来负责警务、消防、保卫和交通,另外一些机构负责经济发展、战略规划、垃圾处理、文化娱乐,这高度分割碎化的管理机构不再具备反对中央的基础。加上 20 世纪 90 年代中期对苏格兰和威尔士地方政府的重组,1997 年 5 月,英国的地方政府数量比 1979 年减少了至少 80 个,地方的支出、职能和架构都被重组了,中央可以推行自己的意志。②

中央推行的地方政府组织架构和职能改革,使中央地方职能关系模式发生了重大变化。中央政府的权力作用明显上升,中央由鼓励依靠地方转变为抑制管控地方,不再像以往那样依赖地方来履行公共职能,地方实际上也不再像以往那样要躬行中央标准。除了控制公共支出,撒切尔还给许多地方服务松绑,借以提高公共服务效率,比如 1988 年《教育改革法案》授权

---

① Hugh Butcher, *Local Government and Thatcherism*, London: Routledge, 1990, p.11.

② Gerry Stoker (ed.), *The New Management of British Local Governance*, London: Macmillan, 1999, p.1.

学校可以摆脱地方教育部门控制。从撒切尔时期卫生政策改革中能够看出,在国会拥有多数的政府即便面临强烈反对,也能够推动改革,如果政府有政治意愿,即便政策不受欢迎,也能够推行下去。[1]

中央与地方的传统平衡被打破,地方政府实际权力被削弱。在英国宪法框架下,地方政府是议会的从属,但在相当长的时间里,中央政府和地方政府之间保持了平衡,中央政府出钱,地方政府做事。这与美国和欧洲形成对比,他们的地方政府是被国家宪法保护的,并且有一般管辖权。不过,作为具体职能和公共服务的执行者,英国地方政府在很多事务上具有实际发言权,它们为政府政策动议提供咨询,并有机会在最后决定作出前表达意见建议甚至反对。在极为重视传统和惯例的国家,中央政府亦不能轻易触碰宪法原则和政治规则,征询公众意见或专业委员会、进行广泛辩论和妥协是推行重大改革的必经步骤。

但撒切尔政府倾向于离开这个路径,更乐于通知和督导,而不是与地方政府进行咨商,这与此前工党政府处理地方支出问题的风格明显不同。实际上,任何中央政府都喜欢自己的意见能畅通无阻,中央并没有将地方政府看作是社区团体自治机构,而是看作听命于自己的下属机构。[2] 推行社区费改革就因讨论辩论不够,造成了巨大的民意鸿沟。中央政府显示了其权威,尽管有来自工党甚至保守议员的强烈反对,严厉的法律还是接连得以通过,成为必须落实的政策。尽管反对派和对立者可能阻滞这一过程,但多数时候是中央政府占据主动和优势,地方并不能阻止中央推进立法、发出行政指令、进行财政控制和政治鼓动。

经过20世纪70年代以来特别是80年代的改革,地方权力在形式和内容上明显受到削弱,财政和税收方面的权力更是不断缩减,一些地方奋起反抗,导致中央政策意图遭遇梗阻。既然地方政府和个别政党以地方税为武器,那么中央政府就只能收缴这个武器,抑或反转枪口对付地方政府,社

[1] Christopher Ham, *Health Policy in Britain: the Politics and Organisation of the National Health Service*, Basingstoke: Macmillan, 1999, p.49.

[2] Richard Kerley, *Managing in Local Government*, London: Macmillan, 1994, p.195.

区费便是此种博弈的产物。但随着撒切尔的不断加码,两党议员和政治家都对地方民主被侵蚀表示关切,担心集权化进一步发展。对于中央集权问题,赫塞尔廷并不赞成,他认为应该给予地方政府相当的自由度,"我喜欢给地方政府赋能的理念,我们的社会集权过度了,决策被白厅控制过紧。"①

整体上来看,英国中央地方关系变化有鲜明的英国特色。许多工业化国家的公共部门中央化程度都远远高于 19 世纪末 20 世纪初,包括托克维尔在内,19 世纪的许多政府观察家都预见到了中央集权化趋势。以美国为例,中央政府承担的公共开支比例 1902 年只有 34%,到了 1992 年这一比例高达 58%。公共部门开支的中央化趋势主要发生在 20 世纪上半期,比如美国 1952 年中央承担公共开支比例高达 69%,这种趋势同时出现在联邦制和非联邦制国家中。

到了 20 世纪后期,西方多数国家都出现去中央化的趋势,即便在社会主义国家也有类似的过程,只有英国出现了强化中央权力的趋势,中央政府强调要将国家作为一个统一整体,并反对多元主义。② 不过,也很难说公共部门是趋于中央化还是地方化,有些情况下两个趋势同时存在。在欧洲,一边是货币一体化不断加强,另一边是有些国家不断去中央化,出现了财政责任从中央向地方转移的情况。③

伴随着改革的推进,公众的态度也发生了有利于中央政府的变化,但多数还是倾向地方自主。从 1983 年开始,就地方议会应该受到更多还是更少中央控制问题,英国社会态度调查定期进行调查,公众的回应显示总体稳定,看上去似乎对中央与地方的激烈博弈没什么反应,只有布莱尔上台后的 1998 年有相对较大变化。在整个调查时期内,始终有超过三分之一的人倾

---

① Michael Heseltine, *Life in the Jungle: My Autobiography*, London: Hodder & Stoughton, 2000, p.204.

② Steve Leach(ed.), *Strengthening Local Government in the 1990s*, Harlow: Longman, 1992, p.90.

③ 华莱士・E.奥茨:《财政联邦主义》,译林出版社 2012 年版,第 215—216 页;Wallace E. Oates(ed.), *The Economics of Fiscal Federalism and Local Finance*, Cheltenham: Edward Elgar, 1998, xviii-xix.

向于减少中央控制,而主张加强中央控制的人数始终未能超过五分之一。1997 年布莱尔上台后,希望减少中央集权的人数减少,更多的人倾向于维持既有的中央地方关系。在关于应该由谁来决定地方税收的问题中,整体来看,选择地方议会的人数在 20 世纪 80 年代相对稳定,从 1990 年短暂实行人头税开始,人们的观念发生了比较大的变化,支持地方的人数比例有所下降,倾向中央政府的人数比例则相应上升,但仍属于少数。到了 1994 年,支持地方的比例又有回升。①

英国传统的地方政府模式出现较大变化。实际上并没有单一的地方政府模式,而是存在不同模式的竞争。首先是地方主义模式,地方政府需要确保能够回应地方需求,这需要足够的自治权来确保决策反映居民意愿;其次是个人主义模式,主要与新右派思想有关,强调引入市场因素,确保个体消费者能够进行选择;再次是动员模式,主要反映了左翼的观点,倾向于国家干预和政府主导,确保实现地区间公平,克服地方局限,但也支持地方自治和地方参与;最后是中央集权主义模式,这种模式强调全国性的服务标准与目标,通过立法、指导和控制手段来实现国家意愿。② 传统的英国地方政府主要包括地方主义、动员模式的因素,这都有助于加强地方政府,而地方财税改革使个人主义和集权主义模式的因素有所加强。

在保守党看来,地方政府的主要角色作用是因地制宜为地方民众提供服务,"地方政府提供服务没有错,但认为地方政府只是提供服务就有失偏颇了,地方政府首先是个政治性机构组织,是英国民主架构中的关键组成部分。"③从更广阔的视角看,建立更加强大的地方民主机构是国家能力建设和制度强化的一种形式,是实现经济长期持续发展的先决条件。只有公民

① Nirmala Rao, *Reviving Local Democracy : New Labour, New Politics*? Bristol : The Policy Press, 2000, pp.86-8.

② William L. Miller, Malcolm Dickson and Gerry Stoker, *Models of Local Governance : Public Opinion and Political Theory in Britain*, Basingstoke : Palgrave, 2000, pp.28-32.

③ Stephen J. Bailey and Ronan Paddison, *The Reform of Local Government Finance in Britain*, London : Routledge, 1988, p.8.

最广泛参与到政治权力运行和决策制定中,才能真正叫作福利国家,地方政府最可能成为民主分配权力的工具。经过以财税为主的系列改革,英国地方政府中的个人主义和集权主义因素越来越多,地方政府在这种新的平衡中受到了系统性的削弱。

在中央与地方政府的博弈过程中,不能忽视工党的作用。是工党开启了约束地方支出的大幕,面对重重危机,工党不得不寻找出路对策,并取得一定实效,不仅是财政税收方面,地方自治和权力职能方面,地方政府也第一次感受到来自中央的收缩压力。正如有学者所言:实际上,工党政府和保守党一样有效减少了公共支出,最近的政府间关系趋势并非最近立法改革的结果,而是一直持续下来的,"如果地方政府这艘船航向礁石,那么舵手既有保守党,也有工党。"①但是,工党政策看似与此后保守党相似,根本原则却大不相同,撒切尔政府的大刀阔斧广为人知,而工党政府的努力却几乎被人遗忘。

新工党上台后,许多关于地方政府的政策内容发生变化。在国家层面上,政府重新强调伙伴关系,签订了《欧洲地方自治宪章》,表示要尊重地方政府作为治理体系中有价值的组成部分。但新工党政府面临两难境地,一方面承诺建立新型中央地方关系,要去集权化,另一方面对许多地方存在怀疑,这些地方被看作老工党藏身之所。② 2001 年 12 月,工党政府发布了主题为"强有力的地方领导——高品质的公共服务"的地方政府白皮书,国务大臣史蒂芬·拜尔斯在新闻发布会上表示:要逆转过去二十年来的中央集权化趋势。他还引用 1997 年工党宣言的承诺,表示在新工党政府领导下,地方决策受到的中央限制将变得更少。有的人对此表示怀疑,认为尽管自由的辞藻华丽,但 2001 年白皮书的方案实际上"可能标志着一个新的更加

① R.A.W.Rhodes, *Continuity and Change in British Central-Local Relations*, University of Essex, 1984,pp.30-3.

② George Jones and John Stewart, *Central-Local Relations Since the Layfield Report*, in Paul Carmichael and Arthur F.Midwinter(eds.) ,*Regulating Local Authorities : Emerging Patterns of Central Control*, London : Frank Cass, 2003, p.19.

精细的中央控制形式"。①

经历了保守党时期的狂飙突进之后,工党时期的财政框架相对稳定。尽管政府还握有封顶的权力大棒,但并没有像保守党那样大肆挥舞。中央集权程度依然较高,地方对中央的依赖依然较强。与许多国家不同,地方政府只有市政税一个地方税种;地方严重依赖中央拨款,2011 年地方总收入中来自中央的收入占到了 70.5%,这一比例是经合组织国家最高的之一;中央可以限制地方支出,具有对地方税收或支出进行封顶的权力。从 1997年到 2010 年,工党政府进行了四十多次封顶,每年平均超过三起,此后根据《莱昂斯报告》和 2011 年《地方主义法案》,封顶机制被新的地方税收控制制度取代。有证据表明,英国地方政府被中央控制得过紧,如果能进行一定程度的分权,整个国家将从中受益。②

中央与地方职能责任关系出现了新局面。工党政府表示要实现地方政府的现代化,要赋予地方更多责任,面临的形势任务也已不同于保守党时期。典型的新政策包括推行地方公共服务协议,由单个地方政府与中央政府就地方提供哪些服务目标进行协商,达成一致后签署相关协议,这些服务目标既反映了中央的偏好,也照顾到了地方的情况,中央也会给予地方一些支持。布莱尔政府终结了中央集权色彩浓厚的地方财政封顶政策,一定程度上放松了对地方的管制,同时致力于公私合作,提高地方公共服务绩效质量。③ 政府公共管理发生变化,地方政府机构以及各类公共、私人、志愿团体都参与到了地方服务和社区治理中,政府由"划桨"转为"掌舵",从服务提供者变成了赋能者。

---

① Vivien Lowndes,"*Between Rhetoric and Reality:Does the* 2001 *White Paper Reverse the Centralising Trend in Britain?*"in Paul Carmichael and Arthur F.Midwinter(eds.),*Regulating Local Authorities:Emerging Patterns of Central Control*,London:Frank Cass,2003,pp.135-47.

② Ben Lockwood,*Fiscal Federalism in the UK:How Free is Local Government?* London:Chatham House,2013.

③ 曾令发:《探寻政府合作之路——英国布莱尔政府改革研究(1997—2007)》,人民出版社 2010 年版,第 263—322 页。

第二节　国家与市场的消长

意识形态在影响与改造着现实世界,现实世界也在产生和塑造意识形态。意识形态并不只是圣贤哲人言论著作,往往还要通过演绎包装向民众推销宣传,并由政治家加以改造和付诸实践。经过各种博弈和调整,理论概念与实践政策校准对应,并在现实中逐渐实现新的平衡。

某种意义上,财政制度是"整个政治过程中的经济因素。"①始于20世纪70年代的英国地方财税改革,由最初对地方公共支出的围追堵截,发展到对公共服务制度的重塑,并追根溯源重新确立地方税制规则,因其曲折争议而成为地方财税史上的重要篇章。特别是撒切尔时期的地方财税改革,作为其收缩国家和重振市场系列战役之一,其逻辑要旨挑战了当时的政治经济社会理念,重新界定了国家"边界",重振了市场作用,再平衡了国家与市场的关系。

国家干预的兴起是20世纪的重要现象,其出现和兴起有着深刻的历史背景,最根本原因在于资本主义制度本身固有的矛盾。加上政治经济和社会发展日益复杂,危机周期性出现,特别是面对大萧条的巨大冲击,两次世界大战席卷全球,任何政党政府都不能袖手旁观,需要由国家之手来制衡市场和资本。特别是战后亟需医治经济社会创伤,凯恩斯经济干预主义恰逢其时,福利社会思想应运而生。加上与社会主义阵营的冷战对立,也需要借助市场和资本强化国家力量。不仅是西方资本主义国家,一些新兴地区和计划经济体制更是国家干预的典型。

国家干预在全世界范围内大行其道,但出现在自由资本主义发源地英国,却别有一种象征意义。战后英国亟待恢复,共识政治成为两党圭臬,国家之手四面出击,经济社会恢复重建成绩斐然。国家作为干预的工具,权

---

① 布坎南:《民主财政论》,商务印书馆2015年版,第201页。

力不断延伸,雇佣大量劳动力,增加大量税收,广泛涉入经济活动。国家的地位作用发展到一个前所未有的高度,也标志着英国政治发展到一个新的阶段——成熟的集体主义政治,其核心是对国家干预的认同。[1] 公共服务和相关部门的膨胀,地方支出相应地快速增长,都是在这个背景下出现的。

但是,共识并不能掩盖一些固有矛盾,也不能弥合政党及各界的理念差异。1950年,丘吉尔曾经发出警告:全能国家的观念正在进入最具体的日常生活,并且影响着个人,这与自由相排斥,结果是可怕的。[2] 丘吉尔的警告既是作为冷战斗士的自然反应,也显示了西方政治特别是英国保守党的思想基因。战后初期,客观形势和现实需要使这一基因暂时休眠,只待气候适宜便萌发壮大。到了经济衰退而公共支出居高不下时,国家不再被新右势力容忍,公共部门被视为浪费和低效的罪魁祸首,原本代表公平正义的国家,如今被视为自由繁荣的敌人。

希思政府首次对战后共识发起了攻击,但囿于制度观念惯性和经济形势,变道转弯并未取得成功。不过,恰逢20世纪70年代前期世界经济衰退,导致西方世界转向新自由主义政策,英国也不例外。1973年调查显示,英国有75%的经济学家支持竞争性市场和有限的国家干预。[3] 特别是在1976年英镑和借款危机的推动下,工党政府通过控制货币供应、削减公共开支和调整福利政策来治理通胀,拉开了新自由主义时期的序幕。保守党政府继续这一政策,并给出了更为清晰的思想理论基础:重新确立市场原则,重新焕发企业活力,尽可能将国家从经济和社会事务中解放出来。[4] 曾担任首相政策小组成员的诺曼·布莱克威尔认为:20世纪80、90年代的政

[1] 王皖强:《国家与市场——撒切尔主义研究》,湖南教育出版社1999年版,第33—35页。

[2] Lord Blackwell, *Towards Smaller Government: The Second Wave of the Revolution*, London: Center for Policy Studies, June 2001. (PUB 159/4)

[3] Samuel Brittan, *Is There an Economic Consensus? An Attitude Survey*, London: Macmillan, 1973, pp.21-2.

[4] Aram Eisenschitz and Jamie Gough, *The Politics of Local Economic Policy: the Problems and Possibilities of Local Initiative*, London: Macmillan, 1993, p.59.

治革命扭转了战后以来国家越来越大的趋势。①

　　首先是收缩国家之手,控制通胀和公共开支。需要注意的是,虽然工党政府和保守党都在控制公共支出方面有所行动,但工党并未改变国家与市场关系模式,保守党则力图收缩国家之手,重振市场功能。传统上来说,保守主义拒绝抽象的政治和经济理论,在处理政府问题时更喜欢实用主义和经验判断,这种方法曾给保守党带来过选举上的成功,但撒切尔主义的战略是要减少国家作用,这直接挑战了许多政治共识。② 撒切尔没有经过经济学训练,但她对货币主义理论满怀热情,她从哈耶克那里学来了反集权主义哲学,从弗里德曼那里学来了新的经济思想,她通过限制货币供应增速来控制通胀,但其追求并不局限于此,还为政府实现另外一个目标搭起了桥梁,就是要通过削减公共支出和借款,来收缩国家边界和降低税收。③

　　在一些人眼里,控制公共支出不仅是经济问题,也是意识形态问题。关于限制国家作用的理论早已有之,借用普鲁士时代洪堡的话来说,就是"国家的整个财产都带来害处。"④洪堡认为:国家的任务是关心公民的"负面福利",也就是保护公民权利不受侵犯,国家对公民的"正面福利"尤其是对物质福利的关心是有害的。⑤ 自由主义理论在反对公共支出中的作用越来越吃重,其观点之一是国家行为减少了个体自由。尽管公共支出只是现代国家行为的一个方面,但它对自由的性质和范围的影响都非常重要。该理论认为,市场允许个体自主决定供应和消费哪些商品服务,国家税收支持的公共服务阻碍了消费者实现选择的自由,也妨碍了消费者通过价

---

①　Lord Blackwell, *Towards Smaller Government*: *The Second Wave of the Revolution*, London: Center for Policy Studies, June 2001.(PUB 159/4)

②　Arthur F. Midwinter, *Local Government in Scotland*: *Reform or Decline*? London: Macmillan, 1995, p.5.

③　Philip Stephens, *Politics and the Pound*: *the Conservatives' Struggle with Sterling*, London: Macmillan, 1996, pp.7-12.

④　威廉·冯·洪堡:《论国家的作用》,中国社会科学出版社 2016 年版,第 170 页。

⑤　威廉·冯·洪堡:《论国家的作用》,中国社会科学出版社 2016 年版,第 36—62 页。

格机制向生产者表达偏好,自由市场是符合实现个人自由、选择和责任的唯一体系。[1]

与工党此前仅仅着眼于控制支出不同,保守党政府将削减公共支出和重振市场看作是一体两面。保守党是从自由市场经济的角度来考虑公共服务问题,他们将公共服务当作产业来对待,而工党更倾向于从福利的视角来衡量公共服务的最终效用。[2] 保守党时期的公共部门饱受各方面攻击,并被下了"私人部门好,公共部门不好"的咒语,这个咒语主导了政界和学界的思维,如果认为私人部门可以从公共部门学习价值观和实践经验,那会被认为是荒谬可笑的。[3] 保守党政府还对政府机构进行了缩减。撒切尔夫人认为,文官队伍规模庞大、效率不彰、成本高昂,并开始通过自然退休、提前辞退、暂停补缺、分流转移等办法精简冗员,1979—1996 年,政府文官人数由 73.5 万人骤降到 49.43 万人,降幅超过 32%。[4]

从经济学逻辑来说,中央政府控制地方支出的基本原理包括宏观经济和微观经济两个方面,既涉及需求方面,也关系到供给方面。如果地方支出对私人消费和投资造成了挤出,或者说地方支出产生了明显的垄断性权力,那么地方支出将形成一种供给制约。不管是基于凯恩斯主义还是货币主义,地方收入和支出要服从中央宏观经济管理,人们对这一宏观经济基本原理已经认识许久,但对其微观经济基本原理的认识时间还不长。[5] 对此,撒切尔夫人认识非常明确,她在 1983 年保守党宣言的序言中提出,英国面临国防、就业和经济繁荣三个挑战,其中解决就业不能靠政府超支,中央政府的作用就是控制通胀,并真正鼓励企业和进取精神,只有创造财富才能维持

---

[1] David Heald, *Public Expenditure: Its Defence and Reform*, Oxford: Martin Robertson, 1983, p.58.

[2] *The 1988 Public Expenditure White Paper: Seminar Papers*, Public Finance Foundation Discussion Paper No.21, 1988, p.15.

[3] Michael Temple, *How Britain Works: from Ideology to Output Politics*, Basingstoke: Macmillan, 2000, p.114.

[4] 比尔·考克瑟等:《当代英国政治》,北京大学出版社 2009 年版,第 333 页。

[5] Stephen J. Bailey, *Local Government Economics: Principles and Practice*, London: Macmillan, 1999, pp.107-8.

公平正义。① 在回忆录中,撒切尔夫人将控制通胀、控制开支和减税、促进私有制和实行供给学派经济政策作为经济战略互为补充的四个基本组成部分。②

在保守党看来,削减地方公共开支能够对抑制市场的力量釜底抽薪,与控制地方公共开支相伴的,是在地方服务领域推行市场化和私有化。撒切尔夫人"寻求倒拨时钟,旨在重新引进市场的纪律与刺激来恢复 19 世纪的经济动力。"③1987 年后,撒切尔政府引入了准市场组织,可以视为是英国公共管理历史上的一个转折点,对于服务供应机制来说,这是一种基础性变化。④ 中央政府不仅要削减地方公共支出,还要改变地方公共支出性质,地方政府要放弃服务直供角色,转而专注于确保服务供应,运用财政手段和管制权确立标准并监控结果,这种新的理念导向了福利多元主义。⑤

最初,地方机构承担供水、供气、交通、教育、住房和卫生服务,是因为私人部门和志愿组织难以很好地提供这些服务,这时关于地方政府能否充足高效提供公共服务的争论结束了,公共机构赢得了认可,并伴随战后重建和福利国家建设得以迅速发展。但是到了 20 世纪 80 年代,私有化被看作是更有效率的方式,很难再将地方政府视作最有效的社会服务提供者。⑥ 从 1980 年到 1985 年,关于私人部门提供公共服务的争论成为热门议题,争论起初源自少部分保守党控制的地方,随后迅速扩大到中央政府和国民健康保险制度。其实,私人提供地方服务已经在小范围里存在多年,到了 20 世

---

① *The Conservative Manifesto* 1983,London:Conservative Research Department,May 1983.(PUB 157/1)

② 撒切尔:《通往权力之路》,当代世界出版社 1998 年版,第 570—581 页。

③ 马丁·威纳:《英国文化与工业精神的衰落:1850—1980》,北京大学出版社 2013 年版,第 224 页。

④ Nirmala Rao,*Towards Welfare Pluralism:Public Services in a Time of Change*,Aldershot:Dartmouth,1996,p.175.

⑤ Nirmala Rao,*Towards Welfare Pluralism:Public Services in a Time of Change*,Aldershot:Dartmouth,1996,p.131.

⑥ Martin Loughlin, M. David Gelfand and Ken Young, *Half a Century of Municipal Decline*,1935–1985,London:Allen & Unwin,1985,p.27.

纪80年代早期这被看作公共部门的替代方案,主要源于工业化国家的财政保守主义浪潮,这股浪潮的特点就是反对"大政府"。[1]

比如交通领域,从1980年开始,通过交通立法将国家公交公司等许多机构私有化。1983年开始控制大都市郡和大伦敦市议会的公共交通补贴水平,通过引入外部竞争者将一些交通服务私有化。1984年《伦敦地区交通法案》将伦敦交通的控制权从大伦敦市议会转到白厅。新的伦敦地区交通事务主席基思·布莱特博士和交通大臣尼古拉斯·里德利表示:伦敦地区交通运行之后,费用将上涨10%—25%,政府补贴将从目前的1.9亿英镑,减少到1987—1988财年的9500万英镑。[2] 到了1987年,又开始在地方服务领域推行竞标,因为这样既能减少公共支出,又能增强市场活力,地方公房领域也开始引入住房协会等一些新的力量因素。

保守党政府在地方服务中引入竞争机制,除了提高效率和降低成本,还有另外一个原因,就是要削弱地方政府的权力,同时削弱公共部门工会权力。在新右派的眼里,工会是公共支出和通胀的重要推手。尽管工资和通胀问题并未消失,随着市场作用扩大,英国的政治议程发生了变化,其中主要是由生产者问题和工会阻碍问题转向自由市场和扩大消费者选择。[3]《经济学人》杂志评论认为:竞标外包的真正目的和私有化一样,是为了削弱工会的垄断,同时节省资金。[4] 通过财政改革以及政治法律手段,保守党政府严重削弱了工会势力。正如赫塞尔廷所言:"工会过于强大,对运用政治力量更感兴趣,而不是提高会员生活水平,并使国家几乎失去秩序,希思和威尔逊政府亦曾试图破解,但我们取得了成功。"[5]

地方支出控制和公共服务改革,使国家与个人关系日益"市场化"。公

---

[1] Kate Ascher, *The Politics of Privatisation*: *Contracting out Public Services*, Basingstoke: Macmillan Education, 1987, p.3.

[2] *Rate Capping & Abolition*: *Councils in Danger*, London: Labour Research Department, August 1984, p.24.

[3] Peter Riddell, *The Thatcher Era and its Legacy*, Oxford: Blackwell, 1991, p.208.

[4] "*Health Service-Coming Out in the Wash*", *The Economist*, 17 September 1983.

[5] Nigel Lawson, *Memoirs of a Tory Radical*, London: Biteback, 2010, p.644.

共支出的增长引起了公共服务管理模式的改革,一方面因为要削减支出,一方面也是撒切尔政府的期望,这样就可以缩减公务部门的规模,迎合了新右主义关于要回撤国家边界的主张。① 一些人将市场化等同于货币化,将选民等同于消费者,主张对服务收费,让消费者选择。英国郡议会协会财政委员会主席约翰·格鲁吉恩认为:可以对地方政府提供的服务收取费用,这样人们就能买其所需,弃其不用,一切交由市场淘汰选择。作为服务受众,地方税纳税人的声音过去很少被留意倾听,如果将纳税人变成直接为服务付费的消费者,不仅将使钱花得更值,还会促使地方政府更加注重真正的地方需求。②

地方服务货币化将使地方政府彻底沦为商人,这种提议并未被最终采纳,中央政府的办法是让地方政府直接退出一些领域,前文亦有述及。按照保守党的说法,多年的管控导致公共交通发展停滞,成本补贴上升,从1986年10月开始,伦敦之外各地公交服务不再受到政府管制,仅两年后,公交成为繁荣发展、运行良好、能满足消费者需求的行业。③ 1988年《地方政府法案》的中心目标就是建立公开竞标制度,法案要求所有地方对废物垃圾回收、街道清洁、建筑保洁、地面设施维护、汽车维护修理、包括校餐在内的餐饮服务等六种服务实行竞标,并授权中央政府可以增加所涵盖服务种类,中央据此将体育和休闲设施服务管理纳入了范围。④ 住房领域是撒切尔政府主要成就之一,执政不到十年,就有120万套公房出售,大多数卖给了承租人,64%的家庭拥有自住房,而1979年时只有57%,这一比例超过了法国、西德和美国。⑤

---

① Diana Woodhouse, *In Pursuit of Good Administration: Ministers, Civil Servants, and Judges*, Oxford University Press, 1997, p.41.

② David Neden King, *Town Hall Power or Whitehall Pawn*? London: Institute of Economic Affairs, 1980, p.98.

③ *Bus De-regulation* in *Local Government Brief*, London: Conservative Central Office, October 1988. (PUB 145/5)

④ *Competitive Tendering* in *Local Government Brief*, London: Conservative Central Office, November 1988. (PUB 145/5)

⑤ *Housing* in *Local Government Brief*, London: Conservative Central Office, November 1988. (PUB 145/5)

随着地方财政改革的深入，一些新的词汇用语进入相关话语系统，比如"更加接近消费者""关心消费者"。① 新的治理文化的核心在于从强调过程到强调结果的转变，从自我界定效能效益到依照产出绩效来界定。公共服务理念也从私人部门借用了市场规律的概念，从公共部门理念到公共服务理念的转变也可以这样来理解，以前将公众看作是委托人或恳求者，而现在将他们看作是消费者或者购买者，产出效果导向的服务理念越来越融入地方政府以及半官方机构的管理决策风格，这种风格与私人部门价值观的一些内容相似。②

在 1992 年大选前一周，英国《独立报》发表了题为"革命仍将继续"的头条文章，认为在保守党三个任期内，全国公共部门的管理形态和风格发生了革命性变化，高级官员们经常谈论消费者和市场，公共服务管理革命毫无疑问将继续进行。新的公共管理有两个重要特点密切相关，也就是详细明确的标准和绩效表现评估，同时更加强调产出控制。1992 年审计委员会和地方政府会计委员会文件将绩效指标作为基本特征，来判断许多地方的公共服务效率。对产出控制的强调主要是关心结果，而不是过程，也就是注重做正确的事情，而不是正确地做事情。③

尽管各任首相风格有所不同，但撒切尔政府的许多政策得以延续，包括市场价值、竞争和选择都得到了重申。一些服务项目不再由地方负责，比如警察事务，长期以来部分地由地方政府负责，从 1995 年开始也由单独的警察机构负责。1991 年公民宪章强调了竞争和选择，对公共部门也采取了更具建设性的态度。1992 年实行了民间主动融资模式，公共部门可以向私人部门寻求新的资本投入。撒切尔时期，商业在地方治理中重新成为主角，这在布莱尔领导的新工党上台后得以延续，商业力量成为持续存在的事实，商

① Danny Burns, Robin Hambleton and Paul Hoggett, *The Politics of Decentralisation: Revitalising Local Democracy*, London: Macmillan, 1994, p.3.

② Michael Temple, *How Britain Works: from Ideology to Output Politics*, Basingstoke: Macmillan, 2000, pp.130-2.

③ Richard Kerley, *Managing in Local Government*, London: Macmillan, 1994, pp.1-9.

业实践影响着公共部门,商业人才进入公共组织中,私人部门直接提供公共
服务,私人商业资金帮助公共项目。在 20 世纪最后数年里,志愿部门或者
叫作第三部门也越来越显示出重要性。在社会公益服务以及住房和教育领
域,志愿部门和私人部门一样持续发挥着作用。①

　　国家和市场再平衡改变了国家与个体关系。地方财税改革根本目的在
于收缩国家之手,但强调市场作用被简单等同于货币化和私有化,结果是地
方层面上国家责任的弱化,对于英国百年来的社会进步来说,这无异于是某
种程度的倒退。地方政府承担公共服务实际上是在履行国家责任,保守党
强调责任的重要性,现实情况是,随着地方公共支出的削减和公共职能的弱
化,地方层面的政治责任被过度强调的“市场责任”粗暴取代。② 这场转变
导向了福利的多元和差异,个体既从中受益,也因之受损。作为普通公众,
既期盼得到自由,也希望能保留福利保障,他们不愿所有方面都被市场机制
占据,而是希望国家扮演一定的角色。

　　地方政府的政治责任被市场过度挤压甚至取代,是国家与市场关系的
矫枉过正。地方政府越来越被看作或者描绘成官僚、低效、不作为和起阻碍
作用的机构,地方政府似乎更热衷于摆出各种政治姿态,而不是满足人们的
服务需求。但是,服务行业的需求与制造行业不同,两者的机构组织和管理
都不一样。私人部门和市场服务的消费者可以有所区分,而地方政府服务
的消费者无法细分。地方公共服务是应对需求,而不是为了满足要求。地
方政府的管理强调为公共服务和为谁负责,不能简单地用“消费者”来界定
地方与公众之间的复杂关系。③ 保守党过分相信放松管制之后私营部门的
良性本质和自我纠正的本能,事实上,“完全依赖私营部门就像过于依赖公

---

① Robert Leach and JaniePercy-Smith, *Local Governance in Britain*, Basingstoke: Palgrave, 2001,
　 pp.73-5.
② Steve Leach(ed.), *Strengthening Local Government in the* 1990s, Harlow: Longman, 1992, pp.
　 1-13.
③ Steve Leach, John David Stewart and Kieron Walsh, *The Changing Organisation and
　 Management of Local Government*, Basingstoke: Macmillan, 1994, pp.4-5.

共部门一样,都是错误的。"①

社区费的逻辑错误在于对市场作用和选民理性的迷信。这一时期,话语体系从公共部门转向市场,一度很重要的"社区"和"社会"等概念被边缘化,更加强调的是作为消费者的个体。按照公共选择理论,对于每个地方政府来说,都可以通过个体消费者的选择实现一个自然的最优社区规模,这种社区最适合所有人的需求,个体选择决定了地方政府行为,如果无法容忍税收增长或者无法提供所期待的服务,消费者或者选民就将发声表达不满,或者用脚投票选择离开,地方政府必须对此作出回应。② 基于这种逻辑设计出的社区费制度,其实是对市场规律和选票民主的迷信,结果选民没有淘汰哪个地方政府,也没有离开自己的选区或国家,而是导致社区费改革这艘"旗舰"的舵手黯然下台。

在重振市场作用方面,撒切尔可谓多管齐下,包括地方税在内的税收改革成为重要手段。从政治经济学的角度来说,许多国家将税收改革作为推动国家行为收缩、放松监管、汇率自由、私有化、推动竞争、提高效率的选项和途径。有人认为撒切尔政府"反国家"的改革成效显著,英国经济社会重现活力,"无论如何衡量,保守党 1979 年执政以来,国家经济还是取得了相当的成功,尽管这一时期保守党政府并不受公众待见。"③

英国的改革在西方并不是孤例,但转向之快和力度之大确实鲜见。法国和英国一样,在凯恩斯主义与经济计划盛行的时候,两国政府都对经济发展承担了越来越多的责任,地方政府也承担了很多服务职能,都是花钱大户,两个国家也都受到国家主义的影响,地方自主性都有所流失,也都面临着效能的问题。④ 20 世纪 70 年代,两国的官员都发现他们对经济发展的

---

① 布莱尔:《新英国》,世界知识出版社 1998 年版,第 103 页。

② Charles M.Tiebout,"*A Pure Theory of Local Expenditures*",*The Journal of Political Economy*, Vol.64,No.5,Oct.,1956.

③ Nicholas J.Brittain,*Achieving a More Caring and Efficient Society Through Fiscal Reform*,London:Bow Group,1994,p.1.

④ Jacques Lagroye and Vincent Wright,*Local Government in Britain and France:Problems and Prospects*,London:Allen & Unwin,1979,pp.1-4.

影响力受到了严重制约。经济越来越开放,而全球经济开始停滞,同时,两国内部集团间的冲突加剧,这都让国家的经济战略和管理手段效用开始减退。

作为回应,英法两国政府都转而更加依靠市场。英国保守党政府一上台想的就是这件事,法国雷蒙德·巴尔之后的社会党政府也开始朝着这个方向转变。但是,撒切尔政府和法国密特朗政府的政策不同,前者追求的是新自由主义政策,要实行市场优先,要将商业因素注入地方决策过程,而法国同时期的亲社会主义政府采取的是干预主义办法,而其并不成功的经历也显示了国家主义的局限。①

1985 年英国保守党报纸上刊文将法国作为镜鉴。文章认为,法国在戴高乐时期经济繁荣,人们生活水平逐渐提高,法郎也很坚挺。但到了 20 世纪 80 年代,经济出现衰退,失业率升高,国家债台高筑,法郎贬值,通胀上升。原因就在于新的法国当政者政策失当,他们扩大支出和赤字,将大量税收乃至借贷、印钞得来的钱投入公共部门和各种项目,私人部门受到挤压,法国商业竞争力下降。② 不过,20 世纪 80 年代中后期,两国之间理念与实践的差异开始褪色。梅杰上台后,没有像前任那样反对地方政府和干预地方经济,布莱尔继承了梅杰的政策,法国则开始接受市场或者混合经济方案。③

由于国家干预的效果不佳,导致国家干预理念受到削弱,发挥市场作用的理念得以发扬,这种经济政治哲学的变化"不仅仅发生在资本主义世界,还动摇了柏林墙,影响了社会主义计划经济国家"。④ 在东欧和亚洲的计划

---

① 参见彼得·霍尔:《驾驭经济:英国与法国国家干预的政治学》,江苏人民出版社 2008 年版。

② Greg Knight, *Spending-Where We Can Learn from the French*, in *Conservative Newsline*, November 1985.(PUB 125/1)

③ Alistair Cole and Peter John, *Local Governance in England and France*, London: Routledge, 2001, p.78.

④ Cedric Sandford, *Successful Tax Reform: Lessons from an Analysis of Tax Reform in Six Countries*, Bath: Fiscal, 1993, p.20.

经济国家,也开始更多地运用市场手段,不断改造日趋僵化的经济管理体制,并取得了显著成效。当然,这种改革与资本主义国家的情况并不一样,即便社会主义阵营的各个国家差异也很大。

撒切尔夫人对其自由市场经济的立场和成就非常自信。在 1987 年欧洲宣言序言中,她批评工党对手想"控制更多、垄断更多、干预更多",宣言对英国的成就充满自信,认为过去十年创建了一个自由社会,刺激人们不断进取,鼓励自由选择,减少了国家的作用,人们重新掌控了自我。宣言还总结了欧洲国家实行中央计划和具体控制的经验教训,宣称将"满怀热情地"将其经验推向欧洲。① 1988 年保守党大会上,撒切尔夫人明确提出面临两种欧洲的选择:一个是基于企业家自由的欧洲,一个是被中央控制和管制方法统治的欧洲。②

但撒切尔夫人在重振市场的同时,也在经济管理和政治治理中强化了国家作用,并未完全实现撒切尔预期的那种转变。撒切尔主义在经济领域扼制国家,并不是对政府的弱化,相反,是对传统托利主义秉持的强有力的政府、领袖、国防、法律、秩序和国家权威的再度强调。1978 — 1979 财年,收入税占到英国所有政府收入的 32%,到了 1988 — 1989 财年,这一比例下降到了 24%,收入税税率降低了(特别是富人),消费税收入占比增加了,国家税收结构发生了变化,而政府支出占国内生产总值的比例则没有明显下降,撒切尔夫人上台时为 42.2%,到了 1995 — 1996 财年,仍然占到了 42.3%。③ 按照制度主义分析,市场本身也是一种制度,许多市场依靠一套附属的社会制度网络,而这些制度网络通常是由国家行为来构建并维持的,国家的退缩绝不会是彻底的,市场战略会加强社会冲突的强度,最后依然要靠国家来处理应对,因此,国家主导和市场战略之间的区

---

① *Leading Europe into The* 1990*s*(*The Conservative Manifesto for Europe* 1989),London:Conservative Central Office,May 1987.

② *Margaret Thatcher Speeches to the Conservative Party Conference* 1975–88,London:Conservative Political Centre,April 1989.(PUB 181/21)

③ Martin Daunton, *Just Taxes*:*the Politics of Taxation in Britain*, 1914 – 1979, Cambridge University Press,2002,pp.337–8.

分"在有些方面也是虚幻的"。①

　　有种阐释认为,撒切尔主义是 20 世纪 60 年代后期萌芽并迅速发展的新右派的一个产物。② 如前面章节所述,被称为"新右派"的价值理念,实际上是古典经济自由主义、古典保守主义以及有限的威权国家理念的混合,此外还包括新的货币主义和公共选择理论。从意识形态上来说,新右派倾向于国家作用最小化而不是福利国家,倾向于市场作用而不是政治性的资源分配。③ 但为了强化市场,英国的新右政府通过强化政府控制来改革政府本身,通过加强国家控制来推进经济改革,结果也强化了政治体制,这就是所谓"意识形态的帝国主义"。④

　　整个英国社会并未皈依单一的政治理想和意识形态信条。有观点认为,撒切尔政府的政治作为是选举性质的,而不是意识形态性质的,是国家主义和对市场盲信的混合,是公共说教与对保姆式福利国家理念的攻击的结合。⑤撒切尔夫人不是一个伟大的政治思想家或者理论家,不是始终如一的自由市场拥护者,也不是彻底的反国家的自由论者,她的一些态度和行为经常与自由市场理论相悖,她还采取了重商主义观点,支持英国企业,而不是实行纯粹的自由市场方法。⑥ 有学者认为,即便是在 20 世纪 80 年代撒切尔主义全盛时期,经济自由理念也未能一统江湖。据统计认为,只有 72 名保守党议员可以划到撒切尔夫人的意识形态同盟中,保守党并没有皈依撒切尔主义。⑦

---

① 彼得·霍尔:《驾驭经济:英国与法国国家干预的政治学》,江苏人民出版社 2008 年版,第 336 页。

② Brendan Evans, *Thatcherism and British Politics*, 1975–1999, Stroud: Sutton, 1999, p.206.

③ Arthur F. Midwinter, *Local Government in Scotland: Reform or Decline*? London: Macmillan, 1995, p.4.

④ Andrew Massey, *Managing the Public Sector: A Comparative Analysis of the United Kingdom and the United States*, Aldershot: Edward Elgar, 1993, p.129.

⑤ Anthony Seldon(ed.) (assisted by Gerard Daly), *UK Political Parties since* 1945, London: Philip Allan, 1990, pp.90–1.

⑥ Peter Riddell, *The Thatcher Era and its Legacy*, Oxford: Blackwell, 1991, p.2.

⑦ Michael David Kandiah and Anthony Seldon, *Ideas and Think Tanks in Contemporary Britain*, London: Frank Cass, 1996, pp.51–2.

苏格兰没有置身撒切尔一系列改革之外,包括私有化、削减公共开支、出售公房、对国民健康保险制度进行市场化改革等。1979—1987年,撒切尔主义主要涉及宏观经济,到了1987—1990年撒切尔激进主义进入福利国家改革时期,包括教育、卫生、住房和社会工作。不仅政治组织不满,苏格兰民众也开始反抗,可以说保守党20世纪80年代在苏格兰的衰落主要是拜撒切尔主义所赐。撒切尔执政十年,苏格兰人的不满变得非常明显:78%的人感到不应进一步私有化,85%的人觉得实行就业补贴是正当的,74%的人表示他们反对对卫生服务进行私有化,74%的人反对人头税。1992年大选之后,苏格兰大臣伊恩·朗呼吁改变苏格兰政治的氛围,少一些党派因素,少一些意识形态手法。①

在国家和市场关系再平衡过程中,工党经历了比较彻底的转变。工党长期在野,民众支持率长期低迷,党内士气日渐低落,自由市场主导了政治经济议程,工党最终重新回到了社会民主主义传统,并接纳了资本主义、利润驱动、市场作用、竞争和消费者等政策理念。② 年轻的布莱尔以其崭新的形象,开始领导旧工党向新工党转变,虽然他并没有明确什么是新工党,但清楚地表明了其领导的肯定不是旧工党,从其后续政策来看,布莱尔和新工党接受了撒切尔革命的主体内容。③

作为典型的新自由主义思想,撒切尔关于国家与市场的政策主张一度风行世界,但始终遭受到多方面的质疑批判。布莱尔没有毁弃保守党的私有化遗产,而是接受了自由市场理念,致力于推进政府和社会资本合作以及民间主动融资,这既不同于撒切尔倡导的自由市场,也不同于老工党主张的国家计划和公共福利路线。正是由于撒切尔时期不遗余力地进行改革,布莱尔政府才能拥有和平时期前所未有的对地方的影响力,他的权力来自于

---

① Arthur F. Midwinter, *Local Government in Scotland: Reform or Decline?* London: Macmillan, 1995, p.4,28.

② Andrew Gamble, *Britain in Decline: Economic Policy, Political Strategy and the British State*, Basingstoke: Macmillan, 1994, p.219.

③ Nigel Lawson, *Memoirs of a Tory Radical*, London: Biteback, 2010, p.625.

新的共识,就是需要公共部门、私人部门和志愿部门在"积极福利"体系中共同发挥作用,促进自治和鼓励首创精神。[1]

第三节 政府与个人的平衡

财政不仅是收入开支问题,更是原则理念问题。对于中央政府来说,地方财税不单是"钱"的问题,更是经济、政治、社会问题,事关英国社会稳固和长远发展。中央改革地方税制和控制地方税税率,也是调整分配格局和重塑分配原则的手段之一。地方财税制度的变化,本身也体现了政府与个人关系,这是权利与责任的再平衡问题,也体现了效率与公平的妥协修正。无论是工党政府还是保守党政府,都无法逃避这样一个矛盾,公众希望政府成为负责任的财税大管家,但又要求能把更多的钱用于个体福利。正如布莱尔所言:"本世纪的政治一直在纯粹的个人主义和集体主义的意识形态之间摇摆。"[2]

关于政府与个人的责任权利关系问题,是近现代思想启蒙的产物。古往今来,许多社会都面临着收入和财富的不平等不公正,正所谓不患寡而患不均。尤其是到了 20 世纪,社会经历了深刻变革,危机频现,动荡加剧,缺乏保障和权利,唯有团结才能获得希望。随着工业化的推进,社会财富大大增加,加上政治民主进步,政府有能力和动力去平衡社会与个体,通过社会照顾个体,来减缓不平等,增进社会公正。从近现代历史发展来看,地方服务的扩张某种程度上也是集体主义潮流的结果,两次世界大战都能看到集体主义的明显膨胀。[3]

对于英国来说,多年来通过财税调节和公共福利,有效缓解了贫富不均

---

[1] Anthony Giddens, *The Third Way*：*The Renewal of Social Democracy*.Cambridge：Polity, 1998, p.128.

[2] 布莱尔:《新英国》,世界知识出版社 1998 年版,第 252 页。

[3] Hugh Butcher, *Local Government and Thatcherism*, London：Routledge, 1990, p.11.

问题,个人得到了充分的偏向和照顾,这既是资本主义的自我改良,也是受左翼社会主义运动影响的结果。但随着个人保障对政府和社会依赖不断增强,责任与权利的平衡代价日益高昂,个体的权利不断丰富扩大,而责任却相对缩小。特别是走过头的福利国家制度,实质上是将部分人的责任转嫁给另一部分人承担,最终导致整个社会耗费巨大且动力不足。这其实并不符合贝弗里奇报告的精神,报告提出的三个原则中提到:"国家不应扼杀对个人的激励机制",应该"赋予他们一定的责任",英国战后要解决的问题还包括"懒散"。①

到了 20 世纪 70 年代后期,所有的工业化国家都面临同样的问题,各国解决方案多种多样。经济危机撼动了英国福利国家的根基,越来越多的人认为,高福利和高税收削弱了个体积极性和企业家精神,需要重塑政府与个体关系。那些实质上依赖于公共交通、教育、卫生和公房的群体"在公共服务、高额公共开支与税收方面拥有更多的既得利益",那些更多依赖私家轿车、私立医院、学校和住宅的群体"则在低度的公共开支与税收方面具有既得利益。"②人们对集体组织产生了敌对情绪,认为它们非但没有使人们获得自由,反而限制了人民的自由。"撒切尔主义利用了这种情绪,它帮助私人企业与集体行动相抗衡,并以个人自由的名义去瓦解集体的权力。"③

1979 年选举改变了英国政治格局和 20 世纪的政治传统,也为重塑政府与个体关系,重新分配权利与责任带来了重要影响。对于英国来说,1979年就像 1906 年和 1945 年一样重要,亦类似于 1932 年之于美国和瑞典的意义,都是决定性的转折点。1906 年自由党政府和 1945 年工党政府都采取了社会福利政策,改变了英国政治的方向,并很快成为新的政治共识的一部分,撒切尔夫人 1979 年则开始远离福利政治和干预政策。④ 新的个人主义

---

① 威廉·贝弗里奇:《贝弗里奇报告——社会保险和相关服务》,中国劳动社会保障出版社
　　2008 年版,第 3 页。
② 比尔·考克瑟等:《当代英国政治》,北京大学出版社 2009 年版,第 47 页。
③ 布莱尔:《新英国》,世界知识出版社 1998 年版,第 254 页。
④ Brendan Evans, *Thatcherism and British Politics*, 1975–1999, Stroud: Sutton, 1999, Viii.

更倾向于由私人部门而非公共部门来提供服务,1979 年和 1987 年是个人主义取得胜利的历史性时刻,第一个标志着战后共识的决定性分裂,第二个是对撒切尔革命的胜利背书。①

撒切尔夫人与保守党的目标是重塑权利和责任之间的关系,增强个体责任,所谓增强地方责任,实质是强化选民个体责任。中央政府的战略包括重新分配政治权利,通过复兴企业家精神使经济充满活力,借助市场和个人来取代国家行为,国家之手从一线回撤,重振私人部门,运用市场来增加私人消费者的选择,缩减个人公共福利,按照经济原则来分担成本,服务选择更加多样。政府的核心理念是"要重新定义国家与个体之间的相对角色作用,哪里有需要,国家就要提供,但这必须加强个人责任和选择,而不是限制。"②

保守党政府不仅迫使工党改弦更张,还希望改变英国人的思想观念和行为逻辑,撒切尔夫人鼓励财产所有制,挑战公共服务垄断,这些举措也进一步削弱了工党和工会运动的基础。③ 法团国家的破裂始于 20 世纪 60 年代后期全民道德观念的革命,这场观念变革使追求个人欲望成为人生更为合理的目标,削弱了对于群体、大家庭和国家的责任,可以说,撒切尔平民主义是对法团主义和国家主义的另一种反击。④ 在撒切尔和保守党的这种反击下,工党和工会在"不满的冬天"迎来了自己的冬天。卡拉汉政府最终下台,标志着以法团主义、凯恩斯主义的支出计划和福利政策为主要内容的旧体制的终结。⑤

对于政府与个人、权利与责任关系,撒切尔夫人有着独特的体验和理

---

① John Rentoul with Jane Ratford, *Me and Mine: the Triumph of the New Individualism*? London: Unwin Hyman, 1989, p.1

② *Politics Today* (*No.* 10), *Reform of the Welfare State*, Conservative Research Department, 24th June 1985, p.233. (PUB 221/43)

③ Peter Riddell, *The Thatcher Era and its Legacy*, Oxford: Blackwell, 1991, p.243.

④ John Rentoul with Jane Ratford, *Me and Mine: the Triumph of the New Individualism*? London: Unwin Hyman, 1989, p.4.

⑤ K.O.Morgan, *The People's Peace: British History* 1945 – 1990, Oxford: Oxford University Press, 1992, p.437.

解,社区费制度就是这种个人经验和价值观近乎极端的体现。个体权利责任问题也构成撒切尔主义的典型内容之一,如果将撒切尔主义看作是一种政治哲学,那么可以说它有多个理论来源,其中七个原则构成了撒切尔主义考虑经济、社会和国家问题的核心,除了资本主义自由市场、企业家精神、货币主义、自由主义和国家主义,还包括个人主义,不仅强调个人选择的权利,还强调个人要自我负责,也包括道德主义,弘扬维多利亚价值观,提倡自助自立、家庭单位和勤奋工作。① 甚至有观点认为,撒切尔主义本质上是一种直觉本能,是一系列的道德价值和领导力方法,是她格兰瑟姆经验的表达,包括努力工作和家庭责任、志向抱负和欲望控制、责任和爱国主义。②

撒切尔夫人在实现这一转变和再平衡中发挥了重要作用。她曾表示,"我们现在寻求个体责任的再生与复兴,这将给我们的国家和人民带来新的希望与勇气。"③1988 年 1 月,财政大臣奈杰尔·劳森应邀在卡尔顿俱乐部演讲时表示:撒切尔夫人领导的政府改变了英国的政治,事实上改变了英国本身,相信通过选择和市场而非大政府能更好确保进步和繁荣,相信需要以激励和机会取代平均主义,这些原则和政策标志着与艾德礼和战后共识的彻底脱钩,这也是新英国得以建立的原则。④

1988 年 4 月 27 日,作为当时最可能接替撒切尔的人,贝克在弩集团发表了题为"集体主义的失败和新个人主义的兴起"的演讲,他认为:旧集体主义以艾德礼为典型象征,新个人主义以撒切尔为典型象征。贝克认为集体主义会失败,因为集体主义不符合英国人民的个体本能,它依赖于高额税收,不能提供具有国际竞争力的经济,同时显示出道义不足。⑤

---

① Hugh Atkinson and Stuart Wilks-Heeg, *Local Government from Thatcher to Blair: the Politics of Creative Autonomy*, Cambridge: Polity Press, 2000, p.56.

② Peter Riddell, *The Thatcher Era and its Legacy*, Oxford: Blackwell, 1991, pp.2-3.

③ "*Create More Jobs in 1985-Mrs. Thatcher's New Year Message*", in *Conservative Newsline*, January 1985.(PUB 125/1)

④ Nigel Lawson, *The New Britain: the Tide of Ideas from Attlee to Thatcher*, London: Center for Policy Studies, 1988.(PUB 110/2)

⑤ John Rentoul with Jane Ratford, *Me and Mine: the Triumph of the New Individualism?* London: Unwin Hyman, 1989, pp.2-5.

在重新强调个人主义和个体责任方面,撒切尔夫人作用最大但非唯一。从20世纪70年代中期开始的英国宏观经济政策变化和20世纪80年代国际形势变化来看,即便没有撒切尔夫人,也会发生从集体主义向个人主义的转变,至少在经济领域会更加强调货币问题和公共支出限制,任何一个保守党领导人都可能远离战后那套解决机制,甚至如果1979年卡拉汉和希利重新当选执政,政策也会发生变化,但若换成别的保守党领导人,步子可能迈不了这么远。① 在这个意义上说,撒切尔夫人是一位"成功的"政治家,她以当时政坛少有的精明和担当,顺应与助推乃至引领了世界潮流,否则,英国的地方财税体制可能常常精修细补,却难以真正革故鼎新。

任何一项重要税收变动,不仅事关财税收入,还蕴含政治意义。以1964—1975年为例,英国实行了许多新的税种,获取收入并不是主要动因,这一方面是为了鼓励经济增长,这样必然带来税收收入,另一方面是为了使税收结构更加公平,减少收入和财富的不平等。② 税收不仅是募集收入或者实现收入再分配的方式,它还是一种社会政策工具,与现金福利或者公共服务类似,各种形式的税收减免和补贴制度,实际上也是一种财政福利,公共支出只提供了整体福利待遇中的一部分。③

限制地方公共开支和地方税权力,最终实行社区费,其意旨之一在于培养更加负责任和审慎节俭的选民。按照保守主义的理解,国家的活动不应使公民养成财政上的"依赖性",国家"必须撤出每一种使其听任个体公民摆布的经济安排"。④ 中央政府希望减少国家作用,孤立左翼反对派,这意味着要改革甚至废除地方税制度。不过,撒切尔夫人并不是简单的中央集权主义者,她还希望通过改革地方财政,重塑更加负责和独立的地方政府,

---

① Peter Riddell, *The Thatcher Era and its Legacy*, Oxford: Blackwell, 1991, p.216.

② Ann Robinson and Cedric Sandford, *Tax Policy-Making in the United Kingdom: A Study of Rationality, Ideology and Politics*, London: Heinemann Educational, 1983, p.218.

③ Cedric Sandford, Chris Pond and Robert Walker (eds.), *Taxation and Social Policy*, London: Heinemann Educational, 1980, p.61.

④ 斯克拉顿:《保守主义的含义》,中央编译出版社2005年版,第93页。

以及更加关心成本的选民。① 有人在分析比较了人头税与收入税后认为,人头税在鼓励工作投入方面的效果要好于比例收入税。收入税会扭曲收入与闲暇之间的平衡,会对工作投入产生替代效应,而人头税不会因为收入总额不同而有所差别,也就不会扭曲收入和闲暇之间的权衡替换,因此个体在面对人头税时将会减少闲暇,更多投入工作。②

最能体现强化个人责任的莫过于与工会的斗争。英国经济问题被称作"英国病",工会经常被看作是导致英国收支失衡、公共支出失控、多元社会损蚀和通货膨胀加速的罪人。基思·约瑟夫曾经在"不满的冬天"期间演讲表示,工会问题是英国经济复苏的关键。这实际有失偏颇,因为"工会不能制造通货膨胀",工会只是"常用的替罪羊"。③ 但理论阻止不了偏见。当撒切尔夫人离开唐宁街十号的时候,工会已经被大大削弱,政府将劳资关系变化看作是最大成就之一,公有制、工会权力和社会福利之"集体主义三位一体"的支持者显著减少。不过,英国收支平衡再次失控,赤字即将创下纪录,通胀上升迅速,经济走向衰退,解决工会问题看起来并不够。④

集体主义既是文明发展的产物,也是修正市场弊端的需要。过度强调个体责任是矫枉过正,会重新造成政府与个人权利责任的失衡。撒切尔主义经常与集体主义的终结联系在一起,事实上撒切尔主义并未大获全胜,并恰恰是在集体主义面前不时碰壁。如哈耶克等人可能感觉遭到了背叛,撒切尔政府没有对集体主义的两根支柱发起挑战,尽管已经到了第三个任期,仍然没有采取切实计划将教育或者医疗推向市场。保守党仍然是"财产党",而不是市场自由主义政党,关于教育、住房和社区费的改革反映出集体主义的方向变化,就是保守党政府希望确保集体主义受其控制,这样的集

---

① Martin Daunton, *Just Taxes: the Politics of Taxation in Britain*, 1914 – 1979, Cambridge University Press, 2002, p.356.

② Simon James and Christopher Nobes, *The Economics of Taxation*, Oxford: Philip Allan, 1983, pp. 57–9.

③ 弗里德曼:《论通货膨胀》,中国社会科学出版社 1982 年版,第 103 页。

④ Andrew Gamble, *Britain in Decline: Economic Policy, Political Strategy and the British State*, Basingstoke: Macmillan, 1994, xvi.

体主义才是安全的。[1] 梅杰推行的《公民宪章》，实际上包括了一场旨在提高公共服务标准的社会运动，促进包括医疗、教育等公共服务的标准化、公开化，并提高绩效。

无论如何强调个体责任，保守党并不能彻底告别集体主义。即便哈耶克也没有否定集体主义，作为集体主义之一的社会主义的终极目标，"实现社会正义、更大程度上的平等和保障等理想"本身并没有错，有问题的只是实现这些目标的手段方法比如"计划经济"等。[2] 尤其是选票民主与政党制度下，彻底抛弃集体主义意味着政党合法性的丧失，英国需要保守党撒切尔主义，保守党也需要集体主义，关于地方税和社区费的争论反映了两种需要之间的裂痕。在选票民主机制下，政党关心的首要问题是选举利益最大化，每当选举年份，政府都倾向于提高支出以刺激经济，或者直接向目标选民施惠。1991 年 11 月份，财政大臣诺曼·拉蒙特的秋季预算报告就鲜明地体现了这一点，报告宣称要运用公共支出作为财政工具，帮助英国在下次选举之前走出衰退，显然不同于 1979 年以来的宏观经济政策。[3]

公众在权利和责任关系方面更加理性，并逐渐形成了新的共识。税收问题和公共支出问题主导了 1992 年选举议题，保守党连续赢得第四个任期表明，英国选民更加青睐能够减税的政党，而不是增加税收的政党。尽管在民意测验时，许多选民更倾向于增加支出而不是降低税收，但在真正选举投票时，更多选民投票反对增税。1992 年选举中，选民们在个体和公共消费之间做出了清晰选择。保守党将削减税收作为核心竞选策略，相比之下，工党和自由民主党都要提高税收和国民保险，从而增加收入用于提高公共支出。相比此前十年，人们形成了更广泛的共识，1980 年还在与集体主义政治决裂，到了 1992 年出现了一种新局面，1992 年选举中，保守党承诺要减税的同时，还要改进公共服务质量。[4]

---

① Hugh Butcher, *Local Government and Thatcherism*, London：Routledge, 1990, p.52.

② 哈耶克：《通往奴役之路》，中国社会科学出版社 2015 年版，第 58—67 页。

③ Maurice Mullard, *The Politics of Public Expenditure*, London：Routledge, 1993, pp.49-50.

④ Maurice Mullard, *The Politics of Public Expenditure*, London：Routledge, 1993, p.225.

　　强调个体责任与阶级政治关系不大,对责任的强化恰恰发生在保守党去精英化之时。撒切尔时期一个重要变化是以阶级为中心的政治逐渐弱化,阶级问题不再主导意识形态和政策辩论,即便是工党也开始放弃此前的阶级政治,这可以看作是撒切尔政府最大的成就。① 1985 年保守党报刊刊载了一篇文章,作者是来自工人阶级的年轻保守党成员,认为上层阶级和工人阶级的藩篱似已开裂,传统的保守党代表了贵族和上层阶级,工党代表了劳动者和工人阶级,但 1975 年后的保守党代表了所有阶级,既保留了丘吉尔时代传统和共识政治的遗产,同时也注入了撒切尔主义元素,由此吸引了工人阶层青年人加入保守党。② 从 20 世纪 50 年代开始到 1983 年,保守党议员中具有伊顿、哈罗和温彻斯特等精英公学背景的议员人数明显下降,20世纪初占保守党议员一半,到 1951 年降到三分之一,1970 年降到四分之一,1983 年只占到了六分之一。③

　　20 世纪 80 年代是一个旧时代的结束,同时也是一个新时代的开始,对于英国如此,对于世界同样如此。撒切尔重建保守党政治领导权的目标实现了,保守党主导了英国的政治,但撒切尔主义计划并未彻底地解决英国经济现代化问题,也未能使英国在世界经济范围内更具竞争力。④尽管如此,撒切尔夫人辞职只是解决英国衰落问题一次重要努力的结束,并不标志着撒切尔主义时期的结束。与此同时,苏联解体和东欧剧变标志着世界经济新时代的开始,撒切尔主义巧遇了历史的东风。梅杰的办法是承认撒切尔主义的遗产,但改造传统的托利主义。⑤ 1992 年大选,虽

---

① Patrick Dunleavy, Andrew Gamble and Gillian Peele (eds.), *Developments in British Politics*, Basingstoke：Macmillan, 1990, p.357.

② *"The Only Style of Leadership for Britain"*, in *Conservative Newsline*, January 1985. (PUB 125/1)

③ Anthony Seldon(ed.) (assisted by Gerard Daly), *UK Political Parties since* 1945, London：Philip Allan, 1990, pp.23-4.

④ Andrew Gamble, *Britain in Decline：Economic Policy, Political Strategy and the British State*, Basingstoke：Macmillan, 1994, p.219.

⑤ Arthur F. Midwinter, Local *Government in Scotland：Reform or Decline?* London：Macmillan, 1995, p.8.

然工党成功地设置了诸如卫生、养老和交通等议题，但最重要的问题还是通货膨胀和财税，这正是保守党双重打击宣传战的核心内容，结果保守党继续执政。

保守党执政时期，右派政府与极左地方议会发生了一系列冲突矛盾。在撒切尔第一任期，一些工党控制的较大城市开始实行一套新的所谓社会主义原则，区别于其他工党领导的地方议会。比如大伦敦市议会的利文斯通，这些地方政客通常被冠以新城市左翼的标签，其他如曼彻斯特和谢菲尔德也受到影响。新城市左翼不仅要实行不同的政策，还要直接挑战撒切尔政府的政策，利文斯通利用其独特地位在一些关键问题上对抗中央政府，同时，利物浦激进运动影响力也不断增长。[①] 工党和自由党都在重塑信条和重估政策，工党副领袖罗伊·哈特斯利的贡献在于强调个体自由是民主社会主义的，这一定程度上也是对撒切尔个体主义的回应，工党的基本哲学还是停留在金诺克的集体主义方面。[②]

在政府与个人权利责任的再平衡中，工党也不再一味强调政府责任和个人权利，"新工党"浴火重生。毫无疑问，20世纪80年代的经历和许多极端的城市工党议会严重损害了工党形象，也为布莱尔新计划提供了教材和镜鉴，长达十八年的反对党经历给布莱尔、约翰等一批工党人士留下了一个大大的印记。[③] 从1983年到1992年是缓慢变化阶段，1992年到1994年之间略有停顿，到了1994年之后变化明显加速。随着布莱尔当选为工党领导人，工党开始正式成为新工党。布莱尔也承认，金诺克是新工党的创始人，正是金诺克时期工党开始调整意识形态以适应英国政治经济和社会变化。[④] 用布莱尔的话说，就是随着金诺克当选为领袖，工党"开始了革新的

①　Hugh Atkinson and Stuart Wilks-Heeg, *Local Government from Thatcher to Blair*: *The Politics of Creative Autonomy*, Cambridge: Polity Press, 2000, p.67.

②　John Rentoul with Jane Ratford, *Me and Mine*: *the Triumph of the New Individualism*? London: Unwin Hyman, 1989, Xv.

③　Gerry Stoker and David J. Wilson(eds), *British Local Government into the 21st Century*, Basingstoke: Palgrave Macmillan, 2004, p.152.

④　Brendan Evans, *Thatcherism and British Politics*, 1975–1999, Stroud: Sutton, 1999, p.224.

长征",约翰·史密斯把这项工作"推向前进"。①

从老工党到新工党的转变过程经历了十几年时间,如果从公共支出政策看,新工党渊源更早。甚至撒切尔时期的一些政策可以追溯到威尔逊和卡拉汉时期,新工党源于对战后工党政策的修正,那么20世纪70年代也是工党发生部分转变的时期。1975年4月,威尔逊的财政大臣希利就开始调整方向,以应对国际衰退和英国危机。卡拉汉则在1976年9月的年度大会演讲中表达了许多新的观点,如果1978年秋天卡拉汉采取不同的对策,那么新工党的现象也许就不会发生,因为不需要什么新工党。②

需要明确的是,新工党虽然强调个体责任,但不能据此认为其既往立场失守。实际上不存在工党在意识形态斗争中落败的问题,工党确实受到意识形态冲突的煎熬,但这是政治失败的影响而不是原因。在20世纪的公众眼中,工党是一个"征税与花钱"的政党。1994年工党社会正义委员会重申,税收是为了建设一个更好的社会,民主社会的税收基于民众同意,是一个满足需要的善,而不是必要的恶。在工党看来,税收有两个目标,一是要实现更大的平等,要降低高收入,要减轻财富的不平等;二是要实现公平,公平的税收制度不仅考虑收入水平的不同,还要公平处理不同来源的收入。③

新工党认同福利国家当然需要进行改革,但比保守党更加照顾个体。布莱尔认为:"人们并不后悔旧式的集体主义受到挑战,但他们对取而代之的赤裸裸的个人主义也无多少信心。"④在布莱尔构筑新英国的四个基石中,新的社会秩序基于团结精神,也就是要讲究权利和责任的结合,而不是像二十年来保守党所认为的那样:"让人民对付不安全的办法是让他们更

---

① 布莱尔:《新英国》,世界知识出版社1998年版,第8页。

② Anthony Seldon and Kevin Hickson(eds) ,*New Labour*,*Old Labour*:*the Wilson and Callaghan Governments*,1974-79,London:Routledge,2004,pp.285-93.

③ R.C.Whiting,*The Labour Party and Taxation*:*Party Identity and Political Purpose in Twentieth-Century Britain*,Cambridge University Press,2000.

④ 布莱尔:《新英国》,世界知识出版社1998年版,第255页。

加不安全""恐惧是对创造行为的最好刺激"。① 布莱尔提出要使福利国家现代化,建立社会与个人的新型关系,原则是权利与责任的平衡,目标是能真正改善人民的生活,而不是加重人民的依赖性。他认为,贝弗里奇福利制度是用来重振经济的"第一代福利",他要建立消除英国中等收入阶层不安全感和低收入阶层贫困的"第二代福利"。②

公众依然是偏好享受权利而懒于承担责任。20 世纪 80 年代,工党和保守党都变得更加极端了。1987 年大选中保守党大胜工党,但保守党的失败被中产阶级的壮大掩盖了,而工党的失败被产业工人阶级的萎缩夸大了,从政治发展可以看到撒切尔意识形态的失败,尽管如其所愿地赢得权力、实现经济增长和社会转型,但她未能在两次大选中增加保守党所得选票的比例,也未能将选民从集体主义价值观中转变过来,她的三个任期没能实现大众态度的革命性转变。③ 选民对左翼或右翼的许诺并不关心,选民青睐的是工党富于同情心的形象以及对福利国家的承诺,撒切尔夫人的铁娘子形象受到尊重但不受喜爱,工党的友善面孔受人喜爱但不受尊重。④ 布莱尔也注意到了这种说法,就是保守党"无情然而有效率",工党"关心人然而能力弱",当然,他不会赞同"能力弱"这种说法。⑤

布莱尔清楚地表明,新工党不准备拆掉一切,而是准备继往开来,确保中产阶级和工人阶级转换到撒切尔倡导的私人所有制上来,在他手上不至于出现差错,同时也反映出对这些政策的认同。20 世纪 90 年代中期,英国社会公众态度调查显示,自由主义和利己主义更加流行,但公众也希望国家能够提供诸如医疗卫生、教育和社会福利等公共服务,人们希望国家能够在情况最坏时向他们提供保护,布莱尔及其团队显然

---

① 布莱尔:《新英国》,世界知识出版社 1998 年版,第 5—6 页。

② 布莱尔:《新英国》,世界知识出版社 1998 年版,第 167—168 页。

③ John Rentoul with Jane Ratford,*Me and Mine:the Triumph of the New Individualism*? London:Unwin Hyman,1989,p.158.

④ Anthony Seldon(ed.)(assisted by Gerard Daly),*UK Political Parties since* 1945,London:Philip Allan,1990,p.92.

⑤ 布莱尔:《新英国》,世界知识出版社 1998 年版,第 2 页。

认识到这一点，他们也作出了相应的承诺。① 在布莱尔第一任期，还能严格遵守公共支出方面的戒律承诺，但第二任期便开始放松，第三任期公共开支攀升导致 2009—2010 财年公共部门赤字超过 10%，保守党前财政大臣劳森认为，公共支出总体失控成为新工党宏观经济领域最大的失败。②

新工党首选的意识形态定义不是第三条道路，在经过了一些摇摆之后，工党锁定了利益相关者社会的理念，不过这一概念不易于被政治精英和公众理解接受，最终工党选择了第三条道路的理论。这一理论概念为布莱尔赢得了许多国际声誉，包括克林顿和施罗德都在寻找不同于里根和撒切尔的新自由主义的理论。吉登斯对第三条道路的原则归纳，主要是超越左与右，政府、市场与社会的平衡制约，责任与权利的结合，经济增长与福利国家的协调，平等基础上的多样性等问题。③ 工党第三条道路理论的许多概念理念都与吉登斯非常相似，不过布莱尔的版本少一些激进，新工党根据需要将其进行了简化和标签化。在布莱尔看来，第三条道路超越了老左派和新右派，是自由主义和社会民主主义的结合统一。④

在新的历史时期，保守党和工党的旧共识被抛弃了，并在各自思想理论基础上形成了新共识，只是这种新共识脱胎于旧共识，两个政党围绕各种问题的理念和主张差异仍然没有消除。⑤ 尽管工党政府对撒切尔主义进行了一些纠偏，总体上来说，冷战结束后还是新自由主义大行其道，国家对市场和资本的调控干预几乎成为禁忌，集体观念和个体福利受到战后以来空前的冷落。加上经济全球化和技术革命影响，社会分化和群体裂痕不断加剧。

① Michael Temple, *How Britain Works: from Ideology to Output Politics*, Basingstoke: Macmillan, 2000, pp.3-4.

② Nigel Lawson, *Memoirs of a Tory Radical*, London: Biteback, 2010, p.630.

③ 安东尼·吉登斯:《第三条道路及其批评》,中共中央党校出版社 2002 年版,第 51—55 页。

④ Michael Temple, *How Britain Works: from Ideology to Output Politics*, Basingstoke: Macmillan, 2000, pp.165-9.

⑤ 比尔·考克瑟等:《当代英国政治》,北京大学出版社 2009 年版,第 75 页。

受到金融经济危机冲击与持续影响,世界政治形势发生了新的变化。在新自由主义的两个大本营里,英国脱欧和美国大选引起举世关注,广泛认为这折射出了新自由主义遭遇的重大挫败。与此同时,一些新兴国家不同于西方的经验探索逐渐受到重视。以上这些历史与现实情况,是我们理解英国财政问题的重要视角和参照。

　　总而言之,对于英国以及许多国家而言,地方财税改革映现了国家与市场、中央与地方、政府与个人等多种关系,各种关系也贯穿着财税问题产生和改革过程。这既是刚刚过去的历史,也是延伸至今的现实,其源流近可追至 20 世纪,远则溯及封建时期。英国的地方财税改革从风起浪涌,到基本上风定天晴,体现的是英国的经济形势、政治博弈、思潮涌动和社会问题,各种因素继续演化互动,地方财税也将呈现新的历史。围绕着英国财税体制以及各种关系问题,矛盾不会消失,思想不会凝滞,实践不会停止,历史不会终结。

参 考 文 献

（一）中文论著

1.《马克思恩格斯选集》，人民出版社 2012 年版。

2.［英］亚当·斯密：《国民财富的性质和原因的研究》，商务印书馆 1986 年版。

3.［英］凯恩斯：《就业、利息和货币通论》（高鸿业译），商务印书馆 2009 年版。

4.［英］哈耶克：《通往奴役之路》（王明毅等译），中国社会科学出版社 2015 年版。

5.［英］威廉·贝弗里奇：《贝弗里奇报告——社会保险和相关服务》，中国劳动社会保障出版社 2008 年版。

6.［英］斯克拉顿：《保守主义的含义》（王皖强译），中央编译出版社 2005 年版。

7.［英］安东尼·吉登斯：《第三条道路及其批评》，中共中央党校出版社 2002 年版。

8.［英］威廉·韦德：《行政法》（徐炳等译），中国大百科全书出版社 1997 年版。

9.［英］比尔·考克瑟（等）：《当代英国政治》（孔新峰等译），北京大学出版社 2009 年版。

10.［英］撒切尔：《通往权力之路》，当代世界出版社 1998 年版。

11.［英］撒切尔：《唐宁街岁月》，国际文化出版公司 2009 年版。

12.［英］布莱尔：《新英国》（曹振寰等译），世界知识出版社 1998 年版。

13.［德］威廉·冯·洪堡：《论国家的作用》（林荣远等译），中国社会科学出版社 2016 年版。

14.［美］布坎南：《民主财政论》（穆怀鹏译），商务印书馆 2015 年版。

15.［美］布坎南：《自由、市场与国家》，北京经济学院出版社 1989 年版。

16.［美］弗里德曼：《论通货膨胀》（杨培新译），中国社会科学出版社 1982 年版。

17.［美］弗里德曼：《自由选择》（胡骑等译），商务印书馆 1982 年版。

18.［美］马丁·威纳：《英国文化与工业精神的衰落：1850—1980》（王章辉等译），北京大学出版社 2013 年版。

19.［美］彼得·霍尔：《驾驭经济：英国与法国国家干预的政治学》（刘骥译），江苏人民出版社 2008 年版。

20. [美]华莱士・E.奥茨:《财政联邦主义》(陆符嘉译),译林出版社 2012 年版。

21. [美]尼古拉斯・韦普肖特:《凯恩斯大战哈耶克》,机械工业出版社 2013 年版。

22. 王皖强:《国家与市场——撒切尔主义研究》,湖南教育出版社 1999 年版。

23. 钱乘旦(等):《日落斜阳——20 世纪英国》,华东师范大学出版社 1999 年版。

24. 罗志如、厉以宁:《二十世纪的英国经济:"英国病"研究》,人民出版社 1982 年版。

25. 施诚:《中世纪英国财政史研究》,商务印书馆 2010 年版。

26. 毛锐:《撒切尔政府私有化政策研究》,中国社会科学出版社 2005 年版。

27. 宋丙涛:《英国崛起之谜:财政制度变迁与现代经济发展》,社会科学文献出版社 2015 年版。

28. 焦建国:《英国公共财政制度变迁分析》,经济科学出版社 2009 年版。

29. 财政部税收制度国际比较课题组(编著):《英国税制》,中国财政经济出版社 2000 年版。

30. 王淑杰(编著):《英国政府预算制度》,经济科学出版社 2014 年版。

31. 陈日华:《中古英格兰地方自治研究》,南京大学出版社 2011 年版。

32. 陈国申:《从传统到现代:英国地方治理变迁》,中国社会科学出版社 2009 年版。

33. 曾令发:《探寻政府合作之路——英国布莱尔政府改革研究(1997—2007)》,人民出版社 2010 年版。

(二)档案文件

34. Audit Commission, *Annual Report for 1984-85*, London:HMSO,1985.

35. Audit Commission, *The Impact on Local Authorities' Economy*, *Efficiency and Effectiveness of the Block Grant Distribution System*, London:HMSO,1984.

36. Commission on the Constitution(Research Paper no.7), *Devolution and Other Aspects of Government:An Attitudes Survey*, London:HMSO,1973.

37. *Committee of Inquiry into Local Government Finance Report*, Cmnd 6453, London:HMSO, May 1976.

38. *Committee of Inquiry into the Impact of Rates on Households Report*, Cmnd 2582, London:HMSO, February 1965.

39. COS, *Annual Abstract of Statistics*, London:HMSO,1968 and 1980.

40. CSO, *Financial Statistics*, London:HMSO,1981.

41. Department of the Environment, *Variable Domestic Relief* 1974-75, Circular 24/74,4 February 1974, London:HMSO,1974.

42. *Financial Statement and Budget Report* 1974-75, London:HMSO, March 1974.

43. George Osborne, *Autumn Statement* 2014, Cmnd 8961, HM Treasury, December 2014.

44. Layfield Committee, *Committee of Inquiry into Local Government Finance*, Cmnd 6453, London: HMSO, 1976.

45. *Local Government Finance England and Wales*, Cmnd 209, London: HMSO, July 1957.

46. *Local Government Finance England and Wales*, Cmnd 2923, London: HMSO, February 1966.

47. *Paying for Local Government*, Cmnd 9714, London: HMSO, January 1986.

48. *Public Expenditure White Paper*, Cmnd 5879, London: HMSO, 1975.

49. *Radcliffe Report* (1959): *Committee on the Working of the Monetary System*, Cmnd 827, London: HMSO, 1959.

50. *Rate Fund Expenditure and Rate Calls in* 1974-75, Joint Circular (Circular 19/74, DoE; Circular 16/74, Home Office; Local Authority Circular 11/74, DoHSS; Circular 2/74, DoES; Circular 35/74, Welsh Office), 31 January 1974, London: HMSO, 1974.

51. *Report of Royal Commission on the Constitution*, Cmnd 5460, London: HMSO, 1973.

52. *Report of the Royal Commission on Local Government in England*, Cmnd 4040, HMSO, 1968.

53. *Royal Commission on Local Taxation Report*, Cmnd 638, London: HMSO, 1901.

54. "*Rates: Proposals for Rate Limitation and Reform of the Rating System*", Department of the Environment and Welsh Office, Cmnd 9008, August 1983.

55. *The Attack on Inflation*, Presented to Parliament by the Prime Minister by Command of Her Majesty, Cmnd 6151, London: HMSO, July 1975.

56. *The Future Shape of Local Government Finance* (*Presented to Parliament by the Secretary of State for Scotland, the Secretary of State for the Environment, the Secretary of State for Wales, and the Chief Secretary, Treasury by Command of Her Majesty*), Cmnd 4741, London: HMSO, July 1971.

57. *The Government's Expenditure Plans* 1980-81 *to* 1983-84, Cmnd 7841, London: HMSO, 1980.

58. *The Price and Pay Code for Stage* 3: *A Consultative Document*, Presented to Parliament by the Chancellor of the Exchequer, Cmnd 5444, London: HMSO, October 1973.

59. *The Rate Support Grant* 1974-75, (*Presented to Parliament by the Secretary of State for the Environment and the Secretary of State for Wales, January* 1974), Cmnd 5532, London: HMSO.

60. "*The Next Ten Years: Public Expenditure and Taxation into the* 1990s", Cmnd 9189, London: HMSO, March 1984.

61. *Assimilation of Cash Limits and Estimates: Department of the Environment* (*DoE*), 1978 Jan 01-1979 Dec 31, The National Archives. (T 371/764)

62. *Public Expenditure White Papers* 1979:*general papers*,1976 Jan 01-1979 Dec 31,The National Archives.(T 374/244)

63. *Report by the Public Expenditure Survey Committee*(*Note by the Chief Secretary*,*Treasury*) , 3rd July1980,The National Archives.(CAB 129/209/13)

64. *Review of Administrative Budget Procedures* 1977 *Jan*-1978 *Dec*,HM Treasury,The National Archives.(T 363/29)

65. *Treasury Evidence to the Layfield Committee on Local Government Finance*,1975 Jan 01-1975 Dec 31,The National Archives.(T 341/716,T 341/717)

66. *Treasury Circulars* 1978:*nos* 1-5,1978 Jan 01-1978 Dec 31,The National Archives. (T 277/3429)

67. *The Cabinet Papers of Global Oil Shortage.*(nationalarchives.gov.uk)

68. *The Cabinet Papers of IMF Crisis.*(nationalarchives.gov.uk)

69. *Bibliography of Freedom*,London:Centre for Policy Studies,1976.(PUB 106/2)

70. Brian Costello,*Local Rates...A Viable Alternative*,c.1976.(PUB 117/40)

71. *Conservative Newsline*, January 1984-November 1985.(PUB 125/1)

72. *Conservative Party Manifesto*:*We the People*,London:Conservative & Unionist Central Office,1987.(PUB 157/2)

73. *Election Addresses* 1979 *England*: Liverpool(Scotland Exchange) -Morpeth,1979. (PUB 229/18/11)

74. *Fighting Inflation*(Quick Brief No.58) ,London:Conservative Central Office,March 1973.(PUB 134/101)

75. Geoffrey Howe,Keith Joseph,James Prior,David Howell and was edited by Angus Maude,*The Right Approach to the Economy*:*Outline of an Economic Strategy for the next Conservative Government*,London:Conservative Central Office,Oct.1977.(PUB 97/32)

76. Keith Joseph, *Monetarism is Not Enough*,with a foreword by The Rt. Hon. Mrs Margaret Thatcher MP,London:Center for Policy Studies,1976.(PUB 106/8)

77. *Labour Says*,published by J.W.Colhsson.(PUB 229/19/3)

78. *Labour's High Rise Budget*(Quick Brief No.70) ,London:Conservative Central Office, Apr.1974.(PUB 134/113)

79. *Leading Europe into The 1990s* (*The Conservative Manifesto for Europe* 1989) , London:Conservative Central Office,May 1987.

80. *Local Government Brief* (*New Series*, *Includes*: *No. 1*: *Bus De-regulation*, *No. 2*: *Competitive Tendering*,*No.3*:*Rate Support Grant Proposals for the* 1989/90 *Settlement*,*No.4*: *Protecting the Environment*,*No.5*:*Housing*) ,Oct.-Nov.1988,London:Conservative Central Office.(PUB 145/5)

81. *Local Government Brief* (series) , (No.16) July 1985 ; (No.40) November 1987 ; (No.
42) December 1987 ; (No.43) December 1987 ; (No.54) January 1982 , London : Conservative
Central Office. (PUB 145/4)

82. *Local Government Brief* (series) , (No.4) 12/4/1976 ; (No.5) 18/5/1976 ; (No.10)
21/12/1976 ; (No.11) 21/1/1977 ; (No.16) January 1978 ; (No.25) November 1978 ; (No.26)
January 1979 ; (No.29) April 1979 ; (No.33) September 1979 ; (No.34) October 1979 ; (No.35)
November 1979 ; (No.36) January 1980 ; (No.38) March 1980 ; (No.39) April 1980 ; (No.42)
September 1980 ; (No.44) November 1980 ; (No.45) January 1981 ; (No.46) February 1981 ,
Local Government Organisation & Conservative Central Office. (PUB 145/3)

83. Lord Blackwell , *Towards Smaller Government : The Second Wave of the Revolution* , Lon-
don : Center for Policy Studies , June 2001. (PUB 159/4)

84. *Margaret Thatcher Speeches to the Conservative Party Conference* 1975 – 88 , London :
Conservative Political Centre , April 1989. (PUB 181/21)

85. *Masterbrief* 25 : *A Free Society-Scaling Down Government* , London : Conservative
Political Centre , 1969. (PUB 134/38)

86. *New to Local Government?* London : Local Government Department of Conservative
Central Office , Oct.1988. (PUB 99/7)

87. Nigel Lawson , *The New Conservatism* , London : Centre for Policy Studies , Aug.1980.
(PUB 107/1b)

88. Nigel Lawson , *The New Britain : The Tide of Ideas from Attlee to Thatcher* , London :
Center for Policy Studies , 1988. (PUB 110/2)

89. Oliver Knox , *Of Dukes and Dustmen : Cautionary Rhymes on the Community Charge* ,
London : Centre for Policy Studies , 1989. (PUB 110/18)

90. *Politics Today* , *Nos.* 1 – 22 , Jan. – Dec. 1985 , London : Conservative Central Office.
(PUB 221/43)

91. Roland Freeman , *The Rates Riddle* , London : the Bow Group , Feb. 1978. (PUB
120/44)

92. *The Conservative Manifesto* 1983 , London : Conservative Research Department , May
1983. (PUB 157/1)

93. *The State of the Party ··· Up Where We Belong* , London : Bow Group , Autumn 1986.
(PUB 195/15)

94. 1979 *General Election-Social Services Expenditure* , 1979. (CRD 4/7/90)

95. *Economics in Government Expenditure* (B.S.to all Research Department Officers) , Lon-
don : Conservative Research Department , 29th November 1968. (CRD 3/7/10/1)

96. Michael Heseltine , *Rates* , London : Conservative Research Department , 21 June 1978 ,

in Rates, 1978.(CRD 4/8/11)

97. *Mid-term Strategy: Is the Balance Right?* By the Central Policy Review Staff, in *Budget Policy Group*, 1971-3.(CRD 3/7/2/6)

98. *Ministerial Statements-Fiscal*, London: HM Treasury, 8th February 1980, in *CRD papers on Economic Strategy*, 1978-80.(CRD 4/4/31)

99. *The Budget 1980-CBI Representations to The Chancellor of the Exchequer*, London: Confederation of British Industry, 7 February 1980.(CRD 4/4/10)

100. *The Budget: A Change of Direction*, Briefing Note No.17, London: Conservative Research Department, 14/6/1979, in *Budget Papers 1979*.(CRD 4/4/9)

101. *Statement on Today's Public Expenditure White Paper*, by Sir Geoffrey Howe MP, *News Service*, London: Conservative Central Office, 12th January 1978.

102. *Public Expenditure-minutes*, *May* 1978(CRD 4/4/110), 1978-80(CRD 4/4/111), 1980.(CRD 4/4/112)

103. *Medium-Term Financial Strategy*, London: HM Treasury, 26 March 1980, in *CRD papers on Economic Strategy*, 1978-80.(CRD 4/4/31)

104. Geoge Cardona: *Public Spending in 1976-7*(letter to Mrs.Thatcher), 4th October 1977.(CRD 4/13/14)

105. *The Need to Explain Our Economic Strategy*, 4/7/1980, in *CRD papers on Economic Strategy*, 1978-80.(CRD 4/4/31)

106. *Public Attitudes on a Range of Economic Issues*, 19/6/1980, in *CRD papers on Economic Strategy*, 1978-80.(CRD 4/4/31)

107. *Budget Papers* 1979(CRD 4/4/9), 1980(CRD 4/4/10), 1982(CRD 4/4/12), 1983(CRD 4/4/13).

108. *Counter Inflation Policy Group minutes and papers*, 1974.(CRD 4/4/21)

109. Adam Butler MP, *Letter to Sir Geoffrey Howe about Margaret's Respond to Geoffrey Howe's Letter and Attached Papers*, 21st February 1978.(THCR 2/3/1/12)

110. *Debate on the Rate Support Grant Order 1977*, PLG(77)5, London: Conservative Research Department, 14 December 1977.(THCR 5/12/166)

111. *Extract from a Speech at the Annual Conference of the Conservative National Advisory Committee on Education at the Royal Overseas League by Norman St John-Stevas MP*, *News Service*, London: Conservative Central Office, 18th June 1977.(THCR 5/12/166)

112. *Extract from a Speech Given by MT Relating to Local Government Rates*, *News Service*, London: Conservative Central Office, 25th September 1974.(THCR 1/17/39)

113. *Extract from Politics Today No.22*, 5th December 1977.(THCR 5/12/166)

114. John Nott MP, *The Letter to the Rt Hon Mrs Margaret Thatcher MP*, 4th June 1974.

(THCR 1/12/4)

115. John Stanley, *Letter to Mrs. Thatcher about Local Government Conference Speech* (*included CRD Draft for local government Politics Today, etc.*), London: Conservative Research Department, 13th January 1978. (THCR 5/12/166)

116. Lord Thorneycroft, *Letter to Mrs. Thatcher about Local Government Conference* 1978, Westminster: Conservative and Unionist Central Office, 1st February 1978. (THCR 5/12/166)

117. Margaret Thatcher, *The Reply to a Letter from MP* (*Tebbit*), 11th July 1974. (THCR 1/12/4)

118. Michael Spicer MP, *The Letter to the Rt Hon Mrs Margaret Thatcher MP*, 4th July 1974. (THCR 1/12/4)

119. Mrs Margaret Thatcher, *Local Gvoernment Conference* (*speech*), London: Conservative Research Department, 31st January 1978. (THCR 5/12/166)

120. *News Services*, London: Conservative Central Office, 28th August 1974 (416/74). (THCR 1/12/6)

121. *Policy for Housing and Reform of the Rating System*, Summary prepared for the Rt. Hon. Margaret Thatcher MP, 23rd September, 1974. (THCR 1/17/35)

122. Sir Geoffrey Howe, *Letter to Mrs. Thatcher About Capital Tax Policy* (*attached the paper "Capital Transfer Tax"*, 19th January 1978), 24th January 1978. (THCR 2/3/1/12)

123. *Suggested Outline for Mrs. Thatcher's Speech to Local Government Conference-February* 4th 1978. (THCR 5/12/166)

124. *The Conservative Party's New Policy Proposals on Housing and Rates*, prepared by Margaret Thatcher MP and Her Policy Groups, London: Conservative Central Office, 28th August 1974. (THCR 1/12/6)

125. *Who Served the People Best? A News Piece Prepared for Thatcher's Speech*, December 1977. (THCR 5/12/166)

126. *Conservative Menifesto for Wales* 1987, Published by the Conservative Central Office for Wales.

127. *Guide to a Speech in Gloucester on "The Conservative Approach to Local Government"*, *Speak to a Meeting of Conservative Councillors by Keith Speed MP*, *News Service*, London: Conservative Central Office, 13 September 1977.

128. *Key Facts about the Labour Party's Record on Taxation*, London: Conservative Research Department, 5th September 1978.

129. Michael B. Forsyth, *Down with the Rates: Proposals for Reducing Local Authority Spending While Improving Services*, London: Conservative Political Centre, 1982.

130. *The Conservative Approach to Local Government*, *Speak to a Meeting of Conservative*

Councillors by Keith Speed MP , *News Service* , London：Conservative Central Office, 13 September 1977.

131. *The Conservative Manifesto* 1979, London：Conservative Central Office, April 1979.

132. *The Conservative Manifesto* 1987, London：Conservative Central Office, May 1987.

133. *Financing Local Government in England and Wales* 1960 – 1970 (Brief for C. P. C. Discussion Groups) , London：Connservative Political Centre, December 1962.

134. *Extract from a Speech on* 24th *November* 1979 *by Nicholas Edwards* (*Secretary of State for Wales*) , *News Service* , London：Conservative Central Office.

135. *Our First Eight Years*：*the Achievements of the Conservative Government since May* 1979, London：Conservative Central Office, May 1987.

136. " *What's Wrong with Politics?* " , Margaret Thatcher's Speech at CPC, 11 October 1968. (TFW 101632)

137. " *Britain Awake* " , Margaret Thatcher's Speech at Kensington Town Hall, 19 January 1976. (TFW 102939)

138. " *Liberty and Limited Government* " , Keith Joseph Memorial Lecture by Margaret Thatcher, 11 January 1996. (TFW 108353)

139. Margaret Thatcher, *Interview for Sunday Times* , 15 November 1990. (TFW 107868) ; *Interview for The Times* , 17 November 1990. (TFW 107869)

140. Margaret Thatcher, *Letter to Neil Kinnock MP* (dismisses speculation on community charge reform) , 27 April 1990. (TFW 108073)

141. *Geoffrey Howe's Speech of* 1980 *Budget* , 26 March 1980. (TFW 109498)

142. *A Dossier of Disarray & Dithering*：*The Conservative Party and the Poll Tax* , The Labour Party. (Labour Party Library, 19 March 1991)

143. *A Political Cyanide Pill* (*A Conservative Briefing on the Poll Tax*) , The Labour Party. (Labour Party Library, 1990)

144. " *All over the Shop* "：*A Dossier of Conservative Statement on the Poll Tax during the Leadership Campaign* , London：The Labour Party Local Government Section, November 1990.

145. *Beating the Poll Tax* , Anarchist Communist Editions(ACF) , March 1990.

146. *Campaigning for Jobs and Services* , Liverpool-a Socialist Council, 1984.

147. Councillor John Peck, *Poll Tax*：*How It will Hit You* (1381 – 1988) ? London：A Communist Party Publication, November 1987.

148. *Fair Rates*：*Labour's Alternative to the Poll Tax* (Statement by the National Executive Committee Conference 90) , The Labour Party, July 1990.

149. Jack Straw MP, *The Poll Tax and Education*：*Conservative Cuts* , *Confusion and Con Tricks* (*a Labour Party Survey*) , The Labour Party, April 1990.

150. Jo Richardson MP(Shadow Minister for Women)& David Blunkett MP(Local Government Spokesperson), *Worse for Women: The Impact of the Poll Tax on Women's Lives*, The Labour Party, March 1991.

151. John Mills, *A New Economic Policy for the Labour Party*, London: Campaign for an Effective Socialist Economic Policy.(People's History Museum, March 1992)

152. *Labour Weekly*, January 1976–December 1976; January 1984–December 1984; January 1985–December 1985.

153. *Legal Questions and Answers on the Community Charge*, London: Poll Tax Legal Group.

154. *Local Services, Local Choices, Local Taxes: Labour's Approach to Poll Tax, the National Business Tax and the Reform of Local Government Finance*, The Labour Party.

155. *Making Britain Better (The Labour Party's Local Government Conference, 6 – 8 February* 1998), The Labour Party.

156. Michael Stewart, *Labour and the Economy: A Socialist Strategy*, London: Fabian Society, May 1972.

157. *Moving the Goal Posts(But the Same Old Game) :An Analysis of Conservative Proposals for Amending the Poll Tax*, The Labour Party.(People's History Museum, 1990)

158. Neville Chamberlain, *The Rating Reform Scheme and Its Effects on the Ratepayer*, Westminster: the National Union of Conservative and Unionist Association, 1928.

159. Nicholas Kaldor, *The Economic Consequences of Mrs Thatcher*, London: Fabian Society, January 1983.

160. *No Change, No Ideas: John Major and the Poll Tax*, London: Labour Party Local Government Section, December 1990.

161. *On the Record: A List of Conservative MPs Who Have Voted against Poll Tax Legislation*, The Labour Party.(Labour Party Library, May 1990)

162. *Partnership in Power*, The Labour Party, July 1997.

163. *Poll Tax and You: A Simple Guide to Poll Tax in Derbyshire*, Matlock: Derbyshire County Council.

164. *Rate Capping & Abolition: Councils in Danger*, London: Labour Research Department, August 1984.

165. *Statement of Labour Party National Executive Committee*, July 25th, 1984.

166. *The Council Tax and the Council's Budget: A Communication Action Plan for Labour Groups*, London: The Association of Labour Councillors(The Labour Party), November 1992.

167. *The Economic Situation and Cuts in Public Expenditure*, National and Local Government Officers Association, 1977.

168. The National Executive Committee, *Statements to Annual Government: Building Britain's Future-Labour's Policy on Construction*, The Labour Party, October 1977.

169. *The New Conservative Government Plans-Vote Moore*-June 9ᵗʰ 1983.

170. *Trimming and Turning: An Analysis of the Changing Nature of Conservative Poll Tax Policy*, The Labour Party.

171. *"What will Happen if I Don't Pay the Poll Tax?" Legal Questions and Answers on the Community Charge*, London: Poll Tax Legal Group.

172. *Vote Hilary Benn-Labour*-June 9ᵗʰ 1983.

173. *Militant Tendency Newscuttings*, Vol. 1 1982 – 85, Vol. 2 1986, Liverpool Record Office.(Hq 324.241.CUT)

174. *Reports Submitted to the Performance Review and Financial Control Sub-Committee*, June 1984–June 1985, Liverpool Record Office.

175. *Reports Submitted to the Policy and Finance Committee*, June 1984–June 1985, Liverpool Record Office.

176. Jim Dye(ed.), 150 *Years in Struggle: the Liverpool Labour Movement* 1848 – 1998, Liverpool Trades Union Council, 1998.

177. *The Liverpool Echo*, 7ᵗʰ March–8ᵗʰ May 1984.

178. *Written Answer*, Hansard.HC Deb Vol 67, cols 129–130, November 12, 1984.

179. *Lambeth Financial Review* 1976 – 1977, 1977 – 1978, 1978 – 1979, 1979 – 1980, 1980–1981, London Borough of Lambeth.(Lambeth Archives Office)

180. *Local Studies*, *Ratecapping* 1985/86, *Collection of Articles* (includes Surcharge and Disqualification of Councillors), Includes: *Guardian*, *Times*, *London Standard*, *Telegraph*, *Financial Times*, *South London Press*, *South London News*, etc.. (Lambeth Archives Office)

181. *Expenditure Control Sub-Committee Minutes* 30–5–83 *to* 19–7–85, London: Brough of Lambeth.(LBL/73/1)

182. Lambeth Council, *Care of the Elderly in Lambeth Residents of Old People's Homes*, Lambeth Research &Planning, 1981.

183. *Lambeth Skill Shortages Survey* 1986, London Borough of Lambeth, Directorate of Town Planning and Economic Development, 1986.

184. *New Lambeth*, Lambeth Public Relations, Summer 1983; October/November 1983.

185. *New Lambethan*, Lambeth Public Relations, March 1985; December 1983/January 1984; December 1984/January 1985; February 1985; April 1985; June/July 1985.

186. *Photos from Lambeth's Struggle against Rate-capping* (Foreword by Tony benn), Lambeth Fighting Fund, 1986.

187. *Rate Capping and Lambeth: Lambeth in Crisis*, London Borough of Lambeth,

September 1984.

188. *The Battle for Lambeth*, Lambeth Fighting Fund, 1986.

189. *The Case for Lambeth : Personal Views* (a Special Edition of *New Lambethan*) , London : Lambeth Public Relations, October 1985.

190. *What We Say About, a Communist Party Perspective for the People of Lambeth*, London : Lambeth Communist Party, 1978.

191. " *Domestic Rates are Far Too Low* " , in *Local Government Chronicle*, 10 October 1970.

192. " *Figure App. 11 RSG Negotiating Machinery 1976* " , Rate Support Grant (7th Period) , Local Authorities Associations, January 1976.

193. *A Time to Listen-A Time to Speak Out : Central/Local Government Relationships*, Edinburgh : Convention of Scottish Local Authorities, 1982.

194. *Accounts and Audit Regulations* 1983.

195. *All Britain Anti-Poll Tax Federation*, 2nd Annual Conference 25 November 1990 Apollo Theatre-Manchester : *Conference Agenda*, 1990.

196. *CBI Parliamentary Brief*, 6 January 1983.

197. Chief Executive of Barnet, *Barnet Borough Rates Forecast*, Issued by the Press and Information Section of the Town Clerk's Department, London Borough of Barnet, 18th September 1974.

198. *Financial and General Statistics* 1980−81 to 1984−85, London : Chartered Institute of Public Finance and Accountancy(CIPFA).

199. *Conservatives Leading Europe into the* 1990s, European Elections, May 1989.

200. County Councils Association, etc. , *A Report on the Rate Support Grant White Paper 1974/75 and the Rate Support Grant(Increase) Order* 1973, London, March 1974.

201. Geoffrey Howe, *Letter to Angus Maude about Economic Policy (included " Manifesto Points : Finance & Economic Policy* ") , 6th March 1978.

202. *Grant Amounts per Head and Percentage Changes*, Written Answers, 6 December 1977.

203. *Hillingdon Budget Report*, 1984−85.

204. John J. Wells, *Vote Conservative-Vote John J. Wells*, Published by Peter Currie, Rock House, Maidstone, April 1979.

205. *Leon Brittan MP in a Speech to the Society of Local Authority Chief Executives*, 1982.

206. *Lothian-The Lessons*, Lothian NALGO, 1984.

207. *Market and Opinion Research International Ltd(MORI) Survey for Association of Metropolitan Authorities*, October 1981.

208. Patrick Jenkin, *DSheffield Star*, 26 March, 1984.

209. Patrick Rock, *Nationalization of the Construction Industry*, 11th November 1977.

210. *Privacy and the Poll Tax*, London: National Council for Civil Liberties.

211. *Public Attitudes to Rates and Council Spending in Islington*, London: Borough of Islington, 1982.

212. *Authorities with Expenditure above GRE Allocation in* 1983–84, HC Deb 02 February 1984 vol 53 cc353–5W.

213. *Public Expenditure Written Answers*, HC Deb 12 February 1975 vol 886 c163W; HC Deb 14 February 1975 vol 886 cc230–3W; HC Deb 30 January 1975 vol 885 cc255–6W.

214. *National Debt, Written Answers*, HC Deb 14 April 1975 vol 890 c34W.

215. *Local Government Act* 1974.

216. *The Local Government Finance Act* 1982.

217. *Rates Act* 1984.

218. *Rates Act* 1984 (Designations), HC Deb 24 October 1984 vol 65 cc680–1.

219. *Rates Act* 1984, HC Deb 13 June 1984 vol 61 cc897–8.

220. *Reply Letters from Adrian Hopkinson on* 10th *March* 1977 *and Matthew Parris on* 31st *March* 1978. (Private Office of the Leader of the Opposition)

221. *Report of the Annual Conference of the Labour Party*, 1984.

222. *Report to the Housing Committee*, Leicester City Council, 4 February 1986.

223. *Scotland Local Government Finance*, *Rate Support Grant Order* 1978–79.

224. *Statement by the Secretary of State for the Environment to the Consultative Council on Local Government Finance*, 16 December 1980.

225. Statistical Information Service(SIS ref.43.83): *Capital Expenditure And Debt Financing Statistics* 1981–82, London: CIPFA, 1983.

226. Steve Bond, *Taking over the City: Threats to the Future of Services and Jobs in Sheffield*, Sheffield 88 Southview Cres., 1985.

227. *The Attack on Local Government*, Association of London Authorities, 1988.

228. The Convention of Scottish Local Authorities, *Government Economic Strategy: The COSLA Critique*, Edinburgh: COSLA, 1981.

229. *Treasury Economic Planning Review*, October 1978.

（三）外文著作

230. Alexander, Alan, *Local Government in Britain since Reorganisation*, London: Allen & Unwin, 1982.

231. Alexander, Alan, *The Politics of Local Government in the United Kingdom*, London: Longman, 1982.

232. *Alford*, *B. W. E.*, *British Economic Performance* 1945–1975, London: Macmillan Education, 1988.

233. Arnold, Guy, *Britain since 1945: Choice, Conflict, and Change*, London: Blandford, 1989.

234. Ascher, Kate, *The Politics of Privatisation: Contracting out Public Services*, Basingstoke: Macmillan Education, 1987.

235. Atkinson, Fred and Hall, Stephen, *Oil and the British Economy*, London: Croom Helm, 1983.

236. Atkinson, Hugh and Wilks-Heeg, Stuart, *Local Government from Thatcher to Blair: The Politics of Creative Autonomy*, Cambridge: Polity Press, 2000.

237. Aughey, Arthur, *Constituency Attitudes and Policy Formulation: The Role of the Conservative Political Centre*, University of Hull: Department of Politics, 1981.

238. Backhouse, Roger, *Macroeconomics and the British Economy*, Oxford: M. Robertson, 1983.

239. Bacon, Robert and Eltis, Walter, *Britain's Economic Problem: Too Few Producers*, London: Macmillan, 1978.

240. Bailey, Stephen J. and Paddison, Ronan, *The Reform of Local Government Finance in Britain*, London: Routledge, 1988.

241. Bailey, Stephen J., *Local Government Economics: Principles and Practice*, London: Macmillan, 1999.

242. Bale, Tim, *The Conservative Party: from Thatcher to Cameron*, Cambridge: Polity Press, 2010.

243. Bale, Tim, *The Conservatives since 1945: The Drivers of Party Change*, Oxford: Oxford University Press, 2012.

244. Barber, James, *The Premier Minister since 1945*, Oxford: Blackwell, 1991.

245. Barlow, I. M., *Metropolitan Government*, London: Routledge, 1991.

246. Barnett, Joel, *Inside the Treasury*, London: Andre Deutsch, 1982.

247. Batley, Richard and Stoker, Gerry, *Local Government in Europe: Trends and Developments*, London: Macmillan Education, 1991.

248. Benn, Tony, *The Benn Diaries* 1940–1990, London: Arrow Books, 1996.

249. Bennett, R. J., *Central Grants to Local Governments: The Political and Economic Impacts of the Rate Support Grant in England and Wales*, Cambridge University Press, 1982.

250. Besant, Walter, *London, South of the Thames*, London: Adam & Charles Black, 1912.

251. Blackstone, Tessa and Plowden, William, *Inside the Think Tank: Advising the Cabinet* 1971–1983, London: Heinemann, 1988.

252. Blunkett, David and Jackson, Keith, *Democracy in Crisis: The Town Halls Respond*, London: Hogarth, 1987.

253. Boaden, Noel, *Public Participation in Local Services*, London: Longman, 1982.

254. Boddy, Martin and Fudge, Colin, *Local Socialism? Labour Councils and New Left Alternatives*, London: Macmillan, 1984.

255. Bourn, John, *Management in Central and Local Government*, London: Pitman, 1979.

256. Bramley, Glen, *Equalization Grants and Local Expenditure Needs*, Aldershot: Avebury, 1990.

257. Brand, Jack, *Local Government Reform in England 1888 – 1974*, London: Croom Helm, 1974.

258. Brittain, Nicholas J, *Achieving a More Caring and Efficient Society Through Fiscal Reform*, London: Bow Group, 1994.

259. Brittan, Samuel, *Is there an Economic Consensus? An Attitude Survey*, London: Macmillan, 1973.

260. Brown, C. V. and Jackson, P. M., *Public Sector Economics*, Oxford: Martin Robertson, 1982.

261. Buiter, Willem, *Principles of Budgetary and Financial Policy*, London: Harvester Wheatsheaf, 1990.

262. Burk, Kathleen and Cairncross, Alec, "*Goodbye, Great Britain*": *The 1976 IMF Crisis*, New Haven: Yale University Press, 1992.

263. Burns, Danny, Hambleton, Robin and Hoggett, Paul, *The Politics of Decentralisation: Revitalising Local Democracy*, London: Macmillan, 1994.

264. Burns, Danny, *Poll Tax Rebellion*, Stirling: AK Press, 1992.

265. Butcher, Hugh, *Local Government and Thatcherism*, London: Routledge, 1990.

266. Butler, David, Adonis, Andrew and Travers, Tony, *Failure in British Government: the Politics of the Poll Tax*, Oxford University Press, 1994.

267. Byrne, Tony, *Local Government in Britain*, London: Penguin, 1986.

268. Cairncross, Alec, *The British Economy since 1945: Economic Policy and Performance 1945–1990*, Oxford: Blackwell, 1992.

269. Cannan, Edwin, *History of Local Rates in England*, London: King, 1927.

270. Carmichael, Paul and Midwinter, Arthur F. (eds.), *Regulating Local Authorities: Emerging Patterns of Central Control*, London: Frank Cass, 2003.

271. Carmichael, Paul, *Central-Local Government Relations in the 1980s – Glasgow and Liverpool Compared*, Wiltshire: Antony Rowe Ltd, 1995.

272. Chandler, J. A., *Public Policy Making for Local Government*, London: Croom

Helm, 1988.

273. Chandler, James, *Local Government Today*, Manchester University Press, 2001.

274. Chisholm, Michael, *Structural Reform of British Local Government: Rhetoric and Reality*, Manchester University Press, 2000.

275. Clarke, Richard (eds.), *Public Expenditure, Management and Control: The Development of the Public Expenditure Survey Committee(PESC)*, London: Macmillan, 1978.

276. Coates, David, *Labour in Power? A Study of the Labour Government*, 1974 – 1979, London: Longman, 1980.

277. Cole, Alistair and John, Peter, *Local Governance in England and France*, London: Routledge, 2001.

278. Congdon, Tim, *Monetarism: An Essay in Definition* (with foreword by William Rees-Moog), London: Centre for Policy Studies, 1978.

279. Crafts, F.R. and Woodward, N.W.C.(eds.), *The British Economy since* 1945, Oxford: Clarendon, 1991.

280. Crosland, Anthony, *The Future of Socialism*, London: Jonathan Cape, 1956.

281. Cross, Charles A., *Principles of Local Government Law*, London: Sweet & Maxwell, 1962.

282. Crossman, Richard, *The Diaries of a Cabinet Minister*, London: Cape/Hamish Hamilton, 1975.

283. Dafflon, Bernard, *Local Public Finance in Europe-Balancing the Budget and Controlling Debt*, Cheltenham: Edward Elgar, 2002.

284. Daunton, Martin, *Just Taxes: The Politics of Taxation in Britain*, 1914 – 1979, Cambridge University Press, 2002.

285. Daunton, Martin, *Trusting Leviathan: The Politics of Taxation in Britain*, 1799 – 1914, Cambridge University Press, 2001.

286. Deacon, David and Golding, Peter, *Taxation and Representation: The Media, Political Communication and the Poll Tax*, London: J. Libbey, 1994.

287. Dearlove, John, *The Reorganisation of British Local Government: Old Orthodoxies and A Political Perspective*, Cambridge University Press, 1979.

288. Dell, Edmund, *A Hard Pounding: Politics and Economic Crisis*, 1974 – 1976, Oxford University Press, 1991.

289. Denham, Andrew and Garnett, Mark, *Keith Joseph*, Chesham: Acumen, 2001.

290. Denver, David, *Elections and Voting Behaviour in Britain*, Hertfordshire: Philip Allan, 1989.

291. Dickens, Peter, *One Nation? Social Change and the Politics of Locality*, London:

Pluto, 1988.

292. Dornbusch, Rudiger and Layard, Richard (eds.) , *The Performance of the British E-conomy*, Oxford: Clarendon Press, 1987.

293. Drucker, Henry et al. (eds), *Development in British Politics*, London: Macmillan, 1984.

294. Dunleavy, Patrick, Gamble, Andrew and Peele, Gillian (eds.) , *Developments in British Politics*, Basingstoke: Macmillan, 1990.

295. Eisenschitz, Aram and Gough, Jamie, *The Politics of Local Economic Policy: The Problems and Possibilities of Local Initiative*, London: Macmillan, 1993.

296. Elcock, Howard and Jordan, Grant(eds) , *Learning from Local Authority Budgeting*, Aldershot: Avebury, 1987.

297. Elcock, Howard with Wheaton, Michael, *Local Government: Politicians, Professionals and the Public in Local Authorities*, London: Methuen, 1986.

298. Elcock, Howard, Jordan, Grant, Midwinter, Arthur with Boyne, George, *Budgeting in Local Government: Managing the Margins*, Essex: Longman, 1989.

299. Evans, Brendan, *Thatcherism and British Politics* 1975-1999, Stroud: Sutton, 1999.

300. Feiling, Keith, *Life of Neville Chamberlain*, London: Macmillan, 1970.

301. Flegmann, Vilma, *Public Expenditure and the Select Committees of the Commons*, Aldershot: Gower, 1986.

302. Florio, Massimo, *The Great Divestiture*, Cambridge: MIT Press Ltd, 2004.

303. Foley, Donald L., *Governing the London Region: Reorganization and Planning in the 1960's*, University Of California Press, 1972.

304. Foster, C., Jackman, R. and Perlman, M., *Local Government Finance in a Unitary State*, London: Allen & Unwin, 1980.

305. Foster, Christopher D., *British Government in Crisis*, Oxford: Hart Publishing, 2005.

306. Fry, Geoffrey K., *The Growth of Government: the Development of Ideas About the Role of the State and the Machinery and Functions of Government in Britain Since* 1780, London: Frank Cass, 1979.

307. Gamble, A. M. and Walkland, S. A., *The British Party System and Economic Policy* 1945-1983, Oxford: Clarendon Press, 1984.

308. Gamble, Andrew and Wells, Celia(eds.) , *Thatcher's Law*, Cardiff: GPC Books, 1989.

309. Gamble, Andrew, *Britain in Decline: Economic Policy, Political Strategy and the British State*, Basingstoke: Macmillan, 1994.

310. Gardiner, Geoffrey, *Towards True Monetarism*, London: Dulwich Press, 1993.

311. Geisst, Charles R., *Exchange Rate Chaos: Twenty-five Years of Finance and*

Consumer Democracy, London : Routledge, 1995.

312. Gerstein, Fernando Scornik, *The Future of Taxation : The Failure of the Poll Tax in the UK*, London : Blakesley, 1999.

313. Gibson, John with Travers, Tony, *Block Grant : A Study in Central-Local Relations*, London : Policy Journals for the Public Finance Foundation, 1986.

314. Giddens, Anthony, *The Third Way : The Renewal of Social Democracy*, Cambridge : Polity, 1998.

315. Gillon, Steve, Dorfman, Marc and Moye, Andy, *The Local Government, Planning and Land Act* 1980 : *A Layman's Guide*, London : TCPA, Planning Aid Unit, 1982.

316. Goldsmith, Michael and Villadsen, Søren (eds.), *Urban Political Theory and the Management of Fiscal Stress*, Aldershot : Gower, 1986.

317. Gould, Bryan, *Socialism and Freedom*, London : Macmillan, 1985.

318. Grant, Malcolm, *Rate Capping and the Law*, London : Association of Metropolitan Authorities, February 1986.

319. Grant, Wyn, *Independent Local Politics in England and Wales*, Farnborough : Saxon House, 1977.

320. Gray, Clive, *Government Beyond the Centre : Sub-National Politics in Britain*, Basingstoke : Macmillan, 1994.

321. Greenwood, Royston and Stewart, J.D. , *Corporate Planning in English Local Government : An Analysis with Readings* 1967–72, London : C.Knight, 1974.

322. Griffith, J. A. G. , *Central Departments and Local Authorities*, London : Allen & Unwin, 1966.

323. Griffiths, Alan, *Local Government Administration*, London : Shaw and Sons, 1976.

324. Gyford, John and James, Mari, *National Parties and Local Politics*, London : Allen & Unwin, 1983.

325. Ham, Christopher, *Health Policy in Britain : The Politics and Organisation of the National Health Service*, Basingstoke : Macmillan, 1999.

326. Hambleton, Robin, *Policy Planning and Local Government*, London : Hutchinson, 1978.

327. Hampton, William, *Local Government and Urban Politics*, London : Longman, 1991.

328. Harmon, Mark D. , *The Labour Government and* 1976 *IMF Crisis*, London : Macmillan, 1997.

329. Harris, Robin, *Not for Turning : The Life of Margaret Thatcher*, London : Corgi Books, 2014.

330. Harrison, Anthony, *The Control of Public Expenditure* 1979–1989, Hermitage : Policy

Journals, 1989.

331. Hatton, Derek, *Inside Left*, Bloomsbury Publishing, 1988.

332. Heald, David, *Public Expenditure: Its Defence and Reform*, Oxford: Martin Robertson, 1983.

333. Healey, Denis, *The Time of My Life*, Harmondsworth: Penguin, 1990.

334. Heath, Edward, *The Course of My Life*, London: Hodder & Stoughton, 1998.

335. Henley, Douglas, et al., *Public Sector Accounting and Financial Control*, published in cooperation with Chartered Institute of Public Finance and Accountancy [by] Van Nostrand Reinhold, 1989.

336. Henney, Alex, *Inside Local Government: A Case for Radical Reform*, London: Browne, 1984.

337. Hepworth, N. P., *The Finance of Local Government*, London: Allen & Unwin, 1972, 1984.

338. Heseltine, Michael, *Life in the Jungle: My Autobiography*, London: Hodder & Stoughton, 2000.

339. Hickson, Kevin, *The IMF Crisis of 1976 and British Politics*, London: Tauris Academic Studies, 2005.

340. Hill, Dilys M., *Democratic Theory and Local Government*, London: Allen and Unwin, 1974.

341. Hill, Richard, *The Labour Party and Economic Strategy*, 1979–97: *The Long Road Back*, Basingstoke: Palgrave, 2001.

342. Hogwood, Brian W., *Trends in British Public Policy-Do Governments Make Any Difference?* Buckingham: Open University Press, 1992.

343. Holmes, Martin, *Thatcherism: Scope and Limits*, 1983–87, Basingstoke: Macmillan, 1989.

344. Holmes, Martin, *The Failure of the Heath Government*, Basingstoke: Macmillan, 1997.

345. Holmes, Martin, *The First Thatcher Government 1979–1983: Contemporary Conservatism and Economic Change*, Brighton: Wheatsheaf, 1985.

346. Holmes, Martin, *The Labour Government*, 1974–79, London: Macmillan, 1985.

347. Houlihan, Barrie, *Housing Policy and Central-Local Government Relations*, Aldershot: Avebury, 1988.

348. James, Simon and Nobes, Christopher, *The Economics of Taxation*, Oxford: Philip Allan, 1983.

349. James, Simon, *British Cabinet Government*, London: Routledge, 1992.

350. Jenkins, Simon, *Accountable to None: The Tory Nationalization of Britain*, London:

Penguin,1996.

351. Johnson, H. G. AndNobay, A. R. (eds), *The Current Inflation*, London: Macmillan,1971.

352. Johnson, Nevil and Cochrane, Allan, *Economic Policy-Making by Local Authorities in Britain and Western Germany*, London: Allen & Unwin,1981.

353. Jones, Aubrey, *Britain's Economy: The Roots of Stagnation*, Cambridge University Press,1985.

354. Jones, G. W. and Norton, Alan, *Political Leaders in Local Government*, University of Birmingham: Institute of Local Government Studies,1978.

355. Jones, G. W. (ed.), *Local Government: the Management Agenda*, Hemel Hempstead: ICSA Publishing,1993.

356. Jones, G. W. (ed.), *New Approaches to the Study of Central-Local Government Relationships*, Hants: Gower,1980.

357. Joseph, Keith, *Reversing the Trend: A Critical Re-appraisal of Conservative Economic and Social Policies*, Chichester: Barry Rose,1975.

358. Jowell, Roger and Airey, Colin(eds.), *British Social Attitudes: The 1984 Report*, London: Gower and Social and Community Planning Research,1984.

359. Jowett, Paul and Rothwell, Margaret, *Performance Indicators in the Public Sector*, Basingstoke: Macmillan,1988.

360. Kandiah, Michael David and Seldon, Anthony, *Ideas and Think Tanks in Contemporary Britain*, London: Frank Cass,1996.

361. Kavanagh, Dennis and Morris, Peter, *Making Contemporary Britain: The Consensus-from Attlee to Thatcher*, Oxford: Basil Blackwell Ltd,1989.

362. Kavanagh, Dennis, *British Politics: Continuities and Change*, Oxford University Press,1990.

363. Kavanagh, Dennis, *Thatcherism and British Politics-The End of Consensus?*, Oxford University Press,1987.

364. Kay, J.A. and King, M.A., *The British Tax System*, Oxford University Press,1986.

365. Kay, John(ed.), *The 1982 Budget*, Oxford: Basil Blackwell,1982.

366. Keith-Lucas, Bryan and Richards, Peter G., *A History of Local Government in the Twentieth Century*, London: Allen & Unwin,1978.

367. Kelly, Scott, *The Myth of Mr. Butskell: the Politics of British Economic Policy*1950-55, London: Ashgate,2002.

368. Kerley, Richard, *Managing in Local Government*, London: Macmillan,1994.

369. Kimber, Sidney, *Thirty-Eight Years of Public Life in Southampton*, London: Privately

published, 1949.

370. King, David Neden, *Town Hall Power or Whitehall Pawn?* London: Institute of Economic Affairs, 1980.

371. King, Desmond and Stoker, Gerry, *Rethinking Local Democracy*, Basingstoke: Macmillan in association with the ESRC Local Programme, 1996.

372. Kirby, Andrew, Knox, Paul L. and Pinch, Steven, *Public Service Provision and Urban Development*, London: Croom Helm, 1984.

373. Knowles, Raymond S. B., *Modern Management in Local Government*, Chichester: Rose, 1977.

374. Lagroye, Jacques and Wright, Vincent, *Local Government in Britain and France: Problems and Prospects*, London: Allen & Unwin, 1979.

375. Lawson, Nigel, *Memoirs of a Tory Radical*, London: Biteback, 2010.

376. Lawson, Nigel, *The View from No.11*, London: Transworld, 1992.

377. Leach Steve, (ed.), *Strengthening Local Government in the 1990s*, Harlow: Longman, 1992.

378. Leach, Robert and Percy-Smith, Janie, *Local Governance in Britain*, Basingstoke: Palgrave, 2001.

379. Leach, Steve, *After Abolition: The Operation of the Post-1986 Metropolitan Government System in England*, University of Birmingham: Institute of Local Government Studies, 1991.

380. Leach, Steve, Stewart, John David and Walsh, Kieron, *The Changing Organisation and Management of Local Government*, Basingstoke: Macmillan, 1994.

381. Lee, John Michael, *Social Leaders and Public Persons*, Oxford: Clarendon Press, 1963.

382. Livingstone, James M., *The British Economy in Theory and Practice*, London: Macmillan, 1974.

383. Livingstone, Ken, *You Can't Say That: Memoirs*, London: Faber, 2011.

384. Loughlin, Martin, Gelfand, M. David and Young, Ken, *Half a Century of Municipal Decline*, 1935–1985, London: Allen & Unwin, 1985.

385. Loughlin, Martin, *Legality and Locality: The Role of Law in Central-Local Government Relations*, Oxford: Clarendon Press, 1996.

386. Mackie, Robert, *The New Public Management of Scotland: Local Government and the National Health Service*, Edinburgh: Thomson/W.Green, 2005.

387. Mackintosh, John. P., *The Devolution of Power: Local Democracy, Regionalism and Nationalism*, London: Chatto & Windus, 1968.

388. Madgwick, Peter, *British Government: The Central Executive Territory*, London: Philip

Allan, 1991.

389. Massey, Andrew, *Managing the Public Sector: A Comparative Analysis of the United Kingdom and the United States*, Aldershot: Edward Elgar, 1993.

390. Mckenzie, Sue, *The Twentieth Century Lambeth*, Gloucestershire: Sutton, 1999.

391. Mellors, Colin and Copperthwaite, Nigel, *Local Government in the Community*, Cambridge: ICSA Publishing, 1987.

392. Meyer, F. V. (ed.) , *Prospects for Recovery in the British Economy*, London: Croom Helm, 1985.

393. Midwinter, Arthur and Monaghan, Claire, *From Rates to the Poll Tax: Local Government Finance in the Thatcher Era*, Edinburgh University Press, 1993.

394. Midwinter, Arthur F. and Mair, Colin, *Rates Reform: Issues, Arguments & Evidence*, Edinburgh: Mainstream, 1987.

395. Midwinter, Arthur F. , *Local Government in Scotland: Reform or Decline?* London: Macmillan, 1995.

396. Midwinter, Arthur F. , *The Politics of Local Spending*, Edinburgh: Mainstream, 1984.

397. Miller, William L. , Dickson, Malcolm and Stoker, Gerry, *Models of Local Governance: Public Opinion and Political Theory in Britain*, Basingstoke: Palgrave, 2000.

398. Minogue, Martin(edited for the National Consumer Council) , *The Consumer's Guide to Local Government*, London: Macmillan, 1980.

399. Monies, George, *Local Government in Scotland*, Edinburgh: W. Green, 1996.

400. Morgan, K. O. , *The People's Peace: British History* 1945 – 1990, Oxford: Oxford University Press, 1992.

401. Morphet, Janice, *Modern Local Government*, London: SAGE, 2008.

402. Morton, Jane, *The Best Laid Schemes? A Cool Look at Local Government Reform*, London: C. Knight, 1970.

403. Mount, Ferdinand, *The New Few: Or a Very British Oligarchy*, London: Simon & Schuster Ltd, 2012.

404. Mullard, Maurice, *The Politics of Public Expenditure*, London: Routledge, 1993.

405. Nabarro, Gerald, *Exploits of a Politician*, London: Barker, 1973.

406. Newton, K. and Karran, T. J. , *The Politics of Local Expenditure*, London: Macmillan, 1985.

407. Oates, Wallace E. (ed.) , *The Economics of Fiscal Federalism and Local Finance*, Cheltenham: Edward Elgar, 1998.

408. Oliver, Michael J. , *Whatever Happened to Monetarism? Economic Policy-Making and Social Learning in the United Kingdom since* 1979, Aldershot: Ashgate, 1997.

409. Oppenheim, Carey, *A Tax on All the People: The Poll Tax*, London: Child Poverty Action Group, December 1987.

410. Ott, Attiat F., *Public Sector Budgets: A Comparative Study*, Aldershot: Elgar, 1993.

411. Page, Edward and Goldsmith, Michael, *Central and Local Government Relations: A Comparative Analysis of West European Unitary States*, London: SAGE, 1987.

412. Page, Edward, *Localism and Centralism in Europe: The Political and Legal Bases of Local Self-Government*, Oxford University Press, 1991.

413. Parkinson, Michael (ed.), *Reshaping Local Government*, London: Policy Journals Ltd, 1987.

414. Parkinson, Michael, *Liverpool on the Brink: One City's Struggle Against Government Cuts*, London: Policy Journals Ltd, 1985.

415. Pearce, Clifford, *The Machinery of Change in Local Government 1888-1974: A Study of Central Involvement*, London: Allen & Unwin, 1980.

416. Peston, M. H., *The British Economy: An Elementary Macroeconomic Perspective*, Oxford: Philip Allan, 1982.

417. Pickvance, Chris and Preteceille, Edmond, *State Restructuring and Local Power: A Comparative Perspective*, London: Pinter, 1991.

418. Pliatzky, Leo, *Getting and Spending: Public Expenditure, Employment and Inflation*, Oxford: Basil Blackwell, 1982.

419. Pliatzky, Leo, *The Treasury under Mrs Thatcher*, Oxford: Basil Blackwell, 1989.

420. Pratchett, Lawrence and Wilson, David (eds.), *Local Democracy and Local Government*, London: Macmillan, 1996.

421. Pugliese, Stanislao (ed.), *The Political Legacy of Margaret Thatcher*, London: Politico's, 2003.

422. Raine, John W. (ed.), *The Fight for Local Government*, University of Birmingham: Institute of Local Government Studies, December 1983.

423. Raison, Timothy, *Tories and the Welfare State: A History of Conservative Social Policy since the Second World War*, Basingstoke: Macmillan, 1990.

424. Ranelagh, John, *Thatcher's People: An Insider's Account of the Politics, the Power, and the Personalities*, London: Harper Collins, 1991.

425. Ranson, Stewart, Jones, G. W. and Walsh, Kieron, *Between Centre and Locality: The Politics of Public Policy*, London: Allen & Unwin, 1985.

426. Rao, Nirmala, *Reviving Local Democracy: New Labour, New Politics?* Bristol: The Policy Press, 2000.

427. Rao, Nirmala, *The Making and Unmaking of Local Self-Government*, Aldershot: Dart-

mouth, 1994.

428. Rao, Nirmala, *Towards Welfare Pluralism: Public Services in a Time of Change*, Aldershot: Dartmouth, 1996.

429. Rattenbury, T. P. B., *Public Law within Government: Sustaining the Art of the Possible*, Basingstoke: Palgrave Macmillan, 2008.

430. Redlich Josef, with Hirst, Francis W., *Local Government in England*, Vol. 1, London: Macmillan, 1903.

431. Rentoul, John with Ratford, Jane, *Me and Mine: the Triumph of the New Individualism?* London: Unwin Hyman, 1989.

432. Rhodes, R. A. W., *Continuity and Change in British Central-Local Relations*, University of Essex: Department of Government, 1984.

433. Rhodes, R. A. W., *Control and Power in Central-Local Government Relations*, Aldershot: Ashgate, 1999.

434. Rhodes, R. A. W., *The National World of Local Government*, London: Allen & Unwin, 1986.

435. Rhodes, R. A. W. and Wright, Vincent, *Tensions in the Territorial Politics of Western Europe*, London: Frank Cass, 1987.

436. Richards, Peter G., *The Local Government Act* 1972: *Problems of Implementation*, London: Allen & Unwin, 1975.

437. Richards, Peter G., *The Reformed Local Government System*, London: Allen & Unwin, 1980.

438. Riddell, Peter, *The Thatcher Era and its Legacy*, Oxford: Blackwell, 1991.

439. Robbins, Lionel, *Against Inflation: Speeches in the Second Chamber*, 1965 – 1977, London: Macmillan, 1979.

440. Robins, Lynton, Hilary Blackmore and Robert Pyper, *Britain's Changing Party System*, Leicester University Press, 1994.

441. Robinson, Ann and Sandford, Cedric, *Tax Policy-Making in the United Kingdom: A Study of Rationality, Ideology and Politics*, London: Heinemann Educational, 1983.

442. Robson, William A., *Local Government in Crisis*, London: Allen & Unwin, 1966.

443. Royal Institute of Public Administration, *New Sources of Local Revenue*, London: Allen & Unwin, 1956.

444. Sandford, Cedric, *Economics of Public Finance*, Oxford: Pergamon Press, 1992.

445. Sandford, Cedric, Godwin, Michael and Hardwick, Peter, *Administrative and Compliance Costs of Taxation*, Bath: Fiscal, 1989.

446. Sandford, Cedric, Pond, Chris and Walker, Robert (eds), *Taxation and Social*

Policy, London: Heinemann Educational, 1980.

447. Sandford, Cedric, *Successful Tax Reform: Lessons from an Analysis of Tax Reform in Six Countries*, Bath: Fiscal, 1993.

447. Savage, Stephen P. and Robins, Lynton (eds.), *Public Policy under Thatcher*, Basingstoke: Macmillan, 1990.

449. Seeley, Ivor H., *Local Government Explained*, London: Macmillan, 1978.

450. Seldon, Anthony (ed.) (assisted by Gerard Daly), *UK Political Parties since 1945*, London: Philip Allan, 1990.

451. Seldon, Anthony and Hickson, Kevin (eds.), *New Labour, Old Labour: The Wilson and Callaghan Governments, 1974–79*, London: Routledge, 2004.

452. Sharpe, L.J. (ed.), *The Local Fiscal Crisis in Western Europe*, London: Sage, 1981.

453. Sheldrake, John, *Municipal Socialism*, Aldershot: Avebury, 1989.

454. Shepherd, John, *Crisis? What Crisis?: The Callaghan Government and the British "Winter of Discontent"*, Manchester University Press, 2013.

455. Shipley, Peter, *Directory of Pressure Groups and Representative Associations*, Epping: Bowker, 1979.

456. Short, John, *Public Expenditure and Taxation in the UK Regions*, Hampshire: Gower, 1981.

457. Smellie, B., *A History of Local Government*, London: Allen & Unwin, 1949.

458. Stephens, Philip, *Politics and the Pound: the Conservatives' Struggle with Sterling*, London: Macmillan, 1996.

459. Stewart, John David and Stoker, Gerry (eds.), *The Future of Local Government*, Basingstoke: Macmillan Education, 1989.

460. Stewart, John David, *Modernising British Local Government: An Assessment of Labour's Reform Programme*, Basingstoke: Palgrave Macmillan, 2003.

461. Stewart, John David, *The New Management of Local Government*, London: Allen & Unwin, 1986.

462. Stoker, Gerry (ed.), *The New Management of British Local Governance*, London: Macmillan, 1999.

463. Stoker, Gerry and Stewart, John David (eds.), *Local Government in the 1990s*, Basingstoke: Macmillan, 1995.

464. Stoker, Gerry and Wilson, David J. (eds), *British Local Government into the 21st Century*, Basingstoke: Palgrave Macmillan, 2004.

465. Stoker, Gerry, *The Politics of Local Government*, Basingstoke: Macmillan Education, 1991.

466. Temple, Michael, *How Britain Works: from Ideology to Output Politics*, Basingstoke: Macmillan, 2000.

467. Thain, Colin and Wright, Maurice, *Public Spending Planning and Control*, 1976–88: *A Research Agenda and a Framework for Analysis*, London: Nuffield Foundation, 1987.

468. *The Local Government Finance Act* 1982 / *with Annotations by Reginald Jones*, London: Sweet & Maxwell, 1982.

469. Thompson, Noel William, *Left in the Wilderness: the Political Economy of British Democratic Socialism Since* 1979, Chesham: Acumen, 2002.

470. Tomlinson, Jim, *The Labour Governments* 1964–1970: *Economic Policy*, Manchester University Press, 2004.

471. Travers, Tony, *The Politics of Local Government Finance*, London: Allen & Unwin, 1986.

472. Vinen, Richard, *Thatcher's Britain: The Politics and Social Upheaval of the Thatcher Era*, London: Simon & Schuster, 2009.

473. Walker, Alan(ed.), *Public Expenditure and Social Policy: An Examination of Social Spending and Social Priorities*, London: Heinemann Educational, 1982.

474. Walker, David, *Municipal Empire: The Town Halls and Their Beneficiaries*, Hounslow: Maurice Temple Smith, 1983.

475. Walsh, Kieron, *Contracting for Change: Contracts in Health, Social Care, and Other Local Government Services*, Oxford University Press, 1997.

476. Walters, Alan, *Britain's Economic Renaissance: Margaret Thatcher's Reforms* 1979–1984, Oxford University Press, 1986.

477. Ward, S. and Neild, R. R., *The Measurement and Reform of Budgetary Policy*, London: Heinemann Educational, 1978.

478. Whiting, C., *The Labour Party and Taxation: Party Identity and Political Purpose in Twentieth-Century Britain*, Cambridge University Press, 2000.

479. Williamson, Adrian, *Conservative Economic Policy-making and the Birth of Thatcherism*, 1964–1979, Hampshire: Palgrave Macmillan, 2015.

480. Wilson, Charles H.(ed.), *Essays on Local Government*, Oxford: Blackwell, 1948.

481. Wilson, David and Game, Chris, *Local Government in the United Kingdom*, Basingstoke: Palgrave Macmillan, 2002.

482. Wood, Bruce, *The Process of Local Government Reform* 1966–1974, London: Allen & Unwin, 1976.

483. Woodhouse, Diana, *In Pursuit of Good Administration: Ministers, Civil Servants, and Judges*, Oxford University Press, 1997.

484. Woodward, Nicholas, *The Management of the British Economy 1945 - 2001*, Manchester University Press, 2004.

485. Young, Ken and Rao, Nirmala, *Local Government since 1945*, Oxford: Blackwell, 1997.

486. Young, Ken, *Local Politics and the Rise of Party*, Leicester University Press, 1975.

487. Young, Ken, *National Interests and Local Government*, London: Heinemann, 1983.

（四）论文报告

488. 杨豫、王皖强:《论撒切尔政府的反通货膨胀政策》,《南京大学学报》1996 年第 4 期,第 91—100 页。

489. 杨光斌:《中央集权与大众自治:英国中央—地方的新型关系——以财政变革为中心的分析》,《欧洲》1995 年第 4 期,第 54—60 页。

490. Armstrong, Robert(ed.), *Public Expenditure and Management*, Public Finance Foundation Discussion Paper No.5, June 1985.

491. Bloomfield, John, *Local Authority Capital Spending: Controls & Consequences*, North East London Polytechnic & Essex County Council, January 1986.

492. Bramley, Glen, "*Financial and Political Pressures and Uncertainty*", *Local Authority Budgeting under Stress*, Public Finance Foundation Discussion Paper No.12, March 1986.

493. Cameron, D.R., "*The Expansion of the Public Economy: A Comparative Analysis*", *American Political Science Review*, Vol.72, No.4, Dec., 1978, pp.1243−61.

494. Clarke, Alan and Cochrane, Allan, "*Making It All Add up: Budgeting under Fiscal Stress*", *Local Authority Budgeting under Stress*, Public Finance Foundation Discussion Paper No.12, March 1986.

495. Cox, A, *The Unintended Consequences of Policy Initiation: A Study of the British Conservative Government's Property Policy in the 1970s*, *Environment and Planning: Government and Policy*, 1983, Vol.1, No.3, pp.347−356.

496. Crawford, P.et al., *The Effect of Business Rates on The Location of Employment*, University of Cambridge: Department of Land Economy, January 1985.

497. Cripps, Francis and Godley, Wynne, *Local Government Finance and Its Reform: A Critique of the Layfield Committee's Report*, University of Cambridge: Department of Applied Economics, 1976.

498. Daunton, Martin, "*Equality and Incentive: Fiscal Politics from Gladstone to Brown*". History & Policy(Policy Papers), May 2002.

499. Dean, A.J.H., "*Earnings in the Public and Private Sectors 1950−75*", *National Institute Economic Review*, 74, November 1975.

500. Emmerson, Carl, Hall, John and Brook, Lindsay, *Attitudes to Local Tax and Spending*, London: The Institute for Fiscal Studies, Feburary 1998.

501. Eversley, David, *Reform of Local Government Finance: The Limitations of a Local Income Tax*, London: Centre for Environmental Studies, March 1975.

502. Filby, Liza, *God and Mrs Thatcher: Religion and Politics in* 1980s *Britain*. PhD thesis (2010), University of Warwick.

503. Foster, C. D., *Central Government's Response to the Layfield Report* (Policy Series. 1), London: Centre for Environmental Studies, 1977.

504. Gretton, J. and Gilder, P., "*Local Authority Budgets* 1982: *Responding to Incentives*", *Public Money*, 2 December 1982.

505. Greytak, David and Jump, Bernard, "*Inflation and Local Government Expenditures and Revenues: Methods and Case Studies*", *Public Finance Review*, Vol. 5 No. 3, July 1977, pp. 275-302.

506. Grimond, L., Truscott, P., Keith-Lucas, B. and Bennett, R. J., "*Local government Finance in Britain: A Liberal Party View of Possible Reforms*", *Environment and Planning: Government and Policy*, 1983, Vol. 1 No. 3, pp. 357-70.

507. Hall, Peter A., "*Policy Paradigms, Social Learning, and the State: The Case of Economic Policymaking in Britain*", *Comparative Politics*, Vol. 25, No. 3, April 1993.

508. Hawkesworth, R. I., "*Private and Public Sector Pay*", *British Journal of Industrial Relations*, XIV, 2, 1976, pp. 206-13.

509. Jackman, R., "*The Rates Bill: A Measure of Desperation*", *The Political Quarterly*, 55, April-June 1984.

510. Jackman, Richard and Sellars, Mary, "*Why Rate Poundages Differ: the Case of Metropolitan Districts*", *Centre for Environmental Studies Review* 2, 1977, pp. 26-32.

511. Johnston, J., "*A Macro-Model of Inflation*", *Economic Journal* Vol. 85, No. 338, June 1975, pp. 288-308.

512. Lewis, Alan, *Attitudes towards Income Tax and Public Expenditure*, Bath: School of Humanities & Social Sciences, University of Bath, 1979.

513. Lockwood, Ben, *Fiscal Federalism in the UK: How Free is Local Government?* London: Chatham House, 2013.

514. Ludlam, Steve, "*The Gnomes of Washington: Four Myths of the 1976 IMF Crisis*", *Political Studies*, Vol. 40, Issue 4, December 1992.

515. Marshall, A. H., *New Revenues for Local Government* (Fabian Research Series 295), London: Fabian Society, June 1971. (reprinted February 1972)

516. Martlew, Clive and Jailey, Stephen, *Local Taxation and Accountability: An Assessment*

of the 1986 *Green Paper "Paying for Local Government" and Its Effects in Scotland*, Public Finance Foundation Discussion Paper No.10,1989.

517. Midwinter, Arthur F., *Local Authority Financial Planning in a Turbulent Environment*, *Studies in Public Policy*(*Number* 46), Glasgow: University of Strathclyde,1979.

518. Page, Edward, "*Comparing Local Expenditure: Lessons from a Mulinational State*", *Studies in Public Policy*(*Number* 60), Glasgow: University of Strathclyde,1980.

519. *Page*, Edward, "*The New Gift Relationship: Are Central Government Grants Only Good for the Soul?*", *Public Administration Bulletin* 36,1981, pp.37-52.

520. Rose, R., "*Getting by in Three Economies: The Resources of the Official, Unofficial and Domestic Economies*", *Studies in Public Policy*, No. 110, Glasgow: University of Strathclyde,1983.

521. Rossi, Hugh, *Labour and the Construction Industry*, article for the *Building Trades Journal*,1977.

522. Sandbrook, Dominic, "*Crisis, What Crisis?*", *New Statesman*,2 October 2008.

523. Self, P., "*Rescuing Local Government*", *The Political Quarterly*, 53, July-September 1982.

524. Steele, G.R., *Inflation Economics: The Heath-Barber Boom* 1972-74, *Economic Affairs*, Vol.30, Issue 3, pp.79-81, October 2010.

525. Stewart, J.D., *The Dilemma of Central-Local Relations*, University of Cambridge: Department of Land Economy,1981.

526. Stewart, M., "*The Future of Local Democracy*", *Local Government Studies*10, March/April 1984.

527. *The* 1988 *Public Expenditure White Paper: Seminar Papers*, Public Finance Foundation Discussion Paper No.21,1988.

528. Tiebout, Charles M., "*A Pure Theory of Local Expenditures*", *The Journal of Political Economy*, Vol.64, No.5, Oct.,1956.

529. Travers, Tony, "*Block Grant: Origins, Objects and Use*", *Fiscal Studies*, Vol.3 Issue 1, pp.11-22, March 1982.

530. Vamplew, C.& Gallant, V., *Consumers Views-The Cleveland Case*, *Local Government Policy Making*, Vol.10, No.2,1983.

531. Weir, Stuart, "*The Citizen and the Town Hall*", *New Society* 9, March 1982.

532. Wickham-Jones, Mark, "*Monetarism and Its Critics: The University Economists' Protest of 1981*", *The Political Quarterly*,1992, Vol.63, pp.171-85.

533. Wyatt, C.M., "*The Effects of Rating Reform in Britain: A Case Study of Derby*", *Environment and Planning: Government and Policy*,1983, Vol.1 No.1, pp.57-71.

（五）报刊网站

534. *Daily Telegraph*

535. *Financial Times*

536. *Municipal Journal*

537. *The Economist*

538. *The Guardian*

539. *The Sunday Telegraph*

540. *The Sunday Times*

541. *The Telegraph*

542. *The Times*

543. *Wall Street Journal*

544. www.margaretthatcher.org

545. www.bbc.com

546. www.gov.uk

547. www.parliament.uk

548. www.wikipedia.org

549. www.yougov.co.uk

附　表

附表1：战后英国历任首相和政党领导人

历任首相	在任时间	工党领导人	在任时间	保守党领导人	在任时间
克莱门特·艾德礼 （Clement Attlee）	1945.7— 1951.10	克莱门特·艾德礼 （Clement Attlee）	1935.10— 1955.12	温斯顿·丘吉尔 （Winston Churchill）	1940.10— 1955.4
温斯顿·丘吉尔 （Winston Churchill）	1951.10— 1955.4	休·盖茨克尔 （Hugh Gaitskell）	1955.12— 1963.1 （去世）	安东尼·艾登 （Anthony Eden）	1955.4— 1957.1
安东尼·艾登 （Anthony Eden）	1955.4— 1957.1	乔治·布朗 （George Brown）	1963.1— 1963.2	哈罗德·麦克米伦 （Harold Macmillan）	1957.1— 1963.11
哈罗德·麦克米伦 （Harold Macmillan）	1957.1— 1963.10	哈罗德·威尔逊 （Harold Wilson）	1963.2— 1976.4	亚历克·道格拉斯— 霍姆 （Alec Douglas-Home）	1963.11— 1965.7
亚历克·道格拉斯— 霍姆 （Alec Douglas-Home）	1963.10— 1964.10	詹姆斯·卡拉汉 （James Callaghan）	1976.4— 1980.11	爱德华·希思 （Edward Heath）	1965.7— 1975.2
哈罗德·威尔逊 （Harold Wilson）	1964.10— 1970.6	迈克尔·富特 （Michael Foot）	1980.11— 1983.10	玛格丽特·撒切尔 （Margaret Thatcher）	1975.2— 1990.11
爱德华·希思 （Edward Heath）	1970.6— 1974.3	尼尔·金诺克 （Neil Kinnock）	1983.10— 1992.7	约翰·梅杰 （John Major）	1990.11— 1997.6
哈罗德·威尔逊 （Harold Wilson）	1974.3— 1976.4	约翰·史密斯 （John Smith）	1992.7— 1994.5 （去世）	威廉·黑格 （William Hague）	1997.6— 2001.9
詹姆斯·卡拉汉 （James Callaghan）	1976.4— 1979.5	玛格丽特·贝克特 （Margaret Beckett）	1994.5— 1994.7	伊恩·邓肯·史密斯 （Iain Duncan Smith）	2001.9— 2003.11
玛格丽特·撒切尔 （Margaret Thatcher）	1979.5— 1990.11	托尼·布莱尔 （Tony Blair）	1994.7— 2007.6	迈克尔·霍华德 （Michael Howard）	2003.11— 2005.12
约翰·梅杰 （John Major）	1990.11— 1997.5	戈登·布朗 （Gordon Brown）	2007.6— 2010.5	戴维·卡梅伦 （David Cameron）	2005.12— 2016.7

续表

历任首相	在任时间	工党领导人	在任时间	保守党领导人	在任时间
托尼·布莱尔 （Tony Blair）	1997.5— 2007.6	哈丽特·哈曼 （Harriet Harman）	2010.5—9 （代理Ⅰ）	特雷莎·梅 （Theresa May）	2016.7—
戈登·布朗 （Gordon Brown）	2007.6— 2010.5	爱德华·米利班德 （Ed Miliband）	2010.9— 2015.5		
戴维·卡梅伦 （David Cameron）	2010.5— 2016.7	哈丽特·哈曼 （Harriet Harman）	2015.5— 2015.9 （代理Ⅱ）		
特雷莎·梅 （Theresa May）	2016.7—	杰里米·科尔宾 （Jeremy Corbyn）	2015.9—		

附表 2：战后英国内阁财政部历任负责人

财政大臣 （Chancellor of the Exchequer）	在任时间	财政部秘书长 （Chief Secretaries to the Treasury）	在任时间	时任首相
休·多尔顿 （Hugh Dalton）	1945.7— 1947.11	——		艾德礼
斯塔福德·克里普斯 （Stafford Cripps）	1947.11— 1950.10	——		
休·盖茨克尔 （Hugh Gaitskell）	1950.10— 1951.10	——		
拉布·巴特勒 （Rab Butler）	1951.10— 1955.12	——		丘吉尔； 艾登
哈罗德·麦克米伦 （Harold Macmillan）	1955.12— 1957.1	——		艾登
彼得·桑尼克罗夫特 （Peter Thorneycroft）	1957.1— 1958.1	——		麦克米伦
德瑞克·希思科特—艾默里 （Derick Heathcoat-Amory）	1958.1— 1960.7	——		
塞尔文·劳埃德 （Selwyn Lloyd）	1960.7— 1962.7	亨利·布鲁克 （Henry Brooke）	1961.10— 1962.7	
雷金纳德·莫德林 （Reginald Maudling）	1962.7— 1964.10	约翰·博伊得—卡朋特 （John Boyd-Carpenter）	1962.7— 1964.10	麦克米伦； 道格拉斯—霍姆

财政大臣 (Chancellor of the Exchequer)	在任时间	财政部秘书长 (Chief Secretaries to the Treasury)	在任时间	时任首相
詹姆斯·卡拉汉 (James Callaghan)	1964.10— 1967.11	约翰·戴蒙德 (John Diamond)	1964.10— 1970.6	威尔逊
罗伊·詹金斯 (Roy Jenkins)	1967.11— 1970.6			
伊恩·麦克劳德 (Iain Macleod)	1970.6— 1970.7 (去世)	莫里斯·麦克米伦 (Maurice Macmillan)	1970.6— 1972.4	希思
安东尼·巴伯 (Anthony Barber)	1970.7— 1974.3	帕特里克·詹金 (Patrick Jenkin)	1972.4— 1974.1	
		托马斯·博德曼 (Thomas Boardman)	1974.1— 1974.3	
丹尼斯·希利 (Denis Healey)	1974.3— 1979.5	乔尔·巴尼特 (Joel Barnett)	1974.3— 1979.5	威尔逊； 卡拉汉
杰弗里·豪 (Sir Geoffrey Howe)	1979.5— 1983.6	约翰·比芬 (John Biffen)	1979.5— 1981.1	
		利昂·布里坦 (Leon Brittan)	1981.1— 1983.6	
奈杰尔·劳森 (Nigel Lawson)	1983.6— 1989.10	彼得·里斯 (Peter Rees)	1983.6— 1985.9	撒切尔
		约翰·麦格雷戈 (John MacGregor)	1985.9— 1987.6	
		约翰·梅杰 (John Major)	1987.6— 1989.7	
约翰·梅杰 (John Major)	1989.10— 1990.11	诺曼·拉蒙特 (Norman Lamont)	1989.7— 1990.11	
诺曼·拉蒙特 (Norman Lamont)	1990.11— 1993.5	戴维·梅勒 (David Mellor)	1990.11— 1992.4	梅杰
		迈克尔·波蒂略 (Michael Portillo)	1992.4— 1994.7	
肯尼思·克拉克 (Kenneth Clarke)	1993.5— 1997.5	乔纳森·艾特肯 (Jonathan Aitken)	1994.7— 1995.7	
		威廉·沃尔德格雷夫 (William Waldegrave)	1995.7— 1997.5	

财政大臣 (Chancellor of the Exchequer)	在任时间	财政部秘书长 (Chief Secretaries to the Treasury)	在任时间	时任首相
戈登·布朗 (Gordon Brown)	1997.5—2007.6	阿利斯泰尔·达林 (Alistair Darling)	1997.5—1998.7	布莱尔
		史蒂芬·拜尔斯 (Stephen Byers)	1998.7—1998.12	
		艾伦·米尔本 (Alan Milburn)	1998.12—1999.10	
		安德鲁·史密斯 (Andrew Smith)	1999.10—2002.5	
		保罗·博阿滕 (Paul Boateng)	2002.5—2005.5	
		戴兹·布朗恩 (Des Browne)	2005.5—2006.5	
		斯蒂芬·蒂姆斯 (Stephen Timms)	2006.5—2007.6	
阿利斯泰尔·达林 (Alistair Darling)	2007.6—2010.5	安迪·伯纳姆 (Andy Burnham)	2007.6—2008.1	布朗
		伊维特·库珀 (Yvette Cooper)	2008.1—2009.6	
		利亚姆·拜恩 (Liam Byrne)	2009.6—2010.5	
乔治·奥斯本 (George Osborne)	2010.5—2016.7	戴维·劳斯 (David Laws)	2010.5—2010.5	卡梅伦
		丹尼·亚历山大 (Danny Alexander)	2010.5—2015.5	
		格雷戈·汉兹 (Greg Hands)	2015.5—2016.7	
菲利普·哈蒙德 (Philip Hammond)	2016.7—	戴维·高克 (David Gauke)	2016.7—	特蕾莎·梅

附表3：战后英国内阁地方事务部门沿革

主管部门	基本情况	时间
住房和地方政府部 （Ministry of Housing and Local Government）	由承接了地方政府理事会职能的卫生部和1943年成立的城乡规划部重组合并形成，起初名为地方政府和规划部，1951年10月大选后更为此名。1969年10月，安东尼·克罗斯兰任地方政府和地区规划国务大臣，领导该部门及部大臣。	1951.1—1970.10
环境部 （DoE：Department of the Environment）	保守党希思政府将住房和地方政府部、交通部、公共建筑和工程部合并组成环境部。1976年卡拉汉政府将交通职能分立。在撒切尔政府时期，本部门因中央与地方关系问题广受关注。	1970.10—1997.5
环境、交通和地区事务部 （DETR：Department of the Environment, Transport and the Regions）	工党布莱尔政府将交通部门重新并入环境部，形成了环境、交通和地区事务部。环境、交通和地方政府事务各设一位大臣。希拉里·阿姆斯特朗（Hilary Armstrong）担任地方政府事务大臣。	1997.5—2001.6
交通、地方政府和地区事务部 （DTLR：Department for Transport, Local Government and the Regions）	布莱尔政府将环境职能分离，与农渔食品职能合并成新部门；同时将交通、住房和规划、地方和区域政府事务方面部门重组形成该部门。后随大臣辞职，该部门被重组。	2001.6—2002.5
副首相办公室 （ODPM：Office of the Deputy Prime Minister）	布莱尔政府将地方政府和地区事务与交通职能分离，将地方政府和地区事务交由副首相办公室负责。副首相办公室成立于2001年7月，作为独立部门存在始于2002年5月。	2002.5—2006.5（主管时间）
社区和地方政府部 （DCLG：Department for Communities and Local Government）	从副首相办公室承接社区、地方政府和地区事务职能。该部门成立于2001年7月，但作为独立部门始于2006年5月。	2006.5—

附表4：战后英国内阁地方事务部门负责人

历任负责人	在任时间	时任首相
休·多尔顿（Hugh Dalton）	转任—1951.10	艾德礼
哈罗德·麦克米伦（Harold Macmillan）	1951.10—1954.10	丘吉尔
邓肯·桑兹（Duncan Sandys）	1954.10—1957.1	丘吉尔/艾登
亨利·布鲁克（Henry Brooke）	1957.1—1961.10	麦克米伦
查尔斯·希尔（Charles Hill）	1961.10—1962.7	

续表

历任负责人	在任时间	时任首相
基思·约瑟夫（Keith Joseph）	1962.7—1964.10	麦克米伦/道格拉斯—霍姆
理查德·克罗斯曼（Richard Crossman）	1964.10—1966.8	威尔逊
安东尼·格林伍德（Anthony Greenwood）	1966.8—1970.5	
罗伯特·梅里斯（Robert Mellish）	1970.5—1970.6	
安东尼·克罗斯兰（Anthony Crosland）	1969.10—1970.6	
彼得·沃克（Peter Walker）	1970.6—1970.10	希思
彼得·沃克（Peter Walker）	1970.10—1972.11	
杰弗里·里彭（Geoffrey Rippon）	1972.11—1974.3	
安东尼·克罗斯兰（Anthony Crosland）	1974.3—1976.4	威尔逊
彼得·肖尔（Peter Shore）	1976.4—1979.5	卡拉汉
迈克尔·赫塞尔廷（Michael Heseltine）	1979.5—1983.1	撒切尔
汤姆·金（Tom King）	1983.1—1983.6	
帕特里克·詹金（Patrick Jenkin）	1983.6—1985.9	
肯尼思·贝克（Kenneth Baker）	1985.9—1986.5	
尼古拉斯·里德利（Nicholas Ridley）	1986.5—1989.7	
彭定康（Chris Patten）	1989.7—1990.11	
迈克尔·赫塞尔廷（Michael Heseltine）	1990.11—1992.4	梅杰
迈克尔·霍华德（Michael Howard）	1992.4—1993.5	
约翰·古默（John Gummer）	1993.5—1997.5	
约翰·普雷斯科特（John Prescott）	1997.5—2001.6	布莱尔
史蒂芬·拜尔斯（Stephen Byers）	2001.6—2002.5	
约翰·普雷斯科特（副首相）	2002.5—2006.5	
露丝·凯利（Ruth Kelly）	2006.5—2007.6	
黑兹尔·布利尔斯（Hazel Blears）	2007.6—2009.6	布朗
约翰·德纳姆（John Denham）	2009.6—2010.5	
埃里克·皮克尔斯（Eric Pickles）	2010.5—2015.5	卡梅伦
格雷格·克拉克（Greg Clark）	2015.5—2016.7	
赛义德·贾维德（Sajid Javid）	2016.7—	特雷莎·梅

译 名 对 照

（一）人名

阿道夫·韦杰（Adolph Wager）

阿尔弗雷德·马歇尔（Alfred Marshall）

艾伦·戴（Alan Day）

艾伦·洛德（Alan Lord）

阿瑟·伯恩斯（Arthur Burns）

阿瑟·塞尔登（Arthur Seldon）

埃德蒙·戴尔（Edmund Dell）

埃德温·查德威克（Edwin Chadwick）

埃迪·罗德里克（Eddie Roderick）

埃尔西·博尔茨（Elsie Boltz）

艾德里安·哈姆（Adrian Ham）

艾伦·惠特莫（Alan Whittome）

爱德华·希思（Edward Heath）

爱德华·米利班德（Ed Miliband）

安德鲁·泰力（Andrew Tyrie）

安东尼·艾登（Anthony Eden）

安东尼·克罗斯兰（Anthony Crosland）

安东尼·迈耶（Anthony Meyer）

安格斯·莫德（Angus Maude）

安奈林·比万（Aneurin Bevan）

奥利弗·莱特文（Oliver Letwin）

巴里·桑顿·琼斯（Barry Thornton Jones）

托马斯·巴洛格（Thomas Balogh）

鲍勃·莱西（Bob Lacey）

本杰明·迪斯雷利（Benjamin Disraeli）

比尔·拉弗蒂（Bill Lafferty）

比尔·谢尔顿（Bill Shelton）

埃德蒙·伯克（Edmund Burke）

伯纳德·多诺霍（Bernard Donoughue）

布莱恩·赛哲莫（Brian Sedgemore）

布莱恩·斯金纳（Brian Skinner）

亚历山大·布什内尔（Alexander L.Bushnell）

戴维·布伦基特（David Blunkett）

戴维·卡梅伦（David Cameron）

戴维·威第库姆（David Widdicombe）

戴夫·韦策尔（Dave Wetzel）

戴高乐（Charles de Gaulle）

丹尼斯·希利（Denis Healey）

丹宁勋爵（Lord Denning）

道格拉斯·赫德（Douglas Hurd）

道格拉斯·霍姆（Douglas Home）

道格拉斯·亨利（Douglas Henley）

道格拉斯·梅森（Douglas Mason）

德里克·哈顿（Derek Hatton）

德里克·米切尔（Derek Mitchell）

邓肯·桑兹（Duncan Sandys）

菲利普·古德哈特（Philip Goodhart）

弗兰克·莱菲尔德（Frank Layfield）

格拉斯通（William Ewart Gladstone）

格莱德维尔（Glidewell）

格雷厄姆·布赖特（Graham Bright）

格雷厄姆·诺伍德（Graham Norwood）

哈罗德·麦克米伦（Harold Macmillan）

哈罗德·威尔逊（Harold Wilson）

哈耶克（Hayek）

赫伯特·阿斯奎思（Herbert H.Asquith）

赫伯特·莫里森（Herbert Morrison）

黑兹尔·史密斯（Hazel Smith）

亨利·布鲁克（Henry Brooke）

基思·约瑟夫（Keith Joseph）

基思·斯皮德(Keith Speed)

基思·布莱特(Keith Bright)

杰里米·边沁(Jeremy Bentham)

吉姆·卡拉汉(James Callaghan)

杰弗里·德雷恩(Geoffrey Drain)

杰弗里·豪(Geoffrey Howe)

杰弗里·里彭(Geoffrey Rippon)

杰克·斯马特(Jack Smart)

杰克·斯特劳(Jack Straw)

金斯利·史密斯(Kingsley Smith)

凯瑟琳·奥利伦肖(Kathleen Ollerenshaw)

考尔菲尔德(Caulfield)

克莱门特·艾德礼(Clement Attlee)

克里斯·哈洛斯(Chris Hallows)

肯·利文斯通(Ken Livingstone)

肯尼思·贝克(Kenneth Baker)

拉布·巴特勒(Rab Butler)

拉里·惠蒂(Larry Whitty)

莱纳德·威尔逊(Leonard Wilson)

莱斯利·斯坦福(Leslie Stanford)

劳合·乔治(Lloyd George)

雷蒙·普恩加莱(Raymond Poincare)

里德利子爵(Viscount Ridley)

理查德·科克特(Richard Cockett)

理查德·杰克曼(Richard Jackman)

理查德·克罗斯曼(Richard Crossman)

理查二世(Richard II)

利昂·布里坦(Leon Brittan)

路德维希·艾哈德(Ludwig Erhard)

罗伯特·卡尔(Robert Carr)

罗伯特·培根(Robert Bacon)

罗伯特·皮尔(Robert Peel)

罗兰·弗里曼(Roland Freeman)

罗纳德·里根(Ronald Reagan)

罗素(Russell)

罗伊·哈特斯利(Roy Hattersley)

马尔赫恩(Mulhearn)

玛格丽特·霍奇(Margaret Hodge)

玛丽·赛勒斯(Mary Sellars)

迈克尔·赫塞尔廷(Michael Heseltine)

迈克尔·斯派塞(Michael Spicer)

迈克尔·富特(Michael Foot)

曼瑟尔·奥尔森(Mancur Olson)

莫里斯·斯通弗罗斯特(Maurice Stonefrost)

内维尔·张伯伦(Neville Chamberlain)

尼尔·金诺克(Neil Kinnock)

奈杰尔·劳森(Nigel Lawson)

奈杰尔·沃特森(Nigel Waterson)

尼古拉斯·爱德华兹(Nicholas Edwards)

尼古拉斯·里德利(Nicholas Ridley)

尼克·雷恩斯福德(Nick Raynsford)

尼克·克莱格(Nick Clegg)

诺曼·布莱克威尔(Norman Blackwell)

诺曼·拉蒙特(Norman Lamont)

诺曼·福勒(Norman Fowler)

诺曼·特比特(Norman Tebbit)

欧文·费雪(Irving Fisher)

帕姆·索宾森(Pam Thorbinson)

帕特里克·詹金(Patrick Jenkin)

佩里格林·沃索恩(Peregrine Worsthorne)

彭定康(Chris Patten)

彼得·桑尼克罗夫特(Peter Thorneycroft)

彼得·沃克(Peter Walker)

彼得·劳埃德(Peter Lloyd)

彼得·里德尔(Peter Riddell)

彼得·里斯(Peter Rees)

彼得·肖尔(Peter Shore)

乔尔·巴尼特(Joel Barnett)

乔伊·詹金斯(Joy Jenkins)

乔治·琼斯(George W.Jones)

乔治·夏普（George C.Sharp）

乔治·杨格（George Younger）

乔治·戈申（George Goschen）

乔治·兰斯伯里（George Lansbury）

琼·沃利（Joan Walley）

塞西尔·帕金森（Cecil Parkinson）

史蒂芬·拜尔斯（Stephen Byers）

斯卡曼勋爵（Lord Scarman）

斯图亚特·霍兰（Stuart Holland）

索尔兹伯里（Salisbury）

汤姆·金（Tom King）

特德·奈特（Ted Knight）

特雷弗·琼斯（Trevor Jones）

特里·海泽（Terry Heiser）

提姆·麦克马洪（Tim McMahon）

托克维尔（Tocqueville）

托马斯·希尔·格林（Thomas Hill Green）

托尼·巴伯（Tony Barber）

托尼·布莱尔（Tony Blair）

托尼·本（Tony Benn）

托尼·拜恩（Tony Byrne）

哈罗德·威尔逊（Harold Wilson）

威利·怀特劳（Willie Whitelaw）

威廉·格莱斯顿（William Gladstone）

威廉·瑞斯莫格（William Rees-Mogg）

威廉·沃尔格雷夫（William Waldegrave）

威廉·西蒙（William Simon）

维克多·罗斯柴尔德（Victor Rothschild）

温斯顿·丘吉尔（Winston Churchill）

文斯·凯布尔（Vince Cable）

沃尔特·埃尔提斯（Walter Eltis）

沃尔特·贝赞特（Walter Besant）

西德尼·韦伯（Sidney Webb）

西德尼·金伯（Sidney Kimber）

西蒙·休斯（Simon Hughes）

希拉里·本（Hilary Benn）

熊彼特（Schumpeter）

休·盖茨克尔（Hugh Gaitskell）

休·罗西（Hugh Rossi）

休谟（Hume）

亚当·斯密（Adam Smith）

亚尔马·沙赫特（Hjalmar Schacht）

亚历克斯·弗莱彻（Alex Fletcher）

伊恩·高（Ian Gow）

伊恩·麦克劳德（Iain Macleod）

伊恩·皮克顿（Iain Picton）

伊恩·朗（Ian Lang）

伊丽莎白·科克尔（Elizabeth Coker）

约翰·卡特赖特（John Cartwright）

约翰·梅杰（John Major）

约翰·摩尔（John Moore）

约翰·莫德（John Maud）

约翰·斯图尔特（John Stewart）

约翰·斯图亚特·密尔（John Stuart Mill）

约翰·布卢姆菲尔德（John Bloomfield）

约翰·格鲁吉恩（John Grugeon）

约翰·汉密尔顿（John Hamilton）

约翰·亨特（John Hunt）

约翰·麦克唐纳（John McDonnell）

约翰·莫里斯（John Morris）

约翰·佩克（John Peck）

约翰·普雷斯科特（John Prescott）

约翰内斯·维特文（Johannes Witteveen）

约瑟夫·张伯伦（Joseph Chamberlain）

詹姆斯·卡拉汉（James Callaghan）

艾伦·沃尔特斯（Alan Walters）

塞缪尔·布里顿（Samuel Britain）

阿瑟·塞尔登（Arthur Seldon）

阿尔弗雷德·谢尔曼（Alfred Sherman）

帕特里克·明福德（Patrick Minford）

杰拉德·纳巴罗（Gerald Nabarro）

伊诺克·鲍威尔（Enoch Powell）

弗朗索瓦·密特朗（François Mitterrand）

雷蒙德·巴尔（Raymond Barre）

基辛格（Kissinger）

（二）地名

埃尔姆布里奇（Elmbridge）

埃平森林（Epping Forest）

巴恩斯利（Barnsley）

达格南（Dagenham）

巴金（Barking）

巴尼特（Barnet）

巴兹尔登（Basildon）

白金汉郡（Buckinghamshire）

北安普敦郡（Northamptonshire）

北泰恩塞德（North Tyneside）

北伊灵（Ealing North）

贝肯纳姆（Beckenham）

比尔登（Bearsden）

波普拉（Poplar）

伯恩茅斯（Bournemouth）

伯克郡（Berkshire）

伯明翰（Birmingham）

布拉德福德（Bradford）

布莱顿（Brighton）

布莱克浦（Blackpool）

布里克斯顿（Brixton）

布里斯托（Bristol）

布伦特（Brent）

布罗姆利（Bromley）

布特尔（Bootle）

达拉谟（杜伦）（Durham）

大曼彻斯特（Greater Manchester）

德比郡（Derbyshire）

东安格利亚（East Anglia）

邓迪（Dundee）

法夫（Fife）

盖茨黑德（Gateshead）

格拉斯哥（Glasgow）

格兰瑟姆（Grantham）

格林尼治（Greenwich）

格罗索普（Glossop）

哈林盖（Haringey）

赫尔（Hull）

怀特岛（Isle of Wight）

卡姆登（Camden）

康沃尔（Cornwall）

考德戴尔（Calderdale）

考文垂（Coventry）

科克里斯（Kirklees）

克拉彭（Clapham）

克里夫兰（Cleveland）

克罗伊登（Croydon）

肯辛顿（Kensington）

切尔西（Chelsea）

莱斯特（Leicester）

兰开斯特（Lancaster）

希灵登（Hillingdon）

朗伯斯（Lambeth）

朗科恩（Runcorn）

里斯克拉达（Liskeard）

利物浦（Liverpool）

利兹（Leeds）

刘易舍姆（Lewisham）

卢顿（Luton）

伦敦市（金融城）（the City）

罗姆尼湿地（Romney Marsh）

罗瑟勒姆（Rotherham）

洛锡安（Lothian）

曼彻斯特（Manchester）

米德尔斯堡（Middlesborough）

默顿（Merton）

默西塞德（Merseyside）

南白金汉郡（South Buckinghamshire）

南泰恩塞德（South Tyneside）

南约克郡（South Yorkshire）

牛津郡（Oxfordshire）

纽伯里（Newbury）

纽汉（Newham）

纽卡斯尔（Newcastle）

诺丁汉郡（Nottinghamshire）

诺森伯兰郡（Northumberland）

佩思郡（Perthshire）

朴茨茅斯（Portsmouth）

普雷斯顿（Preston）

奇尔特恩（Chiltern）

塞尔斯登公园酒店（Selsdon Park Hotel）

塞弗顿（Sefton）

塞文欧克斯（Sevenoaks）

绍斯波特（Southport）

圣潘克拉斯（St Pancras）

斯塔福德郡（Staffordshire）

斯特拉斯克莱德（Strathclyde）

斯特里汉姆（Streatham）

斯特灵（Stirling）

索尔福德（Salford）

萨瑟克（Southwark）

泰恩—威尔郡（Tyne and Wear）

泰晤士登（Thamesdown）

泰晤士河畔金斯敦（Kingston upon Thames）

泰晤士河畔里士满（Richmond upon Thames）

唐卡斯特（Doncaster）

陶尔哈姆莱茨（Tower Hamlets）

陶克斯提斯（Toxteth）

特拉福德(Trafford)

腾比(Tenby)

旺兹沃思(Wandsworth)

威尔特郡(Wiltshire)

威根(Wigan)

威斯敏斯特(Westminster)

沃林顿(Warrington)

伍尔弗汉普顿(Wolverhampton)

西米德兰兹郡(West Midlands)

西约克郡(West Yorkshire)

谢菲尔德(Sheffield)

伊斯灵顿(Islington)

纽约(New York)

罗马(Roma)

斯德哥尔摩(Stockholm)

法兰克福(Frankfurt)

马赛(Marseille)

东京(Tokyo)

哥本哈根(Copenhagen)

列日市(Liege)

自治市(borough)

郡(county)

城市区(urban district)

乡村区(rural district)

教区(parish)

(三)法规文件

1835年市政机构法案(Municipal Corporations Act of 1835)

1840年济贫税免除法案(Poor Rate Exemption Act 1840)

1848年公共卫生法案(Public Health Act of 1848)

1856年警察法案(Police Act 1856)

1867年国会改革法案(The Reform Act 1867)

1870年、1876年初等教育法案(Elementary Education Acts of 1870/1876)

1882年市政机构法案(Municipal Corporations Act 1882)

1888年、1894年地方政府法案(Local Government Act 1888/1894)

1896 年农业地方税法案（Agricultural Rates Act 1896）

1905 年失业工人法案（Unemployed Workmen Act 1905）

1909 年住房和城镇规划法案（Housing,Town Planning,&c.Act 1909）

1910 年财政法案（Finance Act 1910）

1919 年住房和城镇规划法案（Housing and Town Planning Act 1919）

1925 年地方税和估值法案（Rating and Valuation Act of 1925）

1929 年、1933 年地方政府法案（Local Government Act 1929/1933）

1936 年、1946 年干线道路法案（Trunk Roads Acts 1936/1946）

1936 年助产士法案（Midwives Act 1936）

1944 年教育法案（Education Act 1944）

1944 年乡村地区供水和污物处理法案（The Rural Water Supplies and Sewerage Act 1944）

1946 年国民健康服务法案（National Health Service Act 1946）

1947 年城镇和乡村规划法案（Town and Country Planning Act 1947）

1947 年交通法案（Transport Act of 1947）

1948 年财政平衡法案（Exchequer Equalisation Act 1948）

1948 年儿童法案（Children Act 1948）

1963 年伦敦地方政府法案（London Government Act 1963）

1967 年统一地方税法案（General Rate Act 1967）

1972 年住房金融法案（Housing Finance Act 1972）

1973 年水务法案（Water Act 1973）

1977 年地方政府财政绿皮书（Green Paper on Local Government Finance 1977）

1980 年地方政府规划和土地法案（Local Government Planning and Land Act 1980）

1981 年地方政府法案（苏格兰条款）（The 1981 Local Government（Miscellaneous Provisions Scotland）Act）

1982 年地方政府财政法案（Local Government Finance Act 1982）

1982 年苏格兰地方政府和规划法案（Local Government and Planning（Scotland）Act 1982）

1983 年会计和审计条例（Accounts and Audit Regulations 1983）

1984 年伦敦地区交通法案（London Regional Transport Act 1984）

1989 年地方政府和住房法案（Local Government and Housing Act 1989）

1967 年经济稳定与增长促进法案（德国）（Act to Promote Economic Stability and Growth 1967）

1984 年地方税法案（Rates Act 1984）

2011 年地方主义法案（Localism Act of 2011）

地方税和估值法案(苏格兰修订案)(Rating and Valuation(Amendment)(Scotland) Act)

地方税问题白皮书(White Paper on Rates)

地税封顶法案(Rate-Capping Act)

谷物法(Corn Laws)

郡县地方税法案(County Rates Act)

拉德克里夫报告(Radcliffe Report)

联合估值委员会法案(Union Assessment Committee Act)

英格兰和威尔士地方政府财政问题白皮书(Local Government Finance England and Wales White Paper)

住宅地方税替代方案绿皮书(Alternatives to Domestic Rates Green Paper)

就业政策白皮书(1944)(The White Paper on Employment Policy)

贝弗里奇报告(1942)(Beveridge Report)

莱昂斯报告(Lyons Report)

"铺路法案"(Paving Act)

欧洲地方自治宪章(European Charter of Local Self-Government)

济贫法案(Poor Law)

(四)机构组织名称

地方税制问题皇家委员会(Royal Commission on Local Taxation)

道路事务理事会(Roads Board)

交通部(Ministry of Transport)

梅斯顿委员会(Meston Committee)

普洛登公共支出控制委员会(Plowden Committee on the Control of Public Expenditure)

艾伦委员会(地方税家庭影响调查委员会)(Allen Committee:The Committee of Inquiry into the Impact of Rates on Households)

托利改革小组(TRG:Tory Reform Group)

保守党研究部(Conservative Research Department)

保守主义哲学小组(CPG:Conservative Philosophy Group)

朝圣山学社(Mont Pelerin Society)

大都市警察(Metro-Police)

大都市郡议会(MCC:Metropolitan County Council)

大都市政府协会(AMA:Association of Metropolitan Authorities)

大伦敦市议会(GLC:Great London Council)

地方税纳税人行动小组全国协会(National Association of Ratepayers Action Groups)

地方税纳税人协会全国联合会(National Union of Ratepayers Associations)

莱菲尔德委员会(地方政府财政问题咨询委员会)(Layfield Committee;Committee of Inquiry into Local Government Finance)

地方政府财政咨商理事会(CCLGF;Consultative Council on Local Government Finance)

地方政府大会(Local Government Conference)

地方政府和规划部(Ministry of Local Government and Planning)

地方政府理事会(Local Government Board)

全国地方政府官员协会(NALGO;National Association of Local Government Officers)

地方政府审计委员会(Audit Commission for Local Authorities)

地方政府问题皇家委员会(Royal Commission on Local Government 1966—1969)

地方政府协会(LAA;Local Authority Association)

地方政府信息联合会(Local Government Information Unit)

区议会协会(Association of District Councils)

帝国化学工业公司(Imperial Chemical Industries Ltd.)

费边社(Fabian Society)

工会联合会(TUC;Trade Union Congress)

苏格兰地方政府财政工作组(WPLGFS;Working Party on Local Government Finance in Scotland)

公共工程贷款理事会(PWLB;Public Work Loan Board)

公共建筑和工程部(Ministry of Public Building and Works)

公共支出调查委员会(PESC;Public Expenditure Survey Committee)

国际货币基金组织(IMF;International Monetary Fund)

国家经济发展委员会(Neddy;National Economic Development Council)

国家救助理事会(National Assistance Board)

环境部(DoE;Department of Environment)

皇家公共管理学院(Royal Institute of Public Administration)

拉德克里夫委员会(货币体制工作委员会)(Radcliffe Committee;Committee on the Working of the Monetary System)

基尔勃兰顿委员会(Kilbrandon Commission;Royal Commission on the Constitution)

督察员理事会(Boards of Guardians)

剑桥经济政策小组(Cambridge Economic Policy Group)

教育部(Ministry of Education)

教育和科技部(Department of Education and Science)

教育委员会协会（Association of Education Committees）

经济事务部（Department of Economic Affairs）

经济事务研究所（IEA:Institute of Economic Affairs）

郡议会协会（ACC:Association of County Councils）

卡尔顿俱乐部（Carlton Club）

科技部（Ministry of Science）

朗伯斯斗争基金会（Lambeth Fighting Fund）

劳工联盟（Labour-Alliance Coalition）

雷德克里弗—莫德委员会（Redcliffe-Maud Committee）

利兹市政机构（Leeds Corporation）

伦敦交通公司（London Transport）

伦敦郡议会（LCC:London County Council））

论坛报小组（Tribune Group）

曼彻斯特抵押公司（Manchester Mortgage Corporation）

美联储（Federal Reserve）

默西塞德工会和劳工运动委员会（MTUCC:Merseyside Trade Union and Labour Movement Campaign Committee）

默西塞德开发公司（Merseyside Development Corporation）

内伦敦教育局（ILEA:Inner London Education Authority）

内政部（Home Office）

牛津大学保守党协会（Oxford University Conservative Association）

弩集团（Bow Group）

欧洲社会基金（European Social Fund）

全国地方政府事务咨询委员会（NACLG:National Advisory Committee for Local Government）

全国消费者理事会（NCC:National Consumer Council）

全英反人头税联盟（All-Britain Anti-Poll Tax Federation）

失业救助理事会（Unemployment Assistance Board）

地方政府国际联盟（IULA:International Union for Local Authorities）

市政司库和会计师协会（Institute of Municipal Treasurers and Accountants）

税务局（Inland Revenue）

苏格兰办公室（Scottish Office）

惠特利委员会（苏格兰地方政府皇家委员会）（Wheatley Commission:Royal Commission on Local Government in Scotland）

索尔兹伯里小组（Salisbury Group）

特许公共财务和会计师公会（CIPFA：Chartered Institute of Public Finance and Accountancy）

威尔士地方政府财政咨商理事会（WCCLGF：Welsh Consultative Council on Local Government Finance）

威尔士民族党（Welsh Nationalists）

卫生和社会保障部（DHSS：Department of Health and Social Security）

卫生总理事会（General Board of Health）

学校理事会（School Boards）

亚当·斯密研究所（ASI：Adam Smith Institute）

英格兰地方政府事务皇家委员会（Royal Commission on Local Government in England 1966）

英国工业联合会（CBI：Confederation of British Industries）

英国交通委员会（British Transport Commission）

英国铁路公司（British Rail）

舆观公司（YouGov）

政策研究中心（CPS：Centre for Policy Studies）

政府估值部门（Government Valuation Department）

中央政策评估小组（Central Policy Review Staff）

住房代理信托（HATs：Housing Acting Trusts）

住房和地方政府部（MHLG：Ministry of Housing and Local Government）

自由党（Freedom Party）

自由民主党（The Liberal Democrats）

补充津贴委员会（Supplementary Benefits Commission）

捍卫自由和财产联盟（Liberty and Property Defence League）

英国宪政协会（British Constitution Association）

全国争取自由协会（National Association for Freedom）

住房协会（Housing Association）

保守党政治中心（Conservative Political Centre）

上诉法院（Court of Appeal）

卫生部（Ministry of Health）

城乡规划部（Ministry of Town and Country Planning）

经济合作与发展组织（"经合组织"）（OECD：Organization for Economic Cooperation and Development）

（五）其他名词

标准拨款（standard grant）

拨款撤回（grant holdback）

财政拖累（fiscal drag）

社区费（Community Charge）

特别费（Specific Charge）

需求拨款（needs grant）

标准支出评估（SSA：Standard Spending Assessment）

拨款辅助支出（GAE：Grant Aided Expenditure）

拨款相关地税税率（GRP：Grant Related Poundage）

拨款相关支出（GRE：Grant-Related Expenditure）

拨款相关支出评估（GREA：Grant Related Expenditure Assessment）

补充性地方税（supplementary rates）

补充性份额（supplementary share）

财产税（wealth tax）

财政收支平衡补贴（Exchequer Equalisation Grant）

财政平衡评估（Balance of Funding Review）

创造性会计（creative accounting）

地方费（Local Charges）

地税补充拨款（Rate Deficiency Grant）

地税补助拨款（RSG：Rate Support Grant）

地税补助拨款需求因素（RSG Needs Element）

地税封顶（Rate-capping）

地税实际扣除（rate product deduction）

工资税（Payroll Tax）

公共部门借贷需求（PSBR：Public Sector Borrowing Requirement）

公平租金（fair rent）

公司税（CT：Corporation Tax）

国家非住宅房产税（NNDR：National Non-Domestic Rate）

国民保险费（NI：National Insurance）

豪宅税（Mansion Tax）

合计财政拨款（Aggregate Exchequer Grant）

合算性（VFM：Value for Money）

机动车税（Motor Tax）

基础性份额（basic share）

济贫税(Poor Rate)

市政税(Council Tax)

教堂税(Church Rates)

经常性支出(current expenditure)

零售价格指数(RPI:Retail Price Index)

目标与拨款处罚制度(Targets and Penalties System)

秋季预算报告(Autumn Statement)

区税(district rate)

人头税(Poll Tax)

收入补助拨款(RSG:Revenue Support Grant)

收入税(Income Tax)

收益分配制度(System of Assigned Revenues)

税收抵扣(TC:tax credits)

统筹拨款(General Grant)

统一商业房产税(UBR:Uniform Business Rate)

土地交易印花税(Stamp Duty Land Tax)

现金限额(Cash Limit)

项目规划和预算制度(PPBS:Programme Planning and Budgeting System)

销售税(Sales Tax)

选择性雇佣税(SET:Selective Employment Tax)

一揽子拨款(Block Grant)

一揽子审批(Block Approval)

遗产税(Probate Duty)

增值税(VAT:Value-added Tax)

中期金融战略(Medium Term Financial Strategy)

住房收益账户(HRA:Housing Revenue Account)

住宅地方税(domestic rates)

地税补助拨款住宅因素(RSG Domestic Element)

地税补助拨款资源因素(RSG Resource Element)

专项拨款(special grant)

资本所得税(CGT:Capital Gains Tax)

资本性支出(capital expenditure)

资本转让税(CTT:Capital Transfer Tax)

租赁和售后回租(lease and leaseback)

民间主动融资(PFI:Private Finance Initiative)

政府和社会资本合作(PPP：Public Private Partnership)

齿轮效应(ratchet effect)

"U型转弯"(U-turn)

巴茨凯尔主义(Butskellism)

保姆式国家(Nanny State)

"不满的冬天"(Winter of Discontent)

布特住房(Boot houses)

强硬派(dries)

温和派(wets)

"广角镜"(Panorama)

社会契约(Social Contract)

"世界在行动"(World in Action)

天鹅之歌(swan song)

希思—巴伯繁荣(Heath-Barber Boom)

英国病(British Disease)

布雷顿森林体系(Bretton Woods System)

城市复兴战略(Urban Regeneration Strategy)

帝国疾风号(SS *Empire* Windrush)

蒂伯特假说(Tiebout Hypothesis)

法团国家(corporate state)

法团主义(Corporatism)

公共选择理论(Public Choice)

国民健康服务制度(NHS：National Health Service)

货币主义(monetarism)

供给学派理论(supply-side economics)

激进派(Militant Tendency)

经济福音主义(economic evangelical)

经济自由主义(economic liberalism)

竞标外包(contracting out)

凯恩斯主义(Keynesianism)

缺位裁决权(Default Power)

撒切尔平民主义(Thatcherite Populism)

社会民主主义(social democracy)

托利主义(Toryism)

新右派(New Right)

新左派（New Left）

更替性经济战略（AES：Alternative Economic Strategy）

英镑区（Sterling Area）

英国社会态度调查（BSA：British Social Attitudes Surveys）

越权原则（Ultra Vires）

战后共识（Postwar Consensus）

治安法官（Justice of the peace）

集体主义三位一体（collectivist trinity）

公民宪章（The Citizens' Charter）

鲍威尔主义（Powellism）

《独立报》（The Independent）

《华尔街日报》（Wall Street Journal）

《金融时报》（Financial Times）

《经济学人》（The Economist）

《利物浦通讯》（The Liverpool Echo）

《利物浦新闻》（Liverpool News）

《每日电讯报》（Daily Telegraph）

《泰晤士报》（The Times）

《新朗伯斯人》（New Lambethan）

《星期天泰晤士报》（The Sunday Times）

英国广播公司（BBC）

格拉纳达电视台（Granada TV）